Management komplexer Systeme

Konzepte für die Bewältigung von
Intransparenz, Unsicherheit und Chaos

herausgegeben von
Prof. Dr. Johannes Weyer
und
Prof. Dr. Ingo Schulz-Schaeffer

Oldenbourg Verlag München

Bibliografische Information der Deutschen Nationalbibliothek

Die Deutsche Nationalbibliothek verzeichnet diese Publikation in der Deutschen
Nationalbibliografie; detaillierte bibliografische Daten sind im Internet über
<http://dnb.d-nb.de> abrufbar.

© 2009 Oldenbourg Wissenschaftsverlag GmbH
Rosenheimer Straße 145, D-81671 München
Telefon: (089) 45051-0
oldenbourg.de

Lektorat: Wirtschafts- und Sozialwissenschaften, wiso@oldenbourg.de
Herstellung: Anna Grosser
Coverentwurf: Kochan & Partner, München
Gedruckt auf säure- und chlorfreiem Papier
Druck: Grafik + Druck, München
Bindung: Thomas Buchbinderei GmbH, Augsburg

ISBN 978-3-486-58809-5

Vorwort

Das vorliegende Buch befasst sich mit der Theorie komplexer Systeme sowie mit Strategien des Komplexitätsmanagements in Organisationen.[1] Alltagssprachlich ist Komplexität geradezu zu einem Synonym für Undurchschaubarkeit, Unvorhersehbarkeit und Unbeherrschbarkeit geworden. Auch in der Theorie komplexer Systeme kommt der Frage nach der Vorhersehbarkeit des Verhaltens solcher Systeme eine zentrale Bedeutung zu, und es versteht sich von selbst, dass die jeweilige Antwort auf diese Frage sich auf alle Überlegungen zum Management komplexer Systeme unmittelbar auswirkt.

Um sich der Frage nach der Vorhersehbarkeit und der von ihr abgeleiteten Frage nach der Steuerbarkeit komplexer Systeme anzunähern, muss man zunächst das Phänomen der Komplexität selbst analysieren. Diese Analyse beruht auf zwei analytisch unterscheidbaren, empirisch aber nicht unabhängigen Perspektiven: Aus der einen Perspektive resultiert die Komplexität eines Systems aus Eigenschaften seiner Elemente und der Beziehungen zwischen ihnen. Je nachdem, ob die Elemente homogen oder heterogen sind, ob sie unmittelbar aufeinander einwirken oder ob Puffer zwischen ihnen existieren, ob die Verbindung der Elemente die Form der linearen Einwirkung oder der rekursiven Wechselwirkung besitzt, ergeben sich dementsprechend unterschiedliche Formen und Grade der Komplexität.

Aus der anderen Perspektive ist Komplexität ein Resultat der Informationsverarbeitungskapazität und der Aufmerksamkeitssteuerung des Beobachters. D.h. dem Beobachter erscheint das betrachtete System in dem Maße komplex, in dem er oder sie entweder grundsätzlich überfordert ist, die Ein- und Wechselwirkungen zu erfassen, die das Verhalten des Systems ausmachen, oder aber in dem Maße, in dem er oder sie dem Systemverhalten nicht die erforderliche Aufmerksamkeit zukommen lässt.

Beide Perspektiven schlagen sich in korrespondierenden Strategien des Komplexitätsmanagements nieder: Strategien im Sinne der ersten Perspektive zielen entweder darauf, rekursive Wechselbeziehungen der Systemelemente in lineare Ursache-Wirkungs-Beziehungen zu transformieren, oder – zumeist wichtiger noch, weil eine solche Linearisierung vielfach aus sachlichen Gründen nicht möglich ist – in das Systemgeschehen Puffer und Redundanzen einzubauen. Strategien im Sinne der zweiten Perspektive zielen zum einen darauf, leistungsfähige Beschreibungen des Systemverhaltens komplexer Systeme anzufertigen, die geeignet sind, die Informationsflut der vielen Einzelereignisse im Systemgeschehen auf das Wesentli-

---

[1] Die Beiträge sind erstmals auf einer Tagung im Frühsommer 2007 präsentiert und diskutiert worden, die von der Sektion „Wissenschafts- und Technikforschung" und der Arbeitsgruppe „Organisationssoziologie" in der Deutschen Gesellschaft für Soziologie in Kooperation mit dem Sonderforschungsbereich 559 „Modellierung großer Netze in der Logistik" an der Universität Dortmund veranstaltet wurde.

che zu reduzieren und dadurch das Systemverhalten für Beobachter erfassbar(er) zu machen. Zum anderen gibt diese Perspektive Anlass, die Aufmerksamkeitssteuerung derer, die mit komplexen Systemen umgehen müssen, gesondert zu betrachten. Diese beiden theoretischen Perspektiven und deren Konsequenzen für die Frage des Komplexitätsmanagements bilden den roten Faden, der mehr oder weniger explizit oder implizit alle hier versammelten Beiträge durchzieht. Der diesbezügliche Stand der Forschung wird in dem einführenden Beitrag von Johannes Weyer zusammengefasst.

Je nachdem, welche Chancen man sieht, zu leistungsfähigen Beschreibungen komplexer Systeme zu gelangen sowie zu einer entsprechenden Aufmerksamkeitssteuerung, und je nachdem, in welchem Ausmaß solche Systeme sich als eigendynamisch, rekursiv und in ihrem Ablauf ununterbrechbar darstellen, fällt die Einschätzung ihrer Vorhersehbarkeit und Steuerbarkeit unterschiedlich aus. So vertritt zum Beispiel *Andreas Liening* in diesem Band unter Verweis auf die nichtlineare Dynamik des Marktgeschehens und die rekursive Verknüpfung der Elemente dieses Geschehens eine sehr skeptische Position mit Blick auf die Möglichkeit der staatlichen Steuerung der Wirtschaft. *Volker Schneider* und *Johannes M. Bauer* dagegen vertreten – vor dem Hintergrund akteurzentrierter und konflikttheoretischer Analysen komplexer Sozialsysteme – eine deutlich optimistischere Haltung: Ihnen zufolge lassen sich nichtlineare Systeme zwar auch nicht direkt steuern. Aber sie lassen sich verstehen, in groben Zügen prognostizieren, und auf dieser Grundlage ist dann auch Governance komplexer Sozialsysteme möglich.

Komplexität ist ein Querschnittsthema. In dem vorliegenden Band zeigt sich dies daran, dass mehrere Beiträge Theoriesynthesen anstreben, um das Phänomen konzeptionell zu erfassen: *Volker Schneider* und *Johannes M. Bauer* wählen den Weg der Verbindung von Governance-Theorie und Komplexitätstheorie. *Peter Kappelhoff* präsentiert die Theorie komplexer adaptiver Systeme als einen Ansatz, der evolutionstheoretische Annahmen durch Konzepte der Selbstorganisationstheorie ergänzt. *Eva Buchinger* entwickelt für Komplexitätsmanagement im Rahmen von Public Governance ein Konzept, das sich zugleich auf die soziologische Systemtheorie und den akteurzentrierten Institutionalismus bezieht. Sie illustriert ihr Konzept am Beispiel der Innovationspolitik und gelangt dabei zu einem vorsichtig optimistischen Bild, die Möglichkeit staatlich moderierter Governance betreffend. Auch *Manfred Mai* befasst sich mit Governance am Beispiel der staatlichen Innovationspolitik, allerdings mit deutlich pessimistischerer Haltung: Das Erfordernis der Einbeziehung von immer mehr Akteuren, sowohl horizontal (Stakeholder) wie auch vertikal (Mehrebenenverflechtung), mache eine zielgerichtete Innovationspolitik zunehmend schwieriger.

Die Beiträge von Uwe Schimank und von Mathilde Bourrier spannen den Bogen zwischen den Themen der Komplexität und der Rationalität. Während *Uwe Schimank* einen Verlust an Rationalität in komplexen Entscheidungssituationen diagnostiziert, befasst sich *Mathilde Bourrier* mit High-reliability-Organisationen, die dem Idealbild der rationalen Organisation insofern nahekommen, als sie ein Höchstmaß an Sicherheit auch im Falle eng gekoppelter und komplex interagierender Systeme zu gewährleisten sucht – und zwar wesentlich durch Aufmerksamkeitssteuerung.

Dass der Umgang mit Unsicherheit diametral unterschiedliche Formen annehmen kann, ist das Thema des Beitrages von *Gudela Grote*. Dem ingenieurialen Idealbild der Minimierung von Unsicherheit durch zentrale Planung und strikte Regulierung oder Automatisierung der Abläufe setzt sie das Gegenbild der Bewältigung von Unsicherheit durch situative, lokale Handlungskompetenz entgegen. Die Steigerung der Kontrollierbarkeit von Abläufen führt eben nicht automatisch zu erhöhter Unsicherheitsabsorption, vor allem dann nicht, wenn die relevanten Zonen der Unsicherheit außerhalb des Kontrollbereichs liegen. Dass die Einführung von Kontrollstrukturen in organisationaler Hinsicht funktional sein kann, auch wenn deren Steuerungserfolg in sachlicher Hinsicht recht zweifelhaft ausfallen kann, erläutert *Michael Huber* am Beispiel des New Public Management der Universitäten. Die Einführung und Überwachung von Leistungsindikatoren (z.B. Drittmitteleinwerbung, Publikationsoutput), so sein Argument, ist die Grundlage dafür, dass die Universitäten zunehmend zu eigenständigen Organisationen werden. Ob diese Form der Leistungskontrolle mit Blick auf das institutionelle Ziel der Wissensproduktion funktional ist, steht dagegen auf einem anderen Blatt.

Interessant sind schließlich auch Fälle, in denen das Bestreben der Reduktion von Komplexität hinter dem Rücken der Akteure zur Steigerung der Komplexität eines Systems führt. *Matthias Klemm* und *Jan Weyand* zeigen, dass der Einbau einer zusätzlichen Steuerungsinstanz die Komplexität einer Organisation erhöht, weil nicht nur das Eigeninteresse der Steuerungsabteilung, sondern auch neue Relevanzkriterien (z.B. die Orientierung am Gesamtinteresse) als zusätzliche Aspekte hinzuträten und so die Abläufe komplexer gestalteten. *Ekaterina Svetlova* untersucht die Analysemethoden, mit denen Akteure an Finanzmärkten Entscheidungsunsicherheiten zu verringern suchen. Sie kommt zu dem Ergebnis, dass die Heterogenität der verwendeten Methoden und die darauf beruhenden Entscheidungen nicht zur Reduktion, sondern zur Erhöhung der Marktkomplexität beitragen und dadurch zum Fortbestehen der Finanzmärkte beitragen, weil alle dortigen Kauf- und Verkaufsentscheidungen ihre Grundlage in unterschiedlichen Einschätzungen der angebotenen bzw. nachgefragten Finanzkontrakte beruht.

Ohne die engagierte Mitwirkung des Teams am Fachgebiet Techniksoziologie der Technischen Universität Dortmund wäre dieses Buch nicht entstanden; stellvertretend sei Fabian Lücke für das Korrekturlesen, die Anfertigung komplexer Grafiken und bibliografische Recherchen gedankt. Er hat uns immer wieder auch auf inhaltliche Inkonsistenzen hingewiesen und zudem wesentlich für das optisch einheitliche Erscheinungsbild des Buches gesorgt.

Dortmund und Duisburg im November 2008

Johannes Weyer
Ingo Schulz-Schaeffer

Inhalt

Komplexitätsmanagement

Einleitung

Dimensionen der Komplexität und Perspektiven des Komplexitätsmanagements

Johannes Weyer

1 Einleitung

Nicht nur die Alltagserfahrung lehrt uns, dass die moderne Welt immer komplexer wird; als Beispiele seien genannt:

- die zunehmende Vernetzung einer globalisierten Wirtschaft, die sich etwa in den gestiegenen Anforderungen an das Supply Chain Management niederschlägt, von dem erwartet wird, dass es heterogene Akteure, Prozesse und Strukturen integriert;
- die Interdependenz der Finanzmärkte, auf denen Ereignisse in einem Bereich geradezu lawinenartig Konsequenzen in anderen Bereichen nach sich ziehen können und so die Wahrnehmung stärken, dass trotz gestiegener Handlungsspielräume der Akteure eine Steuerung des Gesamtgeschehens kaum möglich ist;
- die Politikverflechtung in Mehrebenensystemen, die die Gestaltung politischer Entscheidungsprozesse zu einem schwierigen, aufwändigen und kaum kalkulierbaren Geschehen macht, in dem sich die Intentionen der Beteiligten oftmals an nicht vorhergesehenen (bzw. nicht-intendierten) Eigendynamiken brechen;
- schließlich die Steuerung komplexer Verkehrssysteme (etwa in der Luftfahrt oder im Straßenverkehr), die immer weniger in der Lage zu sein scheint, ungewünschte Effekte – wie etwa den Verkehrsstau oder den Ausstoß von Treibhausgasen – zu verhindern, weil das Verhalten einer großen Zahl autonomer Entscheidungs-Einheiten kaum präzise vorhersehbar ist.

Gerade das letzte Beispiel zeigt, dass alle Versuche, die Probleme zu lösen, eher dazu beitragen, die Komplexität zu erhöhen. Denn eine intelligente Vernetzung der Verkehrsträger in Form des intermodalen Verkehrs führt zu einer Systemarchitektur, die nochmals eine Größenordnung komplexer ist als die der einzelnen Verkehrssysteme für sich genommen. Man könnte anhand der Beispiele also zu der These gelangen, dass jeder gesellschaftliche Fortschritt mit einer Zunahme an Komplexität erkauft wird. Dies deckt sich mit den Analysen von Heinrich Popitz, der die Geschichte der Technik als einen „kumulativen Prozess" sieht, durch den die „Betroffenheit der menschlichen Existenz durch Technik [...] komplexer [wird]" (1995: 42). Auch Niklas Luhmanns These der Ausdifferenzierung gesellschaftlicher Teilsysteme legt nahe, dass im Laufe der gesellschaftlichen Entwicklung die Komplexität stetig zunimmt.

Es spricht viel für die Vermutung, dass die gesellschaftliche Komplexität durch die Entwicklung neuer Technik ständig größer wird und dass dieser Prozess mit der zunehmenden Durchdringung sozialer Systeme mit Informations- und Kommunikationstechnologien eine nochmalige Steigerung erfahren wird. Denn die Komplexität der Strukturen und Prozesse auf der Sach- und Beziehungsebene wird durch ihrer informationstechnische Abbildung insofern gesteigert, als die Modelle der sekundären Ebene zur Steuerung der primären Prozesse verwendet werden (und insofern mehr sind als ein bloßes Abbild). Smarte, autonome Technik treibt diese Entwicklung weiter voran und steigert sie nochmals in eine neue Dimension.

1.1   Erste Begriffsklärungen

Hier soll zunächst der Versuch unternommen werden, den Begriff der Komplexität zu klären und zu konturieren. Dies ist insofern nicht einfach, als etliche Autoren den Begriff in einer intuitiven, oftmals auch eher metaphorischen Weise verwenden, ohne ihn präzise abzugrenzen. Als Gemeinsamkeit der Beispiele lassen sich in einer ersten Annäherung folgende Aspekte festhalten:

- Komplexe Systeme bestehen aus einer unüberschaubar großen Zahl von Komponenten, die auf vielfältige Weise miteinander vernetzt sind und so Interdependenzen erzeugen.
- Komplexe Systeme sind für den außenstehenden Beobachter (und oftmals selbst für die Teilnehmer) kaum durchschaubar. Auch wenn die Mechanismen auf der Mikroebene (z.B. das Tätigen einer Finanztransaktion, das Betätigen eines Steuerhebels im Flugzeug) relativ einfach sind, so ist das Geschehen auf der Makroebene eher intransparent und unberechenbar.
- Komplexe Systeme entwickeln unvorhersehbare Eigendynamiken, die sich als emergente Effekte deuten lassen, welche – oftmals nicht-intentional – durch die Interaktion der Komponenten des Systems erzeugt werden (das bekannteste Beispiel ist der Verkehrsstau).
- Komplexe Systeme sind schließlich schwer beherrschbar und kaum steuerbar; sie bergen das latente Risiko eines Systemversagens in sich, also des Ausfalls zentraler Komponenten bzw. des Gesamtsystems.

1.2   Komplexität als Problem oder als Chance?

In der Literatur finden sich zwei diametral entgegengesetzte Lesarten von Komplexität:

- Die eine Perspektive rückt das *Kontrolldefizit* in den Mittelpunkt. Hier erscheint Komplexität als ein Problem, das nur schwer zu bewältigen ist, weil komplexe Systeme aufgrund emergenter Prozesse unvorhersehbare Eigendynamiken entwickeln und daher kaum zu durchschauen und schwer zu steuern sind (Perrow 1987).

- Aus der anderen Perspektive birgt die Fähigkeit komplexer Systeme, überraschende Ergebnisse zu produzieren, dagegen ein *innovatives und kreatives Potenzial*, das nur dieser Systemtyp besitzt. Blickt man in die Managementforschung (Peters 1992, Willke 1998) oder die Innovationsforschung (Weyer et al. 1997), so stößt man immer wieder auf die Empfehlung, durch Verfahren wie Dezentralisierung und Selbstorganisation oder durch die Einrichtung netzwerkförmiger Strukturen dafür zu sorgen, dass eigendynamische Prozesse in Gang gesetzt werden, die kreative, innovative Lösungen produzieren, welche abseits gewohnter Routinen liegen. Auch die biologische Theorie des Lebens (Gandolfi 2001) legt diese Sichtweise nahe, dass nur komplexe Systeme in der Lage sind, robuste Lösungen zu generieren, die sich im Grenzbereich von Ordnung und Chaos selbsttätig stabilisieren.

Die beiden Positionen unterscheiden sich grundlegend bezüglich ihrer Einschätzung des Wertes von Lernprozessen, die in komplexen Systemen möglich und zulässig sind, sowie der Notwendigkeit der Kontrolle derartiger Prozesse. Welche der beiden Positionen man einnimmt, hängt jedoch entscheidend von der angestrebten Systemfunktionalität ab, aber auch von den Spielräumen, die bei der Realisierung der Systemziele eingeräumt werden können. Im Fall von Verkehrssystemen wie dem Luftverkehr, in denen ein Höchstmaß an Sicherheit erzielt werden soll, erscheint es beispielsweise undenkbar, sich ausschließlich auf die internen Dynamiken zu verlassen, die sich aus dem Wechselspiel autonomer Komponenten ergeben, und auf die Möglichkeit der Intervention zu verzichten. In diesem Fall wäre es ein unzulässiges Risiko, komplexe Systeme sich selbst zu überlassen und allein auf ihre Fähigkeit zur internen Generierung von Problemlösungen zu vertrauen. In anderen Fällen wie etwa der Reorganisation von Unternehmen drängt sich das Problem der Kontrollierbarkeit und Steuerbarkeit komplexer Systeme nicht in derart drastischer Weise auf; hier kann das „kreative Chaos" (Nonaka/Takeuchi 1997: 93f.) sogar gewollt sein.

1.3   Zugänge zum Problem der Komplexität

Sowohl in den Natur- als auch in den Sozialwissenschaften gibt es recht unterschiedliche – oftmals wenig reflektierte – Zugänge zum Problem der Komplexität. Die babylonische Sprachverwirrung hat ihre Ursache vermutlich u.a. darin, dass die verschiedenen Zugänge zum Thema unterschiedliche Aspekte betrachten: Zum einen kann die Frage gestellt werden, ob die beschriebenen Systeme tatsächlich eine strukturelle Komplexität besitzen, ob Komplexität also eine objektive, systemimmanente Tatsache ist, oder ob es sich eher um ein Problem der subjektiven Wahrnehmung von Wirklichkeit handelt, etwa im Sinne einer – schwer messbaren – ‚gefühlten' Komplexität, die sich aus der Überforderung durch eine Vielzahl von Komponenten und Prozessen, vor allem aber durch die schwer durchschaubaren Wechselwirkungen im System ergibt.

Zum anderen stellt sich die Frage, ob es sich im Falle von Systemkomplexität um einen dauerhaften (und einen sich kumulativ zuspitzenden) Zustand handelt oder lediglich um eine vorübergehende Situation, die beispielsweise im Zuge der Einführung neuartiger Systeme – etwa smarter technischer Systeme – entsteht. Im Sinne eines *cultural* oder *organisational gap* würde man also ein ‚Nachhinken' der sozialen Problemlösungskapazitäten konstatieren, dies zugleich aber mit der Erwartung verbinden, dass Organisationen in einem Prozess der Gewöhnung und Normalisierung auf lange Sicht die Fähigkeit entwickeln, die Systemstrukturen und -dynamiken zu verstehen und somit selbst komplexe Systeme erfolgreich zu steuern. Oder etwas trivialer formuliert: Mit der Zeit lernt man, auch komplexe Systeme zu durchschauen und zu beherrschen.

Im folgenden Beitrag soll nur der erste Aspekt (strukturelle Tatsache versus subjektives Konstrukt) weiter verfolgt werden (Kap. 2). Hieran schließt sich die Frage an, auf welchem Wege die Fähigkeit zum Komplexitätsmanagement verbessert werden kann: durch Umgestaltung des Systems oder durch Schulung der Bediener (Kap. 3).

2   Dimensionen der Komplexitätsforschung

Ein erster Versuch, die Theorielandschaft zu strukturieren, ergibt sich aus einer Kreuztabellierung der folgenden beiden Dimensionen:

- Zum einen lässt sich Komplexität entweder als ein strukturelles, systemimmanentes Faktum begreifen oder als ein subjektives Konstrukt des – möglicherweise nicht hinreichend kompetenten – Beobachters.
- Zum anderen kann man entweder auf die unüberschaubar große Zahl von Komponenten (quantitative Dimension) oder aber auf die spezifische Besonderheit ihrer Interaktion und die sich daraus ergebenden Eigendynamiken etc. verweisen (qualitative Dimension).

Aus Tabelle 1 ergeben sich somit vier Varianten einer Theorie komplexer Systeme, die im Folgenden im Detail betrachtet werden sollen.

2.1   Komplexität durch Größenwachstum

Im linken oberen Quadranten finden sich zunächst viele Ansätze, die den Begriff ‚Komplexität' eher metaphorisch und unreflektiert verwenden (vgl. u.a. Windeler/Sydow 1998, Ahlemeyer/Königswieser 1998, Willke 1998).[1] J. Jaspar Deuten resümiert beispielsweise seine – sehr informative und lesenswerte – Analyse der Genese des globalen Systems der Flugsiche-

---

[1]   In Willkes „Systemtheorie III: Steuerungstheorie" (1995) sucht man trotz des Untertitels „Grundzüge einer Theorie der Steuerung komplexer Sozialsysteme" vergeblich nach detaillierten Ausführungen zum Thema Komplexität.

rung dahingehend, dass „mit jeder Generation (von Systemen der Flugsicherung, J.W.) die Komplexität und Vernetzung gestiegen ist" (2003: 247). Und er verweist dabei im Wesentlichen auf drei Faktoren, die für die Steigerung der Komplexität verantwortlich sind: die wachsende Menge an Komponenten, die damit einhergehende Zunahme der Koordinationsprobleme sowie die Einführung immer aufwändigerer informationstechnischer Systeme, die letztlich zu einer weltweiten Vernetzung des Systems Luftverkehrs geführt haben; dieses hat dadurch eine gewisse institutionelle Trägheit gewonnen, die weitere Veränderungen immer schwieriger macht (u.a. wegen des Problems der weltweiten Harmonisierung und zeitlichen Synchronisierung von Innovationsprozessen).

	quantitativ	qualitativ
strukturelles Faktum (objektive Tatsache)	Vielzahl an Komponenten (Sozialwissenschaften)	Nicht-Linearität (Naturwissenschaften)
subjektives Konstrukt	Limitierung des Wissens (Sozialwissenschaften)	Überforderung, Fehlinterpretation des Beobachters (Sozialwissenschaften, Psychologie)

Tabelle 1: Theorien der Komplexität

Niklas Luhmann

Als Theoretiker, der diesen Ansatz in reflektierter Form entwickelt hat, kann man Niklas Luhmann heranziehen, der ebenfalls die quantitative Dimension als Ausgangspunkt nimmt; er verweist nämlich auf die „Unterscheidung zwischen der Zahl der Elemente eines Systems und der Zahl und Verschiedenartigkeit der zwischen ihnen möglichen Beziehungen" (1975: 257).[2] Wenn die „Zunahme der Zahl der Elemente" so stark ist, dass die theoretisch möglichen Beziehungen nicht mehr allesamt realisiert werden können, dann ergibt sich aus der „Größenzunahme" (!) der „Zwang" für das System, „mit den eigenen Möglichkeiten selektiv zu verfahren" (258). Und dieser – rein quantitative – Wachstumsprozess sowie der von ihm ausgelöste Zwang zur Selektivität (i.e. zur Systembildung) ist praktisch die Basis des Luhmannschen Komplexitätsbegriffs, den er nahezu synonym mit dem Begriff der Selektivität verwendet (vgl. 259 sowie 1984: 46f.). Überraschenderweise werden die Qualität der Interaktionen zwischen den Systemelementen und die sich daraus ergebende spezifische systeminterne Dynamik von Luhmann nicht thematisiert.

---

[2]   Ähnlich auch Fredmund Malik, der Komplexität „durch die Zahl der Zustände, die ein System aufweisen kann" (2002: 201) bestimmt.

2.2 Komplexität durch Nicht-Linearität

Im Gegensatz zu den quantitativ-strukturellen Ansätzen finden sich im rechten oberen Quadranten Konzepte, die ihr Augenmerk stärker auf die spezifische Qualität der systeminternen Prozesse und Strukturen richten. Charles Perrow hat mit seiner provozierenden These der „normalen Katastrophen" (1987) ein Modell entwickelt, demzufolge Komplexität eine strukturelle Tatsache ist, die sich als emergentes Resultat nicht-linearer Interaktionen innerhalb sozio-technischer Systeme ergibt. Seine Intention war es, die stereotype Erklärung von Unfällen durch Verweis auf Bedienfehler zugunsten eines Ansatzes zu überwinden, der auf die Systemeigenschaften fokussiert (vgl. 95f.) und damit die Frage nach der adäquaten Gestaltung von Organisationen aufwirft, die Hochrisikosysteme betreiben.

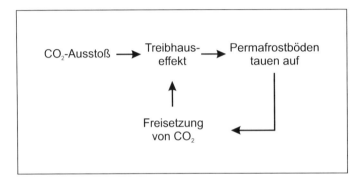

Abbildung 1: Nicht-lineare Prozesse

Klaus Richter und Jan-Michael Rost

Als einer der wenigen sozialwissenschaftlichen Komplexitätsforscher rekurrierte Perrow damit dezidiert auf Konzepte aus den Naturwissenschaften (ähnlich auch Kappelhoff, in diesem Band). Deren Credo besteht bekanntermaßen darin, komplexe Systeme durch ihr „komplexes Verhalten" (Richter/Rost 2004: 209) zu definieren, das auf den Beobachter[3] undurchschaubar und unvorhersagbar wirkt (25, vgl. Resnick 1995). Obwohl die Basismechanismen, die das Verhalten der Komponenten auf der Mikroebene steuern, recht einfach, ja sogar deterministisch sind, ergeben sich durch „die Wiederholung einfachster Operationen" (Richter/Rost 2004: 25) bzw. durch Interaktionen und Rückkopplungen überraschende und oftmals unvorhersehbare Effekte auf der Makroebene des Systemverhaltens.[4] Aus simplen

---

[3] An diesem Punkt besteht allerdings eine gewisse Affinität zu subjektivistischen Ansätzen; denn auch objektivistische Ansätze kommen nicht ohne einen Beobachter aus.

[4] Aufgrund der besonderen Rolle, die die Ausgangsbedingungen spielen, entstehen immer wieder andere und z.T. überraschende Ergebnisse; dies kann man mit Hilfe von Computersimulations-Experimenten leicht nachvollziehen (vgl. u.a. Fink 2008). Interessant ist zudem, dass die (oftmals komplexen) Effekte nicht explizit in den zugrunde liegenden Programmen repräsentiert sind.

Regeln entsteht also komplexes Verhalten, das oftmals sogar den Eindruck von Autonomie und Lebendigkeit vermittelt (Epstein/Axtell 1996, Brooks 2002).

Ein anschauliches Beispiel für nicht-lineare Interaktionen liefert die Klimaforschung (vgl. Abbildung 1): Der anthropogene Ausstoß von CO_2-Gasen verursacht den Treibhauseffekt, als dessen Folge u.a. die Permafrostböden in Sibirien auftauen. Diese setzen ihrerseits große Mengen CO_2 frei, die wiederum den Treibhauseffekt beschleunigen usw. usf. Der Prozess ist rekursiv (die Resultate wirken als Input) und irreversibel; zudem beschleunigt er sich eigendynamisch.

Müslipackungen und Wanderdünen sind weitere Beispiele für komplexe Systeme, deren Basismechanismen auf der Mikro-Ebene die Physik zwar präzise beschreiben, deren Verhalten sie aber aufgrund nicht-linearer Prozesse nicht vorhersagen kann (Richter/Rost 2004: 38, 46). Wie lange ein Sandhügel stabil ist und wann eine Lawine abbricht, lässt sich „unmöglich voraussagen" (48). Es ist bis heute nicht gelungen, Modelle zu entwickeln, mit denen das Verhalten dieser Systeme auf der Makro-Ebene adäquat beschrieben werden kann.

	kompliziert	komplex
Anzahl der Elemente	viele	viele
Beziehungen zwischen den Elementen	linear	nicht-linear
Kontrollierbarkeit des Systems	hoch	gering
Robustheit gegen Störungen	gering	hoch

Quelle: Gandolfi 2001: 81 (reduziert)

Tabelle 2: Komplizierte und komplexe Systeme

Das Konzept der Nicht-Linearität erzwingt damit eine klare Trennung der Begriffe „kompliziert" und „komplex" (vgl. Fisch 2004: 323): Ein System ist kompliziert, wenn es eine Vielfalt von Elementen und Verknüpfungen besitzt, die zwar auf den ersten Blick verwirren, im Prinzip aber zu durchschauen sind (z.B. ein Automotor des Jahrgangs 1970). Ein System ist komplex, wenn es nicht nur kompliziert ist, sondern zudem durch nicht-lineare Prozesse und dadurch ausgelöste Eigendynamiken gekennzeichnet ist (z.B. ein elektronisch gesteuerter Automotor des Jahrgangs 2007, vgl. Tabelle 2).[5]

In diesem Sinne sind die von Uwe Schimank gewählten Beispiele wie etwa die Suche nach dem Auto auf dem Parkplatz der Universität (2005: 13) eher Fälle komplizierter Systeme;

---

[5] „Heute ist die Technik in jedem Kleinwagen komplexer als die der Mondraumfähren in den sechziger Jahren, schon zum Auswechseln einer Glühbirne brauchen Sie bei manchen Modellen entsprechende Software." (Knud Sørensen, Präsident des Internationalen Auto-Ersatzteilverbandes Figiefa, zit. n. FAZ 18.09.2008: 20)

denn im Prinzip lässt sich jedes Auto durch Abschreiten sämtlicher Parkreihen wieder finden. Erst in einem elektronisch gesteuerten Parkhaus, das nach dem Prinzip der chaotischen Lagerhaltung operiert, wäre dies unmöglich, weil das System sich während der Suche ständig verändern würde.

Charles Perrow

Perrows bleibendes Verdienst besteht darin, dass er das Konzept der nicht-linearen Interaktion in die sozialwissenschaftliche Organisations-, Risiko- und Technikforschung eingebracht und damit ein Modell entwickelt hat, das Komplexität als endogene Eigenschaft eines bestimmten Typus sozio-technischer Systems begreift – woraus er dann seine politische Botschaft ableiten konnte, komplexe und eng gekoppelte Systeme aufgrund ihres Katastrophenpotenzials und ihrer Nicht-Kontrollierbarkeit abzuschaffen.[6] Allerdings hat er diesen Systemtypus nur unzureichend beschrieben und es damit seinen Kritikern leicht gemacht hat, sein Modell zu demontieren.

Denn Perrow illustriert sein Verständnis von Komplexität zum einen durch Beispiele, zum anderen durch Verweis auf die Effekte komplexer, nicht-linearer Interaktionen, insbesondere das unerwartete und undurchschaubare Verhalten des Systems (1987: 107). In seinem Modell fehlt jedoch ein Mechanismus auf der Mikro-Ebene, eine simple Regel, mit deren Hilfe sich das Systemverhalten unabhängig von den Effekten beschreiben ließe (was zweifellos nicht einfach wäre). Diese Leerstelle im Modell nimmt offenbar das Konzept der „Common-Mode-Fehler" (108f.) ein, also die Idee, dass eine „enge Nachbarschaft" (124) kritischer Komponenten zu unerwarteten Effekten führen kann. Dies hat jedoch theoriebautechnisch insofern eine merkwürdige Konsequenz, als die von Perrow antizipierten katastrophalen Effekte nicht im normalen Systembetrieb auftreten, sondern nur gelegentlich und – wie das Beispiel des explodierten Mississippi-Tankers zeigt (109f.) – meist ausgelöst durch externe Ereignisse bzw. Störungen.

Das hieße aber, dass ein lineares System durch eine zufällige Interaktion mit seiner Umwelt (in diesem Fall ein unzureichend kartiertes Wrack im Mississippi) zu einem komplexen System wird, was impliziert, dass graduelle Übergänge zwischen diesen beiden Systemtypen existieren und es sich nicht um zwei analytisch distinkte Typen handelt. Perrows Kritiker haben auch – zu Recht – stets auf das methodische Problem verwiesen, dass seine Einordnung auf einer recht subjektiven und z.T. willkürlichen Ex-post-Bewertung von Unfällen und nicht auf ex ante definierten systemimmanenten Eigenschaften basiert (vgl. Pidgeon 1997, Hopkins 1999, Rijpma 2003).

Ein weiteres Indiz stützt die Lesart, dass Komplexität für Perrow kein fixer Sachverhalt ist, sondern es vielmehr Verfahren gibt, mit deren Hilfe sich ein komplexes System linearisieren und damit weniger störanfällig gestalten lässt. In seiner Analyse des Luftverkehrs verweist Perrow darauf, dass zum einen „Komplexität und Kopplung durch technische Neuerungen

---

[6] Trotz seines Bestrebens, die Organisation in den Mittelpunkt zu rücken, lief Perrow somit stets Gefahr, technik-determinstisch zu argumentieren.

reduziert" (1987: 175) und so die Risiken durch Blackboxing minimiert werden können (vgl. 199).[7] Zum anderen – und in gewissem Widerspruch zur ersten Aussage – erklärt er den enormen Zuwachs an Sicherheit in der Luftfahrt damit, dass sich, trotz nach wie vor bestehender Komplexität und enger Kopplung, durch Realexperimente „unter realistischen und häufig extremen Bedingungen" eine „enorme Erfahrung" (188) angesammelt hat, die der Sicherheit des Gesamtsystems zugute kommt. Damit verlässt er aber seinen Ausgangspunkt, weil nunmehr die Verortung eines Systems innerhalb der beiden Pole ‚linear – komplex' nicht mehr fix, sondern dynamisch ist und zudem der subjektive Faktor (Erfahrung, Kompetenz etc.) eine wesentlich größere Rolle spielt als zuvor.[8]

Betrachtet man die Konzepte, die in der Literatur als Alternativen zu Perrow angeboten werden, so ergibt sich allerdings ein zwiespältiges Bild: Einerseits kann die Berechtigung der Kritik am Perrowschen Ansatz kaum bestritten werden. Andererseits drohen beispielweise in Barry Turners „disaster-incubation theory" (Turner/Pidgeon 1997) oder in James Reasons Konzept der „latent errors" (1990) wichtige Einsichten verloren zu gehen. Denn beide Autoren legen ihr Augenmerk auf kognitive Dissonanzen („mismatch"), subjektive Fehleinschätzungen und individuelle Fehlhandlungen, während das Design der Organisation und deren internen Strukturen und Prozesse eine weitaus geringere Rolle spielen, als dies bei Perrow der Fall war (vgl. Pidgeon 1997, Grote, in diesem Band). Einzig die High-reliability-Theorie hat den Anspruch nicht aufgegeben, die Faktoren, die für ein erfolgreiches Management von Hochrisikosystemen erforderlich sind, auch auf der Organisationsebene zu identifizieren (LaPorte/Consolini 1991).

2.3 Komplexität durch Limitierung des Wissens

Im Gegensatz zu den beiden bislang besprochenen Ansätzen, die in den Systemstrukturen objektive Ursachen für Komplexität verorten, gibt es zwei weitere Varianten der Komplexitätstheorie, die eher subjektive Faktoren heranziehen und die primäre Ursache von Komplexität in der Limitierung des menschlichen Wissens bzw. der menschlichen Problemverarbeitungskapazitäten sehen.

Fredmund Malik

Im Sinne der Konzepte, die dem linken unteren Quadranten des Schaubilds (subjektiv/quantitativ) zugeordnet werden können, postuliert beispielsweise Fredmund Malik:

> *„Das hervorstechendste Merkmal von sozialen Systemen, die sich jenseits des kritischen Komplexitätswertes befinden, ist nichts anderes als eben ihre, jede Kapazität des menschlichen Gehirnes übersteigende Komplexität, die sich quantitativ nur durch*

---

[7]   Dies steht in gewisser Weise quer zu seiner Behauptung, dass sekundäre Sicherheitssysteme ihrerseits die Komplexität steigern.

[8]   Damit nähert er sich in gewisser Weise dem dynamisierten Modell von Weick (vgl. Kap. 2.4) sowie dem Konzept der High-reliability-Organisationen (vgl. Kap. 3) an.

explosiv wachsende Funktionen der das System charakterisierenden Variablen beschreiben lässt." (2002: 83)

Das Zitat verdeutlicht zum einen den rein quantitativen Ansatz Maliks, der Komplexität nicht auf systeminterne Mechanismen und Dynamiken, sondern ausschließlich auf die Menge der Komponenten bezieht (vgl. 41), zum anderen den von ihm verwendeten Bezugspunkt der kognitiven Problemverarbeitungskapazität des Menschen, die er als Maßstab zur Vermessung von Komplexität verwendet. Und hier existieren für Malik offenbar nicht behebbare Defizite, weil nämlich

„die formalen Führungsorgane einer Unternehmung niemals über ausreichende Informationen, niemals über genügend Wissen und niemals über genügend Kenntnisse und Fertigkeiten verfügen können, um eine Unternehmung, die sich jenseits der Komplexitätsbarriere befindet, im Detail zu steuern und zu gestalten" (83).

Diese nahezu defätistische Einstellung speist sich, wie das Zitat deutlich belegt, wiederum aus einer rein quantitativen Bestimmung der Komplexitätsproblematik, die jedoch – anders als es bei den ‚objektivistischen' Ansätzen der Fall war – ihre Brisanz aus der generalisierten Behauptung einer prinzipiellen Unfähigkeit des individuellen Entscheidungs-Subjekts – bzw. der organisierten Entscheidungsprozesse – bezieht, geeignete Mechanismen zur Bewältigung von Komplexität und zur Steuerung komplexer Systeme zu entwickeln.

Uwe Schimank

Auch Uwe Schimank sieht Komplexität weniger als objektive Tatsache, sondern eher als ein subjektives Konstrukt, zieht aber mehr Varianten menschlichen Entscheidungshandelns in Betracht (vgl. auch seinnen Beitrag in diesem Band). Er fokussiert in seiner „Entscheidungsgesellschaft" (2005), die den Untertitel „Komplexität und Rationalität der Moderne" trägt, vor allem auf Prozesse der sozialen Interdependenz und die durch sie bewirkte Komplexität. Dabei steht für ihn der singuläre Entscheider im Mittelpunkt, dessen Problem es ist, die strukturelle Komplexität durch individuelles Entscheidungshandeln zu bewältigen. Ausführungen zu technisch bedingter Komplexität, zu nicht-linearen Systemdynamiken und zu organisationalen Strategien des Komplexitätsmanagements sucht man in seinem Buch vergeblich. Zudem ist Komplexität für Schimank offenkundig kein strukturelles Merkmal von Organisationen, Systemen etc., sondern eher ein Aspekt des individuellen Entscheidungshandelns.

Schimank verwendet den Komplexitätsbegriff ubiquitär und ohne klare Spezifikation.[9] Bereits ein einfaches Gefangenendilemma (132) ist für ihn ein Beispiel für soziale Komplexität. An vielen Stellen wird zudem deutlich, dass Komplexität für ihn ein quantitatives Problem ist, das mit der begrenzten Problemverarbeitungskapazität des menschlichen Individuums zusammenhängt (155f.). Dabei geht es einerseits um die Menge an Informationen, die verarbeitet, aber auch um die große Zahl sozialer Interaktionen, die bewältigt werden müssen.

---

[9]   Eine Definition von Komplexität findet sich allenfalls en passant auf Seite 371.

(Die Sozialdimension spielt bei Schimank eine prominentere Rolle als in allen anderen Ansätzen.)

Die zentrale These seines Buches bildet jedoch die Behauptung eines inversen Verhältnisses von Rationalität und Komplexität, die sich aus der Erkenntnis speist, dass „sich Rationalitätsbeschränkungen des Entscheidens aus der Komplexität von Entscheidungssituationen" (196) ergeben. Die „Kluft zwischen Komplexität und Rationalitätsanspruch" (173) entsteht für Schimank also aus der Unsicherheit, die einer komplexen Situation eigen ist, und dem daraus resultierenden Entscheidungsrisiko. Zwischen den beiden Extremen des perfekt-rationalen und des nicht-rationalen Entscheidens konstruiert Schimank daher ein „Kontinuum" (232) in Form einer Budgetgeraden, auf der sich reale Entscheidungsprozesse bewegen können (310, vgl. Abb. 2 im Beitrag Schimank in diesem Band). In dieser Dynamisierung des Modells liegt eine gewisse Ähnlichkeit mit dem Weickschen Ansatz (vgl. Kap. 2.4).[10]

Auf diesem Kontinuum lokalisiert Schimank drei Komplexitäts- und Rationalitätsniveaus, denen er drei Planungs- und Entscheidungsmodelle zuordnet: Ausgangspunkt ist der Inkrementalismus als ein Verfahren des begrenzt rationalen Entscheidens, das Schimank in der Mitte des Kontiuums verortet und ihn zu der Frage bringt, wie Entscheidungsprozesse ablaufen, die mehr bzw. weniger Rationalität beinhalten.

Die Schimanksche Formel lautet: Sinkt die Komplexität, so ist ein höheres Maß an Rationalität (und Planung) möglich, steigt sie hingegen, so bleibt nur der sukzessive Verzicht auf den Anspruch rationalen Handelns (311). Erscheint somit Komplexität hier zunächst als die unabhängige Variable, von der das Rationalitätsniveau abhängt (vgl. auch 195, 223), so modifiziert Schimank dieses Modell durch seinem Verweis auf Meta-Entscheidungen, aber auch zufällige Ereignisse, die dazu beitragen können, die Komplexität einer Entscheidungssituation zu beeinflussen und zu reduzieren (311, vgl. 234).

> „Das Komplexitätsniveau einer Entscheidungssituation ist also nicht von vornherein
> und unveränderlich festgelegt." (311)

Da die beiden Entscheidungsmodelle „Inkrementalismus" (in der Mitte der Geraden) und „Rationale Planung" (links oben) hinreichend bekannt sind, ist hier vor allem die Frage von Interesse, welches Entscheidungsmodell Schimank für Situationen hoher Komplexität (rechts unten) anbietet, in denen „weniger als Inkrementalismus" (371), also noch weniger als reines Durchwursteln, möglich ist. Schimank definiert Situationen hoher Komplexität durch ihre Undurchschaubarkeit, den hohem Zeitdruck und die geringen Einwirkungsmöglichkeiten (371). In derartigen Situation gehe es, so Schimank, nur noch darum, „im Spiel zu bleiben" (429), „durchzuhalten" (372) und auf bessere Zeiten zu warten bzw. zu hoffen, dass sich das Problem „irgendwie von selbst erledigt" (421).

Als die drei möglichen Strategien zum Umgang mit Situationen hoher Komplexität benennt Schimank daher (a) „Selbsttäuschungen" des Entscheiders u.a. durch Rationalitätsfiktionen

---

[10] Zudem lassen sich deutliche Parallelen mit den drei Dörnerschen Konzepten der Feinplanung, Grobplanung und Nicht-Planung feststellen (vgl. Dörner 1990: 272ff.); auch Dörner spricht bereits von der „Erhöhung oder Senkung des Auflösungsgrades" der Planung (275).

(372ff.), (b) die „Improvisation" (393ff.) sowie (c) das „Abwarten" (404ff.) – verbleibt also auch hier im Wesentlichen auf der individuellen Ebene der Problembewältigung. Als Beispiele – wie gesagt für Situationen hoher Komplexität und hohen Zeitdrucks – erwähnt Schimank die Entscheidung, Sport zu treiben (374), den Umgang von Schulen mit Disziplinproblemen (394), Steuerermäßigungen für Kinderreiche (395), Entscheidungsprozesse in Hochschulen (396), die Wohnungssuche (406), die Studien- und Berufswahl (417) u.a.m.

Verglichen mit der breit gefächerten Debatte der Organisationssoziologie über das Management komplexer sozio-technischer Systeme wirken diese Beispiele ein wenig befremdlich; es ist in keinem der Fälle erkennbar, inwiefern es sich um komplexe Systeme und nicht lediglich um komplizierte Entscheidungen handelt. Zudem lassen sich in vielen Fällen die Entscheidungsprozesse linearisieren und zeitlich entkoppeln.

Schließlich bleibt die Frage offen, inwieweit sich die Schimankschen Empfehlungen auf komplexe (Hochrisiko-)Systeme übertragen lassen, wie sie von Perrow, Karl Weick, Gene Rochlin und anderen thematisiert werden. Schimank vertritt dezidiert die These, dass hohe Komplexität zu einem Entscheidungshandeln nötigt, das kaum noch darauf abzielt, die Prozesse zu beeinflussen. Dabei bleibt zunächst unklar, ob man dann tatsächlich eine Chance bekommt, im Spiel zu bleiben – wenn beispielsweise ein Flugzeug abzustürzen droht – und ob es eine kluge Strategie ist, in einer derartigen Situation mit Rationalitätsfiktionen zu operieren bzw. zu improvisieren oder abzuwarten.

Zudem steht sein Modell, das mit der Budgetgeraden das Maximum der erreichbaren Rationalität markiert, in deutlichem Widerspruch nicht nur zur Praxis des Komplexitätsmanagements in Hochrisikosystemen (etwa der Flugsicherung), sondern auch zu entsprechenden Theorien (etwa dem Modell der High-reliability-Organisation, vgl. Kap. 3), die sich mit der Frage befassen, wie man die Fähigkeit zur Intervention und zur Steuerung auch in Situationen hoher Komplexität erhalten kann (vgl. auch den Beitrag von Bourrier in diesem Band).

Versucht man dennoch das Krisenmanagement im Cockpit (vgl. Weyer 1997) oder in den Leitständen von Energieversorgungssystemen (vgl. Lorenz 2007) auf der Schimankschen Budgetgeraden zu verorten, so ergeben sich zwei mögliche Ansätze:

- Entweder man akzeptiert die Möglichkeit, die Budgetgerade nach oben überschreiten zu können, wie es beispielsweise die High-reliability-Theorie tut, derzufolge ein rationales Krisenmanagement auch in Situationen hoher Komplexität möglich ist.

- Oder man betrachtet das Krisenmanagement als einen Versuch, die Situation zu redefinieren und damit deren Komplexität in einer Weise zu verringern, die rationales Handeln zumindest auf dem Niveau des Inkrementalismus wieder möglich macht (und sei es, indem die Fiktion der Durchschaubarkeit und Steuerbarkeit erzeugt wird, um das System wieder zu stabilisieren und – siehe Weick – den Stresslevel zu reduzieren).[11] Ein derartiges Krisenmanagement beinhaltete also eine Verschiebung des Rationalitäts- und Komplexitätsniveaus nach links oben.

---

[11] Dagegen steht jedoch Dörners Behauptungen, dass dieser Mechanismus der Entlastung durch Vereinfachung eine Ursache von Fehlhandlungen ist (1990: 273f.).

Eine Redefinition der Situation, die die Komplexität reduziert, wäre demzufolge etwa die Entscheidung der Flugsicherung, das in Not geratene Flugzeug zu priorisieren, oder die Entscheidung der Crew, den Autopiloten abzuschalten, aber auch die Anweisung des Leitstands eines Stromversorgungsnetzes an die Stromerzeuger, bestimmte Kapazitäten vom Netz zu nehmen, um es wieder zu stabilisieren (vgl. Schulman et al. 2004). Schimanks knappe Verweise auf Meta-Entscheidungen (234, 311) könnten derart interpretiert werden, dass es eine – von ihm allerdings nicht näher beschriebene – Instanz gibt, die derartige Verschiebungen auf der Budgetgeraden anstoßen kann. Es ist aber offenkundig, dass eine detaillierte Analyse dieses Mechanismus erfordern würde, die organisationale Rahmung von Entscheidungsprozessen stärker zu berücksichtigen, wie das beispielsweise die Theorie der High-reliability-Organisationen getan hat. Bei der Aufgabe, Komplexität zu reduzieren, kommen die Organisationen und ihre Fähigkeit zum Komplexitätsmanagement ins Spiel; diese Prozesse gehen deutlich über die Ebene des (hilflosen) singulären Entscheiders hinaus.

2.4 Komplexität durch individuelle Überforderung

Stärker als die zuletzt genannten Ansätze gehen die Modelle, die im rechten unteren Quadranten (qualitativ/subjektiv) zu verorten sind, von individuellen Fehleinschätzungen aus, die den Umgang mit komplexen Systemen erschweren. Die Ursachen dieses mangelnden Verständnisses der besonderen *Qualität* komplexer Systeme werden einerseits in kaum behebbaren kognitiven Defiziten (Dörner), andererseits in einem „mismatch" von realen Strukturen und kognitiven Modellen gesucht, das jedoch seinerseits strukturell bedingt ist (Weick).

Ähnlich wie Schimank entwickelt Karl Weick ebenfalls ein dynamisches Modell (allerdings auf einer Kurve statt auf einer Geraden), das graduelle Verschiebungen der Bewältigung komplexer Situationen beinhaltet; zudem schlägt er eine Brücke zwischen der Mikro-Ebene der subjektiven Perzeptionen und der Makro-Ebene der Systemstrukturen. Doch zuvor soll zunächst der individualpsychologisch angelegte Ansatz von Dietrich Dörner behandelt werden.

Dietrich Dörner

Für Dörner (1990, 2003) sind allein aufgrund der Tatsache, dass wir gewohnt sind, linear zu denken, Misserfolge geradezu vorprogrammiert. So hat er in Experimenten beispielsweise nachgewiesen, dass exponentielle Wachstumsprozesse von Versuchspersonen immer wieder falsch eingeschätzt werden; auch bereite es ihnen große Schwierigkeiten, die Wirkungen eigener Interventionen in komplexe Systeme zu antizipieren (vgl. auch Gleich 2002, Spehr 2004).[12] Genau genommen, lässt dies allerdings nur die Aussage zu, dass der Mensch kein Automat ist; zudem mag bezweifelt werden, ob es Sinn macht, die (hoch entwickelten) kognitiven Kapazitäten des Menschen, die es ihm beispielsweise ermöglichen, unbekannte Situationen angemessen einzuschätzen, an den abstrakten Anforderungen eines mathematisch exakten, maschinellen Funktionierens zu messen. Mit Hilfe der von Dörner verwendeten

---

[12] Schimank hat sich diese Interpretation weitgehend zu eigen gemacht (vgl. 2005: 155-165).

Methode lässt sich auf jeden Fall nicht mit hinreichender Sicherheit entscheiden, ob Fehlent-scheidungen dem Menschen oder dem fehlerhaft konstruierten, weil zu komplexen sozio-technischen System zuzurechnen sind.

Von daher sind auch Dörners Empfehlungen, die kognitiven Beschränkungen des Menschen durch eine „Vorkondensierung von Informationen durch den Computer" (1990: 281) zu überwinden, mit einer gewissen Skepsis zu betrachten. Denn bekanntermaßen sind informa-tionstechnische Systeme eine Quelle zusätzlicher Komplexität, die wiederum durch mensch-liches Entscheidungshandeln bewältigt werden muss. Dörner hält uns zwar den Spiegel vor, bietet aber wenig praktische Ansatzpunkte zur Behebung der Defizite.

Ferner sind Dörners Schlussfolgerungen insofern zu relativieren, als die Versuche mit nicht geschulten Laien durchgeführt wurden. Es ist fraglich, ob hochqualifizierte Profis wie etwa Piloten die gleichen Fehler machen würden. So besteht denn auch eine Konsequenz dieser individualpsychologischen Variante der Komplexitätsforschung darin, eine intensive Schu-lung der Personen zu fordern, die für das Management komplexer Systeme verantwortlich sind, beispielsweise in Form von Simulationen, Szenario-Techniken, Planspielen etc. (Dörner 1990: 281, Fisch 2004: 333-335). Da dies in den meisten komplexen Systemen (Luftverkehr, Energieversorgung etc.) bereits seit Langem der Fall ist, läuft diese Forderung – zumindest für professionelle Kontexte – in gewisser Weise ins Leere.[13]

Schließlich ist auch Dörners Hinweis auf den Selbstschutz-Mechanismus zweischneidig, mittels dessen die handelnden Personen das „eigene Kompetenzgefühl" (280) zu schützen versuchen, um überhaupt handlungsfähig zu bleiben. Denn einerseits können derartige Im-munisierungsstrategien zweifellos Ursachen von Fehlhandlungen sein. Andererseits hat aber bereits die Diskussion des Schimankschen Ansatzes gezeigt, dass es Meta-Entscheidungen der Reduktion von Komplexität gibt (bzw. geben muss), um in Situationen hoher Komplexi-tät und großen Zeitdrucks die Fähigkeit zum – halbwegs rationalen – Handeln wiederzuer-langen. Auch dies verweist darauf, dass man Entscheidungen (und das mit ihnen verbundene Risiko der Fehlentscheidung) nicht isoliert vom organisationalen und systemischen Kontext des Entscheidens betrachten kann.

Gudela Grote

Möglicherweise ist es ein falscher Ansatz, das Problem komplexer Systeme in der Unfähig-keit des Menschen zu sehen, diese zu verstehen und adäquat zu steuern – was letztlich auf die Forderung nach einer Zurichtung des Menschen auf die Anforderungen immer komplexer werdender technischer Systeme hinauslaufen würde. Gudela Grote kritisiert in ihren Arbeiten

---

[13] Die Frage, wie weit die Kompetenzen für ein erfolgreiches Komplexitätsmanagement reichen müssen, kann an dieser Stelle nicht vertieft werden. Ein oberflächliches Benutzungswissen, wie wir es uns beispielsweise im Umgang mit dem PC angewöhnt haben, wäre bei komplexen Systemen zweifellos inakzeptabel. Aber ein voll-ständiges Systemwissen zu erlangen, ist heute selbst für professionelle Bediener praktisch kaum noch möglich (vgl. dazu u.a. Dörner/Burschaper 1998, Schulz-Schaeffer 2000: 359f., Faber 2005). Piloten sprechen bei-spielsweise in Bezug auf ihr Flugzeug und dessen Steuerungssysteme immer wieder von einer Blackbox (Weyer 2008a).

diese Sichtweise scharf und pointiert (2005, 2004 sowie ihr Beitrag in diesem Band). Angesichts der zunehmenden Komplexität von Technik diagnostiziert sie eine „partielle Nicht-Kontrollierbarkeit von Technik" und verknüpft dies mit der Forderung, „Systeme so zu gestalten, dass Menschen unter allen Bedingungen die Kontrolle über diese Systeme behalten können" (2005: 65). Für sie ist nicht der Mensch an sich (aufgrund von Inkompetenz, kognitiver Defizite etc.) Ursache von Fehlern, sondern es ist der „Kontrollentzug durch Technik" (70), der den Menschen mit einer praktisch unlösbaren Aufgabe konfrontiert und ihn damit zum Risikofaktor macht. Sie fordert daher zum einen, die Zonen der Unsicherheit klar zu markieren und damit die menschlichen Operateure von der Verantwortung zu entlasten (65), zum anderen aber auch, sozio-technische Systeme so zu gestalten, dass Spielräume für die Entscheider auf der lokalen Ebene für ein effizientes „Unsicherheitsmanagement" (67) erhalten bleiben (vgl. 2004: 113f.).

Mit dieser Kritik von Grote verlassen wir aber den rechten unteren Quadranten und nähern uns wieder einer Sichtweise an, die – in der Tradition Perrows stehend – das Gesamtdesign des sozio-technischen Systems in den Mittelpunkt rückt und das Augenmerk auf dessen Strukturen sowie dessen interne Dynamik legt (rechter oberer Quadrant).

Karl Weick

Karl Weick ist ein Autor, der für den Brückenschlag zwischen einer Sichtweise von Komplexität steht, die die strukturellen Faktoren in den Mittelpunkt rückt, und einer Konzeption, die die subjektiven Perzeptionen und Konstrukte der Techniknutzer und -anwender berücksichtigt. Er unterbreitet die These einer Divergenz von objektiven Strukturen und subjektiver Wahrnehmung neuer Technologien, für die er die Formeln „technology on the floor" und „technology in the head" (1990: 17) geprägt hat.[14] Er sieht also eine Mehrschichtigkeit von Technik und entkoppelt das „mentale Modell", das die Techniknutzer bzw. -bediener haben, von dem „tatsächlichen Geschehen" (16), das sich innerhalb der Anlage abspielt. Dieser Ansatz kombiniert also eine ‚objektivistische' Sichtweise mit einer ‚subjektivistischen' Komponente, die es somit ermöglicht, unterschiedliche Formen der Inkongruenz von Realprozessen und subjektiven Interpretationen bzw. mentalen Repräsentationen in den Köpfen der Bediener zu konzipieren.[15]

Ähnlich wie für Perrow ist auch für Weick die Komplexität eines technischen Systems Resultat der systeminternen Interaktionen, weshalb er von „interaktiver Komplexität" (29) spricht. Gestützt auf die Entkopplungs-These geht Weick jedoch über Perrow insofern hinaus, als er diese interaktive Komplexität nunmehr dynamisch konzipiert und nicht statisch, wie Perrow es tat, der ja bei der Konstruktion seines Komplexitätsmodells zunächst von

---

[14] Ingo Schulz-Schaeffer sei für seine Interpretations- und Lesehilfe des teilweise bizarren Weick-Textes gedankt (2000: 349-356).

[15] Wie bei allen konstruktivistischen Ansätzen muss hier allerdings offen bleiben, wer über die Fähigkeit verfügt, unabhängig von subjektiven Interpretationen die Faktizität des Realen festzustellen und damit die mangelnde Äquivalenz von mentalen Modellen und modellierten Prozessen (vgl. Weick 1990: 38) zu messen. Dazu bedürfte es eines Super-Akteurs, der über einen Maßstab für die „richtige" Beobachtung verfügen müsste.

objektiven, konstruktiv bedingten Systemeigenschaften ausging. Weick zufolge kann sich hingegen im Laufe des Geschehens die Komplexität eines Systems verändern, weil die subjektive Wahrnehmung vom realen Geschehen entkoppelt ist.[16] Weick adaptiert dazu zunächst das Perrowsche Vierfelder-Schema:

	linear	komplex
eng	A (Stromnetz)	B (Flugzeug)
lose	C (Postamt)	D (Universität)

Quelle: Weick 1990: 30

Tabelle 3: Interaktive Komplexität (I)

Er bietet dann aber eine „inverted U-curve" (29) an, die der bekannten Yerkes-Dodson-Kurve (von 1908) ähnelt, mit der Psychologen den Zusammenhang von Stress und Leistung erklären. Auf dieser Kurve bewegen sich, Weick zufolge, die Systeme, wobei die Leistung (y-Achse) vom Stressniveau abhängt, das hier die unabhängige Variable bildet (x-Achse):

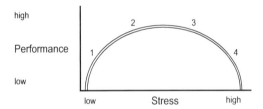

Abbildung 2: Inverted U-Curve

Die erste Botschaft dieser Kurve besteht darin, dass mit zunehmendem Stress die Leistung zunächst steigt (Stadium 2 und 3), dann aber wieder absinkt (Stadium 4). Weick verknüpft dies jedoch mit einer zweiten Botschaft, derzufolge die Systeme nicht – wie Perrow es behauptet – dauerhaft in einer der vier Zellen verbleiben, sondern sich mit dieser Bewegung zugleich ihr Charakter verändert, und zwar wie in Tabelle 4 beschrieben:

Mit zunehmendem Druck (Stadium 2) werden die Systeme als immer enger gekoppelt wahrgenommen, dann sogar als immer komplexer (Stadium 3), um sich dann schließlich in der Wahrnehmung des hochgradig Gestressten komplett zu desintegrieren (Stadium 4, vgl. S. 29-31). Obwohl sich an den objektiven Systemstrukturen nichts verändert, steigt also – so die Weicksche Botschaft – ihre Komplexität mit zunehmender Belastung des Bedienpersonals. Damit löst sich Weick von der objektivistischen, tendenziell technikdeterministischen Typo-

---

[16] Es sei allerdings darauf verwiesen, dass Weicks Argumentation gänzlich ohne Empirie-Bezug auskommt, was den Einwand provozieren könnte, dass es sich weitgehend um Spekulationen handelt.

logie Perrows[17] und gelangt zu einem Modell, das Zeitdruck und Stress als wesentliche Faktoren identifiziert, welche die subjektive Fähigkeit der Problemwahrnehmung und -verarbeitung beeinflussen und so die (Wahrnehmung von) Systemkomplexität verändern. Oder in eine vereinfachte Formel gebracht: Die Wahrnehmung von Komplexität hängt stark vom Stressempfinden der Akteure ab.

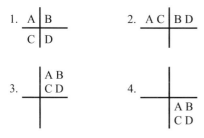

Tabelle 4: Interaktive Komplexität (II)

Weick kommt zu dem Schluss, „dass die Menschen ein einfaches, lineares System in ein interaktiv komplexes verwandeln" können (33). Komplexität erscheint hier somit primär als Resultat einer Anwendung fehlbarer mentaler Modelle durch menschliche Operateure. Allerdings geht Weick nicht so weit, die Ursachen für Komplexität ausschließlich beim subjektiven Faktor zu suchen, denn „interaktive Komplexität kann sowohl eine soziale Konstruktion als auch ein angeborenes Merkmal neuer Technologien sein" (37). Er akzeptiert damit Perrows Ansatz für die Makro-Ebene, erweitert ihn aber um die Mikro-Ebene des individuellen (Fehl-)Handelns. Und dabei spielt eben die fehlende Übereinstimmung („mismatch", 39) zwischen den mentalen Modellen und den von ihnen modellierten Prozessen eine zentrale Rolle (vgl. 38).

2.5 Fazit: Bausteine einer soziologischen Theorie der Komplexität

Der Überblick über die Theorielandschaft zum Thema Komplexität legt nahe, die Ansatzpunkte einer soziologischen Theorie komplexer Systeme einerseits in Modellen zu suchen, die sich mit den spezifischen strukturellen Qualitäten dieser Systeme befassen, andererseits aber auch in Modellen, welche die subjektiven Prozesse der Konstruktion bzw. Verarbeitung von Komplexität thematisieren. Rein quantitative Betrachtungen erwiesen sich als weniger ergiebig als Konzepte, die ihr Augenmerk auf die spezifische Qualität der Interaktionen in komplexen Systemen legen und insbesondere den Aspekt der Nicht-Linearität betonen.

Eine soziologische Theorie der Komplexität kommt – trotz oder gerade wegen der Unzulänglichkeiten des Perrowschen Ansatzes – nicht umhin, sich mit der strukturellen Tatsache der

---

[17] Wie oben erwähnt, hatte Perrow selbst bereits die Idee einer graduellen Verschiebung eingebracht – allerdings eher implizit.

Nicht-Linearität, der Eigendynamik und Emergenz zu befassen, und zwar nicht nur in Form von Lippenbekenntnissen, sondern in der systematischen Entwicklung empirisch überprüfbarer Systemmodelle. Ob die Welt beispielsweise durch die Einführung smarter Technik komplexer wird oder nicht, kann nicht ausschließlich dadurch beantwortet werden, dass man diese Frage an die Akteure delegiert und ihre sozialen Konstruktionsakte rekonstruiert.

Und dennoch geht es nicht ohne ein Verständnis der spezifischen Muster der Wirklichkeitskonstruktion und der Problemverarbeitung durch die Akteure, die aufgrund ihrer spezifischen kognitiven Ausstattung damit überfordert sind (vgl. Grote, in diesem Band), nicht-lineare Prozesse adäquat zu erfassen, und daher auch nur bedingt in der Lage sind, komplexe Systeme zu beherrschen und zu steuern, deren Verhalten von nicht-linearen Dynamiken geprägt ist.[18] (Einfacher gesagt: Der Mensch ist keine Maschine – zum Glück hat er andere Qualitäten.) Dies ist keine rein quantitative Frage der Limitierung des Wissens, sondern hier geht es um die Fähigkeit, in dem komplexem Verhalten eines sozio-technischen Systems Muster und Strukturen zu erkennen sowie adäquate Problemlösungen wie beispielsweise die (Entlastungs-)Strategie der Sequenzialisierung zu generieren. Dies kann, Gudela Grote folgend, natürlich auch bedeuten, auf bestimmte Formen der Steigerung von Komplexität zu verzichten und sozio-technische Systeme zu entwickeln, die an die Bedürfnisse und Fähigkeiten der Menschen besser angepasst sind.

Dies verweist auf die enge Verknüpfung von strukturellen und kognitiven Faktoren, denn vom Design des Systems hängt es maßgeblich ab, ob die Bediener eine reelle Chance haben, die ablaufenden Prozesse zu verstehen und effizient zu steuern. Und umgekehrt sind die Qualifikation, aber auch die Handlungsspielräume, die den Akteuren eingeräumt werden, wichtige Faktoren, die es ihnen ermöglichen, ein adäquates Bild der Lage selbst in komplexen Systemen zu konstruieren.

3   Komplexitätsmanagement

Die Vorstellung einer vollständigen Kontrolle komplexer Systeme ist zweifellos illusionär. Andererseits gibt es jedoch sicherheitskritische Bereiche wie den Luftverkehr, in denen man komplexe Systeme nicht sich selbst überlassen will, weil man nicht darauf vertrauen kann (bzw. will), dass sie allein aufgrund ihrer internen Dynamik die erwünschten Ergebnisse erbringen. Die Finanzmärkte, in denen der Ruf nach Regulierung seit der Finanzmarktkrise des Jahres 2008 immer lauter wird, sind ein weiterer Fall, der ein gewisses Misstrauen in die Selbstorganisationskräfte komplexer Systeme ratsam erscheinen lässt (vgl. auch den Beitrag von Svetlova in diesem Band). In die Debatte über Steuerung und Selbststeuerung komplexer Systeme werden daher immer wieder Konzepte eingebracht, die über den klassischen Dualismus von zentraler Steuerung und dezentraler Selbstorganisation hinausgehen und neuartige, intelligente Mischformen von Governance beinhalten, welche die Stärken der Governan-

---

[18]   Interviews mit PilotInnen, die wir im Januar 2007 geführt haben, sind ein deutlicher Beleg für die Verunsicherung, die komplexe Technik selbst bei geschulten Anwendern hervorruft (vgl. Weyer 2007, 2008a).

ce-Modelle ‚Hierarchie' und ‚Markt' nutzen, ihre bekannten Schwächen aber zu meiden versuchen. Helmut Willke identifiziert beispielsweise „eine Reihe von Hybridformen" (2007: 166), welche Elemente von Markt, Hierarchie und Netzwerk kombinieren, zum Beispiel flache Hierarchien, Kontextsteuerung, Matrixorganisation, aber auch gelenkte Autonomie, dezentrale Koordination sowie Allianzen (167). Auch lässt sich am Beispiel innovativer Verfahren der Steuerung des Luftverkehrs empirisch nachweisen, dass hier mit neuartigen Formen einer „Mixed Governance" (Weyer 2006, 2008a, 2009) experimentiert wird. Das traditionelle zentralistische Muster der Flugsicherung, bei dem der Fluglotse die Routen der Flugzeuge autoritär und unmissverständlich festlegt, wird zunehmend durch neuartige Formen der dezentralen Koordination ergänzt (und tendenziell ersetzt). Gestützt auf modernste Elektronik, handeln die Flugzeuge nicht nur Konflikte im Fall riskanter Annäherungen dezentral aus, sondern übernehmen immer stärker auch Aufgaben der Planung und Koordination, die zuvor die ausschließliche Domäne der Flugsicherung waren.

Welche Konsequenzen sich aus den in Kapitel 2 behandelten Ansätzen für das praktische Komplexitätsmanagement ergeben, hängt stark vom jeweiligen analytischen Fokus ab. Allerdings lässt sich bei vielen Autoren ein gewisses Missverhältnis zwischen dem Aufwand, der bei der theoretischen Analyse betrieben wird, und den daraus folgenden praktischen Implikationen konstatieren. Nicht immer werden explizite Vorschläge zum Komplexitätsmanagement unterbreitet, so dass man derartige Schlussfolgerungen teils implizit aus der Analyse ableiten muss. Dabei ergibt sich folgendes Bild:

3.1 Reduktion von Komplexität

Die Ansätze, die Komplexität als strukturelles Faktum bzw. als objektive Tatsache ansehen, befassen sich mit der Frage, wie Komplexität reduziert werden kann; denn Komplexität gilt als ein zu bewältigendes Problem, von dessen Lösung die Aufrechterhaltung und Fortsetzung der Operationen sozialer bzw. sozio-technischer Systeme abhängt.

Wenn man das Problem auf der quantitativen Ebene verortet (linker oberer Quadrant in Tabelle 1), läge es nahe, eine Beschränkung der Zahl der Komponenten vorzuschlagen, um das System auf diese Weise überschaubarer zu machen und die Koordinationsprobleme zu verringern. Zumindest aus der Perspektive der Theorie gesellschaftlicher Differenzierung wäre dies jedoch einen Rückschritt, da Gesellschaften damit auf die ‚Gewinne' aus Modernisierungsprozessen verzichten würden. Bei Luhmann findet sich daher der Verweis auf den Mechanismus der „Reduktion von Komplexität" durch Selektivität und darauf basierender Systembildung, was seinerseits aber eine „Steigerung von Komplexität" bewirkt, weil derartige Systeme in der Lage sind, „auf Basis der Restriktion höhere Komplexität organisieren zu können" (1997: 507). Systeme beschränken sich demnach auf ihre internen Probleme (das Wissenschaftssystem beispielsweise auf Wahrheitsfragen) und blenden damit zwar die Komplexität ihrer Umwelt aus, entwickeln jedoch aufgrund der Möglichkeiten zur Spezialisierung auf eine Sorte (spezifisch codierter) Kommunikation eine enorme Binnenkomplexität. Die unaufhörliche Steigerung von Komplexität erscheint bei Luhmann also als ein schier unentrinnbares Schicksal moderner Gesellschaften; und die spielerische Formel der ‚Steigerung von Komplexität durch Reduktion von Komplexität' gibt wenig konkrete Anhaltspunkte für praktische Maßnahmen. Zu der Frage, wie das Komplexitätsmanagement in Organisationen gestaltet werden könnte, findet man bei Luhmann keinerlei Hinweise – zweifellos auch deshalb, weil seine Ausführungen sich auf einer abstrakten Systemebene bewegen und nicht zu den konkreten Steuerungs- und Managementproblemen von Organisationen vordringen (vgl. die Kritik bei Mayntz 1987).

Liegt das Problem hingegen in der spezifischen Qualität der Interaktionen (rechter oberer Quadrant), ergeben sich andere Schlussfolgerungen für das Komplexitätsmanagement. Im Gegensatz zu Luhmann, dessen Analysen eher affirmativen Charakter haben, fordert Perrow in kritischem Gestus, bestimmte Typen von Hochrisikosystemen aufzugeben (u.a. Kernwaffen), einzuschränken (u.a. Schiffstransport) oder zumindest so zu verbessern (u.a. Staudämme), dass katastrophale Unfälle vermieden werden können (1987: 408). Auch bei Perrow lässt sich ein Missverhältnis von hunderten von Seiten Analysen und wenigen, dürren Worten zu den praktischen Konsequenzen konstatieren, die zudem methodisch fragwürdig sind, weil die Einstufung in die Kategorie ‚Hochrisikosysteme' lediglich auf der „subjektiven Einschätzung" (136) des Autors basiert und mangels präziser Kriterien und Indikatoren recht willkürlich wirkt (vgl. 401f.). Perrows Botschaft lautet demnach, auf Systeme zu verzichten, deren Katastrophenpotenzial aufgrund nicht-linearer Interaktionen, Common-Mode-Funktionen etc. hoch ist und für die zudem zu geringen Kosten Alternativen entwickelt werden können (408). Darüber hinaus findet man jedoch bei Perrow wenig konkrete Hinweise, wie ein praktisches Komplexitätsmanagement in Organisationen aussehen könnte, sieht man einmal von den oben zitierten Aussagen zur Verbesserung der Sicherheit durch Betriebserfahrung ab. Es wäre allerdings verfehlt, aus Perrows Analysen die Forderung nach einfachen, leicht durchschaubaren, weniger eng gekoppelten Systemen abzuleiten, die über mehr Puffer und verbesserte Eingriffsmöglichkeiten verfügen. Obwohl er diese Konsequenz oftmals nahelegt, zögert er jedoch, sie stark zu machen, denn auch er erkennt – ähnlich wie Luhmann – an, dass die Steigerung von Komplexität ein Kennzeichen der Moderne ist: Komplexe Systeme sind „effizienter als lineare Systeme", und „unter diesem Aspekt ist Komplexität durchaus wünschenswert" (129).

3.2   Erlernen des Umgangs mit komplexen Systemen

Die Ansätze, für die Komplexität eher ein subjektives Konstrukt ist, sehen Verbesserungspotenziale konsequenterweise vor allem auf der subjektiven Ebene, also in einer gründlicheren Schulung und Qualifikation des Bedienpersonals. Besteht das Problem in der Limitierung des individuellen Wissens, die mit der großen Menge verfügbarer Informationen nicht Schritt halten kann (linker unterer Quadrant), so könnte die Strategie darin bestehen, sich vermehrt Wissen anzueignen, was Malik jedoch, wie oben zitiert, für aussichtslos hält.

Alternativ bieten sich, Schimank zufolge, „Rationalitätsfiktionen" an (wie die, dass Sport gesund ist), die zwar „Selbsttäuschungen" sind, aber dazu beitragen, die Komplexität zu reduzieren und dem Handeln eine Orientierung zu verleihen (2005: 373-376). Auch „Meta-Entscheidungen" betrachtet Schimank als eine „Strategie des Umgangs mit Rationalitätsbeschränkungen" (234), die den oben beschriebenen Konflikt von Rationalität und Komplexität dahingehend auflösen, dass sie die „Rationalitätsanforderungen kontrolliert soweit herunterschrauben, dass sie erfüllbar werden" (ebd.). Das ändert zwar nichts an der Komplexität der Systemstrukturen, verringert jedoch die subjektiv wahrgenommene Komplexität und verschafft dem Entscheider neue Handlungsmöglichkeiten.

Besteht das Problem hingegen in einer prinzipiellen Überforderung des menschlichen Denkvermögens, wie Dörner es behauptet (rechter unterer Quadrant), dann ergeben sich im Prinzip zwei Möglichkeiten: Wenn man auf der individualpsychologischen Ebene bleibt, lautet die Empfehlung, das Denken in nicht-linearen Zusammenhängen zu schulen. Die Strategie besteht also nicht darin, Komplexität zu reduzieren, sondern sie anzunehmen und intelligente Formen des Umgangs mit komplexen Strukturen zu entwickeln. Einen informativ-kritischen Überblick über derartige Ansätze bietet Rudolf Fisch (2004), der vor allem auf Ansätze verweist, die das ganzheitliche, vernetzte, systemische Denken schulen (329, 333), ferner auf Methoden wie die Visualisierung komplexer Sachverhalten, die Szenariotechnik oder die Computersimulation. Die Funktion derartiger Verfahren ist es, die Probleme auf eine intuitiv erfassbare Weise zu präsentieren, mögliche Lösungen durchzuspielen und deren Konsequenzen zu bewerten (335f.), um so komplexe Aufgaben besser bewältigen zu können. Auch das systematische Training komplexen Denkens (339) wie auch Methoden der Stressbewältigung (332) gehören zum Arsenal dieses Ansatzes, der vor allem auf die Verbesserung der *individuellen* Kompetenzen des Komplexitätsmanagements abzielt.

Wenn man hingegen das Design des sozio-technischen Systems mit berücksichtigt, wie Grote es tut, dann reichen die Schlussfolgerungen über die Optimierung der individuellen Problemlösungsfähigkeit hinaus; sie beziehen dann das gesamte Arrangement mit ein, innerhalb dessen ein menschlicher Entscheider Komplexitätsmanagement betreiben muss. Dies wirft vor allem die Frage auf, wie viel Handlungsspielräume bereits bei der Gestaltung des sozio-technischen Systems vorgesehen werden, welche die Entscheider vor Ort in die Lage versetzen, kritische Situationen effizient und situationsgerecht zu bewältigen.

Mit Grote und Weick geht man jedoch über eine rein subjektivistische Perspektive insofern hinaus, als hier Fragen des strukturellen Designs komplexer Systeme mit der subjektiven Fähigkeit zur Bewältigung von Stress und Unsicherheit kombiniert werden. In dieser Kombination der beiden Ansätze, die sich in den *beiden* rechten Quadranten befinden, scheint mir der Schlüssel zu einer zukunftsweisenden Konzeption von Komplexitätsmanagement zu liegen. Denn hier steht die spezifische Qualität der Interaktionen in komplexen Systemen im Vordergrund und nicht die schiere Quantität der Komponenten. Zudem wird das Problem nicht auf einige wenige Faktoren reduziert, sondern stattdessen die Verknüpfung und wechselseitige Abhängigkeit der objektiven und der subjektiven Dimension in den Blick genommen.

3.3 High-reliability-Organisationen

Es ist eine der großen Leistungen der High-reliability-Theorie, die von Todd La Porte, Gene Rochlin, Karlene Roberts und anderen in den 1980er Jahren entwickelt wurde, diese enge Verbindung von struktureller Komplexität und subjektiver Problemlösungsfähigkeit thematisiert und zu einer Theorie des Komplexitätsmanagements von *Organisationen* verdichtet zu haben, die sowohl die System- als auch die Individualebene in den Blick nimmt (vgl. den

Beitrag von Bourrier in diesem Band sowie Weyer 2008b: 232-236). Dieser Ansatz, der m.E. bislang zu Unrecht zu wenig rezipiert wurde, befasst sich mit Organisationen, die zwar in der Praxis funktionieren, sich jedoch mit den bekannten Konzepten der (Organisations-)Theorie nicht adäquat erfassen lassen („working in practice, but not in theory", LaPorte/Consolini 1991).

Organisationen, die Hochrisiko-Systeme wie Flugzeugträger, Atomkraftwerke oder Energieversorgungsnetze betreiben, sind keine Trial-and-error-Organisationen, die in einem inkrementalen Prozess aus Fehlern lernen und dadurch immer besser werden. Im Gegensatz zu fehlertoleranten Organisationen, die in der Organisations- und Management-Literatur eine prominente Rolle spielen, können sie es sich einfach nicht leisten, Fehler zu machen, weil die Konsequenzen zu gravierend wären und sogar den Totalverlust des Systems zur Folge haben könnten. Sie sind zwar auch lernbereit; aber sie lernen durch Antizipation und permanentes Training und nicht durch Fehler, deren Vermeidung eine der zentralen Maximen von Highreliability-Organisationen ist. Zudem verfügen sie auch über Eigenschaften der bürokratischen Organisation im Sinne Max Webers, nämlich planvoll und rational entscheiden zu können, was – so der Stand der Forschung in der Organisationssoziologie – mit dem Typus der lernenden Organisation nur schwer vereinbar ist.

High-reliability-Organisationen bewerkstelligen diesen ‚Spagat' zwischen scheinbar widersprüchlichen Anforderungen, indem sie die Fähigkeit entwickeln, in unterschiedlichen Modi zu operieren: Im bürokratischen Routine-Modus operiert die Organisation gemäß den *standard operation procedures* (SOPs), die das Handeln der Beteiligten eindeutig festlegen und zudem die Autoritätsstrukturen innerhalb der Organisation definieren. Der Hochleistungs-Modus tritt beispielsweise bei Belastungsspitzen im morgendlichen Flugverkehr oder bei der Landung einer Staffel von Flugzeugen auf dem Flugzeugträger im Minutentakt ein. Hier ändern sich die Strukturen schlagartig hin zu teamförmigen Arbeitsformen, in denen die Funktion wichtiger ist als der formale Rang. Die Hierarchien flachen ab, die Vorgesetzten fungieren eher als Berater und Unterstützer; und die Entscheidung werden von den Experten vor Ort getroffen, ohne dass diese befürchten müssen, für mögliche Fehler belangt zu werden. Im Notfall-Modus schließlich – einer Notlandung eines Flugzeugs mit brennendem Triebwerk – laufen wiederum vorprogrammierte, einstudierte Szenarien ab, die zudem regelmäßig trainiert werden, um die Fähigkeit der Organisation zur Bewältigung von Krisen aufrechtzuerhalten (LaPorte/Consolini 1991, Clarke/Short 1993, Roberts 1993). Auf diese Weise managen High-reliability-Organisationen komplexe, eng gekoppelte Technologien und bewältigen Spitzenlasten unter Zeitdruck, *ohne* dass es zu einer Katastrophe kommt, wie sie Perrow für derartige Systeme prognostiziert.

High-reliability-Organisationen schaffen also Bedingungen, welche die Mitarbeiter im täglichen Betrieb in die Lage versetzen, perfekte Sicherheit in allen nur erdenklichen Situationen zu gewährleisten. Das Modell, das die Forschergruppe eher auf dem Weg über die Empirie als über die Theorie entwickelt hat, besteht im Kern aus „nested authority patterns" (LaPorte/Consolini 1991: 36), also der Fähigkeit von High-reliability-Organisationen, flexibel zwischen unterschiedlichen Operations-Modi umzuschalten. Dies war nicht nur in den 1980er Jahren, sondern ist auch heute noch eine Herausforderung für die Organisationssoziologie, der sich merkwürdigerweise nur wenige ForscherInnen gestellt haben (vgl. u.a. Schulman et al. 2004, Potthast 2008 sowie Bourrier in diesem Band).

Um komplexe Systeme erfolgreich zu managen, benötigt eine High-reliability-Organisation ausreichend Ressourcen, und zwar in finanzieller wie in personeller Hinsicht. Eine hohe Qualifikation des Personals, eine Kultur der Zuverlässigkeit sowie permanentes Training sind zudem unerlässlich, damit die menschlichen Komponenten des Systems die ihnen zugedachten Rollen effektiv ausfüllen und einen verlässlichen und sicheren Betrieb gewährleisten können. Inwiefern es unter den gegenwärtigen Bedingungen der Deregulierung und Privatisierung beispielsweise des Energiesektors noch möglich ist, die hohen Anforderungen an Zuverlässigkeit bei gleichzeitiger Auflösung der bisherigen Strukturen zu erfüllen, lässt sich bislang nur schwer ausmachen (vgl. Schulman et al. 2004).

Zu einem effizienten Komplexitätsmanagement gehört also offenbar auch die Fähigkeit (von Organisationen wie von Individuen), in unterschiedlichen Modi operieren zu können, in denen einmal eine zentrale, hierarchische Kontrolle, ein anderes Mal das Prinzip der dezentralen Selbstorganisation vorherrscht. Intelligente Organisation nutzen offenbar die Vorteile unterschiedlicher Governance-Modi und entwickeln die Fähigkeit zum „Switch" (vgl. Grote et al. 2004). In den oben diskutierten Konzepten von Schimank und Weick, ansatzweise auch bei Perrow, vor allem aber im Modell der High-reliability-Organisationen ist zudem die Vorstellung präsent, dass Komplexität kein fixer Sachverhalt ist, sondern sich temporäre Verschiebungen (auf Skalen, Kurven etc.) ergeben, deren Bewältigung offenbar ein nicht zu unterschlagendes Moment eines erfolgreichen Komplexitätsmanagements ausmacht.

4   Literatur

Ahlemeyer, Heinrich W./Roswita Königswieser (Hg.), 1998: *Komplexität managen. Strategien, Konzepte und Fallbeispiele.* Wiesbaden: Dr. Th. Gabler Verlag.

Brooks, Rodney, 2002: *Menschmaschinen. Wie uns die Zukunftstechnologien neu erschaffen.* Frankfurt/M.: Campus.

Clarke, Lee/James F. Short, 1993: Social Organization and Risk: Some Current Controversy. In: *American Review of Sociology* 19: 375-399.

Deuten, J. Jaspar, 2003: *Cosmopolitanising Technologies. A Study of Four Emerging Technological Regimes.* Twente: Twente University Press.

Dörner, Dietrich, 1990: Von der Logik des Misslingens. In: Margarete Boos/Rudolf Fisch (Hg.), *Vom Umgang mit Komplexität in Organisationen. Konzept - Fallbeispiele - Strategien.* Konstanz: UVK, 257-282.

Dörner, Dietrich, 2003: *Die Logik des Mißlingens. Strategisches Denken in komplexen Situationen.* Reinbek: Rowohlt.

Dörner, Dietrich/Cornelius Burschaper, 1998: Denken und Handeln in komplexen Systemen. In: Heinrich W. Ahlemeyer/Roswitha Königswieser (Hg.), *Komplexität managen. Strategien, Konzepte und Fallbeispiele.* Wiesbaden: Dr. Th. Gabler Verlag, 79-91.

Epstein, Joshua M./Robert Axtell, 1996: *Growing Artificial Societies. Social Science from the Bottom Up.* Washington, D.C.: Brookings Inst. Press.

Faber, Gerhard, 2005: *System Awareness im Glass Cockpit - Wie weit müssen Piloten die Subsysteme ihres Flugzeugtyps verstehen? (Ms.).*

Fink, Robin D., 2008: *Untersuchung hybrider Akteurskonstellationen mittels Computersimulation (Diplomarbeit).* Dortmund.

Fisch, Rudolf, 2004: Was tun? - Hinweise zum praktischen Umgang mit komplexen Aufgaben und Entscheidungen. In: Rudolf Fisch/Dieter Beck (Hg.), *Komplexitätsmanagement. Methoden zum Umgang mit komplexen Aufgaben in Wirtschaft, Regierung und Verwaltung.* Wiesbaden: VS-Verlag, 319-345.

Gandolfi, Alberto, 2001: *Von Menschen und Ameisen. Denken in komplexen Zusammenhängen.* Zürich: Orell Füssli.

Gleich, Michael, 2002: *Web of life. Die Kunst vernetzt zu leben.* Hamburg: Hoffmann und Campe.

Grote, Gudela, 2005: Menschliche Kontrolle über technische Systeme - ein irreführendes Postulat. In: Katja Karrer/Boris Gauss/Christiane Steffens (Hg.), *Beiträge zur Mensch-Maschine-Systemtechnik aus Forschung und Praxis.* Düsseldorf: Symposion Publishing, 65-78.

Grote, Gudela et al., 2004: Setting the Stage: Characteristics of Organizations, Teams and Tasks Influencing Team Processes. In: Rainer Dietrich/Traci Michelle Childress (Hg.), *Group Interaction in High Risk Environments.* Aldershot: Ashgate, 111-139 und 274-276.

Hopkins, Andrew, 1999: The limits of normal accident theory. In: *Safety Science* 32: 93-102.

LaPorte, Todd R./Paula M. Consolini, 1991: Working in Practice But Not in Theory: Theoretical Challenges of "High Reliability Organizations". In: *Journal of Public Administration Research and Theory* 1: 19-47.

Lorenz, Anja J., 2007: *Management komplexer Systeme - Elektrizitätsnetzwerke in Deutschland (Diplomarbeit).* Dortmund.

Luhmann, Niklas, 1975: Komplexität. In: Niklas Luhmann (Hg.), *Soziologische Aufklärung, Bd. 2.* Opladen: Westdeutscher Verlag, 255-276.

Luhmann, Niklas, 1984: *Soziale Systeme. Grundriß einer allgemeinen Theorie.* Frankfurt/M.: Suhrkamp.

Luhmann, Niklas, 1997: *Die Gesellschaft der Gesellschaft.* Frankfurt/M.: Suhrkamp.

Malik, Fredmund, 2002: *Strategie des Managements komplexer Systeme. Ein Beitrag zur Management-Kybernetik evolutionärer Systeme.* Bern: Haupt Verlag.

Mayntz, Renate, 1987: Politische Steuerung und gesellschaftliche Steuerungsprobleme - Anmerkungen zu einem theoretischen Paradigma. In: Thomas Ellwein et al. (Hg.), *Jahrbuch zur Staats- und Verwaltungswissenschaft.* Baden-Baden: Nomos, 89-110.

Nonaka, Ikurijo/Hirotaka Takeuchi, 1997: *Die Organisation des Wissens - wie japanische Unternehmen eine brachliegende Ressource nutzbar machen.* Frankfurt/M.: Campus.

Perrow, Charles, 1987: *Normale Katastrophen. Die unvermeidbaren Risiken der Großtechnik.* Frankfurt/M.: Campus.

Peters, Thomas J., 1992: *Jenseits der Hierarchien. Liberation Management.* Düsseldorf: Econ.

Pidgeon, Nick, 1997: The Limits to Safety? Culture, Politics, Learning and Man-Made Disasters. In: *Journal of Contingencies and Crisis Management* 5: 1-14.

Popitz, Heinrich, 1995: Epochen der Technikgeschichte. In: Heinrich Popitz (Hg.), *Der Aufbruch zur Artifiziellen Gesellschaft. Zur Anthropologie der Technik.* Tübingen: J.C.B. Mohr, 13-43.

Potthast, Jörg, 2008: Ethnography of a paper strip. The production of air safety. In: *Science, Technology & Innovation Studies* 4: 47-68, www.sti-studies.de.

Reason, James T., 1990: *Human Error.* Cambridge/Mass.: Cambridge University Press.

Resnick, Michael, 1995: *Turtles, Termites, and Traffic Jams. Explorations in Massively Parallel Microworlds (Complex Adaptive Systems)*. Cambridge/Mass.: MIT Press.

Richter, Klaus/Jan-Michael Rost, 2004: *Komplexe Systeme*. Frankfurt/M.: Fischer.

Rijpma, Jos A., 2003: From Deadlock to Dead End: The Normal Accidents-High Reliability Debate Revisited. In: *Journal of Contingencies and Crisis Management* 11: 37-46.

Roberts, Karlene A. (Hg.), 1993: *New Challenges to Understanding Organisations*. New York: Macmillan.

Schimank, Uwe, 2005: *Die Entscheidungsgesellschaft. Komplexität und Rationalität der Moderne.* Wiesbaden: VS-Verlag.

Schulman, Paul et al., 2004: High Reliability and the Management of Critical Infrastructures. In: *Journal of Contingencies and Crisis Management* 12: 14-28, www3.interscience.wiley.com/ journal/118796214/abstract?CRETRY=1&SRETRY=0.

Schulz-Schaeffer, Ingo, 2000: *Sozialtheorie der Technik*. Frankfurt/M.: Campus.

Spehr, Michael, 2004: Die Physik des Staus. Neue Wege gegen den Kollaps auf der Straße. In: Frankfurter Allgemeine Zeitung 14.09.2004: T1.

Turner, Barry A./Nick F. Pidgeon, 1997: *Man-Made Disasters*. Oxford: Butterworth-Heinemann.

Weick, Karl E., 1990: Technology as Equivoque: Sensemaking in New Technologies. In: Paul S. Goodmann/Lee S. Sproull (Hg.), *Technology and Organizations*. San Francisco: Jossey-Bass Publishers, 1-44.

Weyer, Johannes, 1997: Die Risiken der Automationsarbeit. Mensch-Maschine-Interaktion und Störfallmanagement in hochautomatisierten Verkehrsflugzeugen. In: *Zeitschrift für Soziologie* 26: 239-257.

Weyer, Johannes, 2006: Modes of Governance of Hybrid Systems. The Mid-Air Collision at Ueberlingen and the Impact of Smart Technology. In: *Science, Technology & Innovation Studies* 2: 127-149, www.sti-studies.de.

Weyer, Johannes, 2007: Ubiquitous Computing und die neue Arbeitswelt. In: Klaus Kornwachs (Hg.), *Bedingungen und Triebkräfte technologischer Innovationen. Beiträge aus Wissenschaft und Wirtschaft*. Berlin: acatech, 159-171.

Weyer, Johannes, 2008a: Mixed Governance - Das Zusammenspiel von menschlichen Entscheidern und autonomer Technik im Luftverkehr der Zukunft. In: Günter Voß/Ingo Matuschek (Hg.), *Luft-Schichten. Arbeit, Organisation und Technik im Luftverkehr*. Berlin: edition sigma, 188-208.

Weyer, Johannes, 2008b: *Techniksoziologie. Genese, Gestaltung und Steuerung sozio-technischer Systeme (Grundlagentexte Soziologie)*. Weinheim: Juventa.

Weyer, Johannes, 2009: Transformation of Complex Systems in the Era of Autonomous Technology. The Case of Air Transportation. In: Volker Schneider/Johannes M. Bauer (Hg.), *Complexity and Large Technical Systems (in Vorb.)*.

Weyer, Johannes et al., 1997: *Technik, die Gesellschaft schafft. Soziale Netzwerke als Ort der Technikgenese*. Berlin: edition sigma.

Willke, Helmut, 1995: *Systemtheorie III: Steuerungstheorie. Grundzüge einer Theorie der Steuerung komplexer Sozialsysteme*. Stuttgart: Gustav Fischer.

Willke, Helmut, 1998: *Systemisches Wissensmanagement*. Stuttgart: UTB.

Willke, Helmut, 2007: *Smart Governance. Governing the Global Knowledge Society*. Frankfurt/M.: Campus.

Windeler, Arnold/Jörg Sydow, 1998: Management und Reflexivität - Management interorganisationaler Netzwerke. In: Heinrich W. Ahlemeyer/Roswitha Königswieser (Hg.), *Komplexität managen. Strategien, Konzepte und Fallbeispiele*. Wiesbaden: Dr. Th. Gabler Verlag, 147-162.

Komplexitätstheorie

Von der Governance- zur Komplexitätstheorie

Entwicklungen der Theorie gesellschaftlicher Ordnung[1]

Volker Schneider und Johannes M. Bauer

Abstract

Governance beinhaltet die Koordination und Regulierung gesellschaftlicher Aktivitäten durch eine Vielzahl von Mechanismen. Diese reichen von allgemeinverbindlichen Entscheidungen bis hin zu unkoordiniertem individuellen Handeln, welches nur durch gesellschaftliche Normen und Prinzipien der Vernunft geleitet wird. In der politikwissenschaftlichen Literatur der 1950er und 1960er Jahre wurde dieses theoretische Problem im Sinne von ‚Kontrolle' und ‚Regelung' in unterschiedlichen Spielarten der Systemtheorie behandelt. Diese systemtheoretische Perspektive wurde während der 1980er Jahre von individualistischen Ansätzen, allen voran dem Rational-choice-Ansatz, verdrängt, wobei die Makro-Perspektive gesellschaftlicher Regulierung verloren ging. Auch wenn die Governance-Theorie auf diese Fragen einzugehen sucht, ist ihre Verankerung in allgemeinen Gesellschaftstheorien eher gering. Der vorliegende Beitrag argumentiert, dass verschiedene theoretische Strömungen, die auf Elemente der Komplexitätstheorie zurückgreifen, eine breitere und tiefere theoretische Fundierung für Koordinations-, Steuerungs- und Regulierungstheorien bieten als bisherige Ansätze. Die Komplexitätstheorie wurde ursprünglich in der Physik und Biologie entwickelt. Sozialwissenschaftler erkannten jedoch schnell ihr Potenzial für die Formulierung

---

[1] Eine frühere und ausführlichere Fassung diese Beitrages wurde auf dem Jahrestreffen der Midwest Political Science Association in Panel 33.26 "Political Theory and Theories of Political Science", 14. April 2007 in Chicago präsentiert. Die Übersetzung wurde von Martin Schmidt angefertigt. Die Forschungsarbeiten wurden durch das Transcoop Programm der Alexander von Humboldt Stiftung und durch das Quello Center for Telecommunication Management and Law an der Michigan State University unterstützt. Die Autoren danken Johannes Weyer für detaillierte und hilfreiche Kommentare.

dynamischer Theorien der Evolution gesellschaftlicher Systeme. Obgleich sich die einzelnen Ansätze im Detail unterscheiden, verfügen sie dennoch über einige gemeinsame Elemente. Darunter fallen etwa die explizite Modellierung multipler positiver und negativer Rückkopplungen zwischen den Akteuren im System, das Konzept des Lernens und der Adaption auf der Ebene der zielgerichtet handelnden Akteure sowie die Idee der Mehrebenen-Struktur sozialer Systeme, in denen Phänomene der oberen Ebenen aus Interaktionen auf unteren Ebenen entstehen, von diesen jedoch nicht vollständig determiniert werden.

1 Einleitung

Innerhalb der letzten zwei Jahrzehnte avancierte Governance zu einem der wichtigsten Konzepte in den Sozialwissenschaften. Ausgehend von der Organisationssoziologie und Managementlehre der späten 1960er und 1970er Jahre verbreitete sie sich während der 1980er und 1990er Jahre in nahezu allen Sparten der Sozialwissenschaften. Die Governance-Theorie wurde zu einer konzeptionellen Brücke zwischen einer wachsenden Anzahl von Disziplinen und beeinflusste die politische Praxis auf nationaler wie internationaler Ebene (Van Kersbergen/Van Waarden 2004, Schuppert 2008).

Eine ihrer wesentlichen Stärken ist, dass sie einen abstrakten Rahmen zur Verfügung stellt, der ein breites Spektrum institutioneller Arrangements und Mechanismen abdeckt, um Koordination, Regulierung und Kontrolle sozialer Systeme und Subsysteme zu konzeptionalisieren. Während der letzten zehn Jahre wurde das Konzept jedoch eindeutig ‚überdehnt'. Viele Wissenschaftler benutzen es inzwischen als konzeptionelle Allzweckwaffe mit inflationären Bedeutungen, ähnlich wie die Begriffe ‚System' und ‚Struktur' in den 1970er Jahren verwendet worden waren. Andererseits dürfte es gerade diese Vieldeutigkeit sein, die das Governancekonzept an so viele Gesellschaftstheorien anschlussfähig macht.

Unser Hauptargument besteht darin, das der Begriff ‚Governance' über großes Potenzial verfügt, so lange er nicht als holistische Makrostruktur konzeptionalisiert wird, um die funktionale ‚Logik' ganzer Sektoren, Länder oder gar Regionen der Welt zu beschreiben. Die Analyse von Governancestrukturen muss die Mikro- und Makroebene verbinden und konkrete Mechanismen und Kombinationen derselben spezifizieren, durch die Steuerung und Selbststeuerung in modernen Gesellschaften gelingt. Governance kann daher als eine modernisierte Version der Systemtheorie begriffen werden. Jüngere Entwicklungen auf dem Gebiet der Komplexitätstheorie können diesen Ansatz bereichern. Auf diesem Weg kann eine realistische Ontologie konstruiert werden, wie moderne Gesellschaften sich entwickeln, ihre Ordnung und Stabilität aufrecht erhalten und sich an neue Situationen anpassen.

Dieser Beitrag will keinen umfassenden Überblick über die florierende Governance-Literatur geben, sondern wird sich auf deren Hauptprobleme und eine Neukonzeptionalisierung aus der Komplexitätsperspektive konzentrieren. Wir beginnen mit einem kurzen Überblick über die ‚alte' Systemtheorie, in dem wir diskutieren, wie dieser Ansatz das Problem der gesellschaftlichen Kontrolle und Selbstregulierung behandelt und welche Fragen dabei offen bleiben (Kap. 2). Kapitel 3 gibt einen Überblick über Konzepte gesellschaftlicher Ordnung und

Kontrolle aus Sicht der Governance-Theorie. Kapitel 4 präsentiert drei alternative Ansätze sozialwissenschaftlicher Theorien komplexer Systeme. Im letzten Teil (Kap. 5) werden schließlich die Implikationen des Komplexitätsansatzes für die Governance-Theorie erörtert.

2 Von der traditionellen Systemtheorie zur Governance-Theorie

In diesem Abschnitt argumentieren wir, dass die Governance-Theorie eine moderne Variante der Systemtheorie darstellt, die sich als struktureller und institutioneller Ansatz zur Betrachtung und Analyse vielfältiger Formen gesellschaftlicher Koordination und Steuerung eignet. Demzufolge schaffen Gesellschaften soziale und politische Ordnung nicht nur durch zentrale Entscheidungen und hierarchische Kontrolle, sondern ebenfalls durch lokale Interaktionen und horizontale Koordination. Um zu diesen Ergebnissen zu gelangen, hatte die Gesellschaftstheorie einen weiten Weg zurückzulegen.

Wie Joseph Tainter (1988: 33-34) überzeugend darlegt, gibt es – trotz der unbestrittenen Vielfalt an Theorien in den Sozialwissenschaften – im Wesentlichen zwei Hauptdenkrichtungen, die als ‚Konflikt'- und ‚Integrationstheorien' bezeichnet werden können. Die wichtigsten klassischen Beiträge zur Konfliktschule wurden von der englischen und schottischen Philosophie der Aufklärung, vom Marxismus und dem amerikanischem Pluralismus geleistet. Zentrale Beiträge zur integrationistischen Sichtweise kamen dagegen von Herbert Spencer, Emile Durkheim und Talcott Parsons. Während Konflikttheorien betonen, dass Gesellschaften trotz divergierender Interessen zusammenhalten, stellen Anhänger der Integrationstheorie den Zusammenhalt in den Vordergrund und schreiben Konflikten eine geringere Bedeutung zu. Die Integrationstheorien betonen (1) gemeinsame, nicht konfligierende Interessen; (2) gegenseitige Vorteile anstelle von Macht und Ausbeutung; (3) Konsens, nicht Zwang; und (4) sie beschreiben Gesellschaften als integrierte Systeme anstatt als Arenen für Machtkämpfe. Beide Schulen können in Makro- und Mikroperspektiven unterteilt werden, entsprechend ihrer vorherrschenden Analyseebene (Bunge 1998; 2000).

2.1 Makroperspektiven

In Makro-Versionen der *Konflikttheorie* wird der organische oder mechanistische Blick auf eine Gesellschaft in eine Vielzahl von widerstreitenden Gruppen oder Individuen aufgelöst. Gesellschaften und Staaten werden als Schauplätze von Machtkämpfen betrachtet, und Politik bildet eine friedliche Art, Konflikte auszutragen. Während sich eine solche ‚Arena-Perspektive' in vielen Ansätzen findet, stellen pluralistische Theorien vermutlich die reinste Erscheinungsform der Konflikttheorie dar. Der Pluralismus gelangte insbesondere in den Vereinigten Staaten zu großer wissenschaftlicher Bedeutung, wobei seine bekanntesten Vertreter zweifellos Arthur Bentley (1967) und David Truman (1971) waren. Dieser Sichtweise zufolge ist Politik ein endloser Kampf zwischen gesellschaftliche Gruppen. Der Staat selbst wird aufgelöst in eine Vielzahl von widerstreitenden und kooperierenden Gruppen, sofern er nicht selbst als eine Interessengruppe oder als neutraler Schiedsrichter betrachtet wird. In diesem Falle erfasst er lediglich den von Gruppen ausgeübten Druck und passt seine Entscheidungen an sich verändernde Gruppenkräfte an. In der extremsten Form besitzen institutionelle Arrangements keinerlei eigene Bedeutung mehr, sondern sind lediglich Ausdruck der widerstreitenden sozio-politischen Kräfte.

Das andere Lager dieser Theorieentwicklung bilden die *Integrationstheorien*, die auf der Makroebene angesiedelt sind und welche die Herstellung und den Erhalt einer sozialen Ordnung durch funktional spezialisierte gesellschaftliche Subsysteme wie Staat, Kultur und Wirtschaft erklären. Staatliches Handeln wird nicht länger durch subjektive oder instrumentelle Motive begründet, sondern durch objektive Erfordernisse und systemische Einflüsse. Solche Anschauungen fanden sich häufig in systemischen Ansätzen des Neo-Marxismus (z.B. Staatsableiterdiskussion) und, wichtiger noch, im soziologischen Strukturfunktionalismus. Beide Perspektiven können als Antworten auf die Defizite konflikttheoretischer Ansätze sowie legalistischer Theorien von Staat und Gesellschaft gesehen werden.

In der Politikwissenschaft waren die bekanntesten Vertreter dieses systemtheoretischen Ansatzes Parsons (1951), David Easton (1967) sowie Gabriel Almond und Bingham Powell (1966). Diese Autoren versuchten, die verschiedenen Funktionen und Subsysteme zu identifizieren, mit deren Hilfe Gesellschaften ihre Ordnung und Stabilität aufrechterhalten, sich aber auch an neue Gegebenheiten anpassen. In der Perspektive Parsons' als auch Almonds und Powells bildet die Kultur eine wichtige integrative Kraft – eine Annahme, die zu groß angelegten Forschungsprogrammen über politische Kultur in den späten 1960er und frühen 1970er Jahren führte.

Eine Sonderform der *Systemtheorie* wurde in Deutschland durch Beiträge von Niklas Luhmann (1984) und Helmut Willke (1987) entwickelt, die ebenfalls die funktionale Differenzierung betonen und auf ,objektive' Funktionen des politischen Systems wie auch anderer Subsysteme moderner Gesellschaften verweisen. Neu an Luhmanns Perspektive war vor allem die Konzeptionalisierung gesellschaftlicher Systeme als Formen spezialisierter Kommunikation, wobei eine Vielzahl funktionaler Subsysteme an der Herstellung sozialer Ordnung beteiligt ist.

Ein gemeinsames Ziel dieser Ansätze war die exakte Bestimmung der objektiven Kräfte, die unterhalb der Oberfläche formaler politischer Strukturen wirken. Politische Handlungen erklärte man weniger aus den konkreten Motiven oder Interessen gesellschaftlicher Akteure als vielmehr durch einen objektiven Problemdruck sowie strukturelle Erfordernisse. Öffentliche Politik wurde, wie Renate Mayntz (1982) zu Recht kritisierte, auf einen ,Problemlösungsprozess' reduziert. Politische Outputs wurden erklärt (1) durch die Existenz systemischer Bedürfnisse und (2) durch die Annahme, das politische System sei eine ,gesellschaftliche Selbstregulierungsmaschine' mit dem Ziel, aufkommende Probleme zu lösen.

Diese *funktionalistische Sichtweise* stieß auf heftige Kritik. Insbesondere Wissenschaftsphilosophen betonten den tautologischen und teleologischen Inhalt dieser Erklärungslogik (Hempel 1965) sowie die Unfähigkeit, jene spezifischen Mechanismen und gesellschaftlichen Kräfte aufzudecken, durch welche Funktionen und Effekte zustande kommen (Elster 1989; Bunge 1996). Während der 1980er und 1990er Jahre schwand innerhalb der Politikwissenschaft die Bedeutung der Systemtheorie als allgemeiner Gesellschaftstheorie. Wenn das Konzept des Systems benutzt wurde, dann nicht mehr im Sinne umfassender Regulierungs- und Steuerungsmechanismen, sondern vielmehr im Sinne einer relationalen Struktur wechselseitiger Beziehungen. In Thomas Hughes' Konzept großtechnischer Systeme etwa bezeichnete der Begriff System lediglich ein Netz technischer und sozialer Interdependenzen und deren wirtschaftliche und politische Auswirkungen (Hughes 1986).

Als Reaktion auf diese Kritik an der Systemtheorie entstand in den 1980er Jahren eine Reihe von Ansätzen, welche die Komponenten und Prozesse identifizierten, mittels derer Integration erreicht wird. Eine dieser Varianten ist der strukturelle Ansatz, der vom Strukturfunktionalismus zu unterscheiden ist, da er die strukturierenden Effekte sozialer Beziehungen betont, ohne zugleich auf funktionale Imperative zu verweisen. Strukturen erleichtern einerseits bestimmte Entwicklungen, beinhalten anderseits jedoch auch Restriktionen, die sich aus den strukturellen Beziehungen ergeben. Aus diesem Blickwinkel betrachtet, erscheint ein politisches System gleichermaßen als eine strukturierte Arena als auch als strukturierter Akteur, was bedeutet, dass die Handlungen dieses Systems von unterschiedlichen Arrangements geprägt sind, durch welche die Handlungseinheiten konstituiert werden und in die sie eingebettet sind. Institutionalistische Versionen dieses Ansatzes setzten Strukturen zumeist mit Regelsystemen gleich. Während im konventionellen Institutionalismus solche Systeme zum größten Teil auf konstitutionelle Regelungen und rechtliche Bestimmungen reduziert wurden, betrachteten neuere Varianten des institutionalistischen Ansatzes ebenfalls die Rolle, die informelle Regeln und historische Traditionen bei der Schaffung sozialer und politischer Ordnung spielen.

2.2 Mikroperspektiven

Als Antwort auf die Kritik an deterministischen Vorstellungen wie auch der strikten Trennung von Mikro- und Makroanalysen wurden im Laufe der 1980er Jahre neue Konzepte entwickelt. Sowohl Rational-choice-Theorien als auch die Neue Politische Ökonomie, die gleichermaßen Elemente von Pluralismus und Institutionalismus kombinieren, lassen sich dieser theoretischen Bewegung zurechnen. Noch bedeutsamer für unsere Perspektive sind Ansätze, die *System- und Handlungstheorie* kombinieren oder Strukturalismus und Individualismus miteinander verknüpfen. Beispiele hierfür sind etwa James Colemans (1990) „individualistischer Strukturalismus", der „akteurzentrierte Institutionalismus" (Mayntz/Scharpf 1995; Scharpf 1997), Elinor Ostroms Regelsystem-Ansatz (1990; 2000), Mario Bunges „Systemismus" (2000) und sogar Varianten des historischen Institutionalismus, dem zufolge Akteure teilweise autonom agieren, aber zugleich institutionell „eingebettet" sind (Thelen 1999).

Die meisten dieser Ansätze verwenden für gesellschaftliche Analysen eine Mehrebenenperspektive, um zu betonen, dass nicht nur Individuen, sondern insbesondere Großorganisationen und sogar Meta-Organisationen (Organisationen von Organisationen) eine zunehmend bedeutende Rolle im politischen Leben spielen (Coleman 1974). Abstrakt gesehen, können einige dieser Ansätze als Kombinationen aus Pluralismus und Strukturalismus oder, allgemeiner noch, aus Konflikt- und Integrationstheorie betrachtet werden. Mit ihrem Fokus auf

Akteure als (überwiegend) autonome Handlungseinheiten und emergente Phänomene in Handlungssystemen bringen sie jedoch eine neue analytische Dimension ins Spiel.

	Konflikt	Integration
Makro-Analyse	Pluralismustheorie (1950/60er Jahre)	Systemtheorie (1960/70er Jahre)
Mikro-Analyse	Rational-choice-Theorie (1980er Jahre)	Governance-Theorie (1990er Jahre)

Abbildung 1: Pfade zur Governance-Theorie

Innerhalb des obigen zweidimensionalen Raumes lässt sich die Theorieentwicklung als Zick-zack-Kurs von makroanalytischen Konflikt- zu Integrationsperspektiven und weiter zu mik-roanalytischen Konflikt- und schließlich Integrationsperspektiven beschreiben (siehe Abbildung 1). Daher begreifen wir Theorieentwicklung weder als einen einfachen Akkumu-lationsprozess, der zu einer wachsenden Zahl bestätigter Theorien führt, noch als Aufeinan-derfolge von inkommensurablen Paradigmen, sondern als einen Prozess, in dem wechselnde Perspektiven das analytische Instrumentarium verbessern und erweitern, was eine zuneh-mend feinkörnige Analyse gesellschaftlicher und politischer Mechanismen ermöglicht.

3   Governance als institutionelle Kybernetik

Um den Governance-Ansatz in dieser theoretischen Landschaft zu verorten ist es hilfreich, einen Blick auf seine etymologischen Wurzeln zu werfen. ‚Governance' ist vom lateinischen Wort ‚gubernare' abgeleitet, was ‚steuern', etwa eines Schiffes, bedeutet. Das lateinische Wort ist eine Übersetzung des griechischen ‚kybernetes', das oft als Analogie für ‚die Kunst des Regierens', ähnlich dem Steuern eines Schiffes, verwendet wurde. Mitte des 20. Jahr-hunderts inspirierte dieses Wort die Wissenschaft der ‚Kybernetik.' Insofern verweist der Begriff Governance auf einen kybernetischen Hintergrund (Schneider/Kenis 1996). Im Ge-gensatz zur kybernetischen Systemtheorie der 1960er Jahre vermied die frühe Governance-Theorie funktionalistische Erklärungen, indem sie auf gesellschaftliche und politische Pro-zesse auf der Mikro- und Meso-Ebene verwies. Ziel war vielmehr, detailliert zu rekonstruie-ren, wie sich unterschiedliche institutionelle Arrangements und Regelsysteme auf die Koor-dination und Kontrolle gesellschaftlicher Handlungen auswirken. Mayntz (2004) etwa be-greift Governance als ein Regelsystem, welches die Handlungen gesellschaftlicher Akteure formt; Arthur Benz (2004) begreift Governance ähnlich als Steuerung und Koordination unabhängiger Akteure innerhalb komplexer Regelsysteme (für einen aktuellen Überblick siehe Van Kersbergen/Van Waarden 2004; Kohler-Koch/Rittberger 2006; Treib/Bähr/Falk-ner 2007, Schuppert 2008).

Die Neuartigkeit der Governance-Theorie besteht also darin, die institutionelle Struktur und Selbstorganisation moderner Gesellschaften in Akteurskonstellationen und Regelwerke zu zerlegen. Im Gegensatz zur traditionellen Systemtheorie nimmt sie integrative Kräfte nicht als gegeben an, sondern versucht die verschiedenen Faktoren und Mechanismen zu spezifizieren, die gesellschaftliche Integration entweder unterstützen oder gefährden (Lange/Schimank 2004).

3.1 Formen und Mechanismen von Governance

Aus kybernetischer Perspektive betrachtet, können Governance-Mechanismen als komplexe institutionelle Arrangements bezeichnet werden, die Mess- und Regelungsinstrumente zur Verfügung stellen. Von diesen wird ein soziales System innerhalb einer Bandbreite angestrebter Zustände gehalten, so dass unerwünschte Zustände vermieden werden können. Governance ist dann ein (von gesellschaftlichen Akteuren) angewandtes Regelsystem, durch welches erwünschte gesellschaftliche Zustände zumindest näherungsweise erreicht (positive Kontrolle) und unerwünschte Zustände vermieden werden sollen (negative Kontrolle). In dieser Hinsicht sind besonders Rückkopplungsmechanismen von Bedeutung, durch welche Abweichungen zwischen einem angestrebten Zustand und dem Status quo ermittelt und an spezialisierte Handlungseinheiten übermittelt werden. In dieser Tradition stehende Theorien versuchen zu erklären, wie institutionelle Regelsysteme und Kontrollvorrichtungen es individuellen und kollektiven Akteuren ermöglichen, unerwünschte Zustände in koordinierter Weise zu erkennen und mittels Ressourcenmobilisierung und -einsatz zu minimieren oder zu beseitigen. Hierbei werden zwei Hauptdimensionen (Art der Koordination, Art der Verfügungsrechte) unterschieden, die ein zweidimensionales Spektrum institutioneller Arrangements aufspannen. Spezifische Formausprägungen sind dabei private und öffentliche Märkte sowie öffentliche und private Hierarchien, aber weitere institutionelle Kombinationen und Hybride sind möglich. Die sich hieraus ergebenden Kombinationsmöglichkeiten werden in Abbildung 2 dargestellt.

(1) *Governance durch private Märkte*: Die Ressourcenallokation und Bestimmung gesellschaftlicher Zustände folgt aus den Interaktionen vieler Akteure, die unterschiedliche Interessen und Präferenzen sowie zurechenbare Kontrollrechte über spezifische Ressourcen besitzen. Die Akteure sind frei, gemäß ihrer subjektiven Nutzenfunktion und Kaufkraft Verträge abzuschließen. Die marktwirtschaftliche Festlegung eines bestimmten gesellschaftlichen Zustandes spiegelt dann den simultanen Ausdruck aller unterschiedlichen Präferenzen durch das Zusammenspiel effektiver Nachfrage sowie des aggregierten Ressourcenangebots zur Befriedigung dieser Nachfrage wider. Die prinzipielle Fähigkeit, einen bestimmten Zustand zu kontrollieren, ist somit auf eine große Anzahl von Marktteilnehmern verteilt, welche die relevanten Ressourcen kontrollieren.

(2) *Governance durch öffentliche Hierarchien*: In der hierarchisch-politischen Form sozialer Kontrolle werden gesellschaftliche Zustände oder Ereignisse durch autoritative Entscheidungen bestimmt. Diese reflektieren einseitig den Willen des Souveräns (etwa des Königs oder des Volkes). Die Arbeitsweise dieser Form gesellschaftlicher Kontrolle erfordert die Fähigkeit des Souveräns, seine Entscheidungen in die Tat umzusetzen. Die Kontrollfähigkeit hängt

somit davon ab, ob dieses Machtzentrums in der Lage ist, diejenigen Ressourcen zu kontrollieren, die zur Erreichung eines erwünschten gesellschaftlichen Zustandes erforderlich sind.

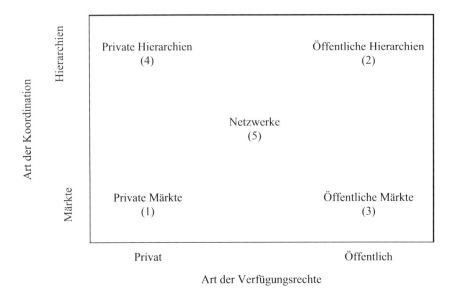

Abbildung 2: Ein zweidimensionaler Raum von Governance-Strukturen

Die vier Endpunkte des zweidimensionalen Governance-Spektrums repräsentieren idealtypische Konfigurationen der beiden Kontrollmechanismen. In der Realität koexistieren sie in Kombinationen und Zwischenformen und sind sogar ihrer Funktionsweise nach interdependent. So setzt Governance durch Märkte etwa ein externes, auf öffentlichen Hierarchien basierendes Unterstützungssystem voraus, welches Verfügungsrechte garantiert und die private Kontrolle über Ressourcen teilweise begrenzt.

(3) *Öffentliche Märkte:* Es können etliche Situationen identifiziert werden, die öffentliches Eingreifen in Märkte rechtfertigen: (a) Einige erstrebenswerte Güter oder gesellschaftliche Zustände können durch Marktmechanismen allein nicht bereitgestellt werden; (b) einige Interdependenzen von Akteuren auf Märkten sind für die Gesellschaft schädlich oder zumindest unerwünscht (negative Externalitäten), andere wären positiv und erwünscht, werden aber nicht ausreichend generiert (positive Externalitäten); (c) die ‚Rules of the game' der Marktwirtschaft können nicht durch die Märkte selbst geschaffen werden. Solche exogene Bedingungen von Märkten sind ein bedeutendes Thema jüngerer ökonomischer Theorien. Viele Betrachter sind von den zahlreichen Vorteilen der ‚unsichtbaren Hand' überzeugt. Allerdings herrscht große Uneinigkeit darüber, welche Funktionsformen marktorientierter Prozesse sich selbständig herausbilden und unter welchen Bedingungen die Koordination durch Märkte gut funktioniert. Einige dieser Ansätze betonen, dass eine reine Marktkoordination nur dann möglich und effizient ist, wenn vergleichsweise einfache Güter getauscht

werden (etwa homogene und vollständig teilbare Güter), während der Handel komplexer Güter zusätzliche institutionelle Restriktionen erfordert.

(4) *Private Hierarchien:* Das Aufkommen hierarchischer Integration innerhalb von Firmen und zwischen Firmen sowie verschiedene Formen öffentlichen Eigentums werden als institutionelle Substitute für Marktkoordination angesehen, wenn diese Governance-Form entweder völlig ineffizient oder zumindest unter bestimmten Umweltbedingungen ineffizient ist. Aus einem systemischen Blickwinkel betrachtet, können solche nicht-marktorientierten Erscheinungsformen als institutionelle Antworten auf spezifische Risiken und Unzulänglichkeiten technischer und ökonomischer Systeme interpretiert werden.

(5) *Netzwerke:* Darüber hinaus beschreiben einige Autoren Netzwerke und andere soziale Konfigurationen wie Clans oder Formen von Gemeinschaftseigentum als Governance-Mechanismen, die eine Alternative zu Märkten und Hierarchien darstellen.

Vor allem die Transaktionskostentheorie versucht vorauszusagen, welche Koordinationsform – Märkte, Hierarchien oder Mischformen – hinsichtlich verschiedener Kriterien am besten funktioniert. Dazu gehören die Ressourcenallokation, die Innovation und die Anpassung an bestimmte Umweltbedingungen vor dem Hintergrund sich verändernder Produktions- und Transaktionskosten (Williamson 1985). Im Vergleich zu Märkten bieten Netzwerke eine Reihe von Anpassungsvorteilen. Im Hinblick auf die Marktkoordinierung können Netzwerke insbesondere Transaktionskosten sparen und Vertragsrisiken verringern (Williamson 1996).

Das Hierarchie-Netzwerk-Markt-Spektrum kann ebenfalls auf den Bereich der Politik angewandt werden. In dieser Perspektive korrespondieren Märkte mit pluralistischen Politikfeldern, während die öffentliche Hierarchie eine Struktur darstellt, in der Politikformulierung und kollektives Problemlösen auf den Staat beschränkt bleiben. Netzwerke schließlich zeigen eine komplexe Arbeitsteilung und eine dezentrale Form der Ressourcenkontrolle, die sich auf öffentliche und private Organisationen verteilt. So werden etwa staatliche Hierarchien im Kontext zunehmender funktionaler Differenzierung verstärkt von nicht-staatlichen Akteuren abhängig. Während öffentliche Politikformulierung von spezialisierten Informationen und Kontrollressourcen profitiert, sind Regierungen immer weniger in der Lage, diese Ressourcen selbst zu schaffen. Weil die zur Politikformulierung notwendigen Ressourcen oftmals außerhalb des politischen Raumes in der Hand mächtiger privater Organisationen (Unternehmen und Verbände) konzentriert sind, ist staatliche Steuerung heutzutage ohne die Kooperation und Unterstützung nicht-staatlicher Akteure undenkbar (Kenis/Schneider 1991).

3.2   Gefahren eines neuen Holismus

Eine solche Sichtweise von Governance, in welcher gesellschaftliche Ordnung durch multiple grundlegende Mechanismen hergestellt wird (Schimank 2006), hat gewisse Ähnlichkeiten mit neueren Ansätzen der Komplexitätstheorie, die die Entstehung von Ordnung und Selbstorganisation aus einer Bottom-up-Perspektive rekonstruieren, die von lokal interagierende Agenten ausgeht, welche in Netzwerken kommunizieren und sich durch emergente Regelsysteme koordinieren. Aus einer derartigen komplexitätstheoretischen Perspektive wäre es naiv beziehungsweise illusorisch anzunehmen, dass ganze Gesellschaften, wirtschaftliche oder gesellschaftliche Sektoren durch eine einzige ‚Logik' bestimmt würden.

In vielen Untersuchungsgebieten, in denen das Governance-Konzept verwendet wird, um die Funktionsweise politischer Systeme oder die Leistungsfähigkeit politischer Regelungen staatlicher und nicht-staatlicher Akteure zu analysieren, ist jedoch derzeit die Gefahr einer zu starken Vereinfachung unübersehbar. So wird bisweilen argumentiert, moderne Gesellschaften befänden sich insgesamt in einem Transformationsprozess von hierarchischer Steuerung zu Netzwerken. Obwohl dies nicht generell falsch ist, macht es dennoch wenig Sinn anzunehmen, dass Gesellschaften ausschließlich entweder durch Hierarchien, Netzwerke oder durch Märkte bestimmt sind. Reale Gesellschaften basieren auf *komplexen Kombinationen dieser idealtypischen Mechanismen* sowie weiterer Typen, die derzeit noch nicht vollkommen erforscht sind. Wenn die Governance-Theorie benutzt wird, um wiederum einen einzigen, alles erklärenden Mechanismus einzuführen, wird sie ebenfalls zu einem holistischen Ansatz gemacht, wie dies für die Systemtheorie der 1960/70er Jahre charakteristisch war, sich jedoch letztendlich als eine Sackgasse erwiesen hat. Um diesen Fehler zu vermeiden, präsentieren wir im nächsten Abschnitt einige neue Ansätze, die eine feinkörnigere Analyse komplexer Interaktionsprozesse und Regelsysteme ins Zentrum einer neuen Forschungsagenda rücken.

4   Varianten der Komplexitätstheorie und die Emergenz sozialer Ordnung

Im Laufe der letzten Jahrzehnte gewann innerhalb der sozialwissenschaftlichen Theorien eine akteurzentrierte und konfliktorientierte Perspektive an Bedeutung, womit das Thema ‚Integration' in den Hintergrund rückte. Parallel zu diesen Verschiebungen in der Theorielandschaft entwickelten sich jedoch neue Ansätze, die zwar auf einige Grundideen der Systemtheorie rekurrieren, jedoch die Analyse systemischer Makrostrukturen mit der Betrachtung von Interaktionen und Interdependenzen auf der Mikroebene verbanden. Es lassen sich zumindest drei viel versprechende Ansätze unterscheiden: Formen des Neo-Institutionalismus (Kap. 4.1), ökologische Ansätze (4.2) und Theorien komplexer adaptiver Systeme (4.3). Mit Ausnahme der letzten Klasse verwenden diese Ansätze den Begriff ‚Komplexität' nicht zur Selbstbezeichnung. Wie wir jedoch zeigen werden, rekurrieren sie allesamt auf wichtige Elemente der Komplextätstheorie.

4.1   Institutionelle Matrizen und Regelsysteme

Die neo-institutionalistischen Theorien der letzten 20 Jahre lassen sich durch folgende Aspekte charakterisieren:

1. einen breit gefächerten Blick auf die Vielfältigkeit institutioneller Arrangements;

2. eine Vertiefung des Institutionenkonzepts, mit der ein erneutes Interesse an informellen Arrangements einhergeht;

3. eine mikroanalytische und oftmals formal-theoretische Fundierung, wie Institutionen funktionieren und individuelle Handlungen beeinflussen;

4. zumindest in einigen Ansätzen eine Betonung des systemischen Charakters institutioneller Arrangements und Regelsysteme, und

5. verfeinerte Modelle institutionellen Wandels.

Ein gemeinsamer Kern des modernen *Institutionalismus* ist die Überzeugung, dass eine Gesellschaft nicht von einer einzigen ,Logik' bestimmt wird, sondern von heterogenen Regelsystemen, die aus mehreren Komponenten und verschiedenen Ebenen bestehen. In diesem Sinne enthalten diese Ansätze wichtige Elemente der Theorie komplexer Systeme. Märkte sind aus dieser Perspektive keine isolierten und monolithischen Institutionen, sondern setzen grundlegende institutionelle Rahmenbedingungen voraus. So verweist etwa der ökonomische Institutionalismus auf vielfältige Vorbedingungen für das Funktionieren von Märkten und steht damit in deutlichem Kontrast zu der Sichtweise, dass Marktkoordination spontan entsteht und unter allen Umständen funktioniert. Ökonomische und politische Systeme setzen sich dieser Sichtweise zufolge aus einer Vielzahl von Institutionen zusammen, die auf mannigfaltige Weise miteinander verknüpft sind.

Ein anschauliches Beispiel für dieses Denken gibt das so genannte ,Bundle of rights'– Konzept innerhalb des Verfügungsrechtsansatzes. Eigentum wird hier nicht als integriertes institutionelles Arrangement betrachtet, sondern unterschiedliche Formen (wie etwa das Privateigentum oder das Gemeineigentum) werden als spezifische Kombinationen verschiedener Dimensionen des Rechts (etwa des Rechtes, eine Sache zu nutzen, zu verkaufen etc.) aufgefasst. Solche Kombinationen von Rechten können ihrerseits wieder zu unterschiedlichen Rechtsordnungen zusammengefasst werden, welche jeweils einzigartige Anreiz- und Opportunitätsstrukturen beinhalten (Schlager/Ostrom 1992). Einige Eigentumsformen führen zu kontraproduktiven und nichtintendierten Effekten (beispielsweise Externalitäten oder Übernutzung). Unter Umständen könnten diese mit Hilfe einer spezifischen Einschränkung der Rechte, etwa durch Formen öffentlicher Regulierung, oder durch Neudefinition vermieden werden. In dieser Hinsicht müssen Makro-Institutionen wie der Staat nicht nur als passive Unterstützungsstrukturen im Hintergrund begriffen werden, sondern ebenso als wichtige Gestalter effizienter und wirksamer Eigentumsregime.

Interessanterweise schlug Ostrom diese multiple Regelungsperspektive auch für die Analyse von Systemen der Politikformulierung vor (Ostrom 1986). Ein politischer Prozess wird, dieser Sichtweise zufolge, durch eine Reihe von Regeln strukturiert, welche die Entscheidungsgewalt unter den verschiedenen politisch-institutionellen Positionen verteilt. Weitere Regeln legen fest, wie Akteure Zugang zu Positionen erhalten, welche Informationskanäle sie nutzen können und wie Kollektiventscheidungen aggregiert werden. Kollektive Handlungen innerhalb des Systems der Politikformulierung werden demzufolge von eigennützigem Verhalten und regelgebundener Interaktion geleitet, wobei die Regeln sowohl formelle verfassungsmäßige Strukturen als auch informelle Arrangements beinhalten.

Eine ähnliche Sichtweise vertritt der akteurzentrierte Institutionalismus (Mayntz/Scharpf 1995; Scharpf 1997), demzufolge Interaktionen zwischen den relevanten politischen Akteuren vor allem durch institutionelle Arrangements wie politisch-administrative Hierarchien oder Akteurnetzwerke geprägt werden. Zudem sind individuelle Handlungsorientierungen weitere wichtige Determinanten. Das verhaltenstheoretische Modell dieses Ansatzes unterstellt jedoch nicht einfach eigennütziges rationales Verhalten, sondern erlaubt es, eine Vielzahl von Motiven in Betracht zu ziehen – von extremen Formen rationalen Wettbewerbs bis zu Altruismus und verschiedenen Formen der Selbstaufopferung.

Diese detaillierte Analyse institutioneller Arrangements, die unterschiedliche Perspektiven verknüpft, führt zu einer dynamischen Perspektive, in der institutioneller Wandel und Innovation als eine Art Re-Kombinierungsprozess konzeptualisiert werden können, vergleichbar der evolutionären Variation und Selektion in einer natürlichen Umwelt. Dies gestattet gleichzeitig ein besseres Verständnis der Prozesse, die institutionellen Wandel hervorrufen und formen, aber auch derjenigen Faktoren, welche für die große Vielfalt an Institutionen und die Ausbreitung institutioneller Formen verantwortlich sind.

Ein wichtiger Aspekt institutionalistischer Ansätze ist die Hervorhebung des ,systemischen Charakters' von Regelsystemen. Institutionelle Kombinationen sind nicht nur Regel*werke* (in Analogie zu Netz*werken*), sondern Konfigurationen von Regeln in einem systemischen Sinne, was notwendige Beziehungen und bestimmte Erfordernisse an Kohärenz und Komplementarität impliziert. Dieser Aspekt findet sich etwa im Konzept der ,Cross-system complementarity', wie sie in der Varieties-of-Capitalism-Debatte verwendet wird (Hall/Soskice 2001). Dabei wird betont, dass etwa Finanzsysteme, Corporate-Governance-Formen und Systeme industrieller Beziehungen sich gegenseitig unterstützen (Jackson/Deeg 2006). Ein weiterer Ansatz ist Douglas Norths Konzept der „institutionellen Matrizen", das von einer Vielzahl von miteinander verbundenen Regeln ausgeht, wobei Veränderungen einer Regel zumeist auch Veränderungen vieler anderer Regeln hervorrufen oder voraussetzen. In komplexen Gesellschaften sind die verschiedenen Regelsysteme in einem „interdependenten Netz" zusammengefasst, was institutionellen Wandel schwierig und von verschiedenen Vorbedingungen abhängig macht (North 1991).

4.2   Organisationen als Ökosysteme

Eine zweite Denkrichtung, die Elemente einer Theorie komplexer Systeme beinhaltet, bilden ökologische Ansätze, welche vornehmlich in der Organisationssoziologie entwickelt wurden. Jedoch wurden auch in der Politikwissenschaft einige Versuche in diese Richtung unternommen. Diese Ansätze wenden die Idee des ,Ökosystems' und verwandte Schlüsselkonzepte evolutionären Wandels auf die gesellschaftliche Realität an. Ökologische Ansätze unterstreichen

1. den dynamischen Charakter von Interdependenzen und Interaktionen zwischen gesellschaftlichen Akteuren, analog zu Stoffwechsel und Nahrungsnetzen in der Biologie;

2. die Multiplexität der Beziehungen zwischen den Komponenten dieser Systeme; und

3. die Existenz mehrerer, relativ autonomer Ebenen in solchen Systemen sowie emergenter Beziehungen zwischen diesen Ebenen.

Wie bereits erwähnt, handelt es sich bei den einflussreichsten Versionen dieser Strömung in den Organisationswissenschaften um die Populationsökologie und die Ökologie der Organisationen (Hannan/Freeman 1977; Baum 1996). Beide wenden biologische und evolutionäre Konzepte auf Organisationen an, wobei sie sich hauptsächlich am Modell der natürlichen Selektion orientieren. Eine Hauptidee besteht darin, dass Organisationen von ihrer jeweiligen Umwelt selektiert werden, je nachdem, wie gut sie an deren Anforderungen und Restriktionen angepasst sind. Veränderungen in Populationen von Organisationen spiegeln damit das Wechselspiel evolutionärer Mechanismen wie Variation, Selektion und Retention wider. Der Begriff ‚Variation' beschreibt das Aufkommen neuer organisatorischer Formen (durch bewusste Entscheidungen ebenso wie durch ‚blinde' Modifikationen), der Begriff ‚Selektion' impliziert einen unterschiedlichen Erfolg im Überlebenskampf, und das Konzept der ‚Retention' bezeichnet schließlich die erfolgreiche Reproduktion einer bestimmten Organisationsform.

Neben diesen dominanten soziologischen Perspektiven gibt es weitere, weniger einflussreiche Sichtweisen der Ökologie der Gemeinschaften (Long 1958), welche die Politik- und Verwaltungswissenschaften beeinflusst haben. So etwa Ansätze, welche die ökologische Perspektive in Studien zur Technologiepolitik (Vedel/Dutton 1990; Dutton 1995) und Untersuchungen über Systeme von Interessengruppen genutzt haben (Ronit/Schneider 1997; Grote/Lang/Schneider 2008).

Im Kontext dieser Ökosystemansätze stellt Koevolution ein weiteres Kernkonzept dar. Ebenfalls aus der Biologie stammend, bezeichnet es wechselseitige evolutionäre Einflüsse zwischen zwei oder mehr Spezies. Jede Seite übt dabei auf die Gegenseite Selektionsdruck aus und beeinflusst so deren Überleben. Koevolutionäre Beziehungen können einfache Wirt-Parasiten-Verhältnisse sein, aber auch dynamische Räuber-Beute-Beziehungen, die oftmals zu einem ‚evolutionären Wettrüsten' führen. Koevolution bildet ein zentrales Konzept der ‚Organisationsökologie', in welcher Organisationen deutlich mehr Eigeninitiative zugestanden wird als in der Populationsökologie (Lewin/Volberda 1999). Organisation verändern sich hier bewusst, beobachten einander und kopieren erfolgreiche evolutionäre (Spezialisierungs-) Strategien. Populationen von Organisationen besitzen daher die Tendenz, sich mit der Zeit ähnlicher zu werden.

Ein wichtiger Selektionsmechanismus ist der Wettbewerb. Ressourcenknappheit und Wettbewerbsdruck zwingen Organisationen dazu, ihre Strukturen und Strategien anzupassen, wenn sie nicht das Risiko der Negativ-Selektion eingehen wollen. Allerdings verursachen bestehende Strukturen oft eine gewisse Trägheit, die eine erfolgreiche Anpassung verhindern kann. Der Selektionsdruck wird aus dieser Perspektive durch koevolutionäre Interaktionsbeziehungen abgemildert, welche nicht nur auf Kooperation oder Wettbewerb beschränkt sind, sondern ein ganzes Spektrum beinhalten, in denen Kooperation und Konflikt in komplexer Weise kombiniert sind (Brittain/Wholey 1988; Lang 2006). Neben dieser multirelationalen Perspektive besteht ein Kerngedanke der Organisationsökologie in der Einführung einer Mehrebenenperspektive. Hierbei unterscheiden sich die Evolutionsmechanismen auf den verschiedenen Ebenen des organisatorischen Ökosystems, und die Interaktionen der Ebenen untereinander produzieren emergente Effekte. Die lokalen Interaktionen von Agenten (Individuen, Organisationen) produzieren beispielsweise Dynamiken auf der Ebene von Populationen, die sich nicht auf Dynamiken auf der unteren Ebene reduzieren lassen.

Die Organisationsökologie verwendet üblicherweise drei Analyseebenen: Organisationen, Populationen und Organisationsgemeinschaften als Systeme funktional integrierter und interagierender Populationen (Baum 1996). Diese Ebenen-Unterscheidung in Evolutionsprozessen wird auch in der Debatte über Makro-Evolution verwendet (Stanley 1979). Hierbei wird betont, dass auf jeder Ebene spezifische Mechanismen wirken – von der höchsten Ebene, auf der seltene Großereignisse (wie etwa ein Massenaussterben durch Meteoriteneinschlag) den Lauf der Evolution beeinflussen, bis zur Mikroebene, auf der die natürliche Selektion etwa die Evolution von Organismen formt. Auf die gleiche Weise kann kulturelle Evolution als spezifische Ebene begriffen werden, auf der wiederum andere Mechanismen zum Tragen kommen (Burns/Dietz 1995). Eine Folge dieser Multikausalität besteht darin, dass Evolutionsprozesse zum größten Teil nichtlinear sind. Evolution kann ‚springen' und sich beschleunigen, aber auch beträchtliche Rückschläge hinnehmen müssen. Wenn etwa der Zusammenbruch von Ökosystemen zum Aussterben einer großen Anzahl an Spezies führt, wird die „Uhr der Evolution" in gewisser Weise „zurückgestellt" (Gould 1994).

Einige dieser Zeit- und Ebenen-Probleme werden im Konzept der durchbrochenen Gleichgewichte (‚punctuated equilibrium') angesprochen, welches eine Art ‚Revolutionstheorie' evolutionärer Prozesse bildet (Gersick 1991). Abstrakt formuliert bezieht diese Perspektive eine Schumpetersche Sichtweise von Innovation und kreativer Zerstörung auf die Biologie. Sie stellt heraus, dass ökologische Gleichgewichte die Tendenz besitzen, Variation (und damit Innovation) zu begrenzen, während evolutionäre Durchbrüche und radikale Innovationen vor allem dann passieren, wenn Gleichgewichte durch externe Schocks oder endogene Zusammenbrüche gestört werden. Dies führt zu nichtlinearen Entwicklungsprozessen.

Die ökologische Perspektive hat wichtige Implikationen für die Analyse von Wandel und Anpassung. Wenn wir das Konzept auf Individuen und Organisationen in der politischen, ökonomischen und sozialen Sphäre von Gesellschaften beziehen, dann sind öffentliche Verwaltungen, Parteien, Unternehmen und wissenschaftliche Einrichtungen keineswegs mehr hierarchisch integrierte Gesamtheiten, deren Strukturen und Funktionen allein durch Makrostrukturen bestimmt werden (wie in einer holistischen Theorie), sondern relativ unabhängige, lose gekoppelte Subsysteme, die sich in ko-evolutionären Prozessen entwickeln und auf komplexe Weise interagieren. Treten umweltbedingte Störungen auf, so folgt aus der relativen Autonomie der Komponenten und Ebenen, dass ihre Anpassung ebenfalls vielschichtig verlaufen kann, wobei sich nicht alle Ebenen des Systems gleich schnell verändern müssen.

4.3 Komplexe adaptive Systeme und die Emergenz sozialer Ordnung

Die dritte Variante der Theorie komplexer Systeme beinhaltet einerseits die Komplexitätstheorie im engeren Sinne (Kappelhoff 2000, vgl. auch Kappelhoff in diesem Band), wie sie von Stuart Kauffmann, Murray Gell-Mann, John Holland und anderen entwickelt wurde, den so genannten „Complex adaptive systems"-Ansatz (Holland 2006). Andererseits gehören dazu auch neuere Entwicklungen auf dem Gebiet der ‚agentenbasierten Modellierung', für welche sich in der Literatur eine Reihe unterschiedlicher Bezeichnungen finden lassen: *agent-based modeling* (Axelrod 1997), *multi-agent systems* (Berger 2001) und *artificial societies* (Epstein/Axtell 1996).

Beim Vergleich dieser Ansätze mit den bereits beschriebenen Versionen der Komplexitätstheorie sticht als gemeinsames Merkmal hervor, dass sie allesamt auf Bottom-up-Erklärungen sozialer Ordnung beruhen. Sie versuchen gesellschaftliche Prozesse der Ordnungsbildung ausschließlich als Resultat lokaler Interaktionen heterogener Agenten zu verstehen, die ausschließlich durch wechselseitige Beobachtung sowie durch Kommunikation und Verhandlung einen wachsenden Bestand an Verhaltensregeln generieren. Ordnung entsteht somit nicht von oben durch einen zentralen Planer oder eine Top-down-Programmierung, sondern spontan durch komplexe Interaktion auf den unteren Ebenen.

Solche komplexen Systeme bestehen im Wesentlichen aus vier Bestandteilen: Agenten, Netzwerken, Regeln und Umwelten (Epstein/Axtell 1996; Beinhocker 2006). *Agenten* können dabei Individuen, Organisationen oder sogar Gesellschaften sein. Zu den Grundannahmen derartiger Modelle zählt, dass die Agenten autonom, heterogen und unabhängig sind, und zudem die Fähigkeit haben, einfache Regeln zu befolgen. *Netzwerke* ermöglichen den Informationsaustausch zwischen den Agenten. *Regeln* lassen sich in drei Gruppen aufteilen:

1. Regeln, welche die Interaktionen zwischen den Agenten und der Umwelt beschreiben;
2. Regeln, die sich mit der Interaktionen zwischen unterschiedlichen Umwelten beschäftigen, und
3. Regeln, welche die Interaktionen der Agenten untereinander regeln.

Anhand des Schwarmverhaltens von Vögeln haben Michael Macy und Robert Willer (2002) beobachtet, dass Ordnung nicht nur hierarchisch entsteht. In einer derartigen Formation gibt es keine von oben nach unten durchgreifende Kontrolle und auch keine Programmierung auf der Makroebene. Schwärme besitzen weder ein kollektives Bewusstsein noch einen Gruppenverstand. Jeder Vogel passt sein Verhalten an das seiner unmittelbaren Nachbarn an, die sich allesamt wechselseitig beobachten und beeinflussen. Das ‚Programm' entsteht somit durch Interaktionen auf niedrigster Ebene.

Die Eigenschaften solcher Systeme können wie folgt beschrieben werden:

1. Nichtlinearität: das Verhalten ist größtenteils unvorhersehbar und schwer zu kontrollieren;
2. Emergenz: lokale Interaktionen von Komponenten führen zu globalen Effekten, die sich nicht auf ein Aggregat allein reduzieren lassen;
3. Selbstorganisation: Interaktion führt zu kollektiver Informationsverarbeitung und Lernen.

Sowohl Agenten als auch Populationen sind bestrebt, ihre Leistung im Laufe der Zeit zu verbessern (Axelrod/Cohen 2000). Sie passen ihre Handlungen auf der Grundlage von Erfahrung, Versuch und Irrtum sowie durch Rückkopplung, Nachahmung und Lernen an. Anpassung funktioniert sowohl auf individueller als auch auf Populationsebene. In diesem Fall sprechen wir von komplexen adaptiven Systemen (KAS). Für Holland bestehen KAS aus einer großen Anzahl von Agenten, die interagieren, sich anpassen oder lernen.

> „The actions of the agent in its environment can be assigned a value (performance, utility, payoff, fitness or the like); and the agent behaves so as to increase this value over time." (Holland/Miller 1991: 365)

Um solche komplexen Anpassungsprozesse zu veranschaulichen, benutzen Naturwissenschaftler die Metapher der „Fitnesslandschaft" (Kauffman 1993), die den Prozess der Anpassung mit dem Bergsteigen in einer bergigen Region vergleicht. Erhebungen der Landschaft stehen für bessere Anpassung und höhere ‚Fitness'. Der höchste Gipfel im Gesamtszenario steht für eine Art bestmöglicher Anpassung. Mehrere benachbarte Gipfel implizieren, dass es verschiedene Kombinationen mit ähnlich guter ‚Fitness' gibt, während ein einziger Gipfel (wie der japanische Fujijama) in der Gesamtlandschaft darauf hinweist, dass es lediglich eine einzige Kombination gibt, die optimal an ihre Umwelt angepasst ist. Die verschiedenen Konfigurationen einer ‚evolutionären Einheit' werden durch Punkte in einem dreidimensionalen Raum dargestellt. Hügel drücken die vertikale Dimension der Topografie aus, während die zwei horizontalen Dimensionen die Nähe der verschiedenen strukturellen Kombinationen untereinander angeben. Ähnliche Kombinationen werden durch aneinander grenzende Positionen in der Landschaft dargestellt, während unähnliche Kombinationen durch eine größere räumliche Distanz zueinander dargestellt werden. Wie Kauffmann überzeugend darlegt, wird evolutionäre Anpassung in signifikanter Weise durch die Gesamt-Topografie einer Landschaft geprägt. Diese kann sowohl ebenmäßig als auch zerklüftet sein. Die Variation in einer zerklüfteten Landschaft ist riskanter als in einer sanft geformten, da Veränderungen stärkeren Selektionsprozessen unterworfen sind. In einer schroffen Gegend kann ein Schritt in die ‚falsche Richtung' zu einem Sturz in eine tiefe Schlucht führen. Eine kleine Variation kann die Überlebenschancen drastisch verringern. Erfolgreiche Evolution im Sinne einer stetig steigenden Fitness bedeutet eine Folge von Aufstiegen in einer Gebirgskette, von kleinen Hügeln hin zu immer größeren Gipfeln und schließlich zum höchsten Punkt (Kauffman 1993).

Die Metapher der ‚Fitnesslandschaft' ist mehr als eine illustrative Analogie, sondern eröffnet wichtige konzeptionelle Vorteile: Sie bietet nicht nur eine eingängige Illustration der Kernannahmen der Evolutionstheorie, sondern integriert auch einige ihrer neuesten Entwicklungen:

1. ‚Normale' Topografien mit mehreren Gipfeln geben an, dass es mehr als eine erfolgreiche Anpassungs-Strategie gibt. Oftmals gibt es eine ganze Reihe lokaler Optima.

2. Bestimmte Topografien können eine Art ‚Sackgasse' der Evolution anzeigen. Das Phänomen der ‚Pfadabhängigkeit' kann bedeuten, dass eine spezifische Abfolge von Aufstiegen zu einem lokalen Optimum führt, von dem aus jede weitere Entwicklung verbaut ist. Es gibt dann keinen weiteren Pfad von einer mittleren Höhe hinauf zu einen angrenzenden höheren Gipfel ohne vorherigen Abstieg (d.h. einer vorübergehenden Verschlechterung der Performanz).

3. In Abhängigkeit von der Landschaftsform (schroffe Gebirge versus sanfte Hügel) kann Variation auch zu Stagnation oder verringerter Fitness führen; neuere Ansätze der Evolu-

tionstheorie behandeln dieses Phänomen im erwähnten Konzept des ‚durchbrochenen Gleichgewichts’.

Komplexe adaptive Systeme verändern sich durch verschiedene Mechanismen (Kauffman 1993; 1995; Beinhocker 2006):

1. Ein ‚adaptive walk’ besteht aus einer Folge kleiner Schritte bergauf, bergab oder auf gleicher Ebene, wobei die Auswirkungen auf das gesamte System berücksichtigt werden. Diese Strategie eignet sich dazu, den höchsten Punkt einer Fitnesslandschaft zu finden, sofern pfadabhängige Restriktionen den Prozess der Anpassung nicht an lokalen ‚Fitnessgipfel’ enden lassen.

2. ‚Patching’ ist eine besondere Strategie, über eine Fitnesslandschaft zu optimieren, sofern ein System in kleinere, aber interdependente Subsysteme (‚Patches’ oder ‚Flecken’) unterteilt werden kann. In diesem Fall kann die Aufgabe, die Fitness zu verbessern, von allen Flecken relativ unabhängig voneinander vorgenommen werden. Nur solche Veränderungen, welche die Fitness eines Fleckens erhöhen, werden an die anderen Flecken weitergegeben. Da dadurch auch Veränderungen vorgenommen werden können, die eine zeitweilige Verringerung der Fitness eines Flecken erfordern, um danach ein höheres Fitnessniveau zu erreichen, kann dieser Prozess zu Verbesserungen der Fitness des gesamten Systems beitragen, die mit reinen Adaptive-walk-Strategie nicht möglich sind, da diese bestenfalls lokale Fitnessgipfel erreichen lassen.

3. Bei Sprüngen handelt es sich um nicht-inkrementelle Bewegungen zwischen weit entfernten Punkten der Fitnesslandschaft. In natürlichen Systemen können Sprünge durch Mutationen hervorgerufen werden, in sozialen und kulturellen Systemen durch radikale Neuerungen oder revolutionäre Veränderungen (Cherry 2007; Cherry/Bauer 2004).

Das Konzept der Fitnesslandschaft lässt sich mit den oben diskutierten ökologischen Ansätzen gut kombinieren. Komplexe Systeme koevolvieren, wenn adaptive Veränderungen der ‚Fitnessposition’ eines Systems die Position eines anderen Systems in der Gesamtökologie verändern. In letzter Zeit haben Organisationswissenschaftler gezeigt, dass das Konzept einer Fitnesslandschaft auf die Entwicklung organisatorischer, institutioneller oder kultureller Strukturen angewandt werden kann (McKelvey 1999). Spezifische institutionelle Arrangements können als Kombinationen ‚institutioneller Gene’ oder ‚kultureller Eigenschaften’ betrachtet werden, die den Kräften der Variation und Selektion unterliegen. Diese können sehr viel komplexer sein als die verschiedenen Mechanismen der biologischen Evolution.

5 Zur Integration der Komplexitäts- und Governanceperspektiven

In diesem Abschnitt wollen wir einen integrativen Rahmen für die drei Versionen des Komplexitätsdenkens entwickeln und eine Verbindung zur Governance-Theorie herstellen. Wie wir gezeigt haben, teilen diese Ansätze eine Mehrebenen- und Mehrkomponenten-Sicht der Gesellschaft, in der sich soziale Vorgänge nicht auf wenige Grundprinzipien reduzieren lassen, die das Handeln wie auch die soziale Evolution auf der Mikro- und der Makroebene prägen. Vielmehr muss eine Vielzahl von Faktoren und Bedingungen beachtet werden. Gesellschaftliche Prozesse sind auf unterschiedliche Weise miteinander verwoben; sie basieren zudem auf multiplen Mechanismen und werden von vielfältigen gesellschaftlichen Kräften geprägt. Eine weitere wichtige Gemeinsamkeit besteht zudem darin, dass die Entstehung sozialer Ordnung nicht nur als Top-down-Prozess, sondern auch aus als Resultat der selbstorganisierten Interaktionen auf der unteren Ebene aufgefasst wird. Systeme passen sich an und strukturieren sich, wenn einzelne Agenten unabhängig voneinander auf Umwelteinflüsse reagieren. Agenten gleichen ihr Verhalten jedoch als Reaktion auf die Handlungen anderer Akteure an, mit denen sie durch Rückkopplung verbunden sind.

Beinhocker behauptete kürzlich, die Menschheit habe hauptsächlich zwei Mechanismen entwickelt, die Kooperation zu erleichtern: Hierarchien und Märkte. Andere Konfigurationen betrachtet er als Kombinationen dieser zwei Reinformen. Gleichzeitig jedoch sieht er ein „vast array of social technologies" (2006: 425), auf welchem das Wirtschaftssystem aufgebaut sei. Viele davon bedürften staatlicher Unterstützung, da eine marktorientierte Entwicklung Mechanismen benötige, die eine Balance zwischen Kooperation und Wettbewerb schaffen. Als Sozialtechniken, die diese Funktion leisten, werden unter anderem das Vertragsrecht sowie Verbraucherschutz- und Arbeitssicherheitsregeln angeführt.

Unserer Sichtweise zufolge sollten *Sozialtechniken* und Governancestrukturen jedoch nicht als konkurrierende, sondern vielmehr als sich ergänzende Konzepte gesehen werden. Die Kategorie der Sozialtechniken ist allgemeiner und verweist ganz generell auf wissenschaftlich generiertes Anwendungswissen über soziale Strukturen und Mechanismen, welches die menschliche Gesellschaft nutzen kann, um jegliche Form von Problemen zu lösen und ganz allgemein die individuelle und kollektive Handlungsfähigkeit zu verbessern. So sind beispielsweise Führungsstile im Management, Review-Prozesse in wissenschaftlichen Fachzeitschriften oder neue Formen der elektronischen Stimmabgabe bei Wahlen allesamt Sozialtechniken, jedoch nicht in jedem Fall Governancestrukturen. Der letztgenannte Begriff ist enger gefasst und sollte für eine bestimmte Klasse von Sozial-Technologien reserviert bleiben, die die Koordination kollektiver Angelegenheiten ermöglichen und verbessern, indem sie Mess-, Koordinations- und Steuerungsinstrumente zur Verfügung stellen, durch welche unerwünschte gesellschaftliche Zustände aufgespürt und in erwünschte transformiert werden können.

Für eine einheitliche Perspektive komplexer Systeme müssen die verschieden Ebenen in ein Modell integriert werden. Einer solchen Sichtweise zufolge bestehen komplexe Governancesysteme aus regelnden Agenten (Organisationen oder Individuen), deren Anreize, Motive und Kalküle auf der Mikroebene ein wichtiger Bestandteil der Erklärung von Steuerungs- und Regelungsprozessen auf der Makroebene sind. Gleichzeitig sind jedoch die Agenten in politische, wirtschaftliche und kulturelle Regelsysteme eingebettet, welche Rechte, Ressourcen und Anreize zur Verfügung stellen. Diese Mikro-Makro-Struktur kann auch relevante Agenten in der Umwelt des Systems (‚Exostruktur') einbeziehen, deren Handlungen das Wohlergehen und die Überlebensfähigkeit der Agenten beeinflussen können (Bunge 1996; 2000). Solche Governancesysteme bestehen aus vielen Ebenen. Sie sind eingebettet in politische Systeme mit spezifischen Traditionen und institutionellen Beschränkungen, die wiederum Bestandteile des globalen politischen Systems sind, in dem Nationalstaaten im Wettbewerb mit nicht-staatlichen Akteuren stehen, die teilweise über erhebliche Macht verfügen.

Die Analyse solcher mehrschichtigen Mechanismen der Generierung sozialer Ordnung muss nicht notwendigerweise mit Hilfe mathematischer Gleichungssysteme formalisiert und modelliert werden. Erklärende Illustrationen in Form von Pfeildiagrammen, in denen wichtige Kausalbeziehungen und -ströme zwischen den Hauptkomponenten und deren Einbettung in Mechanismen dargestellt werden, können manchmal mehr zu einer Erklärung beitragen als ein mathematisches Modell, welches auf Scheinpräzision beruht, da manche gesellschaftlichen Eigenschaften nicht mit der hierfür benötigten Genauigkeit gemessen werden können (Bunge 1998).

6   Fazit

Die Komplexitätstheorie bietet einen vielversprechenden Ansatz für die Vertiefung und Erweiterung bestehender Governance-Theorien. Im 20. Jahrhundert wurden verschiedenen Varianten der Systemtheorie genutzt, um zu erklären, wie soziale Ordnung entsteht und aufrechterhalten wird. Im Anschluss daran trug die Governance-Theorie durch eine Konzentration auf die Meso- und die Mikroebene zu einem verfeinerten Verständnis gesellschaftlicher Koordination und Steuerung bei. Obwohl es sich bei dieser Theorieentwicklung nicht um einen linearen und kumulativen Prozess handelte, wurde doch der Wissensstand insgesamt verbessert, insbesondere hinsichtlich der Prozesse der Koordination und Anpassung in Mehrebenensystemen. Die Governance-Theorie erkennt, dass soziale Ordnung nicht nur durch zentralisierte Entscheidungen und durch Top-down-Kontrolle entsteht, sondern auch durch lokale Interaktionen und horizontale Koordination. Sie dekomponiert die institutionellen Strukturen und die Mechanismen der Selbstorganisation von Gesellschaften in Akteurkonstellationen und Regelsysteme. Mehrheitlich legt sie ihr Augenmerk auf einige prototypische Koordinationsmechanismen (etwa Märkte, Netzwerke, Hierarchien). Obwohl auf diese Weise wichtige Erkenntnisse generiert werden konnten, sind die tatsächlichen Governance-Mechanismen wesentlich differenzierter.

Wir haben drei neuere theoretische Ansätze skizziert, die diese Einschränkungen zu überwinden suchen: den Neo-Institutionalismus, die Organisationsökologie und die Theorie komplexer adaptiver Systeme. Aufgrund der Art und Weise, wie sie die Entstehung sozialer Ordnung beschreiben, können diese Theorien als Varianten der Komplexitätstheorie begriffen werden. Unter anderem betrachten diese Ansätze gesellschaftliche Koordination als ein dynamisch sich entwickelndes System von Akteuren, die in eine Vielzahl von Beziehungen, aber auch in eine Umwelt (bestehend aus sozial konstruierten Regeln und externen Faktoren) eingebettet sind, welche sie zugleich durch ihr Handeln prägen. Soziale Systeme werden als Mehrebenenstrukturen modelliert, in welchen die Akteure durch Interaktionen in relativ autonomen Subsystemen Phänomene auf höheren Aggregations-Ebenen hervorbringen. Diese emergenten Prozesse lassen sich nicht dadurch erklären, dass man die Systeme in ihre Bestandteile zerlegt. Institutionalistische Theorien und die Organisationsökologie erlauben sowohl Bottom-up- als auch Top-down-Koordination. Die Theorie komplexer adaptiver

Systeme und die mit ihr verwandten agentenbasierten Modelle legen den Akzent auf Bottom-up-Dynamiken (obwohl prinzipiell auch Top-down-Koordination modelliert werden könnte). Da die Subsysteme und die Regelmatrizen, die sie schaffen, stark miteinander verflochten sind, geschieht institutioneller Wandel oft inkrementell und in Abhängigkeit von kohärenten Veränderungen in anderen Subsystemen, was zu koevolutionären Entwicklungen führt.

Die skizzierten Ansätze haben Auswirkungen auf die Governance-Theorie wie auch die praktische Politik. Die vertikale Differenzierung der Systeme, die Heterogenität von Akteuren und ihrer kognitive Fähigkeiten und die Interdependenz und Vernetzung der Akteure untereinander sind Faktoren, welche die Gesamtdynamik des Systems beeinflussen. Im Gegensatz zu eher mechanistischen Governance- und Staatstheorien spielt hier autonomes absichtsvolles, aber beschränkt rationales Handeln eine wichtige Rolle. Aufgrund der stark verflochtenen Dynamiken sozialer Systeme ist jedoch kein einzelner Akteur in der Lage, auch nur einen Teil des Gesamtsystems und seiner Entwicklung zu kontrollieren. Bestenfalls kann ein System dazu angestoßen werden, sich in eine bestimmte Richtung zu bewegen.

Diese Fluidität des Ansatzes führt zu einer nüchternen Einschätzung der Prognosefähigkeit von Theorien. Denn die Theorie kann den Prozess zwar verstehen, der adaptive Veränderungen hervorbringt; sie ist jedoch nur in der Lage, vergleichsweise allgemeine Aussagen über den zukünftigen Zustand des Systems zu treffen. Ebenso wenig können diese Theorien eine ,beste' Handlungsoption zu Tage fördern. Sie erleichtern vielmehr das Denken in Szenarien, möglichen Entwicklungen und wahrscheinlichen Konsequenzen bestimmter Entscheidungen. Es muss noch viel konzeptionelle und analytische Arbeit auf diesem Gebiet geleistet werden, um die Dynamik komplexer Anpassungen vollständig zu verstehen. Detaillierte Fallstudien können einen Weg für zukünftige Forschung darstellen. Die Entwicklung praktischer Schlussfolgerungen für politische Entscheidungsträger bildet ein weiteres Gebiet, auf dem vielversprechende Forschung möglich erscheint.

7   Literatur

Almond, Gabriel A./G. Bingham Powell, 1966: *Comparative Politics. A Developmental Approach.* Boston: Little, Brown and Company.

Axelrod, Robert, 1997: *The complexity of cooperation: agent-based models of competition and collaboration.* Princeton: Princeton University Press.

Baum, Joel A. C., 1996: Organizational ecology. In: Stewart Clegg/Cynthia Hardy/Walter R. Nord (Hg.) *Handbook of organization studies.* London: Sage, 77-114.

Beinhocker, Eric D., 2006: *The Origin of Wealth: Evolution, Complexity, and the Radical Remaking of Economics.* Boston: Harvard Business School Press.

Bentley, Arthur F., 1967: *The Process of Government: A Study of Social Pressure.* Cambridge: Harvard University Press.

Benz, Arthur, 2004: *Governance – Regieren in komplexen Regelsystemen: Eine Einführung.* Wiesbaden: VS Verlag für Sozialwissenschaften.

Berger, Thomas, 2001: Agent-based spatial models applied to agriculture: a simulation tool for technology diffusion, resource use changes and policy analysis. In: *Agricultural Economics* 25, 245-260.

Brittain, Jack W./Douglas R. Wholey, 1988: Competition and Coexistence in Organizational Communities. Population Dynamics in Electronic Components Manufacturing. In: Glenn R. Carroll (Hg.) *Ecological Models of Organizations*. Cambridge: Ballinger, 195-222.

Bunge, Mario, 1996: *Finding Philosophy in Social Science*. New Haven: Yale University Press.

Bunge, Mario, 1998: *Social science under debate: a philosophical perspective*. Toronto: University of Toronto Press.

Bunge, Mario, 2000: Systemism: the alternative to individualism and holism. In: *Journal of Socio-Economics* 29, 147-157.

Burns, Tom R./Thomas Dietz, 1995: Kulturelle Evolution: Institutionen, Selektion und menschliches Handeln. In: Hans-Peter Müller/Michael Schmid (Hg.) *Sozialer Wandel. Modellbildung und theoretische Ansätze*. Frankfurt: Suhrkamp, 340-383.

Cherry, Barbara A., 2007: Telecommunications economy and regulation as coevolving complex adaptive systems: implications for federalism. In: *Federal Communications Law Journal* 59, 369-402.

Cherry, Barbara A./Johannes M. Bauer, 2004: *Adaptive regulation: contours of a policy model for the Internet economy*. Quello Center Working Paper 04-05, East Lansing, MI: Michigan State University.

Coleman, James S., 1974: *Power and the Structure of Society*. New York: Norton.

Coleman, James S., 1990: *Foundations of Social Theory*. Cambridge: Harvard University Press.

Dutton, William H., 1995: The ecology of games and its enemies. In: *Communication Theory* 5, 379-392.

Easton, David, 1967: *A Systems Analysis of Political Life*. New York: Wiley.

Elster, Jon, 1989: *Nuts and Bolts for the Social Sciences*. Cambridge: Cambridge University Press.

Epstein, Joshua M./Robert L. Axtell, 1996: *Growing Artificial Societies: Social Science from the Bottom Up*. Cambridge: MIT-Press.

Gersick, Connie J. G., 1991: Revolutionary Change Theories: A Multilevel Exploration of the Punctuated Equilibrium Paradigm. In: *The Academy of Management Review* 16, 10-36.

Gould, Stephen J., 1994: *Zufall Mensch. Das Wunder des Lebens als Spiel der Natur*. München: Deutscher Taschenbuch Verlag.

Grote, Jürgen R./Achim Lang/Volker Schneider, 2008: *Organized Business Interests in Changing Environments: The Complexity of Adaptation*. New York: Palgrave Macmillan.

Hall, Peter A./David W. Soskice, 2001: *Varieties of capitalism: the institutional foundations of comparative advantage*. Oxford: Oxford University Press.

Hannan, Michael T./John Freeman, 1977: The Population Ecology of Organizations. In: *American Journal of Sociology* 82, 929-964.

Hempel, Carl G., 1965: *Aspects of Scientific Explanation*. New York: Free Press.

Holland, John H., 2006: Studying complex adaptive systems. In: *Journal of System Science and Complexity* 19, 1–8.

Holland, John H./John H. Miller, 1991: Artificial Adaptive Agents in Economic Theory. In: *The American Economic Review* 81, 365-370.

Hughes, Thomas P., 1986: *The Evolution of Large Technological Systems*: Berlin: Wissenschaftszentrum Berlin.

Jackson, Gregory/Richard Deeg, 2006: *How Many Varieties of Capitalism? Comparing the Comparative Institutional Analyses of Capitalist Diversity.* Discussion Paper 06/2, Max-Planck-Institut für Gesellschaftsforschung.

Kappelhoff, Peter, 2000: Komplexitätstheorie und Steuerung von Netzwerken. In: Jörg Sydow/Arnold Windeler (Hg.) *Steuerung von Netzwerken. Wiesbaden.* Wiesbaden: Westdeutscher Verlag, 347-389.

Kauffman, Stuart A., 1993: *The origins of order: self-organization and selection in evolution.* New York: Oxford University Press.

Kauffman, Stuart A., 1995: Technology and Evolution. Escaping the red queen effect. In: *The McKinsey Quarterly* 1, 118-129.

Kenis, Patrick/Volker Schneider, 1991: Policy Networks and Policy Analysis: Scrutinizing a New Analytical Toolbox. Frankfurt: Campus. In: Bernd Marin/Renate Mayntz (Hg.) *Policy Networks. Empirical Evidence and Theoretical Considerations.* Frankfurt: Campus, 25-59.

Kohler-Koch, Beate/Berthold Rittberger, 2006: Review Article: The Governance Turn in EU Studies. In: *Journal of Common Market Studies* 44, 27-49.

Lang, Achim, 2006: *Die Evolution sektoraler Wirtschaftsverbände. Informations- und Kommunikationsverbände in Deutschland, Großbritannien und Spanien.* Wiesbaden: VS Verlag für Sozialwissenschaften.

Lange, Stefan/Uwe Schimank, 2004: *Governance und gesellschaftliche Integration.* Wiesbaden: VS Verlag für Sozialwissenschaften.

Lewin, Arie Y./Henk W. Volberda, 1999: Prolegomena on Coevolution: A Framework for Research on Strategy and New Organizational Forms. In: *Organization Science* 10, 519-534.

Long, Norton E., 1958: The Local Community as an Ecology of Games. In: *The American Journal of Sociology* 64, 251-261.

Luhmann, Niklas, 1984: *Soziale Systeme.* Frankfurt/M.: Suhrkamp.

Macy, Michael W./Robert Willer, 2002: From Factors to Actors: Computational Sociology and Agent-Based Modeling. In: *Annual Review of Sociology* 28, 143-167.

Mayntz, Renate, 1982: Problemverarbeitung durch das politisch administrative System. In: Joachim Hesse (Hg.) *Politikwissenschaft und Verwaltungswissenschaft.* Opladen: Westdeutscher Verlag, 74-89.

Mayntz, Renate, 2004: *Governance Theory als fortentwickelte Steuerungstheorie?* MPIfG Working Paper 04/1. <www.mpi-fg-koeln.mpg.de/pu/workpap/wp04-1/wp04-1.html>.

Mayntz, Renate/Fritz W. Scharpf, 1995: Der Ansatz des akteurzentrierten Institutionalismus. In: dies. (Hg.) *Gesellschaftliche Selbstregelung und politische Steuerung.* Frankfurt: Campus, 39-72.

McKelvey, Bill, 1999: Self-organization, complexity catastrophe, and microstate models at the edge of chaos. In: Joel A. C. Baum/Bill McKelvey (Hg.) *Variations in Organization Science: In Honor of Donald T. Campbell.* Thousand Oaks, CA: Sage, 279–307.

North, Douglass C., 1991: Institutions. In: *The Journal of Economic Perspectives* 5, 97-112.

Ostrom, Elinor, 1986: An Agenda for the Study of Institutions. In: *Public Choice* 48, 3-25.

Ostrom, Elinor, 1990: *Governing the Commons. The Evolution of Institutions for Collective Action.* Cambridge: Cambridge University Press.

Ostrom, Elinor, 2000: Collective Action and the Evolution of Social Norms. In: *Journal of Economic Perspectives* 14, 137–158.

Parsons, Talcott, 1951: *The social system.* Glencoe: Free Press.

Ronit, Karsten/Volker Schneider, 1997: Organisierte Interessen in nationalen und supranationalen Politökologien. Ein Vergleich der G7-Länder mit der Europäischen Union. In: Ulrich v. Alemann/Bernhard Weßels (Hg.) *Verbände in vergleichender Perspektive. Beiträge zu einem vernachlässigten Feld*. Berlin: Edition Sigma, 29-62.

Scharpf, Fritz W., 1997: *Games Real Actors Play. Actor-Centered Institutionalism in Policy Research*. Boulder: Westview Press.

Schimank, Uwe, 2006: Elementare Mechanismen. In: Arthur Benz/Susanne Lütz/Uwe Schimank/Georg Simonis (Hg.) *Handbuch Governance. Theoretische Grundlagen und empirische Anwendungsfelder*. Wiesbaden: VS Verlag für Sozialwissenschaften, 29-45.

Schlager, Estella/Elinor Ostrom, 1992: Property-Rights Regimes and Natural Resources: A Conceptual Analysis. In: *Land Economics* 68, 249-262.

Schneider, Volker/Patrick Kenis, 1996: Verteilte Kontrolle: Institutionelle Steuerung in modernen Gesellschaften. In: Patrich Kenis/Volker Schneider (Hg.) *Organisation und Netzwerk. Institutionelle Steuerung in Wirtschaft und Politik*. Frankfurt: Campus, 9-43.

Schuppert, Gunnar Folke, 2008: Governance – auf der Suche nach Konturen eines „anerkannt uneindeutigen Begriffs". In: Gunnar Folke Schuppert /Michael Zürn (Hg.) *Governance in einer sich wandelnden Welt*, PVS Sonderheft 41, 13-40.

Stanley, Steven M., 1979: *Macroevolution: Pattern and Process*. San Francisco: Freeman.

Tainter, Joseph A., 1988: *The collapse of complex societies*. Cambridge: Cambridge University Press.

Thelen, Kathleen, 1999: Historical institutionalism in comparative politics. In: *Annual Review of Political Science* 2, 369-404.

Treib, Oliver/Holger Bähr/Gerda Falkner, 2007: Modes of governance: towards a conceptual clarification. In: *Journal of European Public Policy* 14, 1-20.

Truman, David, 1971: *The Governmental Process. Political Interests and Public Opinion*. New York: Knopf.

Van Kersbergen, Kees/Frans Van Waarden, 2004: Governance as a Bridge Between Disciplines: Cross-Disciplinary Inspiration Regarding Shifts in Governance and Problems of Governability, Accountability and Legitimacy. In: *European Journal of Political Research* 43, 143-171.

Vedel, Thierry/William H. Dutton, 1990: New media politics: shaping cable television policy in France. In: *Media, Culture & Society* 12, 491.

Williamson, Oliver E., 1985: *The Economic Institutions of Capitalism*. New York: Free Press.

Williamson, Oliver E., 1996: Vergleichende ökonomische Organisationstheorie: Die Analyse diskreter Strukturalternativen. In: Patrick Kenis/Volker Schneider (Hg.) *Organisation und Netzwerk. Institutionelle Steuerung in Wirtschaft und Politik*. Frankfurt: Campus, 167-212.

Willke, Helmut, 1987: *Systemtheorie*. Stuttgart: Lucius & Lucius.

Wichtigkeit, Komplexität und Rationalität von Entscheidungen

Uwe Schimank

1 Einleitung

Dass die sozialistische Planwirtschaft, die die ‚Anarchie' des kapitalistischen Marktes überwinden wollte, kläglich scheitern würde, war vielen Beobachtern von Anfang an klar und hat sich dann ja auch nach einem langen Siechtum 1989 endgültig erwiesen (Kornai 1992). Die immense Koordinations- und Optimierungsleistung, die die ‚unsichtbare Hand' des Marktes trotz immer wieder auftretender Krisen größtenteils geräuschlos vollbringt, von der „visible hand" (Chandler 1977) einer zentralisierten Entscheidungsinstanz in Gestalt einer Wirtschaftsplankommission besser erbringen zu lassen, hätte geradezu göttliche Allwissenheit und Allmacht erfordert. Zwar ist heute wohl kaum noch jemand von einer solchen planwirtschaftlichen Hybris befallen: Aber ziemlich ambitionierte Entscheidungen verlangt sich die Politik immer noch ab – weil die Wähler und Interessengruppen sie ihr abverlangen. Man denke etwa an die jüngsten Arbeitsmarktreformen, an den Umbau des Sozialstaates, an Steuerreformen oder auch an die Bemühungen, die deutschen Hochschulen zu reformieren! Vermutlich überblickt niemand auch nur ansatzweise, was das Zusammenwirken des Bologna-Prozesses, der Exzellenzinitiative und der vielfältigen Governance-Veränderungen in Richtung „new public management" in den nächsten drei, sieben oder zehn Jahren für die Hochschulen bedeuten wird.

Damit es nicht so klingt, als würde hier allein die Politik aufs Korn genommen, sei auch an die ‚Bauchlandung' der ehrgeizigen Pläne einer Neuaufstellung des Automobilkonzerns Daimler-Benz erinnert, mit dem vorläufigen Schlusspunkt der Trennung vom wenige Jahre vorher aufgekauften amerikanischen Autobauer Chrysler. Vergleichbares gibt es in der Wirtschaft immer wieder – und das heißt: Nicht erst die entscheidungsförmige Gestaltung eines ganzen gesellschaftlichen Teilsystems wie der Wirtschaft, schon die entsprechenden Bemühungen im Rahmen einer großen Organisation können schnell auf eine Selbstüberforderung der Entscheider hinauslaufen und dann leicht scheitern. Und selbst wenn man von der Makro-Ebene der Gesellschaft und der Meso-Ebene von Organisationen auf die Mikro-Ebene einzelner Personen hinabsteigt, ändert sich das Bild nicht grundsätzlich. Jeder mag an seinem eigenen Werdegang nachvollziehen, wie oft es ganz anders gekommen ist, als man geplant hatte – im übrigen nicht immer nur zum Schlechteren, was aber am Versagen entscheidungsförmiger Lebensplanung nichts ändert, sondern lediglich zeigt, dass man eben auch mal Glück haben kann.

Helmut Wiesenthal (2003; 2006: 209-243) weist freilich zu Recht darauf hin, dass es auch Gegenbeispiele gibt: groß angelegte und dennoch im Sinne einer Erreichung der gesetzten Ziele weitgehend gelungene Reformpolitiken. So sind etwa die Einführung des Euro oder auch die westdeutsche Transformation einer nationalsozialistischen in eine demokratische, friedliche und marktwirtschaftliche Gesellschaftsordnung zu bewerten. Neben Glück spielt hier offenbar u.a. die Nutzung günstiger Gelegenheiten eine Rolle (Wiesenthal 2006: 234f.), was exemplarisch zeigt: Entscheider sind sich darüber bewusst, dass eine „… absichtskonforme Einwirkung der Gesellschaft auf sich selbst im Prinzip möglich ist, jedoch nicht immer, nicht überall und gewiss nicht für alle denkbaren oder wünschbaren Ziele." (Wiesenthal 2006: 233) Erfahrene Entscheidungshandelnde kennen so einerseits ihre Grenzen, ohne deshalb andererseits einem Defätismus zu verfallen.

Diese Linie soll durch die folgenden Überlegungen genauer abgeklärt werden.[1] Einmal unterstellt, wir leben in einer Entscheidungsgesellschaft, in der zumindest mit Blick auf wichtige zu bearbeitende Probleme Akteuren eine möglichst rationale entscheidungsförmige Problembearbeitung abverlangt wird: Wie passt diese Zumutung zur hohen und immer noch steigenden Komplexität der modernen Gesellschaft?

2   Dimensionen und Muster der Problembearbeitung

Die Probleme, mit denen sich ein Akteur konfrontiert sieht, lassen sich anhand von drei Merkmalen genauer charakterisieren:

- Wichtige oder unwichtige Probleme: Hier geht es um die subjektiv wahrgenommene Bedeutsamkeit dessen, was man zur Problembearbeitung tut oder unterlässt – ob man sich also in einer „Hoch-" oder „Niedrigkostensituation" (Zintl 1989) befindet.
- Komplexe oder wenig komplexe Probleme: Dies bezieht sich in sachlicher Hinsicht auf die verfügbaren Informationen und deren Verarbeitbarkeit, in sozialer Hinsicht auf das Ausmaß an Erwartungssicherheit und Konflikthaftigkeit sowie in zeitlicher Hinsicht auf Zeitknappheit.
- Hoher oder geringer Rationalitätsanspruch: Damit ist das Rationalitätsniveau angesprochen, das eine Problembearbeitung erreichen soll.

---

[1]   Ausführlicher dazu siehe Schimank 2005.

Alle drei Merkmale stellen Kontinua dar und spannen so einen dreidimensionalen Raum auf, in dem sich Probleme verorten lassen (siehe Abbildung 1).

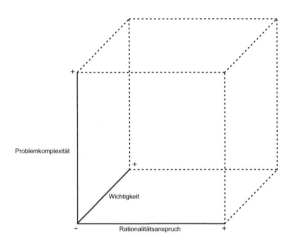

Abbildung 1: Dreidimensionaler Raum der Problembearbeitung

Den einen Extrempunkt stellen unwichtige und wenig komplexe Probleme dar, an deren Bearbeitung kein hoher Rationalitätsanspruch gestellt wird – z.B. die Frage, welche von drei Marmeladesorten ich am Frühstücksbüffet des Hotels wähle. Falls jemand diesbezüglich nicht ausgesprochen wählerisch ist oder auf bestimmte Sorten allergisch reagiert, dürfte ihm diese Wahl kein größeres Kopfzerbrechen bereiten; sie dürfte oft genug sogar nicht einmal eine Entscheidung erfordern, sondern als eingelebte Gewohnheit vonstatten gehen – ganz davon abgesehen, dass man die Sorten ja auch von Tag zu Tag abwechseln kann. Generell gilt, dass alle Probleme, die relativ unwichtig sind, in der Regel keine hohen Rationalitätsansprüche stellen, weil eben nicht viel auf dem Spiel steht – egal, wie hoch die Problemkomplexität ist. Je wichtiger Probleme demgegenüber werden, desto stärker sind der Druck und der Wunsch, sie entscheidungsförmig zu bearbeiten, und desto rationaler sollen die Entscheidungen ausfallen. Den Extremfall bilden existentiell wichtige Entscheidungen, in denen es um Leben und Tod einer Person oder um den Fortbestand einer Organisation geht.

Wichtige Entscheidungen sind zwar nicht zwangsläufig auch komplex. Doch eine gewisse Korrelation beider Merkmale besteht, weil sich die Wichtigkeit einer Entscheidung u.a. auch daraus ergeben kann, dass diese sachlich sehr weitreichende und unüberschaubare Wirkungen entfaltet, dass sozial viele Akteure mit unterschiedlichen Interessen von der Entscheidung betroffen sind oder dass die Entscheidung zeitlich dringlich ist. Es ist also nicht nur eine die Realität verzerrende Wahrnehmung, dass uns solche Probleme besonders ins Auge fallen, die – wie die einleitend angeführten – sowohl wichtig als auch hochgradig komplex sind. Dieser Problemtyp ist es, an dem sich Entscheidungshandeln in der Moderne bewähren muss – und oft genug die Zähne ausbeißt.

Blendet man alle Arten von vergleichsweise unwichtigen Problemen aus (in der Abbildung 1 die gesamte vordere Region), kann man den gerade umschriebenen Problemtyp mit zwei anderen Problemtypen vergleichen. Dies sind zum einen wichtige, aber wenig komplexe Probleme, an deren Bearbeitung keine hohen Rationalitätsansprüche gestellt werden. Hier rekurrieren Akteure vor allem auf Alltags- oder Organisationsroutinen. Zum anderen gibt es wichtige, aber wenig komplexe Probleme, die möglichst rational bearbeitet werden sollen. Auf diesen Problemtyp sind alle Arten von Entscheidungsalgorithmen zugeschnitten, die im wörtlichen oder übertragenen Sinne erlauben, sämtliche zur Wahl stehenden Möglichkeiten durchzurechnen und eine eindeutig beste Entscheidung zu identifizieren, die dann ergriffen wird (Kirsch 1971: 153-158). Ein Problem kann sachlich und sozial durchaus bereits ziemlich komplex sein: Ob es insgesamt als komplex einzustufen ist, kann sich letztlich aus der verfügbaren Zeit zur Problembearbeitung ergeben. So sind etwa bestimmte Konstellationen im Schach solange nicht komplex, wie dem Spieler Zeit genug bleibt, sie in ihren Konsequenzen eine nach der anderen geistig durchzuspielen, bevor er seinen Zug wählt.

Wichtige und komplexe Probleme zeichnen sich demgegenüber dadurch aus, dass hier die eindeutig beste Entscheidung nicht ausrechenbar ist. Gleichwohl besteht aber ein hoher Druck, eine möglichst rationale Entscheidung zu treffen – weil es eben um viel geht (rechts oben hinten in der Abbildung 1). Damit ist das grundlegende Spannungsverhältnis identifiziert, das Entscheidungshandeln in der Moderne mit Blick auf diesen Problemtyp kennzeichnet. Man kann zugespitzt geradezu sagen: Je wichtiger es ist, eine möglichst rationale Entscheidung zu treffen, desto schwieriger ist dies meistens, weil das zu bearbeitende Problem hochgradig komplex ist. Rationalitätsanspruch und Problemkomplexität prallen aufeinander – je höher die Komplexität, umso härter.

Dies lässt sich verstehen, kontrastiert man eine perfekt rationale Entscheidung mit den bereits erwähnten Komplexitätsdimensionen. Eine perfekt rationale Entscheidung muss in sachlicher Hinsicht auf einer vollständigen Erfassung und Verarbeitung der relevanten Informationen beruhen. Denn nur dann ist garantiert, dass das anstehende Entscheidungsproblem nicht nur oberflächlich oder partiell bearbeitet wird. Allein totale Informiertheit vermag zu gewährleisten, dass das Problem an seiner Wurzel und nicht bloß Symptome kurierend oder gar völlig falsch angegangen wird. In sozialer Hinsicht muss eine perfekt rationale Entscheidung die unterschiedlichen Perspektiven und daraus hervorgehenden Problemdeutungen aller Entscheidungsbeteiligten und -betroffenen aufnehmen und die so sich ergebende Vielzahl von Kriterien in eine allgemein anerkannte Rangordnung überführen. Nur wenn eine Entscheidung auf diese Weise sämtlichen relevanten, jeweils eine relative Berechtigung aufweisenden Interessen und Standpunkten gerecht wird, ist eine nicht bloß auf einzelne, für sich genommen partikulare Gesichtspunkte abstellende, sondern das betreffende Problem umfassend angehende Entscheidung sichergestellt; und nur das garantiert Konsens und Erwartungssicherheit unter den involvierten Akteuren. In zeitlicher Hinsicht schließlich muss eine perfekt rationale Entscheidung hinreichend Zeit zur Verfügung haben, damit überhaupt eine vollständige Informationsverarbeitung und die Erarbeitung einer allgemein anerkannten

Kriterienordnung stattfinden können. Nur so lässt sich eine nicht bloß kurzatmige, sondern dauerhaft wirksame Problembearbeitung erreichen.

Aus eigener Alltagserfahrung kann jedermann feststellen, dass reale Entscheidungen diesen hochgesteckten Anforderungen auch nicht annähernd entsprechen, sondern gänzlich anders zustande kommen. Das gilt sowohl für Entscheidungen, die man selbst zu treffen hat, als auch für Entscheidungen, über die man in der Zeitung liest – etwa politische Entscheidungen. Diese Alltagserfahrung wird mittlerweile durch zahllose empirische Studien der Entscheidungsforschung bestätigt und fundiert.[2] Die sachliche, soziale und zeitliche Komplexität der zu bearbeitenden Probleme lässt perfekte Rationalität nicht einmal annähernd zu – nicht selten fragt man sich ernsthaft, ob die unter dem Komplexitätsdruck tatsächlich einsetzbaren Praktiken der Problembearbeitung überhaupt noch in irgendeinem Sinne als rational einstufbar sind.

Befindet man sich erst einmal auf einem hohen Komplexitätsniveau, kann man sich abstrakt das Verhältnis zwischen der Komplexität einer Entscheidungssituation und dem erreichbarem Rationalitätsniveau als ein Koordinatensystem mit diesen beiden Achsen vorstellen, in dem, in einer betriebswirtschaftlichen Analogie, die Budgetgerade das erreichbare Maximum an Rationalität auf einem gegebenen Komplexitätsniveau markiert (siehe Abbildung 2).

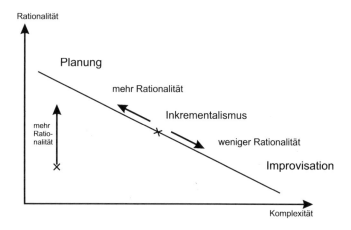

Abbildung 2: Rationalitätsniveaus

Damit ist erstens klar: Solange sich ein Akteur mit seinem Entscheidungshandeln unterhalb der Budgetgeraden bewegt, kann er das Rationalitätsniveau verbessern, indem er sich nach oben bewegt – bis er die Budgetgerade erreicht. Über das durch sie markierte Rationalitätsniveau vermag er bei gegebenem Komplexitätsniveau nicht zu gelangen. Zweitens gilt:

---

[2]   Zusammenfassend siehe Schimank 2005: 195-223.

Wenn er so für ein gegebenes Komplexitätsniveau das Maximum an Rationalität realisiert hat, und die Komplexität des zu bearbeitenden Problems verringert sich aus irgendeinem Grund, dann ist mehr Rationalität möglich. Umgekehrt: Erhöht sich das Komplexitätsniveau, wird das erreichbare Rationalitätsniveau heruntergeschraubt.

Die Erörterung dieser Möglichkeiten unterstellt, dass das Komplexitätsniveau eines Entscheidungsproblems nicht von vornherein und unveränderlich festgelegt ist. Es kann durch Eigendynamiken oder durch koinzidentielle Dynamiken der Situation und in Grenzen auch durch das Komplexitätsmanagement der Entscheidungshandelnden verändert werden. Ein Beispiel für eine solche Meta-Entscheidung wäre etwa, angesichts immer wieder auftretender weltweiter Turbulenzen von Finanzmärkten dadurch Komplexität herauszunehmen, dass man den Wiederverkauf von Anlagen durch die Festlegung eines Zeitraums, für den sie mindestens gehalten werden müssen, verlangsamt. Eine solche Verpflichtung aller Anleger zu einer längerfristigeren Selbstbindung bei jeder Anlage würde die Börsen verstetigen, erratische Dynamiken herausnehmen und so ein höheres Rationalitätsniveau individueller Anlageentscheidungen ermöglichen.[3] Ein anderes Beispiel sind die angeblich naturwüchsig über uns hereinbrechenden Schicksalsschläge der wirtschaftlichen Globalisierung. Versteht man nationalstaatliche Grenzen auch als Interdependenzunterbrecher, die eine ansonsten unbeherrschbare globale Problemkomplexität wirtschaftlicher Verflechtungen z.B. aus Deutschland heraushalten (Schimank 2005a), ist klar, dass nicht zuletzt nationalstaatliche Politiken auch der deutschen Regierung gezielt dabei mitgewirkt haben, diese Komplexität in die deutsche Wirtschaft hereinschwappen zu lassen – siehe z.B. viele Regelungen zur Immigration oder in Zollfragen. Aufgrund anderer Interessen sind die Globalisierungsfolgen, die sich u.a. als Komplexitätssteigerung wirtschaftlicher Probleme manifestieren, in Kauf genommen worden; eine „political construction of helplessness", die den „myth of the powerless state" erzeugt (Weiss 1997), verschleiert dies.

Auch wenn somit das Komplexitätsniveau nicht vollständig vorgegeben ist, lässt sich nicht bestreiten, dass zahlreiche Probleme, die die Politik, die Leitungen von Organisationen in allen gesellschaftlichen Teilsystemen und last but not least die einzelnen Personen in der „Multioptionsgesellschaft" (Gross 1994) zu bewältigen haben, sehr komplex sind und bleiben – und dass zugleich die Wichtigkeit dieser Probleme zu hohen Rationalitätsansprüchen führt. Was bedeutet dies angesichts des herausgearbeiteten Spannungsverhältnisses von Komplexität und Rationalität?

3   Inkrementalismus: weniger als Planung

Die Antwort einer realistischen, keine falschen Versprechungen machenden entscheidungssoziologischen Betrachtung liegt klar auf der Hand: Je komplexer ein zu bearbeitendes Entscheidungsproblem ist, desto weniger rational kann es bearbeitet werden. So einfach ist das. Aber es ist dennoch äußerst schwer, sich mit dieser Auskunft abzufinden, sobald es um eini-

---

[3]   Mit Wolfgang Streeck (1997) würde man von einem „beneficial constraint" sprechen.

germaßen wichtige Probleme geht. Denn die Moderne hat, vor allem als Kompensation eines weitreichendes Verlustes an religiöser Glaubensgewissheit, die Fortschrittsidee inthronisiert. Peter Gross notiert: „Die Unendlichkeit diesseitigen Fortschritts hat sich an die Stelle der jenseitigen Ewigkeit gesetzt." (1994: 309) Lapidar heißt es bei Odo Marquard: „Ende Gottes: menschlicher Machzwang" (1977: 72). Genauer müsste man sagen: „Mach-immer-besser-Zwang". Wo eine religiös gerahmte und gefestigte Gesellschaft dauerhafte Übel ebenso wie plötzliche Katastrophen in letzter Instanz schicksalsergeben als Gottes unerforschlichen Ratschluss hinnehmen konnte, müssen sich die Menschen in der Moderne nach Kräften bemühen, die gesellschaftlichen Verhältnisse – die sie ja nun als ihr Werk verstehen müssen – immer weiter zu verbessern. Es hat gewissermaßen eine Beweislastumkehr stattgefunden: Früher waren diejenigen beweispflichtig, die im Rahmen der gottgegebenen Weltordnung Verbesserungsmöglichkeiten sahen – insbesondere, wenn es sich um großangelegte Verbesserungen handelte; heute hingegen muss man beweisen, dass an einem bestimmten Problem wirklich nichts zu machen ist, um es auf sich beruhen lassen zu können. Und es gibt immer weniger als unbehebbar anerkannte Arten von Problemursachen. Am Ende von Ernst Blochs (1959) großangelegtem Kompendium menschlicher Hoffnungen steht bekanntlich sogar die Hoffnung auf einen Sieg über die menschliche Sterblichkeit. Dann zählte selbst die Ausrede knapper Lebenszeit nicht mehr, um sich vor weiteren Anstrengungen rational entscheidungsförmiger Problembearbeitung drücken zu können.

Dieser Gestaltungs-Zwang der Moderne prägt sich leicht als Gestaltungs-Heroismus aus, und dieser wiederum neigt zu einer Maßstabsvergrößerung des Gestaltens. Planung ist die entsprechend ambitionierte Entscheidungsstrategie, gegenüber derer alle bescheidener auftretenden Praktiken des Entscheidens als ungenügend erscheinen. Die Versuchung, auf ‚große' – wichtige und komplexe – Probleme mit großangelegten Plänen zu reagieren, scheint unwiderstehlich; man muss wohl schon von einem zwanghaften Reaktionsmuster sprechen, das nicht zuletzt durch Druck von Seiten der Problembetroffenen und ihrer teilweise selbsternannten Sprecher wie der Journalisten ausgelöst wird. Könnte es sich ein Politiker eigentlich noch leisten, bei einem schwierigen und drängenden gesellschaftlichen Problem wie beispielsweise einer als zu hoch eingestuften Arbeitslosenquote und einem hohen Anteil Dauerarbeitsloser sinngemäß zu sagen:

„Dies ist, wie alle Erfahrungen zeigen, kein so einfach zu lösendes Problem. Viele ganz verschiedene Ansätze der Problembearbeitung haben allesamt nicht viel gebracht. Zum einen wissen wir offenbar zu wenig über die verwickelten Kausalzusammenhänge, die das Problem konstituieren und die durch alle Maßnahmen der Problembearbeitung nur noch verwickelter werden – siehe nicht nur die geringe Zielerreichung, sondern darüber hinaus die unvorhergesehenen und unerwünschten Nebenwirkungen bisheriger Bemühungen. Zum anderen gibt es übermächtige Widerstände verschiedener Interessengruppen gegen bestimmte Maßnahmen; auch dagegen ist noch niemandem ein probates Mittel eingefallen. Das Einzige, was die Arbeitsmarktpolitik unter diesen Umständen anzubieten vermag, sind tastende kleine Schritte im Rahmen des unter den gegebenen Kräfteverhältnissen überhaupt Möglichen, die wir dann eine ganze Zeitlang daraufhin beobachten, ob sie erwünschte Wirkungen zeigen. Und wenn das der Fall zu sein scheint, werden wir weitere Maßnahmen in diesen Richtungen einleiten. Aber insgesamt müssen wir realistisch einräumen, dass wir alle

ziemlich im Dunkeln tappen und um weitere Fehlschläge nicht drum herum kommen werden. Ohnehin ist eine nachhaltig wirksame Problemverbesserung von arbeitsmarktpolitischen Maßnahmen nicht zu erhoffen, sondern nur von einem wirtschaftlichen Aufschwung – wobei niemand meinen sollte, dass wirtschaftspolitische Maßnahmen diesen herbeiführen könnten. Denn für sie gelten dieselben Beschränkungen."

Diesem – real nicht existierenden – ehrlichen Politiker wären Hohn und Wut der Presse sicher, und er käme todsicher auch bei den Wählern nicht gut an. Für den politischen Gegner wäre er ein gefundenes Fressen. Nicht zuletzt die in anderen Hinsichten höchst wünschenswerte politische Konkurrenz, die die parlamentarische Demokratie institutionalisiert, zeigt hinsichtlich solcher unpopulärer Botschaften ihre bekannte Kehrseite: Keiner der Konkurrenten wagt, den Medien und dem Wahlvolk reinen Wein einzuschenken, weil er weiß, dass er sich damit ans Messer liefert. Stattdessen versuchen die konkurrierenden Parteien einander gegenseitig mit großspurigen Versprechungen zu überbieten – und die Wähler lernen offenbar nichts dazu. Je stärker jemanden ein Problem betrifft, desto ausgeprägter ist die Neigung zum ‚wishful thinking' – wie bei Schwerkranken, die sich dann obskursten Therapien hingeben.

Am großspurigsten waren zweifellos die real existiert habenden Sozialisten seit der Russischen Revolution, die eine an zweifellos wünschbaren Zielen wie Vollbeschäftigung und allgemeinem Wohlstand orientierte Planung der Wirtschaft in Aussicht stellten – und grandios scheiterten. Vereinzelte Stimmen behaupten zwar immer noch, dass die Kapazitäten heutiger Superrechner eine erfolgreiche Planwirtschaft möglich machten, der Sozialismus also nur daran gescheitert sei, dass die erforderliche Informationsverarbeitungstechnologie zu spät verfügbar gewesen sei; aber wenn man sieht, wie weitaus weniger ambitionierte Planungen etwa in der Hochzeit sozialdemokratischer Reformpolitik Anfang der 1970er Jahre im Sande verlaufen sind, ist man gegen derartige Notlügen Ewig-Gestriger gefeit. Einige Beispiele für Planungsfiaskos aus neuerer Zeit wurden bereits genannt. Und natürlich ließe sich das leider berechtigte Klagelied genauso auf der Organisationsebene oder für einzelne Personen durchdeklinieren. Dass Individuen heutzutage zu „Planungsbüros" (Beck 1986: 217) ihrer eigenen Biographie ernannt werden, heißt eben noch lange nicht, dass sie dieser Aufgabe auch gewachsen sind.

Was ist angesichts hochgradig komplexer Probleme möglich? Entscheidungssoziologisch aufgeklärt kann die Antwort – nochmals wiederholt – nur heißen: weniger als Planung! Will man überhaupt Rationalitätsansprüche realisieren und nicht bloß behaupten, hat man sich – ein ganzes Stück weit fatalistisch – damit abzufinden, dass man keinen hochgesteckten Rationalitätsansprüchen gerecht zu werden vermag: Rationalität durch Rationalitätsverzicht! Man ist auf Inkrementalismus zurückgeworfen – eine Entscheidungsstrategie, die die folgenden Devisen hat (Schimank 2005: 237-280):

- Kümmere dich nicht um ein Problem, solange du es nicht musst!

- Wenn du dich darum kümmern musst: Wende dich nur denjenigen Problemaspekten zu, die wirklich drängend sind!

- Suche für die Bearbeitung dieser Problemaspekte nach Lösungen, die möglichst im gut bekannten nahen Umfeld der Probleme liegen und bei denen du mit keinen größeren Widerständen zu rechnen hast!

- Sobald du in diesem Rahmen einen einigermaßen zufriedenstellenden Weg der Problembearbeitung gefunden hast, such nicht mehr weiter, ob es vielleicht noch einen besseren gibt, sondern setz diesen in die Tat um!

- Sei gefasst darauf, dass du das Problem bald wieder angehen musst, weil du es nicht wirklich gelöst hast und deine Problembearbeitung darüber hinaus ihrerseits weitere problematische Nebenwirkungen zeitigt!

Von einem solchen Umgang mit wichtigen Problemen haben die meisten sozialwissenschaftlichen Beobachter des Entscheidungshandelns – von Journalisten ganz zu schweigen – keine gute Meinung. Charles Lindblom (1959) charakterisierte den Inkrementalismus schon im Titel seines programmatischen Beitrags als „Science of muddling through". ‚Sich-durchwursteln' als ‚Wissenschaft'! Das klingt gerade in seiner Bescheidenheit unverhohlen spöttisch gegenüber den grandiosen Ansprüchen der Planungseuphoriker, die das Blaue vom Himmel versprechen, aber eben regelmäßig bei der praktischen Umsetzung ihrer Versprechen auf ganzer Linie scheitern. Dieser Spott wird Lindblom bis heute übel genommen. „Muddling Trough – ‚Science' Or Inertia?" fragte der Lindblom-Kritiker Yezekhel Dror (1964) und legt nahe, dass der Inkrementalismus eine ideologische Rechtfertigung für Kleinmut und Bequemlichkeit darstelle.

Wenn dieses – nicht zuletzt publikumswirksame, daher bei Politikern und Journalisten so beliebte – Verdikt schon eine inkrementalistische Entscheidungsstrategie trifft: Wie steht es dann erst um Entscheidungshandelnde, die mit einer so hohen Entscheidungskomplexität konfrontiert sind, dass nicht einmal mehr Inkrementalismus möglich ist? Und was können Akteure in solchen Situationen überhaupt noch tun, was den Titel ‚rational' verdient? Ich greife zwei Muster des Entscheidens heraus, die dann beobachtet worden sind: „Improvisation" und „local action" (Schimank 2005: 393-427).

4   Sub-Inkrementalismus: Improvisation und ‚local action'

Friedhelm Guttandin (1996) hat am Beispiel einer südamerikanischen Provinzstadt die Grundzüge einer „Improvisationsgesellschaft" gezeichnet,[4] die sich – wie er selbst feststellt – auch auf viele tagtägliche Entscheidungssituationen in entwickelten westlichen Ländern übertragen lassen. So sind in dieser agrarisch geprägten Kleinstadt individuelle Investitions- oder Karriereentscheidungen – ob politischer oder wirtschaftlicher Art – im Horizont allgegenwärtiger Korruption, unüberschaubarer Netzwerke und Mauscheleien, wie man sie bei uns als ‚Filz' bezeichnet, abrupt durchschlagender Weltmarktturbulenzen und, teilweise

---

[4]   Ein Roman wie Joseph Conrads „Nostromo" (1904) verdichtet dieses Lebensgefühl literarisch.

damit zusammenhängend, politischer Instabilitäten zu sehen; hinzu treten noch die Capricen der Natur, die einem die Ernte immer wieder unverhofft verhageln, ebenso gut aber auch einen reichen Segen bescheren können. Sehr hohe soziale und sachliche Komplexität teilt sich dem Einzelnen als immense Unsicherheit darüber mit, welche Möglichkeiten des Agierens er eigentlich hat, und für wie lange, und welche Wirkungen er mit bestimmten Möglichkeiten eigentlich erzielen kann. Guttandin (1996: 33-37) arbeitet verschiedene Klugheitsregeln eines dieser Komplexität angemessenen improvisierenden Entscheidens heraus:

- So gilt in sachlicher Hinsicht: „Keine Pläne, keine Kalkulationen, kein Berechnen von Zwecken, konkurrierenden Mitteln, eventuellen Nebenfolgen, sondern die Direktheit situativ bedingter Eingebung und Aktion ...“

- In sozialer Hinsicht zeichnet sich ein solches Herumbasteln durch einen „Verzicht auf einen Dirigenten“ aus. Die verschiedenen Entscheidungsbeteiligten koordinieren sich nicht in Gestalt eines besprochenen, etwa arbeitsteiligen Vorgehens; sondern jeder geht erst einmal auf eigene Faust vor, dabei allerdings die je anderen intensiv, auch argwöhnisch beobachtend. Man muss sich das wie bei kollektiv improvisierenden Jazzmusikern vorstellen, die immer wieder abwechselnd blitzschnell aufeinander eingehen müssen.

- Zeitlich heißt das: „Die kurzen und schnellen Handlungsvollzüge lösen einander ab ...“ An die Stelle eines länger angelegten schrittweisen Vorgehens tritt ein spontanes Eingehen auf den Augenblick; im Vergleich zum Inkrementalismus weist das Herumbasteln sehr kurze Feedback-Schleifen der Selbstkorrektivität auf, die dessen zwangsläufig hoher Fehlerquote angemessen sind.

Der Entscheider hängt noch weniger an seinen Entscheidungen als bei einem inkrementalistischen Vorgehen, sondern kalkuliert von vornherein ein, dass er fast alles, was er entscheidet, nicht bloß mehrfach nachjustieren, sondern gar nicht so selten nach kürzester Zeit völlig auf den Kopf stellen muss.

So kann es etwa passieren, dass man mit einer bestimmten Absicht in eine Verhandlung geht und ganz schnell feststellt, dass das, was man eigentlich wollte, überhaupt nicht durchsetzbar ist und überdies einer der anderen Beteiligten ein neues Argument in den Raum stellt, das einen überzeugt und in eine völlig andere Richtung weist. „Was interessiert mich mein Geschwätz von gestern!“ Diese bekannte, durchaus zwiespältig beurteilte Maxime trifft den Kern von Improvisation: bis zur Prinzipienlosigkeit offen für situative Überraschungen – angenehme wie unangenehme – zu sein, um jeweils, wie es so schön heißt, sogleich das Beste daraus machen zu können. Forschungen über die ‚alltägliche Lebensführung‘ weisen auf die ‚situativ-reflexive‘ Lebenslage hin:

> *„Man hängt gar nicht mehr der Illusion der Machbarkeit einer ins Detail vorausschauenden Planung des Lebens an, sondern verfolgt das Ziel, Rahmenbedingungen zu schaffen, die genügend Offenheit gewährleisten, um im richtigen Moment – eher situativ – die richtige Entscheidung treffen zu können.“ (Jurczyk/Rerrich 1993: 41)*[5]

---

[5] Für Unternehmen siehe ähnlich Quinn (1980: 27): „consciously preparing to move opportunistically.“

Das ist freilich noch zu rationalistisch formuliert: Eine nicht völlig falsche Entscheidung ist schon gut, ‚die richtige Entscheidung' wäre reine Glückssache.

Ein „okkasionalistisches Vorgehen" gehört für Guttandin zu vielen Spielarten von Improvisation dazu:

> *„Aufgrund der langfristig ungewissen Handlungsbedingungen zieht der Improvisator es vor, die Dinge auf sich zukommen zu lassen, um dann zu einem ihm günstig erscheinenden Zeitpunkt zu seinem Vorteil intervenieren zu können." (1996: 93)*

Planlos ist das in dem Sinne, dass der Akteur „... eine Schnelligkeit der Reaktion, des Sich-Umstellens und Sich-Einstellens ..." an den Tag legen muss, die durch Planung gerade ausgeschlossen würde. Eric Leifer (1991) charakterisiert dieses planlose Abwarten als „local action", das er durch die Beobachtung von Schachspielern verdeutlicht. Gängige Einschätzungen dessen, was gute Schachspieler ausmacht, gehen davon aus, dass diese in allen Phasen des Spiels möglichst viele Züge in allen Verzweigungen möglicher Gegenzüge vorauszuschauen versuchen, um so eine Entscheidung über den nächsten eigenen Zug zumindest auf dem inkrementalistischen Niveau von ‚satisficing', wenn nicht sogar planvoller zu treffen.[6] Leifer stellt demgegenüber fest, dass erfolgreiche Schachspieler insbesondere im Mittelspiel ganz anders vorgehen. Für Spieleröffnungen gibt es eine Vielzahl hochgradig routinisierter Varianten, die meist nur geringfügig modifiziert werden; das Endspiel, in dem sich oft nur noch wenige Figuren auf dem Spielfeld befinden, ermöglicht ein inkrementalistisches oder auch planvolles Vorgehen, in manchen Konstellationen sogar perfekt rationale Entscheidungen. Aber ist die Eröffnung erst einmal gelaufen, das Endspiel jedoch noch nicht erreicht, befindet sich der Schachspieler als Entscheidungshandelnder in einer Situation sehr hoher Komplexität: viele Figuren in relativ unordentlichen Konstellationen, die einen explodierenden Möglichkeitshorizont eröffnen. Was tun gute Schachspieler in dieser Lage?

Leifers Antwort lautet, dass sie versuchen, solche unüberschaubaren, für eine längerfristig angelegte Strategie noch nicht reifen Situationen möglichst offen zu halten: „Decision ... becomes a mechanism for keeping the future open." (1991: 66) Die Schachspieler bleiben im Spiel und kümmern sich eher darum, sich keine Positionsnachteile einzuhandeln, anstatt um das Erringen von Positionsvorteilen. Worum es vorrangig dabei geht, ist „... buying time for more observation ..." (45) – also: zeitliche Komplexität herauszunehmen. Dabei kommt auch Improvisation in dem Sinne zum Tragen, dass gute Schachspieler „... are the least constrained by their ex ante pursuits." (62) Sie hängen nicht an Zügen, die sie getan haben, weil diese nicht Bestandteil eines größer angelegten Plans oder auch nur einer inkrementalistischen Zielverfolgung sind:

> *„Local action serves as a kind of safety valve, allowing skilled actors to avoid the pursuit of global ends and objectives until they can be attained." (69)*

---

[6]   Herbert Simon hat in den 1960er auf der Grundlage von Computersimulationen umfangreiche Forschungen zum „general problem solver" unternommen, die nicht zuletzt am Beispiel des Schachspiels einen inkrementalistischen Entscheider modelliert haben (Newell/Simon 1972). Erinnert sei ferner auch an Amitai Etzionis (1968: 285) Vorstellung, dass gute Schachspieler „mixed scanning" betreiben.

Leifer betont die Paradoxie des Geduldhabens:

> *„At no point am I assuming that skilled players 'want' to sustain equality. To the contrary, they want to keep prospects for winning alive. These are jeoparadised by trying to win where there is no opportunity to do so."* (129)

Geduldiges Abwarten schlägt jedoch dann, wenn die Situation sich in einer für den Entscheidungshandelnden günstigen Richtung geklärt hat, sofort in ebenso entschlossene und zielstrebige Aktivität um:

> *„With favorable opportunities, skilled players become the best planners and implementers."* (64)

Je nachdem, wie stark sich die Komplexität der Entscheidungssituation sozusagen selbsttätig reduziert hat, vermag der Akteur, manchmal aus dem Stand heraus, auf Inkrementalismus oder sogar auf Planung umzuschalten.

Den Kurzportraits dieser beiden sub-inkrementalistischen Entscheidungspraktiken lässt sich einerseits entnehmen, warum es sich immer noch um eine – wenn auch bereits stark – begrenzte Rationalität handelt. Francois Jullien (1996: 77, 191) bringt den Rationalitätsgehalt auf die Kurzformel einer „Wirksamkeit durch Anpassung" statt eines „bombastischen Heroismus der Aktion"[7] und macht damit andererseits nochmals deutlich, wie unspektakulär oder vielleicht gar verdächtig diese Praktiken daherkommen. Letzterer Eindruck drängt sich nicht nur dem Fremdbeobachter derart agierender Entscheider auf, sondern auch deren Selbstbeobachtung; und die Versuchung, besser vorzeigbare Pläne zu schmieden, dürfte immer wieder groß sein.

Um dagegen nur – auf der Linie von Wiesenthals eingangs zitiertem Monitum – ein letzten Endes gelungenes Beispiel einer großangelegten sub-inkrementalistischen Entscheidungspraxis zu skizzieren: Betrachtet man die seit 1945 während Vorgeschichte der deutschen Wiedervereinigung eingehender als in bisherigen Untersuchungen, dürfte sie ziemlich genau dieser Logik von Abwarten, fortwährendem Beobachten der Lage, ‚local action', Wirksamkeit durch Anpassung und schließlich entschiedener Nutzung einer günstigen Gelegenheit entsprochen haben. Viele westdeutsche Politiker in allen Parteien hatten von Anfang an den Wunsch, die Teilung Deutschlands in eine westliche und eine östliche Einflusszone zu überwinden. Aber ein Ziel politischen Entscheidens war dies trotz aller pflichtgemäßen Deklarationen zum ‚Tag der deutschen Einheit' bis 1989 nicht, weil klar war, dass der Kalte Krieg zwischen den Vereinigten Staaten auf der einen, der Sowjetunion auf der anderen Seite keinerlei Möglichkeit für eine Wiedervereinigung bot. Was man immerhin in politischen Entscheidungen tun konnte, war, das Thema im Auge zu behalten und sich für auch unvermutet auftauchende Gelegenheiten – wie sie dann ja tatsächlich eintraten – bereitzuhalten. Dies geschah in vielerlei Formen: von der Schaffung eines Ministeriums für ‚innerdeutsche' Angelegenheiten – wie es bezeichnenderweise hieß – bis zur detaillierten Ausspionierung der DDR, von der ‚Entspannungspolitik' Willy Brandts bis zur schroffen Abwehrhaltung bei anderen Gelegenheiten. Die vielen politischen Entscheidungen, die dieser Thematik zuge-

---

[7]   Sein Bezug sind klassische chinesische Kunstlehren der Diplomatie und Kriegsführung.

ordnet wurden, folgten keiner großen Linie, sondern bildeten ein buntes Patchwork durchaus widersprüchlicher Elemente. Fort- und Rückschritte wechselten einander immer wieder ab. Für die Fortschritte, etwa Reiseerleichterungen oder intensivierte wirtschaftliche Zusammenarbeit, wurden weltpolitische Entwicklungen oder andere ohnehin ablaufende Dynamiken des Ost/West-Verhältnisses als Vehikel genutzt, und man gab sich zufrieden mit dem, was in diesem Rahmen überhaupt möglich war. All das kann in keiner Weise als eine schrittweise Vorbereitung dessen gewertet werden, was dann im Herbst 1989 geschah; nicht einmal vorausgeahnt wurde dies von irgendwem. Doch das sich plötzlich auftuende weltpolitische ‚window of opportunity' für die Erfüllung des nie aufgegebenen Wunsches nach Wiedervereinigung wurde dann mit viel Improvisation genutzt, und die in den Jahrzehnten zuvor erreichten Schritte der Annäherung beider deutscher Staaten waren sowohl für die Wiedervereinigung als politischen Akt als auch für das sich anschließende gesellschaftliche Zusammenwachsen förderlich. Dass fünfzehn Jahre später immer noch viele Probleme dieses Zusammenwachsens ungelöst sind, manche sich vielleicht sogar verschärft haben, weist im Übrigen darauf hin, dass die immense Komplexität dieses Geschehens auch weiterhin nur eine sehr begrenzte Rationalität zulässt.

Es wäre unzutreffend, diesen Vorgang, der sich über mehrere Jahrzehnte hinzog und an dem im Laufe der Zeit sehr viele verschiedene Akteure beteiligt waren, als bloße Sukzession unzusammenhängender Ereignisse anzusehen. Es handelte sich nicht nur um eine Vielzahl von Ereignissen, deren Zusammenhang sich erst im Nachhinein daraus ergibt, dass sie allesamt etwas mit der Wiedervereinigung zu tun hatten, an die aber im jeweiligen Moment keiner der Beteiligten gedacht hat. Vielmehr war dieser Wunsch für jeden, der involviert war, immer als Triebkraft des Handelns und Entscheidens präsent – aber eben nicht als Ziel,[8] und schon gar nicht als ein in einzelne Teilschritte zerlegtes und systematisch arbeitsteilig verfolgtes Ziel. Im Gegenteil: Sozialdemokratische und christdemokratische Politiker beispielsweise hätten sich gleichermaßen heftig dagegen verwahrt, hier zusammengearbeitet zu haben, obwohl sich ihre Beiträge – aber eben ‚hinter ihrem Rücken' – immer wieder sinnfällig ergänzt haben.

5 Planung als Rationalitätsfassade und als präventive Komplexitätsreduktion

Sollte man sich also hinsichtlich sehr komplexer Entscheidungssituationen ehrlicherweise am besten vollständig von aller Planungsrhetorik und sämtlichen Planungsambitionen verabschieden? Diese Maxime zu beherzigen ginge zu weit. In mindestens zwei Hinsichten ist Planung auch bei der Bewältigung hochkomplexer Probleme brauchbar.

---

8   Der Unterschied ließe sich mit Alfred Schütz (1932: 115-130) so formulieren: Die deutsche Wiedervereinigung war für die Akteure kein ‚Um-zu-', sondern ein ‚Weil-Motiv'. Sie trafen bestimmte Entscheidungen nicht mit dem Ziel vor Augen, die Wiedervereinigung zu befördern, sondern deshalb, weil ein vereinigtes Deutschland und der Schmerz seiner Teilung den biographischen Erfahrungshorizont ihres Agierens darstellte.

Planung kann erstens als Rationalitätsfassade herhalten. Eine Rationalitätsfassade aufzubauen bedeutet generell, dass ein Akteur durch geeignetes „impression management" (Goffman 1956) auf der „frontstage" der Problembearbeitung hochgradige Rationalität vortäuscht, um „backstage" auf viel niedrigerem Rationalitätsniveau das zu tun, was er selbst für angemessen hält bzw. aufgrund anderer Restriktionen zu tun genötigt ist. Speziell mit Blick auf Planung heißt das: Wer behauptet, sich nicht bloß ‚durchzuwursteln', sondern dem jeweiligen Problem mit einem durchdachten, langfristig angelegten Plan zu Leibe zu rücken, kann hoffen, dass ihm das geglaubt wird, und dann unter diesem Deckmantel das tun, was überhaupt zu tun möglich ist, ohne dabei durch die Entrüstung derjenigen gebremst zu werden, die Wunderdinge verlangen. Viele Hochschulentwicklungspläne sind gute Beispiele für Rationalitätsfassaden. Sie nennen sich ‚Plan' und sind doch substantiell nicht mehr als bestenfalls purer Inkrementalismus, wenn nicht sogar bloß „garbage cans" (Cohen/March 1974). Man schreibt von seiten der Hochschulleitung als ehrgeizige Planziele hinein, was entweder leicht zu erreichen oder schwer zu überprüfen ist; und oft genug macht die andere Seite – das Ministerium – gute Miene zum bösen Spiel, weil sie ihrerseits über die Komplexität der Probleme Bescheid weiß und damit zufrieden ist, sich gegenüber dem Parlament auf dem Papier gut darstellen zu können.

Der Verweis darauf, dass insbesondere angesichts skandalisierter Zustände ein weiteres ‚Sich-durchwursteln' nicht mehr genüge, sondern man an die Wurzel des Problems vorstoßen müsse, ist eine beliebte Strategie, durch vorgebliche Planungsnotwendigkeiten Zeit zu gewinnen. Man richtet Untersuchungsausschüsse und „think tanks" ein und erweckt so den Eindruck, das betreffende Problem endlich ernst zu nehmen und mit dem bisherigen Kurieren von Symptomen Schluss zu machen. Tatsächlich geht es dabei aber darum, das Problem ‚auszusitzen', also die Empörung derjenigen, die – ohne die Problemkomplexität zu bedenken – ‚energische Schritte' verlangen, abklingen zu lassen. Im politischen Raum kann man sich hier auf den „issue attention cycle" (Downs 1972) der Medien verlassen: Ein Thema mag heute noch so heiß diskutiert werden – schon übermorgen kräht kein Hahn mehr danach. Das Bedenken und Aufstellen und Abstimmen von großangelegten Plänen kann so dazu dienen, die – in der Tat gegebene – Ernsthaftigkeit der Problembearbeitung herauszustreichen, indem man einem Stereotyp ernsthafter Problembearbeitung genügt. Doch diese vordergründige Bedienung des Stereotyps dient lediglich dazu, bei der eigentlichen Arbeit am Problem in Ruhe gelassen zu werden.

Zweitens kann Planung aber in hochkomplexen Entscheidungssituationen auch mehr als eine Vortäuschung falscher Tatsachen sein. Immer dann, wenn derartige Situationen sich wiederholen, ist in den ‚Auszeiten' eine präventive Komplexitätsreduktion durch Vorausplanung dessen, was im kritischen Moment zu tun ist, möglich. Vom akuten Problemdruck entlastet kann man die Szenarien dessen, was alles passieren könnte und wie man am besten darauf antwortet, eines nach dem anderen durchspielen und so Schritt für Schritt ein systematisches, nach Art eines Entscheidungsbaums aufgebautes Inventar von Konditionalprogrammen, also klaren Wenn-dann-Algorithmen durchplanen. Idealiter ist man dann für alle Eventualitäten mit vorher überlegten und eingeübten „standard operating procedures" vorbereitet. Diese Art der Vorausplanung dessen, was im Fall des Falles eine kaum noch entscheidungsförmige Problembearbeitung darstellt, lässt sich insbesondere bei wiederkehrenden Situationen hoher sachlicher und zeitlicher Komplexität installieren, wie sie etwa als plötzliche kritische Momente im Betrieb von großen technischen Systemen wie dem Flugverkehr oder Kernkraftwerken oder bei komplizierten medizinischen oder polizeilichen Operationen immer wieder auftreten (Flin et al. 1996; Strohschneider 2003).[9]

Diese Art der Planung gibt es auch, mit Blick auf soziale Komplexität, als Vorab-Regelung häufig wiederkehrender schwieriger Konfliktkonstellationen. Hier ist es weniger die sachliche Unüberschaubarkeit des Problems unter Bedingungen hoher Zeitknappheit als vielmehr die dilemmatische Struktur von Interessen- und Güterabwägungen. Jon Elster (1989) hat Beispiele solcher Entscheidungssituationen, die „solomonic judgments" erfordern, zusammengestellt. Diejenigen, die dann etwa als Ärzte oder Richter zu entscheiden haben, sind gut beraten, wiederum von akutem Problemdruck entlastet vorausplanend Prinzipien abzuwägen und festzulegen, entlang derer sie ihre Entscheidungen treffen. Teils können solche Prinzipien auf Konditionalprogramme hinauslaufen, also z.B. darauf, in Verteilungskonflikten den Kuchen stets strikt nach Kopfzahlen der Anspruch erhebenden Parteien aufzuteilen, ohne endlos bestreitbare Gewichtungen nach Bedürftigkeitsgesichtspunkten vorzunehmen. Teils sind Prinzipien auch nur Leitlinien wie „Kindeswohl hat Vorrang vor allen anderen Erwägungen", die aber immerhin vieles sonst auch noch ad nauseam Diskutierbare ausschließen.

6 Fazit

„,'Man kann tun, was man will;' sagte sich der Mann ohne Eigenschaften achselzuckend ‚es kommt in diesem Gefilz von Kräften nicht im geringsten darauf an!" (Musil 1931: 13) Obwohl ich zum einen in der Tat, insoweit mit dem „Mann ohne Eigenschaften" konform gehend, die Schwierigkeit und Begrenztheit rationalen Entscheidens in komplexen Problemsituationen betont habe, will ich damit aber zum anderen keineswegs Defätismus verbreiten, sondern im Gegenteil – wenn's denn schon eine normative Botschaft geben soll – dazu auffordern, das situativ mögliche Rationalitätsniveau, wie niedrig auch immer es sein mag, anzustreben. Noch so hohe Komplexität ist kein Freibrief für völligen Rationalitätsverzicht.

7 Literatur

Beck, Ulrich, 1986: *Risikogesellschaft. Auf dem Weg in eine andere Moderne.* Frankfurt/M.: Suhrkamp.

Bloch, Ernst, 1959: *Das Prinzip Hoffnung.* 3 Bd., Frankfurt/M.: Suhrkamp.

Chandler, Alfred, 1977: *The Visible Hand. The Managerial Revolution in American Business.* Cambridge MA: Belknap Press.

---

[9] Freilich sind faktisch nie wirklich alle Eventualitäten im Voraus eingeplant, und die eingeübten Routinen bedürfen fast immer noch einer mehr oder weniger großen situativen Einpassung. Für beides ist dann aufgrund der oft extremen Zeitknappheit das ‚Bauch-' bzw. ‚Fingerspitzengefühl', also langwierig erworbenes intuitives Erfahrungswissen, sehr wichtig, um schnell reagieren zu können (vgl. auch Grote, in diesem Band).

Cohen, Michael D./James G. March, 1974: *Leadership and Ambiguity*. Boston MA: Harvard University Press.

Conrad, Joseph, 1904 (1978): *Nostromo. A Tale of the Seaboard*. Harmondsworth: Penguin.

Downs, Anthony, 1972: Up and Down With Ecology – The „Issue-Attention Cycle". In: *Public Interest* 28, 38-50.

Dror, Yehezkel, 1964 (1969): Muddling Through – „Science" or Inertia? In: Amitai Etzioni (Hg.), *Readings on Modern Organizations*. Englewood Cliffs: Prentice Hall, 166-171.

Elster, Jon, 1989: *Solomonic Judgements. Studies in the Limitations of Rationality*. Cambridge: Cambridge University Press.

Etzioni, Amitai, 1968: *The Active Society*. New York: Free Press.

Flin, Rhona/Slaven Georgina/Stewart Keith, 1996: Emergency Decision Making in the Offshore Oil and Gas Industry. In: *Human Factors* 38, 262-277.

Goffman, Erving, 1956 (1973): *Wir alle spielen Theater*. München: Piper.

Gross, Peter, 1994: *Die Multioptionsgesellschaft*. Frankfurt/M.: Suhrkamp.

Guttandin, Friedhelm, 1996: *Improvisationsgesellschaft. Provinzstadtkultur in Südamerika*. Pfaffenweiler: Centaurus.

Jullien, Francois, 1996 (1999): *Über die Wirksamkeit*. Berlin: Merve.

Jurczyk, Karin/Maria Rerrich, 1993: Einführung: Alltägliche Lebensführung: der Ort, wo „alles zusammenkommt". In: Karin Jurczyk/Maria Rerrich (Hg.), *Die Arbeit des Alltags*. Freiburg: Lambertus, 11-45.

Kirsch, Werner, 1971: *Entscheidungsprozesse Bd. 2: Informationstheorie des Entscheidungsverhaltens*. Wiesbaden: Gabler.

Kornai, Janos, 1992: *The Socialist System. The Political Economy of Communism*. Oxford: Clarendon Press.

Leifer, Eric, 1991: *Actors as Observers. A Theory of Skill in Social Relationships*. New York: Garland.

Lindblom, Charles E., 1959 (1969): The Science of "Muddling Through". In: Amitai Etzioni (Hg.), *Readings on Modern Organizations*. Englewood Cliffs: Prentice-Hall, 154-166.

Marquard, Odo, 1977 (1981): Ende des Schicksals? Einige Bemerkungen über die Unvermeidlichkeit des Unverfügbaren. In: ders., *Abschied vom Prinzipiellen*. Stuttgart: Reclam, 67-90.

Musil, Robert, 1931 (1978): *Der Mann ohne Eigenschaften*. Reinbek: Rowohlt.

Newell, Alan/Herbert A. Simon, 1972: *Human Problem Solving*. Englewood Cliffs NJ: Prentice Hall.

Quinn, James Brian, 1980: *Strategies for Change. Logical Incrementalism*. Homewood, ILL: Irwin.

Schimank, Uwe, 2005: *Die Entscheidungsgesellschaft. Komplexität und Rationalität der Moderne*. Wiesbaden: VS.

Schimank, Uwe, 2005a: Weltgesellschaft und Nationalgesellschaften: Funktionen von Staatsgrenzen. In: Bettina Heintz/Richard Münch/Hartmann Tyrell (Hg.), *Weltgesellschaft – Theoretische Zugänge und empirische Problemlagen* (Sonderheft der Zeitschrift für Soziologie). Stuttgart: Lucius & Lucius, 394-414

Schütz, Alfred, 1932 (1974): *Der sinnhafte Aufbau der sozialen Welt. Eine Einleitung in die verstehende Soziologie*. Frankfurt/M.: Suhrkamp.

Streeck, Wolfgang, 1997: Beneficial Constraints. On the Economic Limits of Rational Voluntarism. In: J. Rogers Hollingsworth/A. Boyer (Hg.), *Contemporary Capitalism: The Embeddedness of Institutions*. Cambridge: Cambridge University Press, 197-219.

Strohschneider, Stefan (Hg.), 2003: *Entscheiden in kritischen Situationen*. Frankfurt: Verlag für Polizeiwissenschaft.

Weiss, Linda, 1997: Globalization and the Myth of the Powerless State. In: *New Left Review* 225, 3-27.

Wiesenthal, Helmut, 2003: Konjunkturen des Machbaren – Beobachtungen auf der Fährte der rationalitätskritischen Theorie. In: Armin Nassehi/Markus Schroer (Hg.), *Der Begriff des Politischen*. Baden-Baden: Nomos, 519-536.

Wiesenthal, Helmut, 2006: *Gesellschaftssteuerung und gesellschaftliche Selbststeuerung*. Wiesbaden: VS.

Zintl, Reinhard, 1989: Der Homo Oeconomicus: Ausnahmeerscheinung in jeder Situation oder Jedermann in Ausnahmesituationen. In: *Analyse und Kritik* 11, 52-69.

Die evolutionäre Organisationstheorie im Lichte der Komplexitätstheorie

Peter Kappelhoff

1 Einleitung

Die Steuerung sozialer Prozesse, sei es in Form direkter Eingriffe oder in Form von Veränderungen der Rahmenbedingungen, ist immer mit dem Problem des Eingriffs in komplexe Interdependenzgeflechte konfrontiert. Problemverschärfend kommt hinzu, dass jeder steuernde Eingriff eines Agenten selbst zur Steigerung der Komplexität des zu steuernden sozialen Prozesses beiträgt – Niklas Luhmann (1983) spricht in diesem Zusammenhang von Hyperkomplexität. Es kann daher nicht überraschen, dass versucht wurde, Einsichten aus der Komplexitätstheorie, die sich in den 1990er Jahren aus der Selbstorganisations- und der Chaostheorie entwickelt hat, unmittelbar auf Probleme des Komplexitätsmanagements anzuwenden. Weltbildmächtige Metaphern wie ‚Ordnung umsonst', ‚Koevolution am Rand des Chaos' und ‚selbstorganisierte Kritizität' taten ein Übriges, um insbesondere im Bereich des strategischen Managements eine Flut von ‚Anwendungen' zu produzieren, die zwar mit viel Enthusiasmus, aber selten mit einer ausreichenden Reflexion der sozialtheoretischen Voraussetzungen einen neuen Königsweg des Komplexitätsmanagements propagierten. Danach sind Komplexe Adaptive Systeme in der Lage, sich selbstorganisiert in einem Zustand am Rande des Chaos zu halten, in dem optimale Evolutionsfähigkeit gewährleistet ist. Das Management hat die Aufgabe, unterstützend die Rahmenbedingungen für eine solche Prozessdynamik bereitzustellen. Exemplarisch sei hier auf den Managementbestseller „Competing on the Edge. Strategy as Structured Chaos" von Shona L. Brown und Kathleen M. Eisenhardt (1998) verwiesen. Eine ausführliche Darstellung und Kritik dieser Entwicklung findet man bei Kappelhoff (2002).

Die Hauptthese dieses Beitrages ist, dass die Komplexitätstheorie nur im Rahmen eines evolutionstheoretischen Ansatzes zu verstehen ist. Ein allein auf Selbstorganisation gegründetes Verständnis der Komplexitätstheorie ist nicht tragfähig. In sozialwissenschaftlich relevanten Kontexten geht es immer um *angepasste* Komplexität. Eine Verankerung der Komplexitätstheorie in dem Forschungsprogramm des Universellen Darwinismus (vgl. Cziko 1995 und die dort angegebene Literatur) ist daher unverzichtbar. Damit stellt sich aus Sicht der Verhaltenswissenschaften die Frage nach der Möglichkeit einer Evolutionären Sozialtheorie. Eine erst zu entwickelnde Evolutionäre Sozialtheorie stellt gewissermaßen das theoretische Missing Link dar, welches Anwendungen der zunächst in Physik (Selbstorganisation) und Biologie (Evolution) entwickelten Theorie angepasster Komplexität auf sozialwissenschaftliche Fragestellungen erst möglich macht. Nur aus Sicht einer Evolutionären Sozialtheorie kann beurteilt werden, in welcher Form und unter welchen Bedingungen die abstrakten Einsichten der Komplexitätstheorie für sozialwissenschaftliche Modellierungsversuche von Steuerungsproblemen fruchtbar gemacht werden können.

Diese Hauptthese wird im Folgenden genauer entfaltet. Im nächsten Abschnitt werden die wichtigsten Modelle der Komplexitätstheorie (vgl. Kauffman 1993; Holland 1995), nämlich NK-Fitnesslandschaften und das Konzept Komplexer Adaptiver Systeme (KAS), in ihren wesentlichen Merkmalen dargestellt. Dabei wird Wert darauf gelegt zu zeigen, dass die Komplexitätstheorie eine Erweiterung und Ergänzung des evolutionären Forschungsprogramms darstellt. Direkte Übertragungen komplexitätstheoretischer Metaphern, die die theoretische Bedeutung der evolutionären Mechanismen von Variation, Selektion und Bewahrung (vgl. Campbell 1974) nicht genügend berücksichtigen und lediglich mit einem diffusen Verständnis von Selbstorganisation arbeiten, erweisen sich als theoretisch defizitär, da *angepasste* Gestaltbildung auf dieser eingeschränkten Grundlage nicht erklärt werden kann.

Wie bereits angedeutet, stellt die Evolutionäre Sozialtheorie das theoretische Missing Link für eine Anwendung komplexitätstheoretischer Einsichten in den Sozialwissenschaften dar. Die Möglichkeit einer Evolutionären Sozialtheorie, die sich an den abstrakten Prinzipien des Universellen Darwinismus orientiert und diese für die Sozialwissenschaften inhaltlich spezifiziert, wird im dritten Abschnitt dargelegt. Ausgangspunkt sind Modelle der doppelten Vererbung und der Gen-Kultur-Koevolution. Im Mittelpunkt stehen dann die Besonderheiten der kulturellen Evolution, und hier im Zusammenhang mit der Steuerungsproblematik insbesondere die Bedeutung der menschlichen Intentionalität im Kontext der vieldiskutierten ,Blindheit' (vgl. Campbell 1974) evolutionärer Prozesse. Versteht man Evolution methodologisch als Variation, Selektion und Bewahrung von verhaltenssteuernder Information, so ist die Bedeutung dieser abstrakten evolutionären Modelle für eine Theorie sozialer Steuerung unmittelbar einsichtig.

Insbesondere in der Evolutionären Ökonomik und hier vor allem in der Evolutionären Organisationstheorie sind diese abstrakten evolutionstheoretischen Überlegungen weiter ausgearbeitet und konkretisiert worden. Der vierte Abschnitt gibt daher einen Überblick über diese Diskussion und positioniert das eigene Verständnis einer Evolutionären Organisationstheorie, die theoretisch an die Modelle der Evolutions- und Komplexitätstheorie anschlussfähig ist. Erst auf dieser Grundlage macht es dann Sinn, in dem abschließenden fünften Abschnitt Anwendungen komplexitätstheoretischer Modelle im Rahmen der Evolutionären Organisationstheorie zu diskutieren. Insbesondere das Konzept der NK-Fitnesslandschaften wirft ein neues Licht auf die Probleme des Komplexitätsmanagements von Organisationen. Ansätze aus Populationsökologie und den wissensbasierten Theorien der Organisationsentwicklung werden zu einem integrierten Modell zusammengefasst, das Aspekte der inneren Selektion in der Form von Lernen und der äußeren Selektion in der Form von Marktkonkurrenz verbindet. Dadurch eröffnet sich ein weites Feld zur Simulation der Kompetenzentwicklung von Organisationen in einem Mehrebenenmodell, modelltechnisch gesprochen also in einem Komplexen Adaptiven System, das selbst wieder aus Komplexen Adaptiven Systemen besteht. Auf diese Weise wird es konzeptuell, theoretisch und modelltechnisch möglich, unterschiedliche Lernprozesse etwa auf der Ebene von Teams innerhalb von Organisationen und von Organisationen insgesamt mit Anpassungsproblemen in der organisationalen Umwelt zu verbinden und in einem integrierten Modell zu untersuchen.

2 Komplexitätstheorie

In seinem offensichtlich auch mit einer populärwissenschaftlichen Absicht geschriebenen Buch „Hidden Order. How Adaptation Builds Complexity" führt John H. Holland (1995: 1) das Konzept des Komplexen Adaptiven Systems ein, indem er als erstes Beispiel große Städte wie folgt charakterisiert:

> „Buyers, sellers, administrations, streets, bridges and buildings are always changing, so that a city's coherence is somehow imposed on a perpetual flux of people and structures. [...] No single constituent remains in place but the city persists. [...] What enables cities to retain their coherence despite continual disruptions and a lack of central planning?"

Zu Recht gibt sich Holland hier nicht mit der ‚unsichtbaren Hand' als Erklärung zufrieden. Vielmehr wiederholt er, nachdem er andere Beispiele Komplexer Adaptiver Systeme angeführt hat – so zum Beispiel das Immunsystem, das Zentralnervensystem und Ökosysteme als allgemeine Kategorie – seine Leitfrage: „Even though these complex systems differ in detail, the question of coherence under change is the central enigma for each." (ebd.: 4)

Aus dieser Frage nach der Auflösung eines ‚Rätsels' entwickelt sich dann (nicht nur) in der Literatur zum strategischen Management die Gewohnheit, diese wahrlich wunderbare Eigenschaft der Kohärenz unter Wandel von einem Rätsel – das, so die These dieses Beitrags, ohne evolutionstheoretische Erweiterung der Fragestellung nicht hinreichend zu beantworten ist – zu einer quasi ‚natürlichen' Eigenschaft Komplexer Adaptiver Systeme zu machen. So behauptet Meike Tilebein (2005), dass sich Komplexe Adaptive Systeme stets situationsgerecht wandeln, indem sie sich am Chaosrand optimale Überlebenschancen schaffen. Offensichtlich verfügen dann auch Organisationen, wenn man sie nur als Komplexe Adaptive Systeme versteht, über ein ‚Selbst', das sich fortwährend organisiert und reorganisiert und so eine virtuose Anpassungsleistung vollbringt. Dabei wird zur weiteren Unterstützung des Arguments die Metapher von der Evolution am Rande des Chaos, die auf die Modellsimulationen von NK-Fitnesslandschaften von Stuart A. Kauffman (1993) zurückgeht (vgl. unten Abschnitt 2.1), in die Semantik integriert. Als ein weiteres Beispiel für den metaphorischen Bezug auf den Chaosrand seien Eisenhardt und Mahesh M. Bhatia (2002) angeführt, die in einem Handbuchartikel über „Organizational Complexity" argumentieren, „that the edge of chaos is where organizations optimize the benefits of stability while retaining the capacity for change." (Eisenhardt/Bhatia 2002: 444)

Durchweg kommt in diesen Äußerungen ein beinahe unbegrenztes Vertrauen in Selbstorganisationskräfte zum Ausdruck, ein Vertrauen, das gekoppelt ist mit einer konsequenten Ausblendung evolutionärer Mechanismen der blinden Variation und der selektiven Bewahrung. Die gleiche theoretische Einseitigkeit findet sich auch bei vielen Vertretern der sog. Evolutorischen Ökonomik, die versuchen, mit Bezug auf Selbstorganisation und dem gleichzeitigen Ausblenden genuin evolutionärer Mechanismen *angepasster* Gestaltbildung dem (gerade im deutschen geisteswissenschaftlichen Diskurs besonders virulenten) Vorwurf des Biologismus zu entgehen. Dabei nehmen die Vertreter einer sich auf Selbstorganisation berufenden Evolutorischen Ökonomik in Kauf, dass die ausschließliche theoretische Fokussierung auf das Konzept der Selbstorganisation entweder in der präzisen Modellbedeutung zu einer physikalistischen Verengung des Arguments führt, oder aber zu einem diffusen Allerweltsbegriff von ‚Selbst'-Organisation entartet, in dem ein autonomes ‚Selbst' sich organisiert, welches über eine wandlungsfähige ‚Identität' verfügt, insbesondere also zur Selbsterhaltung, Selbstanpassung und letztlich zur Selbststeuerung fähig ist.

2.1   NK-Fitnesslandschaften

In seinem Buch „The Origins of Order. Self-Organization and Selection in Evolution" versucht Kauffman (1993), einer der Begründer der Komplexitätstheorie, zu einem neuen Verständnis von Evolution zu gelangen, das wesentlich *auch* auf Selbstorganisation basiert. Besonders deutlich wird das in der folgenden zusammenfassenden Einschätzung, die zu den am meisten zitierten Passagen des Buches gehört:

> *„I have tried to take steps toward characterizing the interaction of selection and self-organisation. [...] Evolution is not just ‚chance caught by the wing'. It is not just a tinkering of the ad hoc, of bricolage, of contraption. It is emergent order, honored and honed by selection." (Kauffman 1993: 644).*

Damit weist Kauffman zu Recht darauf hin, dass Evolution auf der Ausnutzung von Selbstorganisationskräften beruht, die gewissermaßen das Rohmaterial für die Prozesse der Variation, Selektion und Bewahrung zur Verfügung stellen. Ohne diese durch Selbstorganisation bereitgestellten Ordnungsmuster wäre angepasste Ordnungsbildung nicht verständlich. Nicht ganz so deutlich wird aber in dem angeführten Zitat die Kehrseite des Arguments, nämlich dass die Anpassungsleistung durch die Variation und Selektion von übertragbarer steuernder Information zustande kommt. Gerade dies ist aber das Argument des Universellen Darwinismus (Cziko 1995). Insofern sind *beide* Mechanismen, Selbstorganisation *und* Evolution, eine notwendige Vorraussetzung für das Verständnis angepasster Ordnungsbildung.

Damit wird reduktionistischen Verengungen der allgemeinen Evolutionstheorie von vorne herein der Boden entzogen. Dies gilt für einen genetischen Reduktionismus in gleicher Weise wie für einen eventuellen memetischen Reduktionismus im Bereich der kulturellen Evolution. Allerdings sei bereits hier angemerkt, dass der Vorwurf des Reduktionismus die Vertreter des Universellen Darwinismus nicht trifft und auch nicht systematisch aus den Grundannahmen eines methodologischen Evolutionismus abgeleitet werden kann. Mehrebenenselektionsprozesse sind zentraler Bestandteil der evolutionären Simulationsmodelle, die zum Verständnis des Komplexitätsmanagements von Organisationen durchgeführt wurden (siehe 5.).

Die in der Komplexitätstheorie hervorgehobene besondere Bedeutung der Selbstorganisationskomponente hat zweifellos zu einem vertieften Verständnis von evolutionären Prozessen beigetragen. Kauffman kommt aber auch das besondere Verdienst zu, mit den NK-Fitnesslandschaften konkrete Modelle zur Untersuchung komplexer evolutionärer Anpassungsprozesse entwickelt zu haben. Diese Modelle sollen im Zusammenhang mit einem zweiten Hauptvorwurf diskutiert werden, der gegen evolutionäre Modelle erhoben wurde, nämlich dem Adaptionismus. Die Modelle der NK-Fitnesslandschaften zeigen nämlich gerade, dass eine adaptive Suche in Fitnesslandschaften, die viele (nämlich N) interdependente (K gibt die Anzahl der Wechselwirkungen zwischen den Fitnesskomponenten an) Verhaltensregeln simultan zu optimieren versucht, oft in lokalen Optima einer insgesamt stark zerklüfteten Fitnesslandschaft stecken bleibt. Je nach dem Grad der Kopplung der Fitness der N unabhängig voneinander variierenden Strategiekomponenten stehen evolutionäre Anpassungs- und Suchvorgänge damit vor besonderen Herausforderungen. Ohne das Einwirken zusätzlich wirkender Selbstorganisationsprozesse gleicht die Suche nach der optimalen Strategiekombination der sprichwörtlichen Suche nach der Stecknadel im Heuhaufen. Je stärker die Fitness einer Strategiekomponente von der gleichzeitigen Wahl der anderen Strategiekomponenten abhängt, desto unstrukturierter und in diesem Sinne chaotischer ist die Fitnesslandschaft und desto schwieriger wird die Optimierung der Gesamtstrategie. Kauffman spricht in diesem Zusammenhang auch von nicht korrelierten (stark zerklüfteten) Fitnesslandschaften. Für eine ausführlichere Darstellung des Modells der NK-Fitnesslandschaften sei auf Kappelhoff (2000; 2002) verwiesen.

In unserem Zusammenhang ist entscheidend, dass Kauffman eine Tendenz postuliert und in Simulationsstudien auch tatsächlich nachweist, nach der sich komplexe Systeme selbstorganisiert zu einem Zustand optimaler Evolutionsfähigkeit, von ihm als Rand des Chaos bezeichnet, entwickeln und sich auch in diesem Zustand halten können – immer vorausgesetzt, die Selektionskräfte, die diese Entwicklung antreiben, sind stark genug. Für einen solchen Zustand optimaler Evolutionsfähigkeit darf die Anzahl K der Wechselwirkungen der Fitnesskomponenten weder zu klein noch zu groß sein. Ist K zu klein, bestehen also keine oder zu geringe Interdependenzen der Fitness der Strategiekomponenten, dann ergeben sich entweder starre Ordnungen (kleines N) oder zu glatte Fitnesslandschaften, in denen ein einmal erreichtes Optimum nicht festgehalten werden kann (großes N). Umgekehrt führen, wenn K zu groß ist, sehr viele Interdependenzen zu stark zerklüfteten Fitnesslandschaften, in denen lokale Suchprozesse sofort stecken bleiben. Ziel des strategischen Komplexitätsmanagements muss es daher sein, den evolutionären Prozess in einem Korridor der Evolvierbarkeit am Rande des Chaos zwischen starrer Ordnung (K zu klein) und chaotischer Unordnung (K zu groß) zu halten und zu gestalten, wie dies bereits in den einleitend angeführten Zitaten anklang. Die Interdependenz der Strategiekomponenten in Hinblick auf die Fitness der Gesamtstrategie darf also weder zu klein noch zu groß sein.

Dazu muss einschränkend angemerkt werden, dass es in der Komplexitätstheorie keineswegs eine allgemeine Theorie der Selbstorganisation am Rande des Chaos gibt. Auch Kauffman ist hier in seinen Formulierungen sehr vorsichtig – verständlich angesichts der methodischen Probleme einer Verallgemeinerung auf der Grundlage weniger Simulationsstudien und der Tragweite dieser allgemeinen Spekulationen. Viel wichtiger ist aber, dass der Evolutionsoptimismus, der im Argument der Selbstorganisation am Rande des Chaos zum Ausdruck kommt, nur die eine Seite der Medaille ist. Es geht bei den evolutionären Prozessen auf NK-Fitnesslandschaften nämlich immer auch um Fitness, um Konkurrenz und Selektion. Exemplarisch sei darauf verwiesen, dass im Zusammenhang mit den ökologischen Modellen, die die Koevolution am Rande des Chaos simulieren und die für die Anwendung im Bereich des Komplexitätsmanagements von besonderer Bedeutung sind, Selektionsprozesse betrachtet werden, in denen die beteiligten Arten nach ihrer Fitness selektiert werden. „Wenn der Eindringling die höchste Fitness besitzt, stirbt die ursprüngliche Art aus. […] In dieser Modellwelt ‚in silicio' geht es recht mörderisch zu." (Kauffman 1996: 344) Einerseits können (und müssen) also Evolutionsprozesse durch Selbstorganisationskräfte unterstützt werden, da ohne ‚Ordnung umsonst' eine *Ordnungsbildung* nicht möglich wäre. Andererseits sind aber *Anpassungsprozesse* ohne die evolutionären Mechanismen von Variation, Selektion und Bewahrung nicht verstehbar. Selbstorganisation *und* Selektion sind notwendige Elemente jeder angepassten Ordnungsbildung.

2.2   Komplexe Adaptive Systeme

Mit dem Konzept des Komplexen Adaptiven Systeme hat Holland (1995) einen allgemeinen Modellrahmen skizziert, der die Komplexitätstheorie für sozialwissenschaftliche Anwendungen in Form von Agentensimulationen anschlussfähig macht. Auch Holland verbindet in seinen Überlegungen Elemente der Selbstorganisations- und der Evolutionstheorie. Komplexe Adaptive Systeme sind Systeme fern vom thermodynamischen Gleichgewicht – sie verfügen über einen ‚Energiestoffwechsel', der die ablaufenden Prozesse antreibt -, die aus parallel operierenden und nichtlinear wechselwirkenden Agenten bestehen, welche eine emergente Ordnung generieren. Wie im allgemeinen Modell der Selbstorganisation werden dabei zunächst lokale Ordnungen erzeugt, die untereinander konkurrieren und dadurch eine globale Ordnung entstehen lassen. Diese emergente Ordnung reagiert sensibel auf Randbedingungen (Konstellation von Kontrollparametern) und ist in ihrem Prozessverlauf zudem historisch kontingent (Bedeutung von Symmetriebrüchen).

Die besondere Anschlussfähigkeit an sozialwissenschaftliche Fragestellungen liegt in dem von Holland entwickelten Agentenkonzept. Die in einem Komplexen Adaptiven System parallel operierenden Agenten treiben durch ihr ‚Verhalten' den adaptiven Prozess voran. Holland versteht die Agenten konkret als Klassifiziersysteme und integriert in diesem Konzept Einsichten der kognitiven Psychologie und der Forschung über künstliche Intelligenz. Das Konzept des Klassifiziersystems spezifiziert die Rede von der verhaltenssteuernden Information und stellt diese in einen evolutionären Kontext. Klassifiziersysteme sind Systeme von Verhaltensregeln (Klassifizierer), die selbst wieder als ein Komplexes Adaptives System verstanden werden können. Die Verhaltensregeln operieren nämlich parallel *im* Agenten und wechselwirken dabei miteinander, indem sie aneinander anknüpfen, sich also gegenseitig anstoßen, oder auch hemmen. Das daraus letztendlich resultierende Verhalten des Agenten führt zu Fitnesskonsequenzen, die als Verhaltenserfolg in das Klassifiziersystem rückgekoppelt werden und die Stärke der einzelnen Verhaltensregeln ändern. Dieser Rück-kopplungsprozess entspricht dem Backpropagation-Mechanismus in neuronalen Netzwerken. Dabei werden Verhaltensregeln nach dem Anteil, den sie am Erfolg bzw. Misserfolg des resultierenden Verhaltens hatten, verstärkt oder abgeschwächt.

Damit ist die adaptive Komponente von Klassifiziersystemen aber noch nicht vollständig beschrieben. Klassifiziersysteme verfügen nämlich auch (aus evolutionärer Sicht notwendig) über einen Mechanismus der Variation von Verhaltensregeln. Dazu verwendet Holland die von ihm wesentlich mitentwickelten genetischen Algorithmen, die erfolgreiche Verhaltens-regeln immer wieder kreativ variieren. Dadurch wird eine Variation erzeugt, an die die Se-lektion anknüpfen kann, um insgesamt die Anpassungsleistung zu vollbringen, die, wie die eingangs zitierten Bemerkungen belegen, die Faszination des Konzepts für die Theoretiker des Komplexitätsmanagements ausmacht. Gerade die Formalisierung des Variationsmecha-nismus durch genetische Algorithmen macht aber auch deutlich, dass die kreative Leistung der Agenten *blind* durch Punktmutation und Rekombination erfolgt. Schon hier sei darauf hingewiesen, dass ‚blind' in diesem Zusammenhang keineswegs rein zufällig bedeuten muss. Entscheidend für die Blindheit des Variationsmechanismus ist vielmehr, dass die neuen Va-rianten aus *in der Vergangenheit bewährten* Verhaltensregeln rekombiniert werden. Der evolutionäre Prozess bleibt dabei gerade deswegen riskant, weil sich diese neu und wie im-mer sinnvoll und aussichtsreich rekombinierten Verhaltensregeln unter *zukünftigen*, d. h. grundsätzlich nicht vollkommen durchschaubaren Selektionsbedingen bewähren müssen. Dass dies auch für die kulturelle Evolution gilt und dass diese grundlegende Eigenschaft evolutionärer Prozesse auch durch die spezifisch menschliche Fähigkeit zu zielgerichtetem Handeln und zu planvoller Gestaltung nicht außer Kraft gesetzt werden kann, soll im Fol-genden genauer begründet werden.

3   Evolutionäre Sozialtheorie

Komplexe Adaptive Systeme können als Mehrebenensyteme verteilten Wissens verstanden werden, wobei mit Wissen alle Formen verhaltenssteuernder Information gemeint sind, seien sie nun genetisch oder symbolisch kodiert. So ist z. B. die Nahrungssuche von Ameisen als Komplexes Adaptives System modelliert worden (vgl. Resnick 1997), wobei die pheromon-gesteuerte Selbstorganisation der parallel operierenden Ameisen durch genetisch kodierte Verhaltensregeln gesteuert wird, die selbst ein Resultat der biologischen Evolution sind. Interessant ist hier, dass die Anpassungsleistung durch Verhaltensorganisation auf der Ebene der Ameisenkolonie erfolgt, die komplexe kollektive Fähigkeit zu optimaler Nahrungssuche also als emergentes Resultat von für sich genommenen einfachen Verhaltensweisen der ein-zelnen Ameisen verstanden werden kann. Ein weiteres Beispiel für die Emergenz von ‚Geist' aus geistlosen Elementen durch evolutionäre Gestaltbildung sind natürliche und künstliche neuronale Netzwerke.

In Hinblick auf kulturelle Evolution kann der Markt als System verteilten Wissens verstan-den werden, das als Komplexes Adaptives System selbstorganisiert die Pläne der einzelnen Marktteilnehmer über den Preismechanismus koordiniert. Darüber hinaus funktioniert der

Markt als Entdeckungsverfahren, indem die Marktteilnehmer kreativ vor dem Hintergrund vorhandenen Wissens durch Abwandelung und Rekombination innovative Verhaltensweisen entwickeln und der Marktkonkurrenz als Selektionsmechanismus aussetzen. Das Ganze geschieht im Rahmen einer Marktordnung, die selbst als Institution Gegenstand der kulturellen Evolution ist. In der Tradition der schottischen Moralphilosophie sieht Friedrich August von Hayek diese Marktordnung zwar als „Resultat menschlichen Handelns, aber nicht als die Durchführung eines menschlichen Plans" (Ferguson). Vielmehr erfolgt die Evolution der Marktordnung durch kulturelle Gruppenselektion: „Solche neuen Regeln konnten sich durchsetzten und verbreiten, nicht weil die Menschen verstanden, dass sie besser waren, sondern nur, weil sie jenen Gruppen, die sie, vielleicht ganz zufällig, annahmen, ermöglichten, sich zu vermehren." (Hayek 1983: 166)

Evolution kann generell als ein Prozess verstanden werden, in dem verhaltenssteuernde Information variiert, selektiert und übertragen (bewahrt) wird. Diese verhaltenssteuernde Information ist in Form von *Replikanda* kodiert. In der biologischen Evolution sind dies die Gene und in der kulturellen Evolution die ‚Meme' (neutral verstanden als kodierte Verhaltensregeln, Normen, Ideen, usw.). In diesem Sinne kann die Marktordnung wie jede andere Institution auch als ein Memkomplex verstanden werden. Wie von Holland in Form informationsverarbeitender Klassifiziersyteme formalisiert, sind die menschlichen Akteure als *Interaktoren* zu verstehen, die durch ihre je spezifische Konstellation von Verhaltensregeln konstituiert sind und die diese Verhaltensregeln anwenden und in konkretes Verhalten übertragen, das dann der Selektion unterliegt.

Generell verbinden sich in der Evolution des homo sapiens also zwei evolutionäre Stränge, nämlich die biologische Evolution auf der Grundlage des genetischen Codes und die kulturelle Evolution auf der Grundlage symbolisch kodierter Verhaltensregeln. Eine vollständige Analyse muss daher als ein System doppelter Vererbung und als ein Prozess der Gen-Kultur-Koevolution angelegt werden (vgl. Richerson/Boyd 2005). In Hinblick auf unser eigentliches Thema, das Management von Komplexität, genügt es aber, sich im Folgenden auf Prozesse der kulturellen Evolution zu konzentrieren. Vorausgesetzt wird dabei ein evolutionärer Möglichkeitsraum von symbolisch kodierten Verhaltensregeln, in dem sich der evolutionäre Prozess entfaltet. Die für die Steuerungsproblematik entscheidende Frage ist dabei die nach der Blindheit dieses evolutionären Prozesses und nach der Rolle, die der menschlichen Intentionalität und Planungsfähigkeit in diesem Zusammenhang zukommt.

Eine klassische und in ihrer Klarheit nicht übertroffene Diskussion evolutionärer Blindheit findet sich bei Donald T. Campbell (1974). Campbell, dessen Kanonisierung von Evolution als Wechselspiel von blinder Variation und selektiver Retention auch in den Sozialwissenschaften sehr einflussreich war, kann als ein früher Vertreter des Universellen Darwinismus angesehen werden – wie übrigens auch Karl Popper (1972), dessen Philosophie Campbell in dem angegebenen Aufsatz kommentiert und fortführt. Campbell grenzt sein Konzept der blinden Variation klar von einer rein zufälligen Variation ab. Variationen geschehen blind „in so far as variations are produced without prior knowledge of which ones, if any, will furnish a selectworthy encounter." (Campbell 1974: 422) Campbells Konzept der ‚Blindheit der Variation' ist also eng mit der Riskanz und der Offenheit des evolutionären Prozesses verknüpft. Es ist zu einem gegebenen Zeitpunkt grundsätzlich nicht möglich, die zukünftigen

Selektionsbedingungen vollständig vorwegzunehmen und in der Planung, also in der gezielten Generierung von Variation, zu berücksichtigen. Auch die menschliche Intentionalität kann bei einer zielgerichteten Planung nur auf das Wissen über zukünftige Abläufe zurückgreifen, das zur Zeit zur Verfügung steht. Dieses Wissen ist aber grundsätzlich immer in der Vergangenheit bewährtes hypothetisches Wissen, dessen Übertragung auf zukünftige Abläufe riskant bleiben muss.

Zusätzlich sind zwei weitere wesentliche Einschränkungen zu beachten. Neben der grundsätzlichen Beschränktheit menschlichen Wissens ist nämlich das spezifisch koevolutionäre Argument zu beachten, dass in gekoppelten Fitnesslandschaften eine erhöhte Planungskapazität eines Agenten, etwa in Form verbesserter Planungsinstrumente und eines erweiterten Planungshorizonts, den koevolutionär gekoppelten konkurrierenden Agenten zumindest grundsätzlich auch zur Verfügung steht. Ein Schachspieler, ein Fußballtrainer oder eben auch ein Manager müssen immer damit rechnen, dass ein verbessertes Planungswissen auch in die Strategien ihrer Konkurrenten eingehen wird. Dadurch kommt es zu einem Rüstungswettlauf von Planungswissen, ohne dass die Planbarkeit des Gesamtprozesses dadurch erhöht würde. Es ist im Gegenteil plausibel, dass solche Situationen der Hyperkomplexität (Luhmann) zusätzliche Unsicherheit produzieren und Planung damit weiter erschweren.

Im Bild der ‚Blindheit' evolutionärer Planungsprozesse bleibend kann man Planungsinstrumente als Blindenstöcke bezeichnen, die eine gewisse ‚Voraussicht' ermöglichen (vgl. Campbell 1974: 424ff.). Einer Verbesserung des Planungsinstrumentariums entspricht in diesem Bild eine Verlängerung des Blindenstockes. Da aber eine solche Verbesserung des Planungswissens immer nur hypothetischen Charakter haben kann, ist dabei nicht sicher, dass das neue Modell des Blindenstockes wirklich ‚länger' im Sinne einer effizienteren Planung ist. Zusätzlich, und das ist die Übertragung des Problems der Kopplung von Fitnesslandschaften, wird in einer Situation evolutionärer Konkurrenz, in der auch alle anderen Mitspieler (zumindest potenziell) über einen längeren Blindenstock verfügen, der Planungsvorteil wieder zunichte gemacht und insgesamt ein höheres Niveau der Komplexität und damit auch der Undurchschaubarkeit des evolutionären Prozesses erreicht.

Dies alles ist nicht als ein Argument für Planungspessimismus zu verstehen, lediglich für mehr Nüchternheit bei der Einschätzung möglicher Verbesserungen von Steuerungsinstrumenten und damit für mehr Planungsrealismus. Das Bild des längeren Blindenstocks macht deutlich, dass es durchaus bessere Planungsinstrumente geben kann, die auch evolutionär nützlich sind und zur Beschleunigung des evolutionären Prozesses beitragen können. Unter Bedingungen der Hyperkomplexität können solche verbesserten Planungsinstrumente sogar eine notwendige Voraussetzung für die Überlebensfähigkeit unter Konkurrenzdruck sein. Es dürfte aber klar geworden sein, dass dadurch die grundsätzliche Blindheit des evolutionären Prozesses im Sinne der Definition von Campbell nicht tangiert wird – der evolutionäre Prozess bleibt offen, nicht gesetzesmäßig planbar und riskant.

4   Evolutionäre Organisationstheorie

Ich habe Evolution als einen sich selbst transzendierenden Prozess blinder Variation und selektiver Retention charakterisiert, der selbstorganisiert einen immer komplexer werdenden evolutionären Möglichkeitsraum erkundet. Im Fall der kulturellen Evolution kann ein solcher Prozess als ein Komplexes Adaptives System modelliert werden, also als ein Mehrebenensystem von Verhaltensregeln (Replikanda), die sozial auf die Akteure des Systems (Interaktoren) verteilt sind, die wiederum durch ihr letztendlich trotz aller Intentionalität und Kreativität regelgeleitetes Verhalten den Variations- und Selektionsprozess vorantreiben. Auch Organisationen werden in diesem Sinne als Komplexe Adaptive Systeme verstanden, können also grundsätzlich als Systeme verteilten Wissens angesehen werden, die einer evolutionären Logik angepasster Gestaltbildung folgen. Damit ist die evolutionäre Organisationstheorie direkt an wissensbasierte Theorien der Organisationsentwicklung anschlussfähig (vgl. Teece et al. 1997). Aktuell ist hier auch der Ansatz einer kompetenzbasierten Theorie der Firma von Interesse, der sich im Rahmen der evolutionären Organisationstheorie positioniert (vgl. Freiling et al. 2006 und die dort angegebene Literatur).

Zunächst einmal kann festgehalten werden, dass die evolutionäre Organisationstheorie in der Tradition des verhaltenstheoretischen Ansatzes der Carnegie-School mit ihrer Betonung von Verhaltensprogrammen und standardisierten Verfahren steht. Vor diesem theoretischen Hintergrund werden Organisationen als adaptive rationale Systeme betrachtet (vgl. Cyert/March 1963). Konkret sind hier insbesondere das Konzept der begrenzten bzw. lokalen Rationalität und die Betonung der Problematik des Umgangs mit Komplexität, Unsicherheit und kausaler Ambiguität in so genannten organisierten Anarchien (vgl. March/Olsen 1976) von Bedeutung – Problemstellungen, die im evolutionären Kontext theoretisch respezifiziert werden können. Die Konzeptualisierung von Agenten in Form von Klassifiziersystemen konkretisiert diese Annahmen und ermöglicht durch die konkrete Formalisierung in Komplexen Adaptiven Systemen die Durchführung von Simulationsexperimenten.

Auch die evolutionäre Theorie ökonomischen Wandels von Richard R. Nelson und Sidney G. Winter (1982) basiert auf dem verhaltenstheoretischen Ansatz. Allerdings ist die evolutionäre Konzeptualisierung nur halbherzig und kommt nicht über vage Analogieschlüsse hinaus. Der Übergang zu einer methodologisch fundierten Verwendung evolutionärer Denkfiguren in Anlehnung an das Programm des „Universellen Darwinismus" (vgl. Cziko 1995) wurde dadurch eher erschwert (vgl. auch Hodgson 2002). Außerdem ist der Bezug auf Routinen als basale Verhaltenselemente unglücklich, da dadurch falsche Assoziationen geweckt werden. Dabei ist es wichtig zu betonen, dass auch Nelson und Winter zwischen Routinen niedriger und höherer Ordnung unterscheiden, also zum Beispiel zwischen Ausführungsroutinen und Suchheuristiken. Daran wird deutlich, dass eine zu entwickelnde genuin evolutionäre Organisationstheorie auch die evolutionäre Spezifikation aller Konzepte organisationalen Lernens umfassen muss, vom Verbesserungslernen über das Erneuerungslernen bis hin zum Lernen des Lernens. Die Diskussion von Formen organisationalen Lernens wird im Zusammenhang mit Varianten von Suchheuristiken auf NK-Fitnesslandschaften im letzten Abschnitt wieder aufgegriffen.

Die hier vorgeschlagene Neubestimmung der Evolutionären Organisationstheorie ist als eine Spezialisierung der evolutionären Sozialtheorie explizit einem methodologischen Evolutionismus und damit der Darwinschen Form der Evolutionären Ökonomik verpflichtet (vgl. Kappelhoff 2009). Dadurch grenzt sie sich von allen Varianten der von mir so genannten Schumpeterschen Evolutionären Ökonomik ab, die eigentlich eher ein Sammelbecken heterodoxer Ansätze mit Frontstellung gegen die Neoklassische Ökonomik sind, und evolutionäre Denkfiguren nur in der unverbindlichen Form von Metaphern und Analogiebildungen verwenden. Der aus meiner Sicht entscheidende Unterschied zwischen diesen beiden Formen einer evolutionären Ökonomik liegt darin, dass in der Darwinschen Variante auch die menschliche Intentionalität, Lernfähigkeit und Kreativität im Rahmen des methodologischen Evolutionismus interpretiert werden – und damit weder implizit noch explizit ein grundlegender Hiatus zwischen der biologischen Evolution und der Evolution des homo sapiens postuliert wird.

Allgemein sei hier zunächst auf die bereits im vorigen Abschnitt geführte Diskussion der ‚Blindheit' evolutionärer Variationsprozesse und der Bedeutung, die, menschlicher Voraussicht in diesem Rahmen zukommt, verwiesen. Von besonderer Bedeutung in diesem Zusammenhang ist die Unterscheidung zwischen innerer und äußerer Selektion in Hinblick auf Organisationen. Innere Selektion bezieht sich dabei auf die gerade angesprochenen Prozesse organisationalen Lernens und organisationaler Kreativität und kann selbst auf einer Vielzahl von Ebenen erfolgen – so auf der individuellen, der Team- und der Organisationsebene. Externe Selektionsprozesse wurden insbesondere in der Populationsökologie thematisiert, umfassen aber auch Selektionsprozesse in interorganisationalen Netzwerken, organisationalen Feldern und generell auf Märkten. Gerade interorganisationale Netzwerke sind hier eine auch theoretisch besonders anspruchsvolle Konstellation, da hier innere und äußere Selektionsprozesse in komplexer Weise ineinander greifen (vgl. Kappelhoff 2009). Insgesamt können die inneren und äußeren Selektionsprozesse in einem Mehrebenenselektionsmodell vereint werden, wobei die innere Selektion in Form einer NK-Fitnesslandschaft in eine übergeordnete CS-Fitnesslandschaft der äußeren Selektion zwischen Organisationen eingebettet wird (vgl. die ausführlichere Diskussion in 5.3). Wissensbasierte Ansätze der Kompetenzentwicklung sind also theoretisch durchaus mit Modellen der Populationsökologie vereinbar.

5 Organisationsentwicklung als Management von Komplexität

Mit der hier skizzierten evolutionären Organisationstheorie liegt ein Rahmen vor, in dem Simulationen zur Kompetenz- und allgemein zur Organisationsentwicklung auf der Grundlage komplexitätstheoretischer Modelle eingeordnet werden können. Im Folgenden soll überblicksartig eine Forschungsrichtung dargestellt werden, die sich aus der Übertragung und Anwendung von Modellen der Evolution auf NK-Fitnesslandschaften und von Anpassungsprozessen in Komplexen Adaptiven Systemen auf organisationstheoretische Fragestellungen entwickelt hat. Ausgangspunkt sind dabei die Arbeiten von Daniel A. Levinthal (1997), der populationsökologische Modelle mit dem Instrumentarium der NK-Fitnesslandschaften untersucht hat, und von Bill McKelvey (1999), der in einem erweiterten Modell von NKSC-Fitnesslandschaften die innere Selektion von organisationalen Formen mit der externen Selektion durch die marktliche Konkurrenz verbunden hat.

Aus diesen Arbeiten ergaben sich eine Vielzahl von Fragen theoretischer und modelltechnischer Art, die im Rahmen der evolutionären Organisationstheorie präzisiert werden konnten und so zu erweiterten Modellierungsversuchen auf theoretischer Grundlage geführt haben. Diese erweiterten Modelle der NK-Fitnesslandschaften werfen ein neues Licht auf viele Fragen, die klassisch im Rahmen der Organisationstheorie diskutiert wurden – so z. B. die Problematik organisationaler Trägheit, die Frage nach dem Verhältnis von Exploration und Exploitation, die Frage nach der Bedeutung von kognitiven Modellen und Analogieschlüssen für organisationale Suchprozesse und für die Imitierbarkeit von organisationalen Strategien, die Frage nach der Eignung von unterschiedlichen organisationalen Strukturen für die Evolutionsfähigkeit und vieles andere mehr. Dabei erwiesen sich neben dem Modell der NK-Fitnesslandschaften auch grundlegende Aspekte der Konzeptualisierung Komplexer Adaptiver Systeme als informationsverarbeitende und sozial strukturierte Systeme von theoretisch herausragender Bedeutung.

5.1   Suchheuristiken und lokale Optima auf NK-Fitnesslandschaften

Grundsätzlich gehen alle folgenden Überlegungen davon aus, dass der Raum strategischer Alternativen in Hinblick auf Produktionstechnologien und organisationale Strukturen formal abgebildet und als NK-Fitnesslandschaft dargestellt werden kann. Wie üblich, bezeichnet dabei N die Anzahl der Komponenten, die insgesamt den organisationalen Strategieraum ausmachen und in ihrer spezifischen Kombination die aktuelle organisationale Form bestimmen. Die Firmen als Akteure verfügen über Suchheuristiken, mit denen sie sich auf dieser NK-Fitnesslandschaft optimal zu positionieren versuchen. Dabei ist zunächst zu beachten, dass die Art und insbesondere die variable kognitive Tiefe dieser Suchstrategien einen entscheidenden Unterschied zu den biologischen Anwendungsbereichen der Komplexitätstheorie darstellen. Weiter ist zu fragen, über welche Möglichkeiten zur Strukturierung von Organisationsabläufen die strategischen Akteure verfügen, um so die Funktionsweise organisationaler Suchstrategien zu verändern. In diesem Zusammenhang sind dann auch koevolutionäre Strategien von Bedeutung, da dadurch Hinweise auf das Management von Komplexität durch Modularisierung und damit durch die Beeinflussung des Grades der Zerklüftung (K) der Fitnesslandschaft gewonnen werden können.

Zunächst einmal ist es aber wichtig, darauf hinzuweisen, dass das in dieser Basisvariante definierte Optimierungsproblem der Suche nach dem globalen Optimum auf einer zufällig strukturierten NK-Fitnesslandschaft NP-vollständig ist. Probleme, die in dieser Komplexitätsklasse liegen, lassen sich vermutlich nicht effizient lösen. Alle existierenden Algorithmen benötigen einen exponentiellen Rechenaufwand. Dazu gehört z. B. auch das bekannte Problem des Handlungsreisenden. Für (begrenzt) rationale Akteure ist globale Optimierung damit schwierig und bei einer realistischen Betrachtung der allgemein in Sozialwissenschaften und speziell in organisationswissenschaftlichen Anwendungen gegebenen Bedingungen – viele Komponenten (N) mit moderaten bis starken Wechselwirkungen (K) – praktisch unmöglich (vgl. Rivkin 2000), und dies nicht nur in Hinblick auf die beschränkte menschliche Informationsverarbeitungskapazität oder die aktuelle Kapazität von Großrechenanlagen, sondern für alle denkbaren Informationsverarbeitungssysteme. Damit ist die ‚Rationalität' von Suchheuristiken *notwendig* beschränkt und lokal. Wie Jan W. Rivkin (2000) unter Bezug auf Kauffman weiter zeigt, gilt grundsätzlich: Je höher die Dichte der Wechselwirkungen, desto größer die Anzahl der lokalen Optima und desto geringer die durchschnittliche Fitness dieser Optima. Weiter verfügen diese lokalen Optima über ein kleineres Attraktionsgebiet (für lokal-inkrementale Suche) und die Optima selbst sind weniger stark korreliert, d. h. breiter über die Fitnesslandschaft gestreut. Lokale Suchstrategien bleiben also schneller in durchschnittlichen Zuständen stecken und die Chance, durch gezielte ‚Weitsprung'-Suche (im Sinne einer simultanen Veränderungen mehrerer Strategiekomponenten) gute Optima zu finden, sinkt. Diese Ergebnisse unterstreichen die Bedeutung der Untersuchung unterschiedlicher Suchheuristiken und kognitiver Modelle zur Unterstützung des Suchprozesses.

5.2 Populationen von Organisationen auf NK-Fitnesslandschaften

Zunächst aber wollen wir uns mit Studien befassen, die populationsökologische Ansätze direkt mit dem Konzept der NK-Fitnesslandschaften verbinden. Insbesondere die Arbeiten von Levinthal haben hier Maßstäbe gesetzt. Levinthal (1997) betrachtet ein organisationales Feld (‚Industrie'), das durch eine NK-Fitnesslandschaft mit einem spezifischen Verflechtungsgrad der organisationalen Strategieelemente modelliert wird. Organisationen werden als beschränkt rationale Akteure verstanden, die mit unterschiedlichen Suchheuristiken ausgestattet sind. Dazu gehören die lokal-inkrementale Suche ebenso wie ‚Weitsprung'-Anpassungen (simultane Veränderungen mehrerer Strategiekomponenten) und rekombinatorische Verknüpfungen zur Generierung neuer Organisationsstrategien nach dem Muster eines genetischen Algorithmus. Wie erwartet zeigen die Simulationen, dass sich in zerklüfteten Fitnesslandschaften (hoher Grad organisationsinterner Wechselwirkungen) keine dominante organisationale Form herausbildet – die Firmen also in ihren lokalen Anpassungsstrategien und daraus resultierenden Kompetenzfallen gefangen bleiben. Die Arbeit bietet damit eine neue Erklärung organisationaler Trägheit, zeigt aber auch die Bedeutung von aus Sicht der einzelnen Organisation riskanten Weitsprung-Adaptation für die Explorationsfähigkeit der Population insgesamt und damit für die globale Evolutionsfähigkeit auf.

5.3 Organisation und Markt: innere und äußere Selektion

Aus der interorganisationalen Perspektive von besonderer Bedeutung sind organisationale Suchprozesse, die durch strategisches Handeln von Konkurrenten direkt beeinflusst werden können. Die Fitness einer Gesamtstrategie einer einzelnen Firma hängt dabei nicht allein von den internen Wechselwirkungen ab, wie sie mit dem Instrument der NK-Fitnesslandschaften modelliert werden können. Zusätzlich wird angenommen, dass die fokale Firma in einem

Konkurrenzzusammenhang von S Firmen agiert, wobei die Firmen untereinander über ihre Komponenten C-fach vernetzt sind. Veränderungen in den Kompetenzen konkurrierender Unternehmen haben dadurch direkte Auswirkungen auf die Fitness der fokalen Firma, sodass sich die Veränderung der firmenspezifischen Fitness nicht allein aus den firmeninternen Anpassungsprozessen bestimmen lässt. Es handelt sich also um ein Modell mit S koevolutio-när gekoppelten Fitnesslandschaften. Wie im Abschnitt 2.1 kurz dargestellt, hat Kauffman in diesem Kontext die simulationstechnisch nur schwach gestützte Hypothese von der Koevolu-tion am Rande des Chaos aufgestellt. Hier sei zusätzlich angemerkt, dass eine solche koevo-lutionäre Selbstorganisation optimaler Evolutionsfähigkeit auch als evolutionärer Kompro-miss zwischen einem evolutionsstabilen, aber nicht entwicklungsfähigen Zustand im Sinne eines Nash-Gleichgewichts von Firmenstrategien auf der einen Seite und einer nie zur Ruhe kommenden chaotischen Reaktivität von Firmen in einem strategischen Rüstungswettlauf bei hohem Konkurrenzdruck auf der anderen Seite verstanden werden kann.

McKelvey (1999) hat in einer Simulationsstudie versucht, die Bedingungen zu spezifizieren, die die Vermeidung einer solchen von ihm so genannten koevolutionären Komplexitätska-tastrophe im Sinne eines endlosen strategischen Rüstungswettlaufs begünstigen. Er findet eine U-förmige Beziehung zwischen Fitness und innerer Komplexität der Firmen. Danach sind Firmen, deren innere Komplexität (K) deutlich unter der des Marktes (C) liegt, durch Angriffe von Wettbewerbern besonders verwundbar. Nach dem Gesetz der erforderlichen Komplexität sollte die innere Komplexität einer Firma in etwa der äußeren Komplexität des Marktes entsprechen – optimal wäre eine Komplexität gerade unterhalb der des Marktes.

5.4 Kognitive Modelle zur Unterstützung von Suchheuristiken

Bisher gingen die Simulationsexperimente davon aus, dass die Suchheuristiken nur in Form von inkrementalen Veränderungen, zufälligen Weitsprung-Anpassungen und Rekombinatio-nen erfolgreicher Substrategien vorlagen. Eine explizite Inkorporation von kognitiven Mo-dellen in die Erkundung von NK-Fitnesslandschaften wird in den Arbeiten von Giovanni M.Gavetti und Levinthal (2000) und von Rivkin (2000; 2001) untersucht. Gavetti und Levin-thal fragen, wie niedrigdimensionale kognitive Repräsentationen von Fitnesslandschaften (im Sinne einer gezielten Komplexitätsreduktion von höherdimensionalen kognitiven Strukturen) bei der Suche nach überlegenen Strategien hilfreich sein können. Dabei können diese nied-rigdimensionalen Repräsentationen die übergeordnete Fitnesslandschaft mehr oder weniger zutreffend abbilden. Gerade bei moderater Komplexität erweisen sich niedrigdimensionale Repräsentationen als nützlich für eine eher global operierende Exploration der Fitnessland-schaft in Form von kognitiv unterstützten Weitsprung-Adaptationen. Erst in einem zweiten Schritt sind dann lokal beschränkte, also exploitative Suchstrategien nützlich. Kontraintuitiv zeigt sich aber auch, dass auch bei wenig zutreffenden kognitiven Repräsentationen die explorative Suchphase weiterhin einen gewissen Anpassungswert hat.

In beiden Fällen sind diese explorativen Weitsprung-Adaptionen mit Unterstützung niedrig-dimensionaler kognitiver Repräsentationen aber mit dem Verlassen einer spezifischen orga-nisationalen Nische und dem darin vorhandenen, zumeist impliziten Wissen verbunden. Damit wird auch ein Zeitfaktor bedeutsam, da die Suche nach einer neuen kognitiven Nische und damit der Aufbau neuen impliziten Wissens nach einer explorativen Weitsprung-Anpassung Zeit kostet, die bei starkem Wettbewerbsdruck vielleicht nicht zur Verfügung steht.

Nur kurz sei erwähnt, dass sich ähnliche Probleme auch bei der firmenspezifischen Replikation bewährter Organisationsstrategien in einem ähnlichen, aber nicht identischen selektiven Umfeld stellen – gerade dies ist die entscheidende Eigenschaft dynamischer Kompetenzen. Rivkin (2000; 2001) untersucht im Einzelnen, unter welchen Umständen eine solche unternehmensweite Replikation von Kompetenzen möglich ist, ohne diese Kompetenz soweit zu formalisieren und zu trivialisieren, dass sie auch von externen Konkurrenten ohne größeres Risiko imitiert werden kann. Er kommt zu dem Ergebnis, dass gerade eine moderate Komplexität von Fitnesslandschaften einen Vorteil für Replikations- im Vergleich zu Imitationsversuchen darstellt – eine Aussage, die für die Theorie der dynamischen Entwicklung von Kernkompetenzen von zentraler Bedeutung ist. Nur in diesem Zwischenbereich moderater Komplexität ist es nämlich möglich, dass der Informationsvorsprung der replizierenden Firma gegenüber einer imitierenden Firma bei den erforderlichen Lernprozessen ins Gewicht fällt.

5.5 Organisationale Strukturen und Anpassungen auf NK-Fitnesslandschaften

Bisher wurde davon ausgegangen, dass sich die Organisation als *Einheit* auf der für sie relevanten NK-Fitnesslandschaft bewegt. Indem man Elemente von Komplexen Adaptiven Systemen in die Modelle der NK-Fitnesslandschaften einbaut, ist es aber möglich, auch die Bedeutung von Organisations*strukturen* für die Anpassungsfähigkeit zumindest in einfachen Fällen in Simulationsexperimenten zu untersuchen. Im einfachsten Fall wird eine interne Struktur mit zwei Abteilungen und einer Zentrale modelliert, wobei die Abteilungen unterschiedlichen Anpassungslogiken folgen können. Dadurch wird die einheitliche Fitnesslandschaft des Unternehmens koevolutionär durch Modularisierung, Patching und Coevolving aufgebrochen (vgl. Eisenhardt/Bhatia 2002: 455 ff.). Die einzelnen Abteilungen können in ihrem Bereich mögliche Anpassungen evaluieren und dabei einer intern beschränkten oder auch einer unternehmensübergreifenden Strategiebewertung folgen. Weiter können die Abteilungen eine oder mehrere neue Strategievarianten auswählen und der Zentrale vorlegen. Durch Rekombination und Neubewertung auf der Unternehmensebene ermittelt dann die Zentrale aus diesen, und das ist wichtig, *nur* aus diesen Vorschlägen die firmenweit optimale Anpassung, wobei hier wiederum verschiedene Parameter das Verhalten der Zentrale spezifizieren können, auf die ich aber hier aus Platzgründen nicht weiter eingehen kann.

Ein zentrales Ergebnis dieser Simulationen von Anpassungsleistungen in Abhängigkeit von der organisationalen Strukturierung ist, dass die Haltepunkte (sticking-points) solcher Prozesse nicht notwendig mit den lokalen Optima der zugrunde liegenden NK-Fitnesslandschaft übereinstimmen müssen (vgl. Rivkin/Siggelkow 2002). Gerade diese auf den ersten Blick negative Konsequenz einer Delegierung von Anpassungsleistungen auf Unterabteilungen selbst bei nachfolgender zentraler Koordination kann aber genutzt werden, um die Explorationsfähigkeit eines Unternehmens zu steigern. Mit dem Schlagwort „Temporarily Divide to

Conquer" postulieren Nicolaj Siggelkow und Levinthal (2003) eine Abfolge von dezentralisierten und reintegrierten organisationalen Suchprozessen, durch die die explorative Fähigkeit der dezentralen Suche mit der zeitlich nachfolgenden inkrementalen lokalen Optimierung in einer reintegrierten Struktur verbunden wird.

6   Ausblick

Damit ist der Überblick über die komplexitätstheoretische Modellierung von Anpassungsproblemen von Organisationen mit dem Instrumentarium der NK-Fitnesslandschaften und mit Hilfe des Modells Komplexer Adaptiver Systeme noch längst nicht vollständig. Zu erwähnen wären insbesondere Versuche, die Vorraussetzung der zufälligen Verteilung der Wechselwirkungen zwischen den Fitnesskomponenten bei gegebener durchschnittlicher Anzahl der Wechselwirkungen (K) aufzuheben. Dazu wird die Vernetzungsstruktur der Komponenten komplexer Technologien direkt modelliert, um daraus Managementkonsequenzen abzuleiten, die gerade für Ansätze der Modularisierung von technologischen und organisationalen Abläufen und insbesondere für die Integration von marktlichen Steuerungselementen in Organisationen von zentraler Bedeutung sind (vgl. Rivkin/Siggelkow 2007).

Abschließend kommt es mir aber eher darauf an, an die sozialtheoretische Problematik der Übertragung von Modellen der Selbstorganisation und Evolution zu erinnern. Voraussetzung für die Übertragbarkeit und Anwendbarkeit dieser Modelle ist vor allem eine weitere Ausarbeitung der evolutionären Sozialtheorie und des Konzepts der Verhaltenssteuerung durch Regeln. Vor diesem Hintergrund müssen dann auch die hier nur kurz angedeuteten Lernmechanismen auf der Grundlage blinder Variation und selektiver Retention konkretisiert werden. Dabei kann zusätzlich an Überlegungen der evolutionären Erkenntnistheorie und evolutionären Psychologie angeknüpft werden. Wichtig ist mir aber zu betonen, dass bei aller modelltechnischen Präzision ein gewisses qualitatives Modelldenken erforderlich bleibt, um die sozialtheoretischen Konsequenzen dieser Art von Modellierung einschätzen zu können. Letztlich, so meine Prognose, wird die Akzeptanz dieser Modellsimulationen auf evolutionärer Grundlage nicht in erster Linie von der technischen Raffinesse der Simulationsexperimente abhängen, sondern davon, ob es gelingt die sozialtheoretischen Grundlagen und hier insbesondere die evolutionäre Rekonstruktion von Prozessen menschlicher Intentionalität und Kreativität zu vermitteln und auch trotz entgegenstehender tief verwurzelter Überzeugungen verständlich zu machen.

7   Literatur

Brown, Shona L./Kathleen M. Eisenhardt, 1998: *Competing on the Edge*. Boston.
Campbell, Donald T., 1974: Evolutionary Epistemology. In: Paul A. Schilpp (Hg.), *The Philosophy of Karl Popper*, Vol. I. La Salle, 413-463.
Cyert, Richard M./James G. March, 1963: *A Behavioral Theory of the Firm*. Englewood Cliffs, NJ.

Cziko, Gary, 1995: *Without Miracles. Universal Selection Theory and the Second Darwinian Revolution*. Cambridge, MA.

Eisenhardt, Kathleen M./Mahesh M. Bhatia, 2002: Organizational Complexity and Computation. In: Joel A.C. Baum (Hg.), *Companion to Organizations*. Oxford, 442-466.

Freiling, Jörg/Martin Gersch/Christian Goeke, 2006: Eine „Competence-based Theory of the Firm" als marktprozesstheoretischer Ansatz. In: Georg Schreyögg / Peter Conrad (Hg.), *Management und Kompetenz. Managementforschung 16*. Wiesbaden, 37-82.

Gavetti, Giovanni M./Daniel A. Levinthal, 2000: Looking Forward and Looking Backward: Cognitive and Experiential Search. In: *Administrative Science Quaterly* 45: 113-137.

Hayek, Friedrich August von, 1983: Die überschätzte Vernunft. In: Rupert J. Riedl / Franz Kreuzer (Hg.), *Evolution und Menschenbild*. Hamburg, 164-192.

Hodgson, Geoffrey M., 2002: Darwinism in Economics: From Analogy to Ontology. In: *Journal of Evolutionary Economics* 12: 259-281.

Holland, John H., 1995: *Hidden Order*. Cambridge, MA.

Kappelhoff, Peter, 2000: Komplexitätstheorie und Steuerung von Netzwerken. In: Jörg Sydow /Arnold Windeler (Hg.), *Steuerung von Netzwerken*. Opladen, 347-389.

Kappelhoff, Peter, 2002: Komplexitätstheorie. Neues Paradigma für die Managementforschung? In: Georg Schreyögg /Peter Conrad (Hg.): *Theorien des Managements. Managementforschung 12*. Wiesbaden, 49-101.

Kappelhoff, Peter, 2009: Kompetenzentwicklung in Netzwerken: Die Sicht der Komplexitäts- und Evolutionstheorie. Erscheint in: Arnold Windeler/Jörg Sydow (Hg.), *Kompetenz: Individuum, Organisation, Netzwerk*. Wiesbaden.

Kauffman, Stuart A., 1993: *The Origins of Order*. Oxford.

Kauffman, Stuart A., 1996: *Der Öltropfen im Wasser. Chaos, Komplexität, Selbstorganisation in Natur und Gesellschaft*. München.

Levinthal, Daniel A.,1997: Adaptation on Rugged Landscapes. In: *Management Science* 43: 934-950.

Luhmann, Niklas, 1983: Evolution – kein Menschenbild. In: Rupert J. Riedl/Franz Kreuzer (Hg.), *Evolution und Menschenbild*. Hamburg, 193-205.

March, James G./Olsen, Johan P., 1976: *Ambiguity and Choice in Organizations*. Bergen.

McKelvey, Bill, 1999: Avoiding Complexity Catastrophe in Coevolutionary Pockets: Strategies for Rugged Landscapes. In: *Organization Science* 10: 294-321.

Nelson, Richard R./Sidney G. Winter, 1982: *An Evolutionary Theory of Economic Change*. Cambridge, MA.

Popper, Karl, 1972: *Objektive Erkenntnis*. Hamburg.

Resnick, Mitchel, 1997: *Turtles, Termites, and Traffic Jams*. Cambridge, MA.

Richerson, Peter J./Robert Boyd, 2005: *Not by Genes Alone*. Chicago.

Rivkin, Jan W., 2000: Imitation of Complex Strategies. In: *Management Science* 46: 824-844.

Rivkin, Jan W.,2001: Reproducing Knowledge: Replication without Imitation at Moderate Complexity. In: *Organization Science* 12: 274-293.

Rivkin, Jan W./Nicolaj Siggelkow, 2002: Organizational Sticking Points on NK-Landscapes. In: *Complexity* 7: 31-43.

Rivkin, Jan W./Nicolaj Siggelkow, 2007: Patterned Interactions in Complex Systems. In: *Management Science* 53: 1068-1085.

Siggelkow, Nicolaj /Daniel A. Levinthal, 2003: Temporarily Divide to Conquer: Centralized, Decen-
     tralized, and Reintegrated Organizational Approaches to Exploration and Adaptation. In: *Or-
     ganization Science* 14: 650-669.
Teece, David J./Gary Pisano /Amy Shuen, 1997: Dynamic Capabilities and Strategic Management. In:
     Strategic Management Journal 5: 509-534.
Tilebein, Meike, 2005: *Nachhaltiger Unternehmenserfolg in turbulenten Umfeldern. Die Komplexitäts-
     forschung und ihre Implikationen für die Gestaltung wandlungsfähiger Unternehmen.* Frank-
     furt.

Complexonomics

Über den Zusammenbruch des Laplaceschen Weltbildes, den Einzug der Komplexität in die Wirtschaftswissenschaft und die Anmaßung von Wissen

Andreas Liening

Dieser Beitrag stellt eine Einführung in die Theorie komplexer Systeme dar, die am Beispiel der Wirtschaftswissenschaft diskutiert wird. Eine kurze historische Darstellung soll dabei aufzeigen, wieso in der Wirtschaftswissenschaft das traditionelle mechanistische Weltbild sich so hartnäckig hält und wie es zur Entwicklung jenes Theorieansatzes kam, unter den sich z. B. die Chaostheorie und die Synergetik subsumieren lassen. Ferner soll an einem einfachen Angebot-Nachfrage-Modell diese neue Theorie erläutert und damit die Kennzeichen von Komplexität im Vergleich zum mechanistischen Leitbild beschrieben werden. Zu diesem Zweck wird eine eigens hierfür konzipierte Software eingesetzt, die die Simulation und Analyse ausgewählter komplexer Systeme erlaubt.

1   Run Through

Die moderne Ökonomie zeichnet sich durch eine fortschreitende Komplexität aus; viele traditionelle ökonomische Erklärungsmuster verlieren daher zunehmend an Überzeugungskraft. Die Entwicklungen der Wirtschaft als Ganzer oder auch einzelner Bereiche, wie z. B. des Unternehmenssektors, sind nicht immer durch fließende Übergänge gekennzeichnet, wie sie zahlreiche traditionelle Modelle suggerieren. Häufig treten Diskontinuitäten, Sprünge und Turbulenzen auf. Wirtschaft und auf Wirtschaft bezogene Teilbereiche können somit als nicht-lineare, dynamische Systeme aufgefasst werden. Man spricht in diesem Zusammenhang auch von komplexen Systemen.

Deshalb ist es von besonderer Bedeutung, nach neuen Konzepten und Verfahrensweisen auf dem Gebiet komplexer dynamischer Systeme zu forschen. Die Forschungsansätze dieser

Domäne halten in zunehmendem Maße auch in die Wirtschaftswissenschaft Einzug, um beispielsweise komplexe Ordnungsmuster, wie sie marktwirtschaftliche Systeme hervorbringen, besser zu verstehen.

Folgt man z. B. dem Nobelpreisträger für Wirtschaftswissenschaft Friedrich August von Hayek, dann wird deutlich, dass man Ordnungen nicht als Ergebnis von Planung ansehen muss. Er postuliert in diesem Zusammenhang sogar einen konstruktivistischen Irrtum (vgl. Hayek 1996: 17ff.). In diesem Kontext schreibt von Hayek:

> *„Es ist daher paradox und beruht auf einem völligen Verkennen dieser Zusammenhänge, wenn heute oft gesagt wird, dass wir die moderne Gesellschaft bewusst planen, weil sie so komplex geworden ist. In Wirklichkeit können wir eine Ordnung von solcher Komplexität nur dann erhalten, wenn wir sie nicht nach der Methode des Planes, d.h. nicht durch Befehle, handhaben, sondern auf die Bildung einer auf allgemeinen Regeln beruhenden spontanen Ordnung abzielen."* (zit. n. Ziesemer 2007: 74)

In Anlehnung an von Hayek kann dann eine solche Ordnung aber nicht durch die vielfach noch verwendeten mechanistischen, auf linealen[1] Ursache-Wirkungs-Ketten beruhenden und damit vorhersagbaren Modellen[2] adäquat untersucht werden.

Um die in der Realität anzutreffenden komplexen Entwicklungen zu modellieren, greift man traditionell auf exogene Störungen oder Zufallsgrößen zurück. Es werden unregelmäßige und sprunghafte Entwicklungen letztendlich mit Methoden untersucht, die nur für lineare oder lineale Bedingungen oder nur für stetige Vorgänge geeignet erscheinen. Lange Zeit stand die Wirtschaftswissenschaft unter dem Regulativ des mechanistischen Weltbildes, das beispielsweise auf Modelle zurückgriff, deren zum Gleichgewicht tendierende Trajektorien[3] vorhersagbar und mit Partialanalysen greifbar erschienen.

Die ökonomische Realität ist jedoch oft viel diffiziler und komplexer als dies z. B. lineare Modelle suggerieren. So lassen sich z. B. selbstorganisierende Prozesse fernab vom Gleichgewicht mittels linearer Sichtweisen nicht erklären. Zu Recht stellen Peter Nijkamp und Jacques Poot daher fest:

---

[1]   Bei linealen Systemen handelt es sich um Konzeptionen, in denen die Elemente des Systems als Kette hintereinander angeordnet sind. Da in einer derartigen Struktur im Gegensatz zu nicht-linealen Systemen Rückkopplungsschleifen fehlen, wird ein vordefiniertes Verhalten abgearbeitet, ohne dabei auf endogene oder exogene Ereignisse zu reagieren. Lineale Systeme sind oftmals mathematisch linear, nicht-lineale Systeme hingegen vielfach nicht-linear. Daher sind lineare von linealen Systemen zu unterscheiden.

[2]   Modelle lassen sich als materielle oder immaterielle Systeme interpretieren, die andere Systeme darstellen, so dass experimentelle Manipulationen der abgebildeten Strukturen und Zustände möglich werden; vgl. Niemeyer 1977: 57.

[3]   Unter einer Trajektorie versteht man die Entwicklungslinie eines dynamischen Systems. Es beschreibt die Bahn, die ein System, von einem bestimmten Ausgangspunkt beginnend, im Laufe seiner dynamischen Entwicklung im Phasenraum vollzieht. Der Phasenraum ist dabei der Raum, der von den zeitlich veränderlichen Variablen eines dynamischen Systems aufgespannt wird. Bewegt sich die Trajektorie in einen ‚attraktiven' dynamischen Zustand, spricht man auch von einem Attraktor als Teilmenge eines Phasenraumes. Man unterscheidet vier Arten von Attraktoren, die als Fixpunkt-, Grenzzyklus-, Torus- und chaotischer bzw. seltsamer Attraktor bezeichnet werden.

„Our economic world is highly dynamic and exhibits a wide variety of fluctuating patterns. This forms a sharp contrast with our current economic toolbox, which is largely filled with linear and comparative static instruments." (1993: 25)

Die Beschäftigung mit nicht-linearen, komplexen Systemen kann bei der Suche nach einer Erweiterung der *economic toolbox* eine zentrale Rolle spielen. Mit Hilfe dieses Konzeptes lässt sich ein breites Spektrum ökonomischer Verhaltensweisen und Erklärungsmuster abbilden. So kann man auch Komplexität beschreiben, analysieren und verstehen – ein Thema, bei dem z. B. traditionelle statistische Methoden gänzlich versagen (müssen).[4]

Neben der Theorie der Selbstorganisation (Synergetik), der Thermodynamik sowie der fraktalen Geometrie ist in diesem Kontext vor allem die Chaostheorie zu nennen. So sehr sich diese Ansätze auch unterscheiden mögen: Sie alle beschäftigen sich primär mit Fragen der Entstehung und Analyse komplexer Ordnungsmuster, weshalb sie sich zu Recht als Teildisziplinen eines gedanklichen Überbaus subsumieren lassen, den wir hier als Theorie komplexer Systeme bezeichnen wollen.

Betrachtet man die Chaostheorie, so stellt man fest, dass sie im Rahmen ihres populärwissenschaftlichen Aufschwungs in den neunziger Jahren bei den einen zur Theorie einer neuen, einheitlichen Welterklärung – oder sollte man sagen Weltverklärung? – avancierte;[5] bei den anderen wurden die Vertreter der Chaostheorie als Schamanen beschimpft.[6] So suchen noch heute die Befürworter der Chaostheorie in den Strukturen ferner Galaxien oder in den von einer Zigarette emporsteigenden Rauchschwaden nach der Macht des Chaos; die Gegner ereifern sich darin, immer neue Argumente zu finden, warum das Chaos ausschließlich im Computer existiere, und warum der ‚Spuk' vorüber sei, sobald man den Rechner abstelle.

So kamen viele Missverständnisse auf. Es ist eine weit verbreitete Ansicht, dass die Chaostheorie eine Theorie über die Unordnung sei. Dies ist, wie im Verlauf dieser Abhandlung noch näher zu sehen sein wird, eine vollkommen irreführende Vorstellung. Die Chaostheorie widerlegt weder den Determinismus noch hält sie geordnete Systeme für unmöglich. Wenngleich die Chaostheorie nahe legt, dass der aktuelle Zustand eines Systems u. U. nicht vorhersagbar ist, so zeigt sie doch, dass es generell möglich ist, das Gesamtverhalten eines solchen Systems zu modellieren. Damit betont die Chaostheorie gerade nicht die Unordnung, die inhärente Unvorhersagbarkeit eines Systemzustandes, sondern vielmehr die systemimmanenten Ordnungsstrukturen – die universellen Eigenschaften gleichartiger Systeme, oder wie Peter Nijkamp und Aura Reggiani bemerken:

„There is ‚order in chaos'." (1993: 12)

Richtig ist, dass die Möglichkeit, ‚Chaos' und damit verbundene Ordnungsstrukturen in komplexen Systemen zu erforschen, erst mit der Entwicklung moderner Computertechnik

---

[4] Vgl. hierzu z. B. die Ausführungen zur Grammar Complexity in Strunk/Schiepek 2006: 203ff.

[5] Zur populärwissenschaftlichen Literatur sei z. B. hingewiesen auf Bestenstreiner 1991.

[6] Es sei an dieser Stelle beispielhaft auf die Aufsatzserie im SPIEGEL (Brügge 1993) verwiesen, die populärwissenschaftlich unter dem Motto ‚Kult um das Chaos – Aberglaube oder Welterklärung' steht.

denkbar wurde. Die Vielzahl der Berechnungen und die verschiedenen Visualisierungsarten komplexer Strukturen waren zuvor nicht realisierbar. Daher verwundert es auch nicht, dass gerade zu Beginn der 1990er Jahre diese Theorie an Popularität gewann.

Mittlerweile hat sich die mit der Chaostheorie einhergehende Euphorie wieder gelegt und die Zahl der populärwissenschaftlichen Neuerscheinungen verringert. Gleichzeitig wächst jedoch die Zahl der wissenschaftlichen Publikationen, die versuchen, wichtige Aspekte der Chaostheorie auf andere Wissenschaftsbereiche zu transferieren. Die Wirtschaftswissenschaft ist dabei nicht ausgeschlossen, erhofft man sich doch von der Chaostheorie einen anderen, besseren Zugang zur ökonomischen Wirklichkeit, als dies beispielsweise das neoklassische Paradigma zu leisten vermag.[7]

In diesem Beitrag soll zum einen eine kurze historische Darstellung aufzeigen, wieso sich in der Wirtschaftswissenschaft das traditionelle linear-kausale mechanistische Weltbild so hartnäckig hält und wie es zur Entwicklung der Theorie komplexer Systeme kam. Ferner soll mit Hilfe einer eigens hierfür konzipierten Software, die ein Angebot-Nachfrage-Modell simuliert, die neue Theorie erläutert und damit die Kennzeichen von Komplexität einführend beschrieben werden.

2   Wirtschaftswissenschaft unter dem mechanistischen Regulativ oder: economia non facit saltum

2.1   Ein kurzer Blick in die Historie

Die Frage, welche Bedeutung die Naturwissenschaften, insbesondere die Erkenntnisse der klassischen Newtonschen Mechanik, bei der Entwicklung der Wirtschaftswissenschaft gehabt haben, ist von großer Relevanz für das Verständnis der ökonomischen Wissenschaft. Denn der Einfluss des mechanistischen Denkens auf die Wirtschaftswissenschaft, das sich im 18. Jahrhundert herausgebildet hatte, reicht bis in die heutige Zeit, wo er jedoch kritisch hinterfragt werden muss und wird (vgl. Liening 1999).

Gegen Mitte des 18. Jahrhunderts entwickelte François Quesnay, einer der Vorläufer der klassischen ökonomischen Schule, sein ‚Tableau économique', das die gesamte Volkswirtschaft grafisch veranschaulichte. Man ging zunächst davon aus, dass sich Quesnay bei der Konstruktion seines ‚Tableaus' vom Blutkreislauf inspirieren ließ. Neuere Forschungen zeigen jedoch, dass „es sich eher um eine mechanistische Analogie handelte" (Schmidt 1994:

---

[7]   Vgl. die Ausführungen und Literaturhinweise in Liening 2008a. Gerade in den letzten Jahren sind insbesondere auch im Bereich der Betriebswirtschaft entsprechende Publikationen erschienen; vgl. z. B. Büssow 2003, Zehetner 2003 oder etwa Strunk 2008.

52),[8] da Quesnay beabsichtigte, physikalische Erkenntnisse von René Descartes auf die Ebene der Politischen Ökonomie zu übertragen. In späteren Kommentaren zu seinem Tableau hat Quesnay selbst den mechanischen und mathematischen Charakter seiner Darstellung betont, indem er beweisen wollte, dass die Wirtschaft wie eine Maschine funktioniert (vgl. Deni 1985: 140).

Mainzer stellt fest, dass die von Quesnay vertretene Schule der Physiokratie den ökonomischen Ablauf als naturwissenschaftlich begründeten Kugelverlauf in den festen Rinnen eines Uhrwerks modelliert hat, wie es zur damaligen Zeit in Gebrauch war (vgl. Mainzer 1995: 116). Quesnay zählte somit zu den ersten Ökonomen, die naturwissenschaftliches Denken auf die Ökonomie übertrugen; in Analogie zu den dortigen Erkenntnissen trat er daher für die Selbstregulierung des Marktes ein (vgl. Stavenhagen 1969: 42). Das Motto der Physiokraten vom ‚laissez faire, laissez passer' ist weltbekannt geworden.

Die mit Adam Smith, John Stuart Mill u. a. in den siebziger Jahren des 18. Jahrhunderts aufkommende Klassik verdrängte die Physiokratie. Zwar trat auch Smith für die Selbstregulierung des Marktes ein, unterschied sich aber in einigen Aspekten von seinen Vorgängern, zumal er kein uneingeschränktes ‚laissez faire' vertrat (vgl. Lentz 1993: 26).[9] Sein Werk, in dem das physiokratische Motto zu einem geschlossenen ökonomischen Konzept ausgebaut wurde, kann nach Auffassung von Luc Bürgin als Analogie der Newtonschen Physik angesehen werden (vgl. Schmidt 1994: 52), auch wenn bekannt ist, dass Smith zunächst zögerte, sich der mechanistischen Sichtweise anzuschließen.[10] Aber ähnlich wie in der Newtonschen Gravitationstheorie, die Fernkräfte vorsieht, nach denen sich frei schwebende Himmelskörper bei ihren Wechselwirkungen in einen Gleichgewichtszustand begeben, sollte bei Smith eine ‚invisible hand' (Smith 1994: 485) Millionen von Einzelplänen derart aufeinander abstimmen, dass ein Gleichgewicht von Angebot und Nachfrage zustandekommt.

Während sich die Physiokraten und später die Klassiker auf die Bildung von Analogien zwischen der Mechanik und Wirtschaftswissenschaft beschränkten, erfolgte durch die Neoklassik, die Mitte des 19. Jahrhunderts durch Alfred Marshall und Leon Walras eingeleitet und durch Kenneth Arrow, Gérard Debreu und Frank Hahn in diesem Jahrhundert fortgeführt wurde, die konkrete Formalisierung dieser Gedanken (vgl. Arrow/Hahn 1971). Damit übernahm die Mechanik mehr als nur die Basis in einer Analogie zur Wirtschaftswissenschaft, deren *tertium comparationis* die mechanistische Funktionsweise der physikalischen Welt

---

[8]   Quesnay war sicherlich ein berühmter Arzt; immerhin war er der Leibarzt von Madame de Pompadour am Hofe Ludwig des XV. Schmidt betont, dass Quesnay zwar Mediziner war, dass er sich jedoch den lebenden Körper wie eine Maschine vorgestellt habe.

[9]   In den Bereichen, wo der Markt aus Smiths Sicht versagt, wie bei der Bereitstellung öffentlicher Güter und der Tendenz zur Monopolbildung, sieht er Staatseingriffe als durchaus gerechtfertigt an. Von der Regulierung des Bankgeschäfts bis hin zur Erhebung von Steuern zur Verringerung des Alkoholkonsums sieht der Moralphilosoph Smith viele staatliche Eingriffsmöglichkeiten. Smith ist es aber gelungen, erstmals in der Geschichte zu veranschaulichen, dass nur durch individuelle Handlungsspielräume in der Wirtschaft „das unter gegebenen Bedingungen maximal mögliche Wirtschaftswachstum und Wohlstandsniveau erreicht werden kann" (Tilly 1993: 34, vgl. auch Cannan 1994).

[10] Die Gründe für dieses Zögern sind in Smiths Theorie der ethischen Gefühle aufgeführt; vgl. Smith 1994 sowie die Erläuterungen bei Denis 1985: 153ff.

war. Vielmehr geriet in der Neoklassik die Wirtschaftswissenschaft unter das Regulativ der Mechanik, oder, wie Fritz Söllner mit Bezug auf Philip Mirowski schreibt, erfolgte eine Aufwertung der Wirtschaftswissenschaft zur „Physik der Sozialwissenschaften" (1993: 442).

Die klassische Mechanik und „die sie begründende konstruktivistische Form der Rationalität", so Jochen Röpke, „versteht die lebende Welt als aus rational bestimmten Wesen bestehend, von einer übergeordneten Vernunft von außen lenkbar, aus Wesen ohne ‚inneres Handlungsprinzip' (Kant), nur fähig, eine einmal von außen (bei Descartes vom Schöpfer Gott) erhaltene Bewegung weiterzugeben. Dieser mechanistisch-konstruktivistische Grundzug der frühen Aufklärung hat sich in einem Teil der modernen Ökonomie paradigmatisch verfestigt." (Röpke 1977: 19f.) So sieht Röpke dieses mechanistische Grundprinzip in drei Bereichen der ökonomischen Theorie:

- Erstens findet sich auf der *individuellen Ebene* der mechanisch beeinflusste Theorietypus im Menschenbild der Wirtschaftswissenschaft wieder. Der Homo oeconomicus reagiert systematisch auf ihm vorgegebene Handlungsrestriktionen und deren Änderungen. Seine Präferenzen (Wünsche, Ziele, Motive) werden konstant gesetzt. So wird das Handeln des Homo oeconomicus als eine von der Umwelt determinierte bzw. eine von außen gelenkte Reaktion betrachtet, nicht als spontane, sich selbstorganisierende Aktivität.[11]

- Zweitens findet man auf der *Ebene der Unternehmen* die ‚Maschinen-Befehls-Organisation' (Luhmann 1968) bzw. die ‚mechanistische Organisation' (Burns/Stalker 1966). Das Innenleben der Unternehmen, ihre internen Organisations-, Produktions- und Vertragsprobleme interessieren dabei nicht. Vielmehr vermögen ihre Mitglieder „entsprechend der jeweiligen Umweltkonstellation optimale Anpassungsreaktionen zu reproduzieren." (Röpcke 1977: 20)

- Und schließlich trifft man auf der *Ebene des Marktes* auf „eindeutig abgrenzbare, als historisch gegeben unterstellte, den einzelnen Marktteilnehmern bestimmte Verhaltensweisen zuweisende Marktstrukturen; ihr Wandel und ihre Evolution bleiben unbeachtet; ihre jeweilige gesamtwirtschaftliche Effizienz und Optimalität (hinsichtlich der Allokation knapper Ressourcen oder anderer überindividueller Ziele) läßt sich theoretisch aufzeigen und zumindest tendenziell auch sozialtechnologisch verwirklichen." (ebd.)

Ausgehend vom Wirtschaftlichkeitsprinzip, das besagt, dass mit den vorhandenen Mitteln ein höchstmöglicher Ertrag bzw. ein vorgegebenes Ertragsziel mit geringstem Aufwand zu erreichen ist, lässt sich mit den neoklassischen Annahmen damit auf der Ebene des Individuums, der Unternehmen und des Marktes eine optimale Umweltkonstellation verwirklichen bzw. als existierend unterstellen. Insgesamt betrachtet kann man sich Hans Jürgen Schlösser anschließen, der konsequent bemerkt, dass eine „Theorie spontaner sozialer Ordnungen [...] mit der neoklassischen Fiktion nicht leistbar" ist (1992: 69).

---

[11] Zur ausführlichen Darstellung des neoklassischen Menschenbildes vgl. die kritische Analyse in Schlösser 1992.

Interessant ist in diesem Zusammenhang, dass einige Vertreter der Neoklassik eine tech-
nisch-naturwissenschaftliche oder mathematische Ausbildung besaßen.[12] So war zum Beispiel Vilfredo Pareto gelernter Ingenieur; Marshall war Mathematiker und William S. Jevons
studierter Naturwissenschaftler (vgl. Graß 1994: 70, Oltmanns 1994: 76, Lentz 1993: 26).
Aber dies kann nicht allein der Grund für eine formalisierte Übernahme des in der Mechanik
verwendeten Gedankengutes in die Neoklassik gewesen sein. Um die Frage nach den Gründen beantworten zu können, seien einige Bemerkungen zur klassischen Mechanik und deren
Philosophie gemacht.

2.2   Über die klassische Mechanik und die Newtonsche Physik

Durch die ,Philosophiae Naturalis Principia Mathematica' Isaac Newtons (1687) und das
Stetigkeitsprinzip von Gottfried W. Leibniz (1700), das durch den berühmten Ausspruch
,natura non facit saltus' umschrieben werden kann, wurden die wichtigsten Prinzipien der
Mechanik festgelegt.[13] Diese im Folgenden zu beschreibenden Prinzipien sind:

- die Determiniertheit,

- die Reversibilität,

- die (starke) Kausalität,

- sowie die Annahme, dass das Ganze aus der Summe seiner Teile besteht

- und dass das Komplexe aus einer großen Zahl von Einfachem zusammengesetzt ist.

Mit Hilfe der Newtonschen Gesetze können Zusammenhänge zwischen Größen wie Geschwindigkeit, Beschleunigung, Kraft und Masse hergestellt werden. Somit kann beispielsweise berechnet werden, wie lange ein vom Baum fallender Apfel bis zum Aufprall auf die
Erde benötigt. Aber man kann mit Hilfe dieser Gesetze auch die Bahnen der Planeten um die
Sonne oder den Weg eines Spaceshuttles in die Erdumlaufbahn beschreiben.

Die angeführten Beispiele zeigen u. a., dass die klassische Mechanik insbesondere die Entwicklung physikalischer Systeme im Zeitablauf veranschaulichen kann. Newton war der
erste, der diese Kunst beherrschte. Von ihm weiß man, dass, wenn der Anfangszustand eines
Systems bekannt ist, jeder andere Zustand zu jeder anderen Zeit hergeleitet werden kann.
Daraus ergibt sich aber ein vollkommen deterministisches Weltbild. Der Mathematiker Poincaré formuliert dies wie folgt:

---

[12]   Auch Lentz weist darauf hin, dass eine „Reihe der prominentesten Vertreter zuvor eine technisch-
naturwissenschaftliche Ausbildung durchliefen" (1993: 26).

[13]   Hawking hält Newtons Beiträge für das „wahrscheinlich (...) wichtigste von einem einzelnen verfasste physikalische Werk" (1988: 17). Kant bezeichnete Leibniz im Übrigen als Mechaniker; vgl. Weischedel 1996, Bd. I.
Dass Leibniz und Newton nicht gerade Freunde waren, und dass auch Newtons Realismus im Widerstreit zum
Leibnizschen Realismus steht, ist bekannt. Gleichwohl ist die herausragende Bedeutung beider für die Physik
und auch die Mathematik (man denke nur an die Infinitesimalrechnung) unbestreitbar.

„Jede Erscheinung, und sei sie noch so unbedeutend, hat ihre Ursachen, und ein unendlich umfassender Geist, der über die Gesetze der Natur unendlich genau unterrichtet ist, hätte sie seit Anfang der Welt voraussehen können." (1914: 53)

Als Sinnbild für diese *Determiniertheit* der klassischen Mechanik gilt der (fiktive) Laplacesche Dämon (vgl. Worg 1993: 15f.). Der Laplacesche Dämon ist jene Institution, die über sämtliche Daten des Universums verfügt, so dass sie daraus die zukünftigen Bewegungen bis zu einem beliebigen Zeitpunkt vorausberechnen, oder auch jene der Vergangenheit bis in früheste Zeiten zurückberechnen könnte. So schreibt Laplace:

„Eine Intelligenz, die in einem gegebenen Augenblick alle Kräfte kennte, durch welche die Natur belebt wird, und die entsprechende Lage aller Teile, aus denen sie zusammengesetzt ist, und darüber hinaus breit genug wäre, um alle diese Daten einer Analyse zu unterziehen, würde in derselben Formel die Bewegungen des größten Körpers des Universums und die des kleinsten Atoms erfassen. Für sie wäre nichts ungewiß, und die Zukunft ebenso wie die Vergangenheit wäre ihren Augen gegenwärtig." (zit. n. Ruelle 1993: 27)

In der klassischen Mechanik herrscht somit nicht nur Determiniertheit, sondern auch *Reversibilität* bzw. Zeitumkehrbarkeit vor.[14] Da mechanistische Abläufe identisch reproduzierbar sind, ist Zeit nur die Dauer eines Ereignisses, die zwischen Beginn und Ende der mechanischen Abläufe, also bis zum Erreichen eines neuen Gleichgewichts, vergeht.

Neben den genannten Punkten gilt in der klassischen Mechanik nicht nur das schwache Kausalitätsgesetz, wonach gleiche Ursachen gleiche Wirkungen haben und damit Kausalität invariant ist. Vielmehr gilt auch eine *starke Kausalität*, die besagt, dass ähnliche Anfangszustände stets zu ähnlichen Ergebnissen führen.

Descartes, der sicher nicht jeden Aspekt der späteren Newtonschen Mechanik akzeptiert hätte,[15] gilt dennoch als einer der wichtigsten Vertreter dieser mechanistischen Denkrichtung. Es ist nicht übertrieben zu sagen, dass das Grundkonzept der klassischen Mechanik auf ihn zurückzuführen ist. Descartes interessierte sich besonders für die Methoden, die eine sichere, wissenschaftliche Erkenntnis erlaubten. Hierzu zog er die Logik heran und wählte aus der Fülle der Vorschriften vier aus, nach denen aus seiner Sicht die Logik besteht. Der zweiten Vorschrift kommt in diesem Zusammenhang besondere Bedeutung zu. Descartes schreibt im Jahre 1637:

„Le second, de diviser chacune des difficultés que j'examinerais, en autant de parcelles qu'il se pourrait, et qu'il serait requis pour les mieux résoudre." (1990: 30)

---

[14]   Ein System kann als reversibel angesehen werden, wenn es genauso gut rückwärts laufen könnte. Beispielsweise ist das 1. Newtonsche Gesetz, das Trägheitsgesetz, insofern reversibel, als dass für die Gleichung einer kräftefreien Bewegung zum Zeitpunkt t auch eine Lösung zum Zeitpunkt -t existiert. Die Zeitumkehr kommt dabei durch einen Vorzeichenwechsel in der Bewegungsrichtung zum Ausdruck.

[15]   Ein Beispiel: Von Newton wissen wir, dass die Gravitationskraft zweier Himmelskörper umgekehrt proportional zum Quadrat des Abstandes der beiden Körper voneinander ist. Diese Vorstellung von ‚Fernwirkungskräften' wäre Descartes suspekt gewesen. „Er hätte eine mechanistische Erklärung gewollt, die Kontaktkräfte erlaubt, wie die, die von einem Zahnrad auf ein anderes wirken, aber keine Fernkräfte." (Ruelle 1993: 27).

Mit anderen Worten: Wenn ein Problem zu komplex ist, als dass man es auf einmal lösen kann, so zerlege man es in so viele Unterprobleme, die dann entsprechend so klein sind, dass man jedes dieser Unterprobleme für sich lösen kann. Mit dieser analytischen Auffassung wird somit implizit unterstellt, dass *das Ganze aus der Summe seiner Teile besteht.*

Descartes dritte Vorschrift besagt, dass es beim wissenschaftlichen Denken darum geht, „bei Erforschung der Wahrheit alle meine Gedanken stets in eine gewisse Ordnung zu bringen: mit dem Einfachsten und Faßlichsten zu beginnen, um allmählich, gleichsam stufenweise, zur Erkenntnis des Schwierigeren und Verwickelteren zu gelangen, und auch solche Dinge, die nicht von selbst in einem solchen Folgeverhältnis stehen, doch in eine gewisse Ordnung zu bringen." (1983: 35)[16] Auch hier wird deutlich, dass Descartes es prinzipiell für möglich hält, *komplexe Dinge in eine Vielzahl einfacher Elemente zu zerlegen und wieder zusammenzusetzen.* Im Grundsatz haben seit Demokrit und Aristoteles die Wissenschaftler geglaubt, dass sich hinter der Komplexität der Welt eine Fülle simpler Gegenstände und Kräfte verbergen würde (vgl. Briggs/Peat 1993: 220). Das gesamte Weltbild der klassischen Mechanik ist durch die Konzentration auf geschlossene, einfache, vielfach lineare Systeme geprägt (vgl. Lentz 1993: 32), die genau die hier beschriebenen Merkmale der Determiniertheit, der Reversibilität, der (strengen) Kausalität, der Annahme, dass das Ganze aus der Summe seiner Teile besteht und dass das Komplexe aus einer großen Zahl von Einfachem zusammengesetzt ist, beinhalten.

2.3 Analogiebildung zwischen klassischer Mechanik und Wirtschaftswissenschaft

Die Ökonomik galt lange Zeit als eine unsichere und wenig exakte Wissenschaft, deren Erkenntnisse keine objektive Gültigkeit besaßen und die daher den Geisteswissenschaften zugerechnet wurde. Der Rückgriff auf das Modell der klassischen Mechanik, die aufgrund ihres praktischen Nutzens eine schnelle Verbreitung gefunden hatte, bot daher eine attraktive Option, das Ansehen der Disziplin zu steigern und sie mit den Naturwissenschaften auf eine Ebene zu stellen. Das Faszinierende an der klassischen Mechanik ist, dass alles exakt beschreibbar, mathematisch ableitbar und voraussagbar ist, vorausgesetzt, man kennt alle Anfangsparameter. So verwundert es kaum, dass der damit verbreitete Optimismus auch auf andere Disziplinen und eben auch auf die Wirtschaftswissenschaft übergriff. Die klassische Mechanik konnte somit das Bemühen der Wirtschaftswissenschaftler erfolgreich unterstützen, aus der Ökonomik eine ‚exakte' Wissenschaft zu machen.

Drei fundamentale Annahmen der klassischen Mechanik haben laut Kurt Dopfer damals Eingang in die Ökonomik gefunden:

- Ein mechanisches Ganzes kann in seine Bestandteile zerlegt werden. Diese Bestandteile können einzeln analysiert und zum Ganzen wieder zusammengefügt werden.

---

16 Es sei an dieser Stelle bemerkt, dass sich Descartes gegen die Bezeichnung ‚Abhandlung' gewehrt hat und auf den ursprünglichen Titel ‚Discours' also ‚Ausführung' besteht, da er nicht die Methode lehren, sondern nur über sie reden will.

- Die Kausalitäten sind invariant und die Beziehungen zwischen den Elementen können durch lineare Funktionen beschrieben werden.
- Gleiche oder ähnliche Bedingungen führen zu gleichen oder ähnlichen dynamischen Pfaden eines Systems (1988: 689).

Wie erwähnt, hatten bereits die Klassiker Analogien zwischen der Ökonomik und der Mechanik hergestellt. Eindrucksvoll schreibt beispielsweise John Stuart Mill in Anlehnung an die erste Annahme:

„The order of nature, as perceived at first glance, presents at every instant a chaos followed by another chaos. We must decompose each chaos into single facts. We must learn to see in the chaotic antecedent a multiple of distinct antecedents, in the chaotic consequent a multitude of distinct consequents.“ (2002: 322)

Über diese Analogie hinaus hat die aus der ‚marginalistischen Revolution' hervorgegangene Neoklassik die Ideen der Mechanik in mathematisch-ökonomische Modelle übertragen. Diese Entlehnung ermöglichte die Entstehung der neoklassischen Gleichgewichtstheorie.

Ein weiteres typisches Beispiel für die Übernahme der Gedanken aus der Mechanik ist die Partialanalyse Marshalls. Um die komplexe Realität besser analysieren zu können, stützt sich der Ökonom auf die Untersuchung von Teilaspekten des wirtschaftlichen Geschehens. Dies entspricht der erstgenannten fundamentalen Annahme der klassischen Mechanik, nach der man das Ganze in seine Bestandteile zerlegen und einzeln analysieren kann, um damit ein Bild des Ganzen zu erhalten. Diese Vorstellung spiegelt sich auch in Marshalls Ceteris-Paribus-Regel wider, gemäß der, unter Annahme konstanter Bedingungen, eine Variable verändert und deren Wirkung im Modell untersucht werden kann.

Marshalls Nachfolger Pareto, nach dem das bekannte Pareto-Optimum[17] benannt ist, hat in seinen ökonomischen Modellen sehr stark auf die Mathematik zurückgegriffen. Auch bei seinen Gedanken ist eine große Affinität zur Mechanik erkennbar, wie der folgende Ausspruch zeigt:

„Was den unmittelbaren Nutzen angeht, entspricht zum Beispiel die Untersuchung des Tausches in der reinen Ökonomie der Untersuchung des freien Falls der Körper in den Lehrbüchern der Physik. Eine Feder, die in der Luft fällt, richtet sich nach den Fallgesetzen nicht mehr als gewisse Tauschhandlungen nach den Tauschgesetzen.“ (Graß 1994: 73)

Noch weiter – vielleicht etwas zu weit – geht Dopfer (1992: 102), wenn er Frank Knight zitiert, der behauptet, dass die Wirtschaftswissenschaft eine ‚Schwesternwissenschaft' der klassischen Mechanik sei. Insgesamt kann man sich jedoch Dopfer anschließen, wenn er

---

[17]   Nach Pareto sind die Sachgüter und Dienstleistungen in einer Volkswirtschaft dann optimal verteilt, wenn jemand sich nur noch besser stellen kann, wenn er einem anderen etwas wegnimmt. Es ist jedoch bis heute zweifelhaft, ob es sich dabei tatsächlich um einen positiven Zustand handelt, da sich das Optimum unabhängig davon erreichen lässt, wie die Güter zwischen arm und reich verteilt sind; vgl. Graß 1994: 72.

konstatiert, dass die Neoklassiker „in ihren Arbeiten wenig Gelegenheiten versäumt [haben, d.Verf.], den Vorbildcharakter der Mechanik für die Ökonomie zu betonen" (100).

3   Der Zusammenbruch des Laplaceschen Weltbildes

Wie im obigen Kapitel deutlich wurde, gab es einen nicht unbedeutenden Einfluss der klassischen Mechanik auf die Wirtschaftswissenschaft, der erstmals in der Neoklassik eine konkrete Formalisierung erfuhr. Dieses mechanistische Leitbild prägt bis heute viele ökonomische Ansätze. Dabei basieren diese Ansätze entweder auf komparativer Statik, die den Vergleich von Gleichgewichtssituationen, z. B. basierend auf unterschiedlichen Konstellationen von Nachfrage und Angebotskurven, ermöglicht, oder vielfach auf linear-dynamischen Systemen, die eine prozessuale Analyse erlauben.

3.1   Erste Zweifel ...

Das mechanistische Weltbild geriet am Ende des neunzehnten bzw. zu Beginn des zwanzigsten Jahrhunderts jedoch ins Wanken. Seinerzeit konfrontierte der französische Mathematiker Henri Poincaré durch seine Frage nach der Stabilität des Sonnensystems das bis dahin geltende physikalische Weltbild mit vollkommen neuen Erkenntnissen.

Aus der Newtonschen Physik war bekannt, dass wenige Körper, die aufeinander einwirken, zu vorhersagbarem Verhalten führen. Poincaré wusste jedoch, dass die Newtonschen Gleichungen nur näherungsweise gelöst werden können, und dass diese Gleichungen bei auch nur geringfügigen Veränderungen der Anfangsbedingungen z. T. sehr irreguläre, chaotische Entwicklungslinien zu Tage fördern.

Auf das Sonnensystem bezogen bedeutet das, dass bei der Betrachtung von mehr als zwei Planeten völlig exzentrische, die Stabilität des Sonnensystems in Frage stellende Planetenbahnen möglich sind.[18] Damit zeigte Poincaré, dass über lange Zeit stabile Systeme auch ohne äußere Einwirkungen instabil werden können. Hiermit kam aber der Begriff der Unordnung, des *Chaos* ins Spiel, ausgelöst durch eine beliebig schwache Störung.

Bis dahin hatte man Chaos für eine Art Infektion gehalten, die von außen ein System befallen konnte. Jetzt aber zeigte sich, dass ein geschlossenes System, das sich mit wenigen mathematischen Gleichungen beschreiben ließ, unvorhersehbares, chaotisches Verhalten aufweisen konnte (vgl. Briggs/Peat 1993: 34ff.). Damit wurde scheinbar der Determinismus in Frage gestellt. Scheinbar deshalb, weil Poincaré Zufall und Determinismus durch die Unvorhersehbarkeit über lange Zeiträume miteinander in Einklang bringt. Er schreibt:

> *„Eine sehr kleine Ursache, die für uns unbemerkbar bleibt, bewirkt einen beachtlichen Effekt [...], und dann sagen wir, daß dieser Effekt vom Zufall abhänge." (1914: 56)*

---

[18]   Hier ist nicht der Ort, alle Einzelheiten der Ergebnisse von Poincaré zu erläutern; vgl. Poincaré 1899.

Aber kaum ein Wissenschaftler dieser Zeit hatte eine Vorstellung von der Bedeutung seiner Forschungsergebnisse, und viele Wirtschaftswissenschaftler haben seine Ergebnisse entweder ignoriert oder gar nicht gekannt.[19] Trotz einiger weiterer wichtiger Erkenntnisse, wie die von George D. Birkhoff (USA) in den zwanziger Jahren oder die von Mary L. Cartwright und John E. Littlewood (GB) in den vierziger Jahren des zwanzigsten Jahrhunderts, die mathematische Arbeiten auf dem Gebiet dynamischer Systeme lieferten, ruhte Poincarés Entdeckung viele Jahrzehnte (vgl. u.a. Medio 1992: 7).

3.2 Die Wettervorhersage und der Schmetterlingseffekt

Anfang der sechziger Jahre machte der Meteorologe Edward Lorenz eine interessante Entdeckung, die als praktische Konsequenz von Poincarés Erkenntnissen betrachtet werden kann:[20]

Lorenz benutzte seinen Computer, um nicht-lineare Gleichungen zur Modellierung der Erdatmosphäre lösen zu lassen. Um das Ergebnis zu prüfen, ließ er den Computer die Berechnungen abermals durchführen. Diesmal verringerte er jedoch die Genauigkeit des Rechners von sechs auf drei Stellen hinter dem Komma. Das Ergebnis war ein fundamental anderes als das erste. Lorenz fand heraus, dass nicht-lineare dynamische Systeme, wie das Wetter, unglaublich empfindlich auf sehr minimale Änderungen reagieren, womit er Poincarés Vermutungen bestätigte.

Diese als *Schmetterlingseffekt* bekannt gewordene Erkenntnis wird oft folgendermaßen formuliert: Man sagt, dass der Flügelschlag eines Schmetterlings in Hongkong einen Wirbelsturm in New York auslösen könnte.

Lorenz Untersuchungen machen deutlich, dass die mangelnde Vorhersagbarkeit dynamischer Systeme nicht in der Unkenntnis sämtlicher Details begründet ist, denn selbst eine bessere Kenntnis noch so vieler Details gestattet keine genaue Vorhersage dynamischer Systeme.

Wenn dies zutrifft, ist jedoch der Laplacesche Dämon, jene fiktive Gestalt, die im Prinzip die Zukunft voraussagen kann, wenn sie nur alle Anfangsbedingungen genau kennt, eine absurde Gestalt; konsequenterweise muss dann die mechanistische Weltsicht erheblich relativiert werden.

3.3 Paradigmenwechsel in der Wirtschaftswissenschaft

Paradigmenwechsel in der Wirtschaftswissenschaft im Sinne sprunghafter Veränderungen ereignen sich nur selten (vgl. Schmalensee 1992: 361f.); man denke beispielsweise an den methodologischen Triumph der mathematischen Analyse oder an die subjektive Wertlehre

---

[19] Chiarella stellt fest, dass selbst die meisten frühen Autoren zur dynamischen, zeitabhängigen Konjunkturzyklustheorie die Arbeit von Poincaré nicht gekannt haben (1992: 75).

[20] Neben Lorenz sollten auch Wissenschaftler wie Andrei N. Kolmogorow (1958) mit seinen Mitarbeitern sowie Stephen Smale (1967) Erwähnung finden, die ebenfalls in den sechziger bzw. bereits in den fünfziger Jahren auf dem Gebiete der nicht-linearen Dynamik erfolgreich geforscht haben.

der Neoklassiker, die die objektive Sichtweise der Klassiker radikal geändert haben. In der Regel vollzieht sich der Erkenntnisfortschritt jedoch in Form inkrementeller Verbesserungen oder aber in Form der periodischen Wiederkehr bekannter Ideen (vgl. Schefold 1992: 360).

Das klassische Paradigma der Ökonomik war, wie oben erwähnt, durch eine Adaption der Newtonschen Mechanik und die darüber hinausführende Integration des mechanistischen Leitbildes entstanden; es hat viele Bereiche der Wirtschaftswissenschaft nachhaltig geprägt und sich in den statischen, statisch-komparativen oder linear-dynamischen Modellen nicht nur der Neoklassik niedergeschlagen. Dies hat sogar den Boden für ökonomische Ansätze bereitet, die der Neoklassik entgegenstehen: So suggeriert das keynesianische, mechanistische Totalmodell, dass der Staat z. B. durch antizyklische Fiskalpolitik und durch Globalsteuerung den Wirtschaftsablauf einer ganzen Volkswirtschaft nachhaltig positiv beeinflussen kann. Dabei zeigen bereits die Stagflationsprobleme in den 1970er Jahren, dass diese mechanistischen Konzepte nicht oder allenfalls kurzfristig funktionieren. Weitaus gravierender zeigt sich das Versagen des mechanistischen Steuerungsansatzes in den ehemaligen Ostblockstaaten, deren zentral gesteuerten Wirtschaftssysteme in den 1990er Jahren kollabiert sind. Der theoretisch begründete Zusammenbruch des Laplaceschen Weltbildes und die empirischen Befunde der Ökonomie stellen daher die mathematisch-mechanistischen Denkweisen auch in der Wirtschaftswissenschaft in Frage.

Die Verschiebung der Perspektive verläuft umso schneller, je rasanter die wirtschaftliche Entwicklung in den hochindustrialisierten Staaten voranschreitet und permanenter Wandel einsetzt. Statische Theorien, die auf linearen Systemen basieren, sind für eine Wirtschaft mit gleichbleibender Struktur eine gute Approximation. Jedoch sind hiermit evolutorische, nichtlineare dynamische Phänomene nicht erklärbar (vgl. u.a. Lentz 1993: 31).

Manche Ökonomen setzen daher auf eine Abkehr von der Mathematik in der Wirtschaftswissenschaft.[21] Diese ist aber nicht notwendig. „Wo aber Gefahr ist, wächst das Rettende auch", schreibt der Dichter J.C. Friedrich Hölderlin (2001), und so leitet gerade die mathematisch geprägte Theorie komplexer Systeme ein Umdenken auch in der Wirtschaftswissenschaft ein:[22]

Erste Anhaltspunkte eines Paradigmenwechsels ergeben sich dadurch, dass mittlerweile zahlreiche Publikationen erschienen sind, in denen eine bewusste Abkehr von den traditionellen ökonomischen Modellen hin zu einer Theorie komplexer Systeme geschieht: So werden in der *Betriebswirtschaftslehre* z. B. deterministische, marktorientierte Wachstumsmodelle zur Erklärung irregulärer Unternehmensentwicklungen entwickelt. In der Theorie der Unternehmensentwicklung finden sich beispielsweise nicht-mechanistische Erklärungsansätze dafür, warum viele Prozesse langfristig nicht vorhersagbar sind. Von der Orga-

---

[21] So entwickelt z. B. von Hayek (1996: 281ff.) eine Theorie komplexer Phänomene gänzlich ohne jeglichen Rückgriff auf mathematische Konzepte.

[22] Die statische Modellierung geht als Angebot-Nachfrage-Schema auf Marshall zurück. Sie zeigt, dass bei einer funktionsfähigen Konkurrenz eine Tendenz zum Gleichgewicht besteht. Bei statisch komparativen Betrachtungen würde man z. B. Veränderungen der Nachfrage bzw. des Angebots durch Verschiebung der Kurven in der graphischen Darstellung realisieren.

nisations- und Ablaufstruktur in Unternehmen, über die Personalentwicklung, das Markting, das Wissensmanagement bis hin zum strategischen Management, und hier insbesondere zum ‚Change Management' finden sich die neuen Konzepte wieder.[23]

Gerade auch in der Personalentwicklung und hier insbesondere in der Karriereforschung zeigen jüngste Arbeiten eine Abkehr von traditionellen linear-mechanistischen Betrachtungsweisen mit zahlreichen neuen empirischen Erkenntnissen aufgrund innovativer empirischer Methoden jenseits traditioneller statistischer Verfahren (vgl. Strunk 2008).

Interessante Forschungen, die auf eine Abkehr des mechanistischen Leitbildes setzen, findet man auch in der *Volkswirtschaftslehre* zum Beispiel im Bereich der Konjunktur- und Wachstumsmodelle, insbesondere auch in der endogenen Wachstumstheorie, der Konsumwahlmodelle sowie der überlappenden Generationen-Modelle. Als weitere ökonomische Themen, die auf einen Paradigmenwechsel hindeuten, sind Untersuchungen und Modellbildungen in Themenfeldern zu nennen, die sich mit Wechselkursfluktuationen, Aktienkursverläufen, Bruttosozialproduktentwicklungen und damit verbundene Zeitreihenanalysen beschäftigen.[24]

Im Folgenden werden die grundlegenden Merkmale des neuen Ansatzes erörtert.

4   Simulation eines komplexen Systems am Beispiel eines Angebot-Nachfrage-Modells

Immer öfter erkennen auch Wissenschaftler aus nicht-naturwissenschaftlichen Disziplinen an, dass selbst Erfahrungen des Alltags „dem so geliebten Bild der geregelten, übersichtlichen und vorhersagbaren Welt entgegenstehen" (Loistl/Betz 1993: 2). Der ‚Schmetterlingseffekt' lässt sich in vielen Bereichen beobachten, in denen Rückkopplungen Irregularitäten hervorrufen und verstärken. Eine beliebig kleine Änderung in den Ursachen kann so eine gewaltige Änderung in den Wirkungen nach sich ziehen.

Um Irregularitäten mit Hilfe von linearen Gleichungen beschreiben zu können, muss ein System exogen, d. h. von außen, ‚gestört' werden. Keines der bekannten Muster dynamischlinearer Systeme kann ein derartiges Verhalten aus sich heraus bilden (vgl. ebd.). Denn betrachtet man lineare Modelle, dann gibt es nur drei Möglichkeiten, wie sich ein System entwickeln kann:

Ein lineares dynamisches System kann

- auf einen Fixpunkt hin konvergieren,

---

[23]   Vgl. z. B. in Bezug auf Aufbau- und Ablaufstrukturen Warnecke 1996; in Bezug auf Marketing Gerken 1994; zum Wissensmanagement Liening/Mittelstädt 2008; zum Changemanagement Glazinski 2007.

[24]   Es sind gerade in jüngster Zeit zahlreiche interessante Publikationen zum Thema Chaostheorie und Wirtschaftswissenschaft erschienen, z. B. Mandelbrot/Hudson 2007, Trosky 2006, Thiemann 2004, Puu 2003.

- eine zyklische Bewegung aufweisen, d. h. in gleichem Abstand um einen Fixpunkt ,kreisen' und damit zwei Häufungspunkte aufweisen,

- und divergieren, d. h. von einem Fixpunkt wegstreben (dazu ausführlicher Liening 1999: 28ff.).

Damit wird aber deutlich, dass in linearen Systemen prinzipiell nichts Unvorhersagbares, Neues, Überraschendes möglich ist. Das ökonomische Geschehen bleibt, historisch betrachtet, zeitlos. Röpke hebt diese Tatsache deutlich hervor, wenn er sagt:

> *„Die geschlossenen Modelle der Gleichgewichtsökonomie können daher – auch wenn man sie ,dynamisiert' – jenseits determiniert-mechanisch ablaufender Prozesse keine Erklärungsrelevanz besitzen." (1977: 21)*

Wie bereits bemerkt wurde, lassen sich mit Hilfe einer linearen, diskreten und dynamischen Differenzengleichung ausschließlich drei Arten von Bewegungsabläufen simulieren. Wenn man hingegen nicht-lineare Gleichungen betrachtet, so werden jene Bewegungsabläufe simulierbar, die z. B. bislang nur als exogene Störgrößen in das System integriert werden konnten.

Das folgende Angebot-Nachfrage-Modell, dessen Gleichungen in einer nicht-linearen Preisfunktion münden und das in Form eines objektorientierten Softwarekonzeptes als Computersimulation umgesetzt wurde (vgl. Liening 2008), soll beispielhaft veranschaulichen, dass selbst sehr einfache nicht-lineare Gleichungen irreguläres Verhalten aufweisen können.

Hierzu wird folgende Preisfunktion betrachtet: $P(t+1) = \lambda \cdot P(t) - \lambda \cdot P(t)^2$

Oder anders formuliert: $P(t+1) = \lambda \cdot P(t) \cdot (1 - P(t))$

Diese Funktion wird auch als *Logistische Funktion* bezeichnet und ist eine grundlegende, diskrete Funktion in der Theorie komplexer Systeme.

Es handelt sich bei dieser Abbildung um eine *rekursive* Funktion, d. h. der jeweilige Preis ist abhängig vom vorausgegangenen Preis. Diese Abhängigkeit ist hier quadratisch, also nicht-linear. Die Marktberechnungen in der Simulation erfolgen durch Iteration, d. h. der berechnete Wert wird als Ausgangswert in dieselbe Gleichung erneut eingesetzt, wobei dieser Vorgang beliebig oft wiederholt werden kann. Für das betrachtete Marktmodell gelten eine Reihe von Rahmenbedingungen: Es gibt eine hohe Zahl an Nachfragern und Anbietern, die sich rational als Mengenanpasser verhalten und den Markt frei betreten und verlassen können. Keiner der Akteure ist somit so bedeutsam, dass er individuell den Preis beeinflussen könnte. Ferner gibt es keine Transaktionskosten, keine Steuern und nur ein homogenes Gut. Bei hoher Markttransparenz[25] entspricht dieses ökonomische Modell im Wesentlichen dem der ,vollständigen Konkurrenz'. Es wird angenommen, dass es sich bei dem am Markt gehandelten Gut um den preiswerten, aber als Trendsetter geltende Kugelschreiber *Chaoswriter* han-

---

[25] Markttransparenz bedeut, dass Anbieter und Nachfrager alle für sie bedeutenden Faktoren des Marktgeschehens kennen. Hierzu zählen insbesondere Kenntnisse über das jeweilige Gut und seine Eigenschaften, die angebotene und nachgefragte Gütermenge sowie deren Preise.

delt. Zu einem Preis von 0.00.- wäre kein Anbieter bereit, auch nur einen Kugelschreiber zu offerieren. Zu einem Preis von 1.00.- und höher gäbe es hingegen keine Nachfrager (Prohibitivpreis.), so dass der Marktpreis zwischen 0.00.- und 1.00.- liegt.

Der Wert λ spiegelt in diesem Modell die Markttransparenz wider. Ein Wert von 1 bedeutet dabei eine sehr hohe Markttransparenz, ein Wert von 5 eine sehr niedrige Markttransparenz.[26]

Wir starten eine erste Simulation zunächst mit einer eher hohen Markttransparenz von λ=2.75. Bei einem beliebigen Ausgangspreis erhält man eine konvergierende Entwicklung des Systems mit einem Fixpunkt:

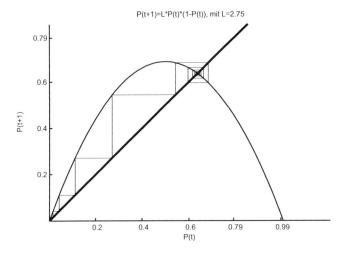

Abbildung 1: Fixpunktattraktor im Preissystem (Liening 2008)

Der in der Ausgangssituation relativ willkürlich sehr niedrig gesetzte Preis P ist vom eigentlichen höheren Gleichgewichtspreis zu Beginn noch relativ weit entfernt. Bereits in der fünften Periode hat der Preis einen Höchstwert erklommen und zahlreiche Anbieter sind bereit, zu diesem hohen Preis viele *Chaoswriter* anzubieten, wobei neue Anbieter durch hohe Gewinnerwartungen in den Markt drängen. Der Preis ist jedoch so stark gestiegen, dass die Nachfrager nunmehr zurückhaltend reagieren und die Nachfrage insgesamt sinkt. Infolgedessen sinken auch die Preise, weil die Anbieter offenbar zu den hohen Preisen nicht mehr in der Lage sind, die gewünschte Menge an Kugelschreibern abzusetzen. Die Preise sinken, jedoch nicht mehr so tief wie sie noch in der vierten Periode waren, da dieser Preis offenkundig zu niedrig war. Durch die gesunkenen Preise steigt aber das Interesse der Nachfrager

---

[26] Je niedriger der Wert, desto mehr Informationen haben Nachfrager und Anbieter über den Markt. Die Werte spiegeln demnach Bewertungszahlen im bekannten Notensystem wider: 1 = sehr gut, ..., 5 = mangelhaft.

nach *Chaoswritern*. Das Steigen der Nachfrage zieht steigende Preise nach sich, zumal die Anbieter nicht sofort die gestiegene Nachfrage befriedigen können. Je knapper das Angebot, desto höher der Preis. Diesmal erhöhen die Anbieter die Preise jedoch vorsichtiger, um die Nachfrager nicht, wie bei der letzten Erhöhung, zu verschrecken.

Gleichwohl ziehen sich nach den Preiserhöhungen einige Nachfrager abermals zurück. Das Sinken der Nachfrage bei gleichbleibendem Angebot führt zu sinkenden Preisen. Die Preisausschläge fallen so von mal zu mal geringer aus und es pendelt sich relativ schnell ein Gleichgewichtspreis ein, wie die Abbildung 1 zeigt. Dies entspricht dem traditionellen Schweinezyklus bzw. Cobweb-Modell.

Verringern wir nun die Markttransparenz, indem wir den Wert auf z. B. λ=3.2 setzen, so scheint das System zunächst aufgrund der unzureichenden Marktkenntnis aller Beteiligten zu divergieren, stabilisiert sich aber dann nach einiger Zeit. Ein Gleichgewichtspreis, wie in der ersten Situation, wird nicht erzielt. Immerhin erhält man zwei Fix- bzw. Häufungspunkte, wie die folgende Abbildung 2 zeigt.

In diesem Fall schwankt der Preis zwischen zwei Punkten hin und her. Bei einem höheren Preis werden die Anbieter geneigt sein, mehr Produkte anzubieten. Viele Nachfrager empfinden den Preis jedoch als zu hoch und somit ist die Nachfrage nicht mehr bereit, die gesamte angebotene Gütermenge abzunehmen. Der Preis fällt. Mit dem fallenden Preis steigt jedoch die Nachfrage wieder an. Die gestiegene Nachfrage kann nicht von den Anbietern in Gänze befriedigt werden, weshalb die Preise klettern. Da es an Markttransparenz mangelt, setzen die Unternehmer letztendlich wieder einen zu hohen Preis an, so dass die Nachfrage wieder fällt und infolge dessen auch der Preis. Und so pendelt der Preis letztendlich wegen der geringeren Markttransparenz hin und her, ohne einen Gleichgewichtswert zu erzielen.

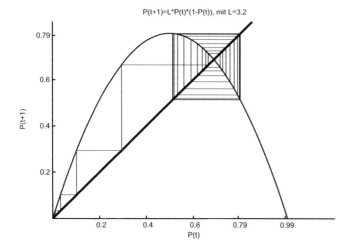

Abbildung 2: Zweierzyklus-Attraktor im Preissystem (Liening 2008)

Verändert man das System dergestalt, dass man beispielsweise λ=4.0 wählt, die Markttrans-parenz also noch einmal deutlich verschlechtert, dann geschieht etwas Unerwartetes: Das System gerät plötzlich regelrecht aus den Fugen, weil sowohl Anbieter als auch Nachfrager den Markt nicht mehr überblicken. Es kommt zu irregulären Schwankungen.

Einerseits ziehen zu hohe Preise ein Sinken der Nachfrage und ein Steigen des Angebotes nach sich; Andererseits führen sinkende Preise zu einem Steigen der Nachfrage und einem Sinken des Angebotes. Dennoch entwickeln sich die Preise aufgrund der fehlenden Markt-transparenz nicht auf einen Gleichgewichtspunkt hin oder pendeln sich in irgendeinen Zyklus ein.

Die Werte springen scheinbar völlig wahllos hin und her. Kurzum, das System reagiert chao-tisch. Als Folge entsteht ein äußerst komplexes Gebilde, wie Abbildung 3 zeigt. Das Bemer-kenswerte daran ist: Die irregulären Preisentwicklungen sind weder durch exogene Schocks ausgelöst worden, erklären sich also endogen aus dem System selbst, noch sind sie das Er-gebnis eines stochastischen Prozesses. Die scheinbar beliebigen Preisverläufe sind nämlich keineswegs zufallsbedingt, sondern deterministisch.

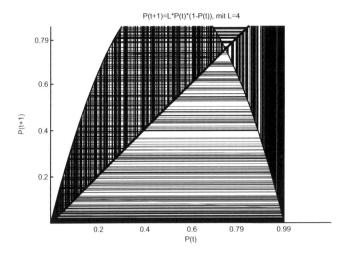

Abbildung 3: Chaos im Preissystem (Liening 2008)

Die Entwicklung der Preise im zeitlichen Verlauf ändert sich in diesem System fundamental, sobald man scheinbar genauer rechnet. Die nachfolgende Abbildung 4 zeigt, was geschieht, wenn man bei gegebener (schlechter) Markttransparenz λ=4.0, die Genauigkeit der Ergebnis-se nach 1.000 Iterationen um jeweils eine Stelle nach dem Komma erhöht.

Wie man sieht, wird das Ergebnis nicht etwa ‚besser‘, wie man vermuten könnte, sondern der errechnete Preis ist bei jeder Erhöhung der Stellengenauigkeit jedes Mal fundamental anders als zuvor. So liegt der Preis bei einer dreistelligen Genauigkeit bei nahezu 0.94.-, bei fünfstelliger Genauigkeit jedoch bei ca. 0.31.-, bei sechsstelliger Genauigkeit bei nahezu 1,00.- und bei fünfzehnstelliger Genauigkeit ergibt sich ein Preis von annähernd 0.92.- und bei z. B. siebzehnstelliger Genauigkeit beträgt der Preis des *Chaoswriter* nur noch etwa 0.04.-.[27]

Mit anderen Worten: Jede beliebig kleine Änderung in den Anfangsbedingungen (hier die Erhöhung der Stellengenauigkeit bei der Berechnung des Preises) führt zu fundamental anderen Ergebnissen. Welches ist nun das richtige Ergebnis? Das lässt sich nicht entscheiden, weil die Ergebnisse stochastisch unabhängig voneinander erscheinen. Man kann noch so viele Informationen über ein komplexes System besitzen. Es wird niemals gelingen, eine exakte Berechnung bzw. Vorhersage des Systemverhaltens zu ermitteln. Die Ursache hierfür liegt in der Komplexität des Systems und ist nicht das Ergebnis mangelnder Information. Es handelt sich hierbei um den oben bereits beschriebenen Schmetterlingseffekt.

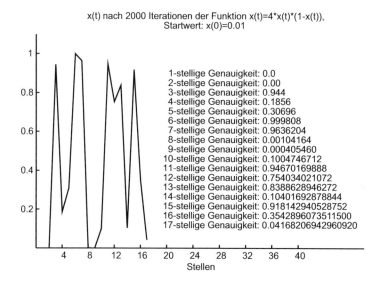

Abbildung 4: Schmetterlingseffekt im Preissystem (Liening 2008)

Wollte nun der Staat diesen chaotisch anmutenden Markt regulieren, so wäre z. B. ein direkter Eingriff durch die Festsetzung von Mindest- oder Höchstpreisen[28] wenig hilfreich, da dies

---

[27] In Anlehnung an Voltaire könnte man meinen: ‚Donnez-moi un ordinateur, et je vais faire une monde', so als ob der Schmetterlingseffekt computerinduziert wäre. Aber weit gefehlt. Die hier dargestellte Welt mit ihrem Schmetterlingseffekt hat nichts mit ihrer Erzeugung im Computer und somit mit eventuell ungenauen Computerberechnungen zu tun und tritt rein algebraisch auf. Zur ausführlichen Begründung und dem mathematischen Beweis vgl. Liening 1999: 126ff.

[28] Selbst wenn der Markt eine konvergente zyklische Bewegung aufweisen wollte, und der Staat zur Auffassung gelangt wäre, der sich einpendelnde Gleichgewichtspreis wäre z. B. zu hoch (z. B. Mieten für Studentenwohnungen), so wäre ein Eingriff durch eine Festlegung von Höchstpreisen (hier damit Höchstmieten) ökonomisch

nur zum Erliegen des Preismechanismus führen würde. Damit würde die für den Markt so wichtige Signalfunktion der Preise noch weiter gemindert, auf deren Basis überhaupt ein Markt funktionieren kann. Die einzig sinnvolle Möglichkeit eines Staatseingriffes würde darin bestehen, die Rahmenbedingungen für ein Funktionieren des Marktes (im Sinne periodischer Preiszyklen) herzustellen; und dies bedeutet in unserem Modell zunächst zu erkennen, wie groß die Markttransparenz sein muss, damit aus dem Chaos der Preisentwicklungen eine zyklische Preisentwicklung entsteht und diese dann entsprechend zu fördern. Um zu erkennen, wie hoch die Markttransparenz sein muss, damit die Marktpreise sich stabilisieren, würde man traditionell zwecks Analyse des Systems zu einer Zerlegung desselben bzw. einer Reduktion tendieren. Aufgrund des Schmetterlingseffektes hilft eine reduktive Zerlegung des Systems zum Zwecke des Verstehens aber nicht weiter. Viele Systeme, und darunter fallen auch die ökonomischen, lassen sich nicht ohne erhebliche Probleme vereinfachen und zerlegen. Insbesondere komplexe Systeme lassen sich nicht wie eine mechanische Uhr auseinander nehmen und wieder zusammensetzen. Will man bei der Uhr-Analogie bleiben, dann kann man feststellen, dass gerade ökonomische Prozesse wohl eher wie eine Quarzuhr funktionieren, deren Verbindungen zwischen den einzelnen Teilen nicht mechanisch sind, und die beim Zerlegen unwiderruflich, also irreversibel, zerstört wird. Somit muss man Robert Wesson zustimmen, wenn er sagt, dass die Welt der Einfachheit nur in der Phantasie existiere. Sie sei, so Wesson, „ein Nirwana, in dem die Wissenschaft, genau so wie ein Wunsch, endet" (1995: 40). Man benötigt daher andere als die traditionellen Methoden, um Komplexe Systeme zu erforschen.[29]

Eine Möglichkeit wäre z. B. die Durchführung einer Bifurkationsanalyse.[30] Zu diesem Zweck trägt man in diesem Modell in einem Diagramm den Marktpreis nach z. B. 2.500 Iterationen des Modells gegenüber einer sukzessiven Erhöhung der Markttransparenz ab. Es entsteht ein so genanntes Bifurkationsdiagramm, das veranschaulicht, wie sich die Struktur

---

betrachtet eher problematisch. Damit der Höchstpreis eine Wirkung erzielte, müsste er deutlich unterhalb des Gleichgewichtspreises liegen. Dies hätte aber zur Folge, dass das Angebot (am Beispiel des Wohnungsmarktes für Studenten: das Angebot an Studentenwohnungen) sinken und am Ende deutlich niedriger wäre als die Nachfrage (hier die Nachfrage nach Studentenwohnungen), die aufgrund des niedrigeren Höchstpreises eher steigen würde. Dieser höchstpreisinduzierte Nachfrageüberhang wäre die Folge des staatlichen Eingriffes (im Falle von Höchstpreisen für Studentenwohnungen würde also die Zahl fehlender Wohnungen stark steigen).

[29]   Hier ist leider nicht der Raum, derartige Methoden zur Untersuchung komplexer Systeme umfassend vorzustellen. Neben der Methode der Bifurkationsanalyse zählen z. B. zu den einfachsten Methoden der Chaosforschung die Berechnung von Lyapunov-Exponenten, das Li/Yorke-Theorem oder die Dimensionsberechnung (z B. Boxdimension, Hausdorff-Dimension usw.). Eine ausführliche Darstellung, Erläuterung und Anwendung findet man z. B. bei Liening 1999: 64ff. Gerade im Kontext empirischer Untersuchungen war es stets schwierig, allein auf der Basis z. B. der Berechnung von Lyapunov-Exponenten Chaos nachzuweisen. Die Vermutung liegt nahe, dass insbesondere das Rauschen in den Daten, hervorgerufen durch Zufallseinflüsse und exogene Schocks, den Nachweis erschweren. Gleichwohl bieten andere Verfahren, die z. T. miteinander verbunden betrachtet werden müssen, die Möglichkeit, dieses Defizit auszugleichen. Dabei handelt es sich z. B. um Verfahren, die mit den Schlagworten Grammar Complexity, Recurrence Plots, Kolmogorov-Sinai-Entropie oder etwa Permutationsentropie umschrieben werden können; vgl. Strunk et al. 2004: 481ff.

[30]   Der Begriff ist dem Lateinischen entlehnt, in dem das Wort ‚furca' existiert, das eine zweizinnige Gabel bezeichnet. Von einer Bifurkation spricht man, wenn bei kontinuierlicher Veränderung von Parametern eines Systems schlagartig eine Strukturveränderung erfolgt, wenn z. B. aus einem konvergenten Verhalten hin zu einem Punktattraktor plötzlich ab einem bestimmten Parameterwert ein Zweierzyklus wird.

des Systems bei bestimmten Parameterwerten verändert, unter welchen Bedingungen z. B. aus regulären Preisschwankungen chaotische werden. Die Abbildung 5 zeigt das Bifurkationsdiagramm. Man kann errechnen, dass bei einer Markttransparenz von λ<3.68 reguläre Preisschwankungen erfolgen, wobei bei λ=3.68 erste aperiodische, chaotische Preiszyklen auftreten.

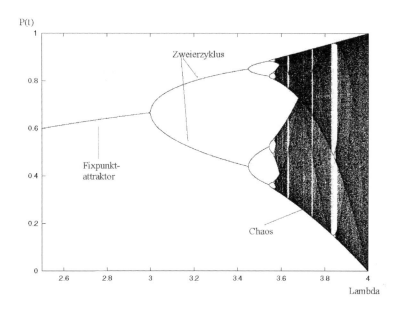

Abbildung 5: Bifurkationsdiagramm für die Funktion P(t+1) = Lambda*P(t)*(1-P(t)) (Liening 2008)

Gleichwohl kann es geschehen, dass auch bei geringerer Markttransparenz Phasen regulärer Preisentwicklungen denkbar sind. Z. B. tritt bei λ=3.83 ein dreiperiodischer Preiszyklus auf. Derartige ‚Inseln' im Chaos bezeichnet man auch als Intermittenz und sind im Schaubild als weiße vertikale Streifen inmitten des schwarzen Chaos sichtbar.

Die Komplexität kann letztendlich nur durch die Rückkopplung des Systems, durch die Iteration, entstanden sein. Wenn aber durch die Rückkopplung und Iteration der Dynamik komplexe Systeme entstehen, dann sind sie nicht auf einzelne Bestandteile reduzierbar. Denn diese Bestandteile erzeugen erst durch die permanente Rückwirkung auf sich selbst – durch die Rekursion – die Komplexität als emergentes Phänomen. Das Ganze ist mehr und anders als die Summe seiner Teile.

Das oben beschriebene Modell zeigt, dass mit Hilfe bereits einer mathematisch einfachen, nicht-linearen rekursiven Funktion ein viel breiteres Spektrum an möglichen Systementwicklungen dargestellt werden kann, als dies bei linearen Funktionen der Fall ist. Aufgrund der nicht-linearen Rückkopplung des Systems kommt dabei die Irreversibilität des Systems zum

Ausdruck, bei der es, anders als bei einer reibungsfreien Pendelbewegung, nicht mehr egal ist, ob man es in der Zeit vor oder zurück betrachtet. Diese Irreversibilität ist die Voraussetzung für Selbstorganisation. So bemerkt Werner Ebeling:

> *„Die Selbstorganisation ist sozusagen das Gegenstück zur allgemein beobachteten Tendenz zum spontanen ‚Auseinanderfließen von Sandbergen'. Sie ist aber auf jeden Fall – wie jener auch – ein irreversibler Prozeß; allerdings ein sehr spezieller [...] So wie die Irreversibilität eine Folge des ‚kreativen Charakters' der mechanischen Bewegungen ist, nämlich ihre Tendenz zum Auseinanderlaufen, zur Divergenz, zur Vielfalt, so bildet die Selbstorganisation eine neue Form der kreativen Potenzen der Materie."* (1994:35)

Das Prinzip der Selbstorganisation besagt, dass Ordnungsmuster im Sinne sich selbst reproduzierender dynamischer Strukturen nicht durch eine Determinierung von ‚außen', sondern aus dem System selbst heraus entstehen (vgl. Pasche 1994: 75ff.). Man versteht unter Selbstorganisation daher Prozesse, die, fern vom Gleichgewicht beginnend, durch systemimmanente Kräfte zu komplexeren Ordnungsstrukturen führen (vgl. Ebeling 1994: 36). Selbstorganisation ist somit ein Attribut nicht-linearer komplexer Systeme, das unter bestimmten Bedingungen zum Tragen kommt. Sie ist dabei aber nicht nur ein bloßes *surplus* jener Systeme, sondern eine unabtrennbare Eigenschaft. Selbstorganisation ist *eine*, oder wie Ebeling sogar sagt, „vielleicht sogar die entscheidende Komponente der Evolution von Komplexität" (ebd.).

Irreversibilität und Selbstorganisation stellen neben Nicht-Linearität und rekursive Verknüpfung der Systemelemente somit zwei weitere wichtige Kennzeichen komplexer Systeme dar.

5   Konklusion – ein kurzes Plädoyer für eine (freie) Marktwirtschaft

Zusammenfassend betrachtet, offenbaren komplexe Systeme Gesetzmäßigkeiten, die nicht von einer hohen Zahl einfacher Bestandteile oder etwa einer großen Zahl von Verknüpfungen hergeleitet werden können. Auch komplexe Systeme können sich aus Subsystemen zusammensetzen, doch entscheidend scheint die Art der Verknüpfungen zu sein, die durch die Dynamisierung des Systems sichtbar wird. Man kann daher festhalten, dass die *Komplexität* eines Systems nicht durch die Zahl der Elemente eines Systems allein und die Zahl der Verknüpfungen dieser Elemente untereinander, sondern vielmehr durch

- die rekursive Art der Verknüpfungen
- und die nicht-lineare Dynamik des Systems

bestimmt wird, die sich selbstorganisierend und irreversibel generiert. Wenn Komplexität so entsteht, wie es in den obigen Ausführungen beschrieben wurde, dann benötigt man zum Verständnis derselben eine neue Art der Betrachtung, in der das Komplexe und das Simple eng miteinander verflochten sind, wo durch einfache Iterationen die in dem scheinbar Einfachen verborgene Komplexität freigesetzt und – wie John Briggs und F. David Peat es formu-lieren – „Zugang zu kreativem Potential" (1993: 151) geschaffen wird. Damit bilden die Gleichungen und Parameter eines Modells nicht den Bauplan, sondern lediglich den Aus-gangspunkt für die Evolution einer Gestalt, die – als eine Art ‚creatio ex nihilo' – in sich selbst durch die Rückkopplung der Gleichungen „allmählich auftaucht" (ebd.).

Aus diesen Gründen und auch wegen des oben dargelegten Schmetterlingseffekts ist es daher generell kaum möglich, ein komplexes System wie z. B. die Wirtschaft eines Landes zu steuern, weil jeder minimale Eingriff ‚in the long run' unabsehbare Folgen haben kann. Das Scheitern der antizyklischen Fiskalpolitik in den siebziger Jahren der Bundesrepublik oder, noch extremer, das Scheitern der Planwirtschaft in den osteuropäischen Staaten können als empirische Belege herangezogen werden. Fast jede Art von Staatseingriff in die ökonomi-schen Abläufe eines Marktes und sei er noch so gut gemeint, muss letztendlich scheitern, wenn er zur Absicht hat, mehr als nur die notwendigen Rahmenbedingungen für das Funkti-onieren des Systems bereitstellen zu wollen.[31] Ohne dass von Hayek beim Verfassen seines gleichnamigen Werkes die hier dargelegten Theorieansätze vielleicht kennen konnte, da insbesondere die mathematischen Erkenntnisse erst in den 1990er Jahren durch den verstärk-ten Einsatz von Computern möglich wurden, spricht er doch zu Recht in dem dargelegten Kontext von der *Anmaßung von Wissen* (1996).[32]

Ulrich van Suntum fragt in diesem Zusammenhang, wie

> *„eine staatliche Planungsbehörde angesichts dieser Komplexität wissen können (soll), welche Güter wann, in welcher Menge und an welchem Ort nachgefragt wer-den? Wie sollte sie die konkrete Befriedigung dieser Nachfragevielfalt bewerkstelli-gen? Nur das dezentrale Wissen Hunderttausender von Unternehmen, Kaufleuten und Managern, die alle ihren Vorteil suchen, kann dieses ‚Suchproblem' lösen." (2005: 13)*

Oder wie von Hayek sagt, besteht die große Leistung des Marktes darin, „eine weitreichende Arbeitsteilung möglich zu machen und eine laufende Anpassung ökonomischer Handlungen an Millionen besonderer Tatsachen und Ereignisse zustande zu bringen, die in ihrer Gesamt-heit von niemanden gewußt werden und von niemanden gewußt werden können" (1996: 309).

Die hier aufgezeigten ersten Erkenntnisse der Theorie komplexer Systeme müssen in Bezug auf das Marktsystem nicht zwangsläufig – wie leicht vermutet werden kann – auf eine Un-vereinbarkeit von ‚sozialer Gerechtigkeit' und ‚Freiheit' hinauslaufen; gleichwohl können sie uns helfen, den Blick zu öffnen, um die der Marktwirtschaft innewohnenden, sich selbst

---

[31] Dies schließt jedoch nicht aus, dass es in bestimmten Bereichen (Bereitstellung von öffentlichen Gütern, Maut-, Allmendegütern) auch ohne Eingriff des Staates z. B. aufgrund von „Moral Hazard" oder „adverser Selektion" durch Informationsasymmetrien zu Marktversagen kommen kann und u. U. staatliche Lösungen in Erwägung zu ziehen sind. Vgl. hierzu z. B. die Ausführungen zum Thema „Market Failure and Public Policy" in Eke-lund/Tollison 1988: 440-460. Gleichwohl gibt es auch hier Ökonomen, die sich durchaus marktwirtschaftliche Lösungen unter Einbeziehung sozialer Ziele vorstellen können; vgl. z. B. für das Gesundheitswesen. Blankert: 2008: 400ff.

[32] Sein in diesem Band enthaltener Aufsatz über die Theorie komplexer Phänomene erschien erstmals 1967.

organisierenden Kräfte der Freiheit, die durch überzogene Staatseingriffe letztendlich zum Schaden aller gemindert werden, gewinnbringend zu nutzen.

Damit ist die Untersuchung komplexer Systeme keineswegs zu Ende. Im Gegenteil: In diesem Beitrag war es lediglich möglich, einen ersten Einstieg in die Thematik zu ermöglichen und für das Thema zu sensibilisieren. Generell gilt jedoch, dass sehr viel Forschungsarbeit zu leisten bleibt, sowohl um komplexe Systeme besser verstehen und zu beurteilen, als auch, um Handlungsoptionen erkennen zu können.

6   Literatur

Arrow, Kenneth J./Frank H. Hahn, 1971: *General Competitive Analysis*. Amsterdam: Holden Day.

Ashby, Ross, 1974: *Einführung in die Kybernetik*. Frankfurt/M.: Suhrkamp Verlag.

Beckenbach, Frank/Hans Diefenbacher (Hg.), 1994: *Zwischen Entropie und Selbstorganisation – Perspektiven einer ökologischen Ökonomie*. Marburg: Metropolis Verlag.

Bestenstreiner, Friedrich, 1991: *Der phantastische Spiegel. Quanten, Quarks, Chaos – Oder vom Trost, der aus der Formel kommt*. Frankfurt/M.: Fischer-Taschenbuch-Verlag.

Blankert, Charles B., 2008: *Öffentliche Finanzen in der Demokratie*. München: Verlag Vahlen.

Blaseio, Helmuth, 1986: *Das Kognos-Prinzip. Zur Dynamik sich-selbst-organisierender wirtschaftlicher und sozialer Systeme*. Berlin: Duncker & Humblot.

Blaug, Mark, 1971: *Systematische Theoriegeschichte der Ökonomie. Bd. 1*. München: Nymphenburger Verlagshandlung.

Briggs, John/David Peat, 1993: *Die Entdeckung des Chaos*. München: dtv.

Brügge, Peter, 1993: Mythos aus dem Computer. In: *Der SPIEGEL* Nr. 39 (27.09.1993): 156-164; Nr. 40 (04.10.1993): 232-241; Nr. 41 (11.10.1993): 240-252.

Burns, Tom/G. M. Stalker, 1966: *The management of innovation*. London: Tavistock Publictions.

Büssow, Torsten, 2003: *Chaostheorie und Unternehmenssteuerung. Konstruktionen zur modellgestützten Entscheidungsvorbereitung (Entscheidungs- und Organisationstheorie)*. Wiesbaden: Deutscher Universitäts-Verlag.

Cannan, Edwin (Hg.), 1994: Adam Smith: An Inquiry into the Nature and Causes of the Wealth of Nations. New York: Modern Library.

Chiarella, Carl, 1992: Entwicklungen der nicht-linearen, dynamischen ökonomischen Theorie: Vergangenheit, Gegenwart und Zukunft. In: Horst Hanusch/Horst Claus Recktenfeld (Hg.), *Ökonomische Wissenschaft in der Zukunft – Ansichten führender Ökonomen*. Düsseldorf: Wirtschaft und Finanzen, 74-91.

Denis, Henri, 1985: Geschichte *der Wirtschaftstheorien. Bd. 1*. Rheinfelden: Schäuble Verlag.

Descartes, René, 1990: *Discours de la méthode*. Hamburg: Felix Meiner Verlag.

Descartes, René, 1983: Abhandlung über die Methode. In: Armin Müller, *Erkenntnis- und Wissenschaftstheorie*. Münster: Aschendorff, 33-40.

Dopfer, Kurt, 1988: Classical Mechanics with an ethical dimension: Professor Tinbergen's Economics. In: *Journal of Economic Issues* 22: 657-710.

Dopfer, Kurt, 1992: Evolutionsökonomie in der Zukunft: Programmatik und Theorieentwicklungen. In: Horst Hanusch/Horst Claus Recktenfeld (Hg.), *Ökonomische Wissenschaft in der Zukunft – Ansichten führender Ökonomen*. Düsseldorf: Wirtschaft und Finanzen, 96-125.

Dornbusch, Rüdiger/Stanley Fischer, 1995: Makroökonomik. München: Oldenbourg.

Ebeling, Werner, 1994: Selbstorganisation und Entropie in ökologischen und ökonomischen Prozessen. In: Frank Beckenbach/Hans Diefenbacher (Hg.), *Zwischen Entropie und Selbstorganisation – Perspektiven einer ökologischen Ökonomie*. Marburg: Metropolis Verlag, 29-45.

Ekelund Jr., Robert B./Robert D. Tollison, 1988: *Economics*. Glenview, Ill. Harpercollins College Div..

Gerken, Gerd, 1994: *Die fraktale Marke*. Düsseldorf: Econ.

Glazinski, Bernd, 2007: *Innovatives Change Management*. Weinheim: Wiley-VCH.

Graß, Rolf-Dieter, 1994: Vilfredo Pareto – Marx der Bourgeoisie. In: Nikolaus Piper (Hg.), *Die großen Ökonomen*. Stuttgart: Schäffer-Poeschel Verlag.

Hanusch, Horst/Horst Claus Recktenfeld (Hg.), 1992: *Ökonomische Wissenschaft in der Zukunft – Ansichten führender Ökonomen*. Düsseldorf: Wirtschaft und Finanzen.

Hawking, Stephen, 1988: *Eine kurze Geschichte der Zeit*. Reinbek b. Hamburg: Rowohlt.

Hayek, Friedrich August von, 1996: *Die Anmaßung von Wissen*. Tübingen: Mohr Siebeck.

Hölderlin, Friedrich, 2001: *Sämtliche Gedichte und Hyperion*. Frankfurt/M.: Insel.

Issing, Ottmar (Hg.), 1994*: Geschichte der Nationalökonomie*. München: Vahlen Franz.

Kolmogorow, Andrei Nikolajewitsch, 1958: Über die Entropie der Zeit. Eins als metrische Invariante von Automorphismen. In: *Dokladyi Akademii Nauk* (UdSSR) 119: 861-864.

Lentz, Wolfgang, 1993: *Neuere Entwicklungen der Theorie dynamischer Systeme und ihre Bedeutung für die Agrarökonomie*. Berlin: Duncker & Humblot GmbH.

Liening, Andreas, 1992: *Intelligente Tutorielle System (ITS) – Eine kritische Analyse unter Berücksichtigung ihrer Einsatzmöglichkeiten in der Wirtschaftsdidaktik*. Münster: Lit Verlag.

Liening, Andreas, 1999: *Komplexe Systeme zwischen Ordnung und Chaos. Neuere Entwicklungen in der Theorie nicht linearer Systeme und ihrer Bedeutung für die Wirtschaftswissenschaft und ihrer Didaktik*. Hamburg: Lit Verlag.

Liening, Andreas, 2006: iLearning – Selbstorganisiertes Lernen im Rahmen ökonomischer Bildung. In: Timo Meynhardt/Ewald J. Brunner (Hg.), *Selbstorganisation managen. Beiträge zur Synergetik der Organisation*. Münster: Waxmann Verlag GmbH.

Liening, Andreas, 2008: *Komplexe Systeme – Eine Software zur Simulation und Analyse, Ver. 2.5*. Dortmund.

Liening, Andreas, 2008a: Ökonomische Chaostheorie. In: Hermann May (Hg.), *Lexikon der Ökonomischen Bildung*. München: Oldenbourg, 153-156.

Liening, Andreas/Ewald Mittelstädt, 2008: Wissensbilanzierung im Bildungsmanagement für eine deregulierte Professionalität im Berufsfeld Ökonomischer Bildung. In: Günther Seeber (Hg.), *Forschungsfelder der Wirtschaftsdidaktik*. Schwalbach/Ts.: Jahrestagung 2008 der Deutschen Gesellschaft für ökonomische Bildung, < www.degoeb.de/tagung/2008_ta.htm >.

Loistl, Otto/Iro Betz, 1993: *Chaostheorie. Zur Theorie nichtlinearer dynamischer Systeme*. München und Wien: Oldenbourg.

Luhmann, Niklas, 1968: *Zweckbegriff und Systemrationalität*. Tübingen: Mohr (Siebeck).

Mainzer, Klaus, 1995: *Zeit – Von der Urzeit zur Computerzeit*. München: Beck.

Mandelbrot, Benoit B./Richard L. Hudson, 2007: *Fraktale und Finanzen. Märkte zwischen Risiko, Rendite und Ruin*. München: Piper, 2. Auflage.

Medio, Alfredo, 1992: *Chaotic Dynamics. Theory and applications to economics*. Cambridge/Mass: Cambridge University Press.

Mill, John Stuart, 2002: *A System of Logic: Ratiocinative and Inductive*. Honolulu: Intl Law & Taxation Publ.

Müller, Armin, 1983: *Erkenntnis- und Wissenschaftstheorie*. Münster: Kohlhammer.

Niemeyer, Gerhard, 1977: *Kybernetische System- und Modelltheorie*. München: Vahlen.

Nijkamp, Peter/Jaques Poot, 1993: Lessons from nonlinear dynamic economics. In: Peter Nijkamp/Aura Reggiani (Hg.), *Nonlinear Evolution of spatial economic systems*. Berlin: Springer-Verlag, 25-57.

Nijkamp, Peter/Aura Reggiani, 1993: Nonlinear Evolution of socioeconomic and spatial systems. In: dies. (Hg.), *Nonlinear Evolution of spatial economic systems*. Berlin: Springer-Verlag, 1-21.

Oltmanns, Thorsten, 1994: Alfred Marshall – Ökonomie gegen die Armut. In: Nikolaus Piper (Hg.), *Die großen Ökonomen*. Stuttgart: Schäffer-Poeschel Verlag, 2. Auflage, 75-81.

Pasche, Markus 1994: Ansätze einer evolutorischen Umweltökonomik. In: Frank Beckenbach/Hans Diefenbacher (Hg.), *Zwischen Entropie und Selbstorganisation – Perspektiven einer ökologischen Ökonomie*. Marburg: Metropolis-Verlag, 75-118.

Poincaré, Henri, 1899: *Les Méthodes Nouvelles de la Méchanique Céleste*. Paris: Gauthier-Villars et fils.

Poincaré, Henri, 1914: *Wissenschaft und Methode*. Leipzig: Teubner.

Puu, Tönu, 2003: *Attractors, Bifurcations, and Chaos: Nonlinear Phenomena in Economics*. Berlin: Springer-Verlag, 2. Auflage.

Recktenfeld, Horst Claus (Hg.), 1988: *Adam Smith. Der Wohlstand der Nationen*. München: dtv.

Röpke, Jochen, 1977: *Die Strategie der Innovation*. Tübingen: Mohr (Siebeck).

Ruelle, David, 1992: *Zufall und Chaos*. Berlin: Springer-Verlag.

Schefold, Bertram, 1992: ‚Wenn Du den Halys überschreitest' – Gedanken zur Zukunft ökonomischer Wissenschaft. In: Horst Hanusch/Horst Claus Recktenfeld (Hg.), *Ökonomische Wissenschaft in der Zukunft – Ansichten führender Ökonomen*. Düsseldorf: Lit Verlag, 346-360.

Schiemenz, Bernd (Hg), 1994. *Interaktion: Modellierung, Kommunikation und Lenkung in komplexen Organisationen*. Berlin: Duncker & Humblot.

Schlösser, Hans Jürgen, 1992. *Das Menschenbild in der Ökonomie*. Köln: Wirtschaftsverlag Bachem.

Schmalensee, Richard, 1992: Kontinuität und Wandel in der Wirtschaftswissenschaft. In: Horst Hanusch/Horst Claus Recktenfeld (Hg.), *Ökonomische Wissenschaft in der Zukunft – Ansichten führender Ökonomen*. Düsseldorf: Verlag Wirtschaft und Finanzen, 361-370.

Schmidt, Karl Heinz, 1994: Merkantilismus, Kameralismus, Physiokratie. In: Ottmar Issing (Hg.), *Geschichte der Nationalökonomie*. München: Vahlen, 4. Auflage, 37-62.

Smale, Stephen, 1967: Differentiable dynamical systems. In: *Bulletin of the American Mathematical Society* 73: 747-817.

Smith, Adam, 1976: *The theory of moral sentiments*. Indianapolis: Dover Pubn Inc.

Smith, Adam, 1994: *The wealth of nations*. New York: Modern Lib.

Söllner, Fritz, 1993: Neoklassik und Umweltökonomik. In: *Zeitschrift für Umweltpolitik und Umweltschutz* 16: 431- 460.

Stavenhagen, Gerhard, 1969: *Geschichte der Wirtschaftstheorie*. Göttingen: Vandenhoeck + Ruprecht.

Strunk, Guido/Günter Schiepek, 2006: *Systemische Psychologie – Eine Einführung in die komplexen Grundlagen menschlichen Verhaltens*. München: Spektrum Akademischer Verlag.

Strunk, Guido/Michael Schiffinger/Wolfgang Mayrhofer et al., 2004: Lost in Transition? Complexity in Organisational Behaviour – the Contributions of Systems Theories. In: *Management Revue* 15: 481-509.

Strunk, Guido, 2008: Die Komplexitätshypothese der Karriereforschung. In: Andreas Liening (Hg.), *Komplexe Systeme und Ökonomie*, Bd. II. Berlin: Lang.

Suntum, Ulrich van, 2005: *Die unsichtbare Hand.* Berlin, Heidelberg: Springer-Verlag.

Thiemann, Michael, 2004: Chaostheorie *auf Kapitalmärkten: Untersuchung des DAX, DOW und FTSE anhand modernerer Verfahren auf deterministisches Chaos.* Duisburg: WiKu-Verlag Verlag für Wissenschaft und Kultur.

Tilly, Richard (Hg.), 1993: *Geschichte der Wirtschaftspolitik.* München: Oldenbourg.

Trosky, Frank, 2006: *Heterogene Erwartungen auf dem Geldmarkt.* Berlin: Duncker & Humblot.

Warnecke, Hans-Jürgen, 1996*: Die fraktale Fabrik.* Reinbek b. Hamburg: Springer-Verlag.

Weischedel, Wilhelm (Hg.), 1996: *Immanuel Kant. Werke in sechs Bänden.* Darmstadt: WBG.

Wesson, Robert, 1995: *Chaos, Zufall und Auslese der Natur.* Frankfurt/M.: Insel Verlag.

Willke, Helmut, 1991: *Systemtheorie. Eine Einführung in die Grundprobleme.* Stuttgart und New York: Fischer.

Worg, Roman, 1993: *Deterministisches Chaos – Wege in die nichtlineare Dynamik.* Mannheim: Wissenschaftsverlag.

Zehetner, Gerhard, 2003: Anwendungen *der Chaostheorie in der Betriebswirtschaftslehre.* Wien: Facultas.

Ziesemer, Bernd, 2007: *Eine kurze Geschichte der ökonomischen Unvernunft.* Frankfurt/M.: Campus Verlag.

Das Vermächtnis der *High Reliability Theory*

Mathilde Bourrier

1   Einleitung

Seit dem Beginn des HRO-Projekts in Berkeley Mitte der 1980er Jahre gibt es eine anhalten-
de Debatte über eine bestimmte Kategorie von Organisationen, die *High Reliability* Organisationen (HRO).[1] Die Kontroverse über diese Bezeichnung – ihre genaue Bedeutung, ihr
Nutzen, ihre Anwendbarkeit – lässt die Wogen immer noch hoch schlagen. In seinem klassischen Lehrbuch der Organisationssoziologie hat Scott (1992) diesem Forschungsgegenstand
eine ganze Seite gewidmet.[2] Dieser Typ von Organisationen besitzt in der modernen Gesellschaft einen großen Stellenwert, denn sie stellen unentbehrliche Dienstleistungen wie Elekt-
rizität, Transport, Chemikalien, Gesundheitsvorsorge etc. zur Verfügung. Dies bedeutet aber
zugleich, dass sie unter starker Beobachtung stehen und eine stetig wachsende Menge von
Forschungsarbeiten in der Managementforschung, der Soziologie, der Politikwissenschaft
und der Psychologie nach sich gezogen haben. Ziel dieser Studien ist es, die bemerkenswerte
Operationsweise dieser Organisationen besser zu verstehen.

Heute gibt es kaum ein Kapitel oder einen Artikel zu diesem Thema, der das HRO-Modell
unbeachtet lässt und dem Phänomen nicht zumindest einige einleitende Absätze oder Abbildungen widmet. In gewisser Weise hat es damit James Reasons berühmtes „Schweizer-Käse-
Modell" (1990) ersetzt, das in der Vergangenheit als klassische Einleitung einer Vielzahl von
Kapiteln und Vorträgen genutzt wurde.

---

[1]   Die Übersetzung des Textes wurde von Johannes Weyer und Ingo Schulz-Schaeffer angefertigt.

[2]   "The complexity of modern society and the increasing power and sophistication of technology has heightened
the salience and value of organizations capable of performing at a high level of reliability. Complex military
systems such as aircraft carriers and submarines, traffic control systems, power distribution grids, nuclear plants
– these examples of organizations whose failure can produce major disasters." (Scott 1992: 351)

Zunächst eine einfache Definition von *High Reliability* Organisationen: Es handelt sich um Hochrisiko-Organisationen, d.h. die verwendeten Technologien bergen Risiken, deren potenzielle Folgen nicht nur die Mitglieder der Organisation, sondern auch die Bevölkerung sowie die Umwelt treffen. Es sind Organisationen, die unter den Bedingungen einer permanenten öffentlichen Überprüfung stehen (d.h. HROs werden reguliert), und die über lange Zeiträume hinweg eine hohes Maß an Sicherheit und Zuverlässigkeit aufweisen. Diese Leistungen kommen vor allem durch organisationale Maßnahmen zustande, z.B. durch Koordinationsmechanismen, Verfahren der Delegation von Entscheidungen bzw. der Verteilung von Ressourcen etc., was aber nicht bedeuten soll, dass die technischen Aspekte von Sicherheit vernachlässigt werden. (Aus diesem Grunde haben sie auch das Interesse von Sozialwissenschaftlern geweckt.) Der hohe Aufwand, die Energie und die Ressourcen, die die Organisation permanent in die Evaluation ihrer Verfahrensregeln und Praktiken steckt, rundet das Porträt der *High Reliability* Organisationen ab.

Der Erfolg des Konzepts der *High Reliability* Organisationen stellte sich nicht unmittelbar ein, sondern entwickelte sich von Jahr zu Jahr – bis zu dem Punkt, an dem einige der Studien, die nunmehr als Beiträge zur HRO-Forschung bezeichnet werden, nur noch wenig Bezug zu den ursprünglichen Zielvorstellungen der Begründer dieser Forschungsrichtung haben. Das Hauptanliegen dieses Beitrags ist es, die frühen Entwicklungen zu rekonstruieren und nach den späteren Veränderungen sowie deren Gründen zu fragen.

Dieser Beitrag wird ein wenig in die Geschichte zurückschauen, um die Ursprünge des Forschungsprogramms zu ergründen, das von Todd La Porte, Gene Rochlin, Paul Schulman und Karlene Roberts – allesamt Forscher aus der Bay Area in Kalifornien[3] – durchgeführt wurde. Diese Gruppe hat ihre Ziele, Fragen und Forschungsergebnisse in einer Reihe von Publikationen präsentiert, beispielsweise in dem 1996 von Gene Rochlin herausgegebenen Sonderheft des *Journal of Contingencies and Crisis Management* mit dem Titel *New Directions in Reliable Organization Research*. Zu nennen wären auch ein älterer, gemeinsam von La Porte und Consolini (1991) verfasster Artikel, das von Roberts (1993) herausgegebene Buch sowie spätere Arbeiten von Rochlin (2001) und La Porte (2001). Diese breit zitierten Artikel verdeutlichen die Themen, um die es in der Debatte ging. Hier soll allerdings nicht das wiederholt werden, was an anderer Stelle bereits gesagt wurde. Ziel ist vielmehr,

1. die frühen Ziele und Ergebnisse des HRO-Projekts zu betrachten und dabei auf die starken, aber auch auf die eher vorläufigen Positionen hinzuweisen;
2. seine Rezeption zu verstehen und auch nachzuvollziehen, wie es im Laufe der Jahre zum Gegenstand einer breiten Kontroverse mit Perrows früheren Arbeiten über *Normale Katastrophen* wurde;
3. und schließlich einen Blick auf aktuelle Entwicklungen zu werfen.

---

[3]   La Porte, Rochlin und Roberts an der University of California, Berkeley, und Paul Schulman am Mills College in Oakland.

Ohne zu viel vorwegzunehmen, kann gesagt werden, dass das HRO-Konzept an theoretischer Kontur verloren, dafür aber an praktischer Wirksamkeit gewonnen hat, was nur in einem losen Zusammenhang zu den ursprünglichen Absichten und Ideen steht.

2   Ein Blick zurück in die Geschichte (1987-1993)

2.1   Das ursprüngliche Team: Gründerväter und eine Mutter

Todd La Porte, mittlerweile emeritierter Professor für Politikwissenschaft, hatte sich schon lange Zeit für das Verhältnis von Technik, Organisation und Gesellschaft interessiert (La Porte 1975). Früher hatte er als Infanterieoffizier, dann als Luftwaffenpilot im US Marine Corps gedient, was ihm gestattete, einen tiefen Einblick und ein Gespür dafür zu erlangen, was es für Menschen, Besatzungen und Organisationen bedeutet, Spitzenleistungen in Situationen hoher Belastung und großer Unsicherheit zu erbringen. Zur Zeit beschäftigt er sich mit den NASA *Manned Space Flight Programs* (La Porte 2006b) und der Herausforderung des Terrorismus (La Porte 2006a).

Gene Rochlin war ursprünglich Physiker mit einem starken Interesse an Fragen der internationalen Sicherheit, was sein Buch zur Plutoniumpolitik (1979) deutlich macht. Er war damals gerade zu einer neu gegründeten, interdisziplinären Gruppe gestoßen, die sich „Energy and Resource Group at Berkeley" nannte. Rochlin, der ebenfalls kürzlich als Professor emeritiert wurde, ist nicht nur ein präziser Kenner komplexer Technologien (1997), sondern hat auch ein Gespür für die ethnografischen Aspekte, welche Feldstudien in komplexen technologischen Umgebungen heutzutage erfordern.

Karlene Roberts ist Professorin für Organisationsforschung (*organization behavior*) an der Haas Business School. Sie ist immer noch im Bereich der HRO-Forschung aktiv und befasst sich vor allem mit neueren Entwicklungen im Bereich der Medizin (Roberts/Grabowski 2008; Roberts/Madsen/Desai/Von Stralen 2005; Roberts/Desai/Madsen 2006).

Paul Schulman ist Professor für öffentliche Verwaltung am Mills College und befasst sich schwerpunktmäßig mit Technik, öffentlichen und privaten Organisationen und Politik. Er hat kürzlich mit Emery Roe ein Buch über die verschachtelten Verfahren des *California Independent System Operator*, einer wichtigen Vertriebsorganisation für Strom, veröffentlicht (Roe/Schulman 2008).

Einige weitere Personen haben in der Gruppe mitgearbeitet, nicht nur Doktoranden,[4] sondern auch hochangesehene assoziierte Wissenschaftler wie Karl Weick, der selbst etliche Male

---

[4]   Die Autorin war von Januar 1992 bis April 1994 und dann nochmals im Jahr 1995 als Gastwissenschaftlerin und PhD-Studentin am Institute of Governmental Studies Mitglied der Gruppe. Zu dieser Zeit war die HRO-Gruppe bereits teilweise aufgelöst, aber es fanden noch regelmäßig Diskussionen statt. Der größte Teil der Feldforschung, die das Profil des HRO-Ansatzes geprägt hat, war bereits abgeschlossen. Die Mitglieder der Gruppe befassten sich mittlerweile mit weiteren Publikationen und wandten sich später neuen Forschungsthemen zu. La

auf Schiffen der U.S. Navy mitgefahren ist. Der Artikel *Collective Mind in Organizations: Heedful Interrelating on Flight Decks* (1993), den er gemeinsam mit Roberts in der Zeitschrift *Administrative Science Quarterly* veröffentlicht hat, ist eines der Resultat dieser fruchtbaren Zusammenarbeit.

2.2 Das ursprüngliche Paradox

Wie diese Kurzbiografien zeigen, war die Gruppe bezüglich ihrer fachlichen Herkunft und ihre Interessen heterogen zusammengesetzt. Diese Vielfalt ermöglichte es den Beteiligten aber auch, unterschiedliche Ansätze und Methodologien zu kombinieren. Roberts erinnert sich:

> *„The team members represented different social science disciplines and assigned themselves around the ships to ensure different perspectives, in order to reduce individual bias. Thus, one team member might ‚work the deck' while another observed bridge activities and the third learned how to launch and recover aircrafts from the ship's tower."* (1988: 20)

Aus dem Manuscript *The Research Challenge* (La Porte/Roberts/Rochlin 1987), das zuerst als Arbeitspapier des Institute of Governmental Studies veröffentlicht wurde, geht hervor, dass die Gruppe eine ganze Reihe theoretischer und empirischer Überraschungen erlebte. Als Organisationsforscher, denen die Analysen Charles Perrows vertraut waren, kamen sie vor dem Hintergrund großer Mengen an Literatur zu diesem Thema zu dem Ergebnis, dass die von ihnen untersuchten Organisationen derart großen Herausforderungen gegenüberstanden, dass sie über kurz oder lang versagen mussten. Es sei hier nur kurz erwähnt, dass die Berkeley-Gruppe ihre Arbeiten 1984 zeitgleich mit der englischen Erstveröffentlichung von Perrows Buch *Normale Katastrophen* begann. Perrow und La Porte waren gemeinsam mit Dorothee Nelkin, Paul Slovic und anderen Mitglieder der Untersuchungskommission gewesen, die US-Präsident Jimmy Carter nach dem Unglück in Three Mile Island zusammengerufen hatte (zur Bewertung ihrer Beiträge siehe Sills/Wolf/Shelanski 1981). Diese Untersuchung trug vermutlich dazu bei, dass Perrow und La Porte eine weitreichende Kenntnis derartiger Hochrisikosysteme erlangten.

Trotz großer Unfälle und Katastrophen (Bhopal, Tschernobyl u.a.m.) und trotz der Überzeugungskraft von Perrows *Normal Accident Theory* stellte die Berkeley-Gruppe jedoch fest, dass einige Hochrisiko-Organisationen sich wesentlich besser bewährten als erwartet. Einige waren sogar zu bemerkenswerten Leistungen in der Lage. Die Bedingungen, unter denen sie ihre Operationen durchführten, waren außergewöhnlich. La Porte, Roberts and Rochlin machten folgende Beobachtung:

Porte zum Beispiel führte von 1998 bis 2003 Forschungen im Los Alamos National Laboratory durch, in denen er die institutionellen Herausforderungen untersuchte, welche Nuklearprojekte mit sich bringen, die sich über mehrere Generationen erstrecken. Rochlin setzte seine Studien zur sozialen Konstruktion von Sicherheit fort, und Schulman hat sich dem Thema „Design kritischer Infrastrukturen" zugewandt (Schulman/Roe 2007). Zur gleichen Zeit wechselte Roberts in den Gesundheitsbereich.

„Achieving very high levels of reliable individual or group performance even for short periods is difficult at best. Attempting to sustain such operations in large scale organizations facing contemporary pressures of increasing performance demands, and technological complexity, poses very substantial managerial and intellectual challenges.“ (1987: 3)

Sie wollten die Ursachen dieses Paradoxes erforschen und gegebenenfalls eine neue Theorie entwickeln. Es gab jedoch so gut wie keine Literatur, die eine Erklärung dafür anzubieten hatte, dass in manchen Organisationen Fehler geschehen waren, geschehen konnten und wieder geschehen würden, während andere Organisationen über lange Zeiträume nachweislich gute Leistungen erbrachten. Sie beschlossen daher, dieses Rätsel gemeinsam zu lösen. Auch vermissten sie in der Fachliteratur eine Diskussion des Problems, dass manche Organisationen *überhaupt* nicht versagen dürfen, weil die Lehren, die man aus Fehlern ziehen könnte, so katastrophal wären, dass dies die ganze industrielle Branche zerstören würde. Sie zögerten, sich Aaron Wildavskys Analyse anzuschließen, die dieser in seinem Buch *Searching for Safety* (1988) präsentiert hatte. Sie argumentierten, dass Versuch und Irrtum nicht der einzige Weg seien, potentielle Risiken zu managen, und auch nicht der einzige Weg sein sollten. Man darf dabei nicht vergessen, dass der Stand der Forschung zur damaligen Zeit weniger weit entwickelt war als heute. Die Literatur konzentrierte sich damals tendenziell auf Fehler, Unfälle und Katastrophen, die in der Rückschau immer einfacher zu erklären sind.

Der Plan war daher, einen eigenen Beitrag zu leisten, der nicht rein theoretischer Natur sein, sondern auch eine empirische Komponente beinhalten sollte. Roberts stellte dazu fest:

„Particularly, because Perrow's analyses are from secondary data sources, it seemed important to not only validate his and Shrivastava's[5] analyses through direct observation but to extend on those analyses wherever possible.“ (1988: 18)

2.3   Erste Feldstudien: eine bewusste Wahl

Ex-ante-Festlegungen

Welche Organisationen gehören in die Kategorie der *High Reliability* Organisationen? Die Gruppe identifizierte zunächst drei Organisationen, die gemäß ihrem Wissensstand regelmäßig die Kriterien, die die Gesellschaft für ein zuverlässiges Funktionieren derartiger Organisationen definiert hatte, erfüllte und sogar häufig übertraf. Dies waren:

1. Das System der Flugsicherung (Federal Aviation Administration);
2. Organisationen der Elektrizitätserzeugung und -versorgung (Pacific Gas and Electric Company);

---

[5]   Paul Shrivastava ist der Autor des Buches Bhopal, Anatomy of a crisis (1987).

3. die Flug-Operationen in Friedenszeiten des 3. Flugzeugträger-Verbandes der U.S. Navy
   sowie ihrer zwei nuklearbetriebenen Flugzeugträger U.S.S. *Enterprise* (CVN 65) und
   U.S.S. *Carl Vinson* (CVN 70).

Später wurde noch das Atomkraftwerk der Pacific Gas and Electric Company in Diablo Ca-
nyon mit einbezogen. Diese Entscheidung war gut durchdacht und deduktiv: Aus Sicht der
HRO-Forscher erfüllen einige Organisationen die Merkmale, die sie zu wahren *High Reliability* Organisationen machen (bzw. in Zukunft machen würden), andere hingegen nicht. Diese
Merkmale werden im ersten Teil des HRO-Modells aufgeführt, das unten im Abschnitt 2.4
dargestellt wird.

Es steht außer Zweifel, dass die HRO-Forscher sich dafür entschieden, Organisationen zu
untersuchen, die Eigenschaften besaßen, die *High Reliability* Organisationen ihrer Ansicht
nach besitzen sollten. Sie hatten nie die Absicht verfolgt, ein großes Sample daraufhin zu
überprüfen, ob die darin enthaltenen Organisationen HROs waren oder nicht. Der HRO-
Charakter einer Organisation wurde vorab festgelegt, und zwar auf der Grundlage einer Anzahl von Merkmalen, die die Gruppe zu Beginn ihrer Forschungen festgelegt hatte und denen
die ausgewählten Organisationen zu entsprechen hatten.

Die gegenwärtig breit akzeptierte Definition betrachtet jede Organisation, die Risiken für die
Bevölkerung bzw. für die Umwelt mit sich bringt, als HRO; dies ist jedoch eine Verzerrung
der ursprünglichen Bedeutung. Nicht alle Organisationen, die im Hochrisikobereich aktiv
sind, operieren unter der strikten Null-Fehler-Anforderung, die die klassische Konzeption der
High Reliability Organisation zum Kriterium macht.[6]

Erste Fragen

Als die HRO-Forscher ihre Feldstudien begannen, waren sie auf Überraschungen vorbereitet.
Die Sichtung der bestehenden Literatur zu Hochrisiko-Systemen hatte, wie bereits erwähnt,
wenig Anknüpfungspunkte ergeben. Sie nutzten diesen Mangel einer klaren Orientierung
jedoch als Chance. Denn ihren Feldstudien kam damit die Aufgabe zu, wichtige Eigenschaften von HROs aufzudecken, die dann in einen allgemein-theoretischen Rahmen eingebettet
werden sollten. Sie identifizierten sechs Bereiche, die den Rahmen weiterer Entscheidungen
abgaben:

1. *Evolution von* High Reliability *Organisationen*: Wie entstehen HROs? Welche Faktoren
   beeinflussen die Entstehung einer Organisation oder eines Systems von Organisationen,
   die fehlerfrei operieren sollen?

2. *Strukturmuster und Interdependenz-Management*: Identifikation der formalen Muster und
   Regel, die derartige Organisationen konstruieren, um die massiven Koordinationsprobleme auf jeder Ebene der Organisation in den Griff zu bekommen.

3. *Dynamik von Entscheidungen unter* High Reliability *Bedingungen*: Untersuchung der
   Balance zwischen Routine-Operationen einerseits und Störfällen bzw. unvorhergesehe-

---

[6]   Beispielsweise war die HRO-Gruppe nie auf die Idee gekommen, die NASA als HRO zu bezeichnen.

nen Eventualitäten andererseits sowie der Frage, wie die Aufmerksamkeit für beide Bedingungen in der gesamten Organisation aufrechterhalten wird.

4. *Organisationskultur einer hohen Zuverlässigkeit (high reliability)*: Aufdeckung von Gruppen-Normen, die den Schlüssel für die Leistungen bilden, die sowohl auf der individuellen wie auch der Gruppen-Ebene gefordert werden.

5. *Förderung neuer Technologien in Hochrisiko-Systemen:* Analyse der wachsenden Bedeutung von On-Board-Informationstechnologien (die sich in den 1990er Jahren schlagartig verbreiteten) und deren praktischer Auswirkungen. Die dahinter stehende Frage war, ob die Einführung neuer Technologien stets die Sicherheit und die Zuverlässigkeit erhöht oder ob die Gefahr besteht, dass ihre Implementierung den bestehenden Konsens gefährden und die Arbeitsabläufe unnötig stören könnte, die den Kern einer nachhaltigen Sicherheit und Zuverlässigkeit bilden.

6. *Gestaltungsprinzipien für* High Reliability *Organisationen* zu entwickeln, ist letztlich das zentrale Ziel, in dem sich alle bisherigen Punkte bündeln. Wäre es möglich, bestimmte Prinzipien abzuleiten, die nicht nur auf das Design der Organisation zielen, sondern ebenfalls – und damit noch weiter reichend – auf das Design der Technologie? Würde es möglich sein, bessere Systeme zu konstruieren, die beispielsweise leichter zu auditieren und durch Regulationsbehörden zu inspizieren wären? Gibt es Möglichkeiten, die Komplexität von Technik zu reduzieren und damit etwas zu erreichen, was ansonsten nur unter hohen – sozialen, technischen, menschlichen – Kosten zu erreichen wäre? Dieser Aspekt deckt ein Spezifikum der Forschungsagenda der HRO-Gruppe auf, nämlich sich mit großer Entschlossenheit mit Design-Fragen zu befassen, statt sich auf ,weiche' Faktoren zu beschränken, auf die Sozialwissenschaftler oftmals verpflichtet werden. Dies waren die Fragen, die die Gruppe in der frühen Phase leiteten.

Obwohl sie viele Fragen aufwarfen, die einen unmittelbaren Realitätsbezug besaßen, waren die HRO-Forscher jedoch weder daran interessiert, konkrete Empfehlungen zu geben, noch Ratschläge für daraus folgenden Vorschriften. Statt dessen hatten sie sich vorgestellt, dass ihre Diskussionen über Designfragen später einmal von Managern, Betreibern und Regulatoren hätten aufgegriffen werden können, falls Bedarf dafür bestünde:

> *,,'Making things work better' was not the reason for our being there, nor the purpose of our work." (Rochlin 1996: 56)*

Der *Modus operandi* der Gruppe

Aufgrund früherer Forschungsarbeiten hatte die HRO-Gruppe gute Kontakte zu den oben genannten drei (später vier) Organisationen aufgebaut sowie ein gewisse Vertrauensbasis entwickelt. Sie berichteten, dass die Top-Manager und lokalen Verantwortlichen von Beginn an großes Interesse zeigten und offen für Diskussion waren. Dieses gemeinsame Interesse erlaubte den Forschern einen breiten Zugang zu den Anlagen.[7] Die finanzielle Unterstützung

---

[7] Diese Randbemerkung ist nicht ganz unwichtig, denn viele empirische Forscher wissen aus eigener Erfahrung, dass die Verhandlungen über den Zugang zum Feld nahezu 50% der Arbeiten umfassen. Ich bin fest davon ü-

kam hauptsächlich von folgenden Sponsoren: Office of Naval Research, National Science Foundation, Brookhaven National Laboratories, Energy and Resource Group der University of California, Institute of Governmental Studies, Institute of International Studies, Institute of Transportation Studies (allesamt in Berkeley angesiedelt).

Die Organisationen, mit denen sie Kontakt aufnahmen, erbrachten bemerkenswerte Leistungen und verfügten zudem über herausragende Fähigkeiten, ihre Prozesse wie auch ihre täglichen Aktivitäten systematisch zu überprüfen. Besonders diese Eigenschaft, nämlich das leidenschaftliche Interesse, stets infrage zu stellen, ob die bestehenden Regeln und Praktiken ausreichen, fanden die Forscher aus Berkely außergewöhlich. Daraus leiteten sie die Berechtigung ab, hier von *High Reliability* Organisationen zu sprechen.

Eigentümlicherweise gibt es keine genaue Beschreibung der Methoden, mit denen die Gruppe ihre Feldstudien durchführte. In einigen Artikeln findet man jedoch einige Hinweise, z.B. bei Rochlin:

> *„Analytically, [the study] evolved from straightforward interview and survey work to a more complex blend of organizational analysis, studies of organizational culture and ethnographic observation at all levels of the organization." (1996: 55)*

Roberts schreibt über ihre Erfahrungen an Bord der U.S.S. *Enterprise* und *Carl Vinson*:

> *„Over a three-year period a team of three senior researchers followed two West Coast based ships...Team members went to sea intermittently for periods of five to ten days, making observations and learning jobs on the ships from different vantage points. Field notes were entered into computers every few hours when the pace of the ship's activities permitted." (1988: 20)*

Dieses Zitat ist ein seltenes Beispiel. Generell wissen wir wenig über das Arrangement der vier empirischen Projekte. Die Notizen der Feldforschungen sind von den Mitgliedern der mittlerweile aufgelösten Gruppe bislang nicht veröffentlicht worden (und es ist unklar, ob sie jemals publiziert werden). Möglicherweise hat diese nicht geschriebene Geschichte der praktischen Seiten ihrer Forschungen ein wenig auch zu den späteren Fehlinterpretationen beigetragen.

---

berzeugt, dass die Bedingungen, unter denen Forscher Zugang zu Hochrisiko-Anlagen bekommen und dort ihre Arbeiten durchführen können, heute im Vergleich zu früher nicht einfacher geworden sind. Im Gegenteil haben die Garantien, welche die Forscher, und besonders Sozialwissenschaftler, abgeben müssen, viele Wissenschaftler davon abgehalten, sich in derartigen empirischen Forschungen zu engagieren. Die oftmals ärgerliche Bürokratisierung und engmaschige Beaufsichtigung der Forscher durch ‚Ad-hoc-Überwachungskommitees' vor Ort scheint neue Interaktionsnormen produziert zu haben, die an die Stelle des grundlegenden Vertrauens getreten sind, das derartige Vorhaben auf beiden Seiten erfordern.

2.4 Die beiden Teile des HRO-Modells

Schauen wir uns den ursprünglichen Wortlaut an:

> *„The organizations that interest us fall into an unusual category: They provide important public services which include operating for periods of very high peak demands; Failures of their task/production technology can be catastrophic; Trial and error learning in some areas seems a risky business; and the cost of major failures appear potentially much greater than the lessons learned from them." (La Porte/ Roberts/Rochlin 1987: 12).*

Die Gruppe suchte zunächst nach gemeinsamen Eigenschaften der drei (später vier) Organisationen, und sie entwickelte eine Liste von Merkmalen, die sie für wichtig hielten, und verfassten darüber etliche Publikationen. Es gibt zwei komplementäre Listen von Merkmalen, die gemeinsam das konstituieren, was mittlerweile als HRO-Modell bezeichnet wird.

Die erste Liste beinhaltet die Eigenschaften, die mit dem sozialen, ökonomischen und politischen Umfeld zusammenhängen. Die zweite beinhaltet die Merkmale, die den vier Organisationen gemeinsam sind – bzw. die Interpretation, die die Gruppe generierte, um die Dinge, denen sie begegnet war, sinnvoll einordnen zu können. Ihr Ziel war, nicht nur die Unterschiede zwischen den Organisationen zu identifizieren, wie es einige Artikel (Schulman 1993b) suggerieren, sondern auch und vornehmlich Gemeinsamkeiten auszumachen, die sich über unterschiedliche Organisationen hinweg auffinden lassen.

Eigenschaften von HROs – Teil 1 (*a priori*)

Die erste Gruppe von Merkmalen bezieht sich auf die grundlegenden Bedingungen, unter denen jede *High Reliability* Organisation operiert: Verwendung komplexer Technologien und Unsicherheit bezüglich der damit einhergehenden Risiken, unter der Bedingung von Kosteneffizienz sowie extrem hoher Sicherheit und gesetzlicher Regulierung.

1. Der Betrieb des Systems erfordert den Einsatz extrem komplexer Technologien, was wiederum die Kooperation einer großen Zahl von Fähigkeiten und Kompetenzen quer durch die gesamte Organisation nötig macht. Die Aufgaben sind verteilt und voneinander abhängig. Es bedarf großer Kraftreserven, um ein derart breites Spektrum von Qualifikationen und Kompetenzen zu managen.[8] Wie wir aus der Organisationstheorie seit langem wissen, ist das Erfordernis der Koordination zeitaufwändig und wird von den Mitgliedern der Operation oftmals als eine Last angesehen. Eines der markantesten Merkmale der *High Reliability* Organisation ist es daher, die *„structural secrecy"* erfolgreich zu bekämpfen – eine Bezeichnung, die Diane Vaughan (1996) später geprägt hat.

---

[8] Man könnte hinzufügen, dass derartige Fähigkeiten und Kompetenzen typischerweise in etablierten Handwerksberufen mit langen Ausbildungszeiten (Schweißer und Mechaniker beispielsweise sind keine Kontrollraumoperateure) und Funktionen (Betrieb versus Wartung) verankert sind, welche schwer zu substituieren sind. Dies verstärkt die Tendenz der arbeitsteiligen Zergliederung und erfordert daher eine verstärkte Aufmerksamkeit für das Problem der Kooperation (vgl. Bourrier 2007).

2. Die potenziellen Risiken ihres Betriebs sind ungewiss und von Natur aus heterogen.

3. Aufgrund der hohen sozialen Erwünschtheit der Dienstleistungen, welche die Organisation erbringt, und der großen Risiken, die ihr Betrieb mit sich bringt, ist sie gezwungen, ihre Funktionsfähigkeit und die Kontinuität von Dienstleistung und Sicherheit auszubalancieren. Aus diesem Grunde wurde der Begriff ,reliability' (Zuverlässigkeit) gewählt. Die erbrachte Dienstleistung muss zudem kosteneffizient sein. Ansonsten könnten die Öffentlichkeit und die Behörden kritisch nachfragen, warum derartige Risiken in Kauf genommen werden und die Gesellschaft damit belastet wird.

4. Der massive Schaden, den ein Fehler bei Individuen, Besatzungen, der Organisation, der Umwelt wie auch der Öffentlichkeit verursachen könnte, zwingt *High Reliability* Organisationen, unter strenger Aufsicht von Sicherheitsbehörden zu operieren. Die Regulatoren sind Teil des Systems und sollten daher in die Analyse von HROs einbezogen werden.

5. Trotz aller Herausforderungen, mit denen derartige Organisationen konfrontiert werden, sind sie weniger anfällig für normale Katastrophen, als dies Perrows Theorie prognostiziert.

Diese vorläufige Charakterisierung belegt, dass *High Reliability* Organisationen vor allem durch ihre Beziehungen zu ihrer institutionellen Umwelt sowie die ständigen Anpassungen, welche die eingesetzte Technologie erfordert, definiert werden.

Eigenschaften von HROs – Teil 2 (*a posteriori*)

Als Resultat der umfassenden Feldstudien in den oben erwähnten Organisationen formulierten die Forscher eine Reihe von Eigenschaften, die dem gewählten Sample gemeinsam waren. Die umfassende Liste von Faktoren, die man zunächst identifiziert hatte (siehe z.B. Rochlin 1993: 23), wurde schließlich gekürzt. Dies ist möglicherweise ein normaler Prozess der Vereinfachung, wie er in jedem Forschungsprogramm zu einem gewissen Zeitpunkt geschieht. Wir werden deshalb die wesentlichen Faktoren zusammenfassen, die als das HRO-Modell bekannt wurden. Dabei erweisen sich einige wichtige Eigenschaften als Schlüsselfaktoren, die erklären, wie derartige Operationen ihren hohen Grad organisationaler Zuverlässigkeit erreichen:

1. Erstens verpflichten sich alle vier Organisationen, umfassende Trainingsmaßnahmen zu organisieren und zu fördern, welche auch Übungen mit Out-of-the-box-Szenarien beinhalten. Diese Programme sind Schlüsselelemente in dem Bemühen, eine hohe Wachsamkeit zu generieren, welche für jede HRO unverzichtbar ist. Die Autoren folgerten, dass es vor allem dieses Merkmal ist, das *High Reliability* Organisationen von anderen Organisationen unterscheidet.

2. Zweitens weist das Management derartiger Organisationen einen hohen Grad an Verpflichtung in Sicherheitsfragen auf. ,Safety first' ist nicht lediglich ein Ziel, sondern hat höchste Priorität. Diese zweite Eigenschaft hängt eng mit den Programmen zur Förderung der Sicherheitskultur und der Entwicklung von Richtlinien guten Arbeitens zusammen, die zur gleichen Zeit als Reaktion auf das Trauma von Tschernobyl und anderen großen Unfällen entstanden. HROs lassen sich jedoch nicht lediglich aus der Perspektive einer

‚klassischen' Sicherheitskultur definieren, wie Rochlin feststellt: *„In short, these organizations seek an ideal of perfection but never expect to achieve it. They demand complete safety but never expect it…They deliver reliability but never take it for granted."* (1993: 24)

3. Unter den verschiedenen Gruppen herrscht Übereinstimmung über das Hauptziel der Organisation. Personen jeglichen Ranges innerhalb der Organisation teilen das gleiche Ziel. Zum Erstaunen der Organisationsforscher gibt es in *High Reliability* Organisationen die typischen konkurrierenden Interpretationen der Ziele nicht.

4. Es wird ein Balance geschaffen und sorgsam austariert, die sowohl eine Zentralisierung an der Spitze (welche die Verantwortung für Entscheidungen trägt) als auch eine Dezentralisierung auf der operativen Ebene enthält, je nachdem wie es die Situation erfordert. Die unteren Ränge werden nicht durch bürokratische Hemmnisse daran gehindert, eilige operationelle Entscheidungen zu treffen, die für die Aufrechterhaltung oder Wiederherstellung von Sicherheit unentbehrlich sind. Roberts nennt dies „migration decision making": die Delegation der Entscheidung an die Person mit der besten Expertise, einschließlich derer am unteren Ende der Hierarchie.[9]

5. Quer durch alle Organisationen findet man eine Redundanz von Entscheidungswegen, verknüpft mit einem aktiven, verzweigten Netzwerk von Akteuren, die explizit und eindeutig identifiziert werden können. Es gibt also keine informellen Machtnetzwerke.

6. Redundanz existiert auch im Kern der Kontrollmechanismen, die zwischen Akteuren, Gewerken, Professionen, Sektoren und Funktionen bestehen. Dahinter steht das Konzept, die aktuelle Position von Akteuren (z.B. ihre Nähe zu den Reaktoren) und ihre strategische Position (z.B. Leitungsebene, Mannschaft, Schweißer, ….) zu kombinieren.

Roberts hat diesen Gedanken folgendermaßen formuliert:

„One of the first things one is struck within a high reliability organization is the vast amount of redundancy that occurs." (1988: 29)

Das Thema ‚Redundanz' hat auf dem Berkeley-Campus eine lange Tradition. Die Mitglieder des HRO-Teams hatten – zu einem Zeitpunkt, als schlanke Strukturen und einfache Organisationen in Mode kamen – Martin Landaus Arbeiten zum Nutzen von Redundanz, Überschneidungen und Doppelarbeit in Organisationen (1969) gründlich studiert. Es ist daher vermutlich kein Zufall, dass sie auf die Idee kamen, sich Landaus Ansatz zu Nutze zu machen.

---

[9] Diese feine Balance zwischen Zentralisierung und Dezentralisierung hat Gene Rochlin auf hervorragende Weise in dem folgenden Beispiel erfasst, das er in einer Fußnote seines Papiers mit dem Titel „Technology and Adaptive Hierarchy: Formal and Informal Organization for Flight Operations in the U.S Navy" aus dem Jahr 1988 erwähnt: „Even the lowest rating on the deck has not only the authority, but the obligation to suspend flight operations immediately, and without first clearing it with superiors, under the proper circumstances. Although his judgement may later be reviewed or even criticized, he will not be penalized for being wrong, and will often be publicly congratulated if he is right." (1988: 20). Vgl. auch Roberts Beschreibung der Interdependenzen auf Schiffen der Marine (1988: 35).

Wie ich weiter unten erklären werde, ist diese Liste als eine abgeschlossene Checkliste miss-
verstanden worden – in dem Sinne, dass eine Organisation, die alle aufgezählten Eigenschaften besitzt, als HRO eingestuft werden kann.

HRO-Modell (Teil 1)	HRO-Modell (Teil 2)
1. extreme komplexe Technologien, Kooperation vielfältiger Qualifikationen und Kompetenzen 2. ungewisse und heterogene Quellen von Risiken 3. Balance zwischen Funktionsfähigkeit und Kontinuität von Dienstleistung und Sicherheit 4. Betrieb unter Aufsicht von Sicherheitsbehörden	1. umfassendes Training 2. hoher Grad der Verpflichtung auf Sicherheit 3. große Übereinstimmung bezüglich der Hauptziele 4. Balance von Zentralisierung und Dezentralisierung 5. Redundanz der Entscheidungswege 6. Redundanz im Kern der Kontrollmechanismen

Tabelle 1: Vergleich der beiden HRO-Modelle

3   Inmitten der Kontroverse (1993-2000)

3.1   Erste Missverständnisse: Probleme und Rechtfertigung des Begriffs der *High Reliability* Organisation

Schon in der frühen Phase der Entwicklung des HRO-Programms wurden die Mitglieder der
Gruppe auf mögliche Missverständnisse aufmerksam, die bestimmte Formulierungen oder
Begriffe provozieren könnten. Gene Rochlin hat dies zweifellos am meisten beunruhigt;
denn er hat freimütig immer wieder auf mögliche Missverständnisse hingewiesen. Vor allem
den Begriff der *High Reliability* Organisation empfand er immer als ein Problem:

> *„In retrospect, this choice [the label High Reliability Organizations] of compact, ac-*
> *ronymic terminology was both necessary and unfortunate. Necessary because some*
> *label is needed to identify organizations which, as is argued below, are indeed clearly*
> *distinguishable from those that have been the subject of most historical study and*
> *analysis in the organizational literature. Unfortunate because the term implies that*
> *our evaluation is based on some absolute, and static, standard of performance rather*
> *than on a relative evaluation of the dynamic management of a difficult and demanding*
> *technology in a critical and unforgiving social and political environment". (1993: 12)*

Immer wieder schrieb er, dass „*reliability-seeking organizations*" (aus Sicht der Organisationen) oder „*reliability-enhancing organizations*" (aus Sicht der Öffentlichkeit) die bessere
Wahl gewesen wäre. Zudem machte er folgende Beobachtung:

„Any three-letter acronym, however eloquently descriptive, is only a label. Properly used, such a label invokes a set of generally accepted, relatively invariant, static descriptors. In our case, however, the lack of any widespread consensus as to the meaning of reliable or effective makes it unusually dangerous to assume a commonality of meaning among our colleagues or across varying literatures." (1993: 28)

3.2   Hat Scott Sagan die Kontroverse erfunden?

Das HRO-Projekt wäre zweifellos weniger sichtbar und renommiert, hätte nicht Scott Sagan sein Buch *The Limits of Safety* (1993) veröffentlicht, das sich mit der Sicherheit von Nuklearwaffen befasst. Sagan gebührt sicherlich der Verdienst, die Kontroverse in Gang gesetzt zu haben, die mittlerweile als NAT/HRO-Debatte[10] bezeichnet wird. Sagan war der erste, der behauptete, dass die Arbeiten der HRO-Theoretiker und die von Perrow miteinander konkurrierten und an zentralen Punkten gegensätzliche Positionen vertraten. Von ihm stammt die Charakterisierung des HRO-Ansatzes als ‚optimistische' Theorie und des Perrowschen Konzepts als ‚pessimistische' Theorie. Am Ende seines Buches entschied er sich schließlich gegen den HRO-Ansatz und für Perrows Modell, weil er es für dasjenige hielt, das die überzeugendste Erklärung für die fragile Sicherheit der Lagerung von Nuklearwaffen zur Verfügung stellt.

In der ganzen Welt sind die Hauptmerkmale beider Theorien auf etlichen Konferenzen, Workshops und Seminaren erklärt und bewertet worden. Man kann dem kaum entgehen. Aber wir möchten eher die Effekte dieser wohlorchestrierten wissenschaftlichen Kontroverse zusammenzufassen. Bekanntermaßen liebt die Wissenschaftsgemeinschaft pointierte Auseinandersetzungen, und dieser Fall bildet keine Ausnahme.

Hat Sagan also die Kontroverse erfunden? Vermutlich nein. Bereits in den Papieren der HRO-Gruppe finden wir Diskussionen der Perrowschen Argumente wie auch Hinweise darauf, dass man beabsichtige, ein neues Konzept zu entwickeln, das sich von seiner Theorie unterscheidet. Die folgende Einschätzung von Roberts, die von der gesamten Gruppe geteilt wurde, macht dies deutlich:

> *„Only two organizational studies of high risk technologies exist, and both focus on causes of failure, rather than on reliability."* (1988: 8)

Wie bereits erwähnt, waren die Mitglieder des Teams an Organisationen interessiert, in denen sich weniger normale Katastrophen ereignen als theoretisch erwartet.

In ihrer Kritik der zentralen Annahmen Perrows (Komplexität und enge Kopplung) kommt Roberts überraschenderweise zu dem Ergebnis, dass Perrow eine Ingenieurperspektive auf derartige Organisationen einnimmt:

---

[10]   NAT steht für Normal Accident Theory, also für Perrows Konzept der normalen Katastrophen.

*„This is a decidedly engineering perspective of high risk technologies and might be
beneficially supplemented with a more sociological or psychological perspective."
(1988: 10)*

Es lohnt sich, diese Behauptung genauer anzusehen: Perrows Argumente richteten sich zweifellos auf die Diskussion von Designfragen, was für einen Sozialwissenschaftler recht unüb-
lich ist. Man könnte daher auch lobend hervorheben, dass eine derartige Diskussion erstmals
von einem Soziologen geführt werden konnte. Seit dieser Zeit sind Fragen des Designs von
Hochrisikotechnologien ein Thema auch für Sozialwissenschaftler, auch wenn derartige
Ansätze oftmals marginalisiert oder in Zweifel gezogen worden sind.

Das HRO-Projekt hat auch zu diesem Interessenwandel beigetragen, indem es beispielsweise
die Frage aufgeworfen hat, wie das Design von Hochrisiko-Organisationen beschaffen sein
solle, um – im Falle einer Kapazitätssteigerung – deren Regulierung durch Sicherheitsbehörden zu vereinfachen. Insbesondere La Porte hat derart weitreichende Fragen immer wieder
gestellt hat. Andere Forscher wie Larry Heimann (1997) und kürzlich erst Julien Etienne
(2007) haben sich diesem Programm angeschlossen, wenngleich mit einer anderen theoretischen Perspektive. Sie verknüpften das formale Design der Organisation mit dem Fehlertyp,
den die Organisation implizit zu vermeiden versucht. Sie identifizierten dazu zwei Typen
von Fehlern in Organisationen: Typ-1-Fehler (große Unfälle mit Todesopfern sowie einer
Zerstörung der Anlagen) sowie Typ-2-Fehler (Verzögerungen des Betriebsablaufs und, als
Folge davon, Verschwendung von Ressourcen). Ob das Design der Organisation eher ‚serielle' oder ‚parallele' Redundanzen vorsieht, hängt stark von der Frage ab, welchen Fehlertyp
die Organisation zu vermeiden trachtet, vor allem aber davon, welchem Druck die Organisation ausgesetzt ist bzw. sich ausgesetzt sieht: dem Druck, eine bestimmte Leistung zu erbringen, oder dem Druck, vollständig fehlerfrei zu operieren. Heimann kommt zu dem Schluss,
dass parallele Strukturen sich besser zur Vermeidung von Typ-2-Fehlern eignen, während
serielle Strukturen effizienter in der Verhinderung von Typ-1-Fehlern sind. Derartig bewusste Festlegungen wird man jedoch in den Unternehmensstrategien vergebens suchen. Sie
entwickeln sich vielmehr als emergente Resultate des gewählten Organisationsdesigns, das
wiederum auch von den Signalen beeinflusst wird, welche die Umwelt einer Organisation
aussendet.

Unsere eigenen Arbeiten, die auf ethnografischen Studien in zivilen Atomkraftwerken basieren (Bourrier 1999a, b), führten dazu, die Bedingungen genauer zu betrachten, unter denen
das Organisationsdesign bestimmte Anpassungen und informelle Praktiken – die Soziologen
tendenziell überall entdecken – begünstigt. In einigen Anlagen gab es häufig informelle Anpassungen, in anderen eher selten. Dies brachte uns dazu, die gängige Meinung zu überden-
ken, dass Regeln dazu da sind, angepasst zu werden. Tatsächlich hängt alles davon ab, wie
die Regeln und Prozeduren zunächst entworfen und dann mit Blick auf die Arbeitsanforde-
rung korrigiert werden.[11] In einigen Nuklearanlagen verfügten die Akteure über die erforderlichen Ressourcen, um die formalen Regeln zu verbessern, die sie rechtzeitig befolgen sollten. Und sie hatten darüber hinaus auch ein Mitspracherecht bei der Definition der Regeln

---

[11]   Zum zentralen Merkmal der Formalität in Gesellschaften siehe Stinchcombe 2001.

und Prozeduren selbst. In anderen Anlagen waren sie nicht autorisiert, sich an dem laufenden Prozess der Anpassung der Prozeduren zu beteiligen, und sie wurden auch bei der Entwicklung neuer Regeln und Prozeduren nicht in vorderster Front einbezogen. Dieser Mangel formaler Autonomie hatte zwangsläufig zur Folge, dass sie die Regeln informell anpassen mussten (vgl. auch den Beitrag von Grote, in diesem Band). Unser Fazit lautete, dass Abweichungen und Überschreitungen von Regeln nur dann richtig verstanden werden können, wenn man sie in Beziehung zum gewählten Organisationsdesign sowie zum Grad der Delegation von Entscheidungsbefugnissen setzt, die dieses Design eröffnet. Einige Organisationsdesigns sind offenbar anfälliger für Regelüberschreitungen als andere.

Zurück zu Roberts Tadel an Perrow: Dieser kann als ziemlich unfair angesehen werden, denn wir wissen, dass Perrow sich nicht nur mit Designfragen, sondern sich auch damit beschäftigte, inwiefern die Machtverteilung zwischen der Ingenieur-Community und der Human-Factor-Community die Berücksichtigung organisationaler Fragen *vor* der konkreten Auswahl einer Technologie erschwert (vgl. Perrow 1983).

Ironischerweise hatten sich die Wege von Perrow und La Porte bereits früher gekreuzt. Wie bereits erwähnt, hatten sie 1979 an der „Commission on Human Factor Issues" mitgewirkt, die nach dem Unglück in Three Mile Island eingerichtet worden war. Außerdem hatte das HRO-Projekt eine informelle Beratergruppe eingerichtet, deren Mitglieder Perrow, Weick und Scott waren. Perrow wusste genau, was die Mitglieder des Teams taten und an welchen Stellen sie seine eigene Theorie ergänzen wollten. La Porte wurde nicht müde zu sagen, dass er Perrows *Normal Accident Theory* im Allgemeinen für zutreffend hielt, dass man jedoch für einige Organisationen einen anderen konzeptionellen Rahmen benötigte, weil diese etwas Besonderes seien und zudem in der Lage seien, eine ganze Reihe klassischer Hindernisse zu überwinden (Koordinationsprobleme, Probleme, in einer veränderlichen Umwelt zu operieren etc.).

Einstieg in die Kontroverse

Ein Großteil der frühen Debatten wurde im *Journal of Contingencies and Crisis Management* publiziert, das sich im Laufe der Jahre zu einer Art ‚natürlichem Biotop' für die Entwicklung der Kontroverse entwickelte.[12] Die stetig wachsende Literatur detailliert zu besprechen, würde jedoch den Rahmen dieses Beitrages sprengen. Man kann jedoch grob zwei Richtungen identifizieren: Die erste befasst sich mit den theoretischen Positionen beider ‚Schulen' (HRO versus *Normal Accident Theory*) und bewertet diese. Die zweite umfasst empirische Arbeiten, die einer der beiden Richtungen zugeordnet werden können, wobei die Autoren meist – auf Basis einer einführenden Zusammenfassung der Kontroverse – diese Zuordnung selbst vornehmen. Hier soll vor allem die erste Richtung betrachtet werden.

---

[12] In einem warnenden Abschlusssatz ihres Vorwortes zu dem berühmten Symposion „Systems, Organizations and The Limits of Safety" deuteten die damaligen Herausgeber des Journals, Uriel Rosenthal und Alexander Kouzmin, an, dass „the editors could very well imagine that the exchange of views and the learning process will be continued in forthcoming issues of this journal" (1994: 205). Sie haben Recht behalten, und ihre damaligen Erwartungen sind möglicherweise noch übertroffen worden.

Den Höhepunkt der Kontroverse bildete wohl das 1994 veranstaltete Symposium „Systems, Organizations and *The Limits of Safety*". Sagans Buch bildete die Hintergrundfolie für eine Debatte, in der die wichtigsten Protagonisten, Sagan, Perrow, La Porte und Rochlin, sich zusammentaten, um ihre jeweiligen Positionen zur Geltung zu bringen.

Konkurrenten oder keine Konkurrenten?

Interessanterweise wies La Porte in seinem Beitrag *A Strawman Speaks Up: Comments on The Limits of Safety* die Vorstellung zurück, dass die Arbeiten der HRO-Theoretiker in Konkurrenz zu Perrows Ansatz stünden:

> *„Our efforts are complementary to Perrow and other contributors to the normal accidents perspective, certainly not a competing theory."* (1994: 209)

Zudem verwies er auf das ursprüngliche Interesse der Gruppe und bestand darauf, dass es eine Varianz zwischen Organisationen gebe:

> *„At the same time, accidents and errors are not evenly distributed across systems, even holding constant the level of intrinsic hazard associated with them."* (ebd.)

Damit legte er nahe, dass das HRO-Forschungsprogramm als Nachfolger der Perrowschen Arbeiten angesehen werden könnte. La Porte war durchaus bereit zuzugestehen, dass die Grundlage aller Reflexionen über Hochrisiko-Organisationen Perrows Annahme ist, dass sie komplex und eng gekoppelt und daher anfällig für Fehler und Störungen sowie Systemunfälle sind. Diese Organisationen sind durch Widersprüche und Ambivalenzen geprägt. Sie sind verletzlich, weil es Ihnen schwerfällt, das Undenkbare zu trainieren. All dies erkennt La Porte durchaus an. Dennoch meistern einige Organisationen ihre Aufgaben besser als andere. Wie lässt sich dies erklären?

Auf der Suche nach der idealen Organisation

Aus Sicht der HRO-Forscher müssen die Eigenschaften, die *High Reliability* Organisationen auszeichnen, als Merkmalsbeschreibungen eines Idealtyps angesehen werden. Sie sind fest davon überzeugt, dass die Menschen, die in und für *High Reliability* Organisationen arbeiten, danach streben, dieses Ideal zu erreichen. Es kommt jedoch entscheidend darauf an, nicht nur auf die Merkmalsliste zu schauen und zu fragen, ob eine bestimmte Organisation alle Bedingungen erfüllt, sondern herauszufinden, ob sie genug Kraft besitzt, um dieses Ideal zu erreichen und dauerhaft aufrechtzuerhalten. Vermutlich resultierte eines der größten Missverständnisse daraus, dass man sich an der verkürzten Liste orientierte, die Sagan vorgelegt hatte. Sie ist jedoch weder eine Checkliste noch eine To-do-Liste, sondern eine Inspirations-Liste.

Ein naiver Ansatz?

Perrow, der im Rahmen des Symposiums ebenfalls zu einem Beitrag eingeladen worden war, wählte jedoch nicht den gleichen Weg wie La Porte – was bedeutet hätte, die Übereinstimmung der beiden Positionen zu konstatieren und die *High Reliability Theory* als Abkömmling der eigenen Theorie zu akzeptieren. Im Gegenteil machte er sich die Sagansche Analyse vollständig zu Eigen und schlug damit die Hand aus, die La Porte ihm hingestreckt hatte. Stattdessen bekräftigte er den Nutzen der Saganschen Vorgehensweise, indem er feststellte: „we should draw the sharp distinction that he does between the two theories" (Perrow 1994: 212). Auf Basis einer kritischen Sichtung der Schriften der HRO-Theoretiker bestätigte er deren Überzeugung, dass sie Verfahren gefunden hätten, mittels derer einige Organisationen die inhärenten Grenzen des Umgangs mit großen Risiken überwinden können. Perrow bewertet diesen Ansatz jedoch als blinden Optimismus. Der Tonfall wurde sogar noch provokativer, als er behauptete, dass die Charakteristika von HROs lediglich „family value credos" seien, die dem Vergleich mit dem „healthy scepticism about goals, training and the absence of group interest" (215) der *Normal Accident Theory* nicht standhielten. Dies ist ein frontaler Angriff auf den Gegner.

Going native

Ferner bezweifelte Perrow, ob es den HRO-Forschern gelungen sei, im Rahmen ihrer Feldstudien ihre Objektivität zu bewahren, und er unterstellte ihnen eine mangelnde Distanz, die ihr Urteil über die Organisationen, in denen sie gearbeitet hatten, verzerrt haben könnte.

Dies ist in der Tat ein kritischer Punkt, für dessen Behandlung man mehr als einige Zeilen benötigt; es sei an dieser Stelle darauf verwiesen, dass eine verstärkte Beachtung methodologischer Fragen eines der wichtigen Resultate ist, das diese Polarisierung der Theorien hervorgebracht hat. Perrow und Sagen haben sekundäre Quellen benutzt, Memoranden, die ex post, also nach den Ereignissen verfasst wurden; auf diesem Wege ist es ihnen gelungen, eine deduktive Erklärung von Unfallursachen zu liefern. Auch die HRO-Gruppe verwendete Dokumente. Ein Großteil ihrer Arbeit ist jedoch ethnografischer Natur (eine Kombination von Interviews und Beobachtungen vor Ort). Ohne hier die Debatte über die jeweiligen Vorzüge der unterschiedlichen Methoden und Datenquellen eröffnen zu wollen, sollte betont werden, dass diese Kontroverse die Entwicklung ethnographischer Ansätze zum Studium von Hochrisiko-Organisationen ermöglicht hat. Einer der großen Verdienste des HRO-Programms besteht darin, ethnografische Forschungen in diesen Kontexten angestoßen zu haben. Mittlerweile arbeitet eine große Zahl von Untersuchungen mit dem Ansatz der ‚normal operations studies'. Da es weitgehend akzeptiert zu sein scheint, dass kein Arbeitstag ganz ohne Zwischenfälle verläuft, sind zunehmend Methoden gefragt, die detailliert beschreiben können, wie es den Akteuren gelingt, sich an ständig ändernde Bedingungen anzupassen (Bourrier 2002).

Das Problem der Redundanz

Ein weiterer Punkt, an dem sich die beiden Theorien uneinig sind, ist die Frage der Redundanz in Hochrisiko-Industrien. Für Perrow beinträchtigt Redundanz eindeutig die Sicherheit, weil sie Unschärfen produziert und die Strukturen zusätzlich belastet. Für ihn erhöht Redundanz die Komplexität. Aus Sicht der HRO-Theoretiker muss Redundanz hingegen als ein zentrales Merkmal für die Flexibilisierung von Strukturen angesehen werden. Redundanz eröffnet die Möglichkeit, mit Spitzenbelastungen oder unvorhergesehenen Ereignissen umzugehen. Je mehr Puffer es gibt, umso besser ist dies aus Sicht der *High Reliability Theory*. Eine kompakte, schlanke Organisation, die den momentanen Business-Standards entspricht, kann sich im Kontext hoher Zuverlässigkeit als suboptimal erweisen. Im Interesse von Sicherheit ist ‚slack' unentbehrlich.

Die Debatte hat bislang noch kein Ende gefunden. Karen Marais, Nicolas Dulac und Nancy Levenson (2006) schlagen beispielsweise vor, diese grobe Vereinfachung der Redundanzdebatte zu überwinden, und argumentieren aus einer Ingenieurperspektive, dass die HRO-Theorie nicht in der Lage sei, das Redundanzproblem in hochkomplexen Systemen adäquat zu behandeln. Kurz zusammengefasst, sind Marais, Dulac und Leveson bezüglich einer extensiven Nutzung von Redundanz eher skeptisch; sie behaupten, dass Redundanz in vielen Fällen lediglich eine Option zur Erhöhung der Zuverlässigkeit, nicht aber notwendigerweise auch der Sicherheit darstellt. Aus der Perspektive dieser Systemingenieure führt Redundanz häufig genug zu Fehlern, statt sie zu vermeiden. Leveson (2008) kritisiert zudem, dass die HRO-Theoretiker Zuverlässigkeit mit Sicherheit verwechseln.

Varianz und Designfragen

Trotz seiner harschen Kritik wirft Perrow in seinem 1994er Artikel eine interessante Frage auf, die im Widerspruch zu seiner eigenen wissenschaftlichen Position steht (Systeme sind derart komplex und eng gekoppelt, dass sie in jedem Fall versagen werden, egal wie sehr wir versuchen, Fehler zu vermeiden). Er stellt nämlich fest, dass „some systems are more error-inducing than others" und bestätigt damit implizit das Forschungsproblem, das die HRO-Theoretiker zu lösen suchen. Unter Bezug auf Fragen des Systemdesigns erkennt er an, dass

> *„...inevitable as normal accidents may be, their frequency can be significantly affected by the configuration of the system, because that configuration can encourage, in an error-inducing system the small errors that make the unanticipated interaction of errors possible." (1994: 219)*

Beide Theorien stimmen somit darin überein, dass das Design der Organisation bzw. des Systems den Kern der Zuverlässigkeit und Sicherheit bildet; und sie haben gleichermaßen dazu beigetragen, dass diese Themen von Organisationsforschern intensiv behandelt wurden. An diesem Punkt erwies sich die Forschungsagenda als besonders fruchtbar. Dies veranlasste Perrow später auch, über seine Aussagen von 1984 hinaus zu gehen und seine Position zu revidieren, beispielsweise in dem Papier *Organizing to Reduce the Vulnerabilities of Complexity* (1999b), in dem er wichtige strukturelle Maßnahmen zur Überwindung von Komplexität und enger Kopplung betrachtet und so nebenbei den HRO-Theoretikern ein

Zeichen seiner Bereitschaft gab, sich ernsthaft mit der Strategie eines „try harder" zu be-schäftigen.

Die Verbreiterung der Kontroverse

Das Sonderheft des *Journal of Contingencies and Crisis Management* aus dem Jahr 1994 hat die Debatte angeheizt und eine ganze Reihe von Artikeln nach sich gezogen, deren Ziel es war, die Nützlichkeit der Kontroverse entweder zu bestätigen oder zu relativieren bzw. eine der beiden Theorien zu Lasten der anderen zu unterstützen oder aber den Versuch zu unter-nehmen, die Rivalen zu vereinigen.[13] Die lange Liste der Artikel belegt, dass die Kontroverse über die Jahre hinweg lebendig geblieben ist und Wissenschaftlern, die Fragen der Sicherheit und Zuverlässigkeit in den Blick nehmen wollen, einen geeigneten Ausgangspunkt geboten hat. Sie ist geradezu eine *passage obligé* geworden.

Wo stehen wir heute?

Beide Theorien haben das Interesse an Fragen des Systemdesigns, der Organisationsgestal-tung und der Organisationskultur geweckt und zur Reflektion darüber beigetragen, welchen Einfluss die (politische, regulatorische, soziale ...) Umwelt auf die Leistungsfähigkeit in Sicherheitsfragen hat. Der Einfluss des institutionellen Umfeldes auf die Fähigkeit zur Un-fallvermeidung wird jedoch in den beiden Theorien unterschiedlich eingeschätzt.

Vor dem Hintergrund einer kritischen Soziologie der Macht warnt Perrow uns vor den Imp-likationen, die sich aus der Art und Weise ergeben, wie die Gesellschaft die Handlungslogi-ken der beteiligten Akteure bewertet, beispielsweise zugunsten der Ingenieure und zuunguns-ten der *Human Factors* Spezialisten (1983). Hochrisikosysteme, tendierten folglich dazu, die Machtstrukturen zu reproduzieren, in denen das Topmanagement (typischerweise mit Inge-

---

[13]   Die Titel einiger Artikel sprechen eine deutliche Sprache: Im Jahr 1997 veröffentlichte Nick Pidgeon The Limits to Safety? Culture, Politics, Learning and Man-Made Disasters. Im gleichen Sammelband publizierte Jos A. Rijpma seinen ersten Artikel Complexity, Tight-Coupling and Reliability: Connecting Normal Accidents Theory and High Reliability Theory (1997). Er knüpfte daran mit einer Buchbesprechung mit dem Titel From Deadlock to Dead End: The Normal Accidents-High Reliability Debate Revisited (2003) an. Peter Mascini ent-schied sich in Risky Information: Social Limits to Risk Management (1998), die NAT der HRO vorzuziehen. William Bain forderte in Application of Theory of Action to Safety Management: Recasting the NAT/HRT De-bate (1999) Sagans Perspektive heraus und schloss sich Rijpma an, indem er behauptete, dass die beiden Theo-rien keine konkurrierenden, sondern komplementäre Perspektiven sind. Andrew Hopkins hat die Kontroverse ebenfalls sorgfältig analysiert, und zwar in zwei Artikeln, deren erster mit dem Titel The Limits of Normal Ac-cident Theory (1999) in Safety Science erschien und dessen zweiter mit dem Titel Was Three Mile Island a ‚Normal Accident?' (2001) im Journal of Contingencies and Crisis Management. Er kam zu dem Schluss, dass Three Mile Island kein ‚normaler Unfall' gewesen war, und er bezweifelte sogar generell, dass irgendein Unfall als ‚normaler Unfall' angesehen werden könne, ließ damit seine Leser aber im Dunklen, weil es ohnehin nicht viele ‚normale Unfälle' gibt. Selbst Perrow hatte sich immerhin geweigert, Bhopal oder Tschernobyl in die Lis-te aufzunehmen. Alan Jarman brachte mit einer Forschungsnotiz Reliability Reconsidered: A critique of the HRO-NAT Debate (2001) wieder Schwung in die Kontroverse. Schließlich gab es eine dritte Welle von Stel-lungnahmen. Marais, Dulac and Leveson beispielsweise wollen mit Beyond Normal Accidents and High Relia-bility Organization über den bisherigne Stand der Debatte hinaus und verweisen auf "the need for an alternative approach to safety in complex systems" (2006, vgl. auch Leveson 2008).

nieurqualifikation) seine Art und Weise, die Arbeit und die Verantwortung zu gestalten, auf andere Spezialisten mit anderem fachlichen Hintergrund überträgt, was deren Wert implizit herabsetzt. Dies fördert beispielsweise eine weitreichende Zentralisierung der Macht, was vermutlich nicht die beste Strategie für das Design und das spätere Management hochkomplexer System ist. Allzu oft führt dies zu einem schlechten Systemdesign. Die Öffentlichkeit erfährt wenig von derartigen Problemen, weil vor allem das eigene Personal davon betroffen ist, insbesondere die Bedienungsmannschaften. Sie verfügen über wenig Möglichkeiten, einem Design zu widersprechen, über das nicht nur ohne sie entschieden wird, sondern das sie anschließend auch bedienen müssen, ohne eine echte Chance zu haben, Veränderungen anstoßen zu können. Zudem behauptet Perrow, dass entsprechende Veränderungen und technische Korrekturen keinen Beitrag zur Erhöhung der Sicherheit darstellen, weil sie die Komplexität und Undurchschaubarkeit des Systems erhöhen und so zu einer großen Zahl von Fehlern führen.

La Porte und seine Kollegen sind einen anderen Weg gegangen, indem sie ein Prinzip aus dem Kontext der Kontingenztheorie (Lawrence/Lorsch, 1967; Thompson, 1967) übernommen haben, dass nämlich Unfälle unmittelbar durch mangelhafte Passung (*mismatch*) zwischen der Organisation und deren Umwelt beeinflusst würden. Die Tatsache der Existenz von *High Reliability* Organisationen verweist daher auf eine gelungene Adaption der Organisation und ihrer Umwelt. Diese Anpassung kann ein großes Maß an Koordination erfordern. Die Umwelt kann häufig instabil sein und damit eine ständige Herausforderung für die Organisation darstellen. Langfristig ist eine *High Reliability* Organisation jedoch in der Lage, die Anforderungen der Umwelt zu antizipieren oder ihnen gar zuvorzukommen (La Porte/Thomas 1995). Von *High Reliability* Organisationen wird erwartet, dass sie in der Lage sind, Turbulenzen und Überraschungen jeglicher Art zu bewältigen, die sich aus der institutionellen Umwelt ergeben.

Auf der Linie dieser Fragestellungen – und insbesondere im Kontext der beiden Verluste der Nasa-Shuttles (Challenger 1986 und Columbia 2003) – hat sich eine sehr dynamische Literatur entwickelt. Sie bietet Erklärungen für die negativen Effekte an, die konstante Budgetkürzungen auf das Shuttle-Programm und seine Sicherheitsabteilung von Beginn an hatten (Heimann 1997, 2005; Vaughan 1996; Starbuck/Farjoun 2005). Vaughan zufolge hat dieser Kostendruck (gemeinsam mit anderen Faktoren) eine Kultur innerhalb der Organisation geschaffen, welche eine ‚Normalisierung der Abweichung' ermöglichte. Die Leistungen einzelner Organisationen, insbesondere in punkto Sicherheit, sollte zudem in einem breiteren Kontext bewertet werden, der die Einflüsse der gesetzlichen Regulation, den Druck der öffentlichen Meinung sowie politische Interventionen mit einschließt.

Zwischenresümee

Es erscheint nunmehr angebracht, mit ein paar Worten ein Zwischenresümee zu ziehen. Perrow stellt fest:

> *„Normal Accident Theory and High Reliability Theory took the theory of accidents out of the hands of economists and engineers and put it into the hands of organizational theorists."* *(1994: 220)*

Dennoch bleibt vieles noch zu tun, denn es gibt eine große Kluft zwischen dem Niveau des Wissens, das zu diesem Thema veröffentlicht beziehungsweise im akademischen Kontext debattiert wurde, und dem Niveau, auf dem der Wissenstransfer aus der wissenschaftlichen Forschung in Richtung Industrie oder Regulationsbehörden stattgefunden hat. Hopkins beobachtet zu Recht, dass „this is not just a theoretical debate. There are practical consequences for the way we go about accident prevention". Er geht noch einen Schritt weiter, wenn er hinzufügt, dass

> „normal accident theory suggests a technological approach: reduce complexity and coupling.[14] The alternative approach [i.e in the vein of HRO theory] is to make organizational changes designed to improve flows of information, decision-making processes and so on. It is this latter approach that is likely to be more useful for accident prevention." (2001: 72)

Mittlerweile gilt es quer durch alle Industriebranchen als eine vielversprechende Strategie der Risikobewältigung, organisationale Dynamiken zu gestalten oder zu verstärken, die den sozialen Austausch über unerwartete Ereignisse oder Störfälle begünstigen, und freiwillige Reporting-Systeme für Fehler einzurichten. Wahrscheinlich verdanken einige dieser Initiativen ihre Ideen der HRO-Theorie.

4 Das Vermächtnis der High Reliability Theory

4.1 Die Entdeckung des Gesundheitssystems

Die HRO-Literatur ist ständig gewachsen und hat sich von einem Forschungsthema, wie oben beschrieben, zu einem schlagkräftigen Marketing-Begriff entwickelt: Organisationen, die über ihr Sicherheitsniveau oder ihr öffentliches Image besorgt sind, streben danach, *High Reliability* Organisationen zu werden. Der Begriff HRO ist in gewisser Weise ein Markenzeichen für Exzellenz geworden und taucht mittlerweile auch in der Online-Enzyklopädie Wikipedia auf.[15] Wie kann man diesen Erfolg erklären?

---

[14] An diesem Punkt geht Hopkins zweifellos ein wenig unfair mit Perrows Vorschlägen zur Vermeidung von Unfällen um. In seinem 1999er Aufsatz spürt man einen Sinneswandel bei Perrow, dessen Aussagen sich von seiner ursprünglichen, extrem pessimistischen Sichtweise deutlich abheben. Er erwähnt hier einige Punkte, die in seinen früheren Analysen nicht vorkamen. So fordert er beispielsweise mehr Transparenz und eine vermehrte Kommunikation (mit Nachbar-Kommunen, Verbänden etc.) über Leistungen. Oder in seinen Worten: "When one has a rich and contentious environment of organizations, cover-up is hard, and if cover-up is hard, there will be more attention to safety ..." (1999: 154). Darüber hinaus bekräftigt er die Notwendigkeit, ein "constant feedback about errors and a system-wide sharing of near misses" (152) zu entwickeln.

[15] Interessanterweise ist die Geschichte des HRO-Forschungsprogrammen von Wikipedia leicht modifiziert worden. Roberts und Weick werden hier gemeinsam mit James March und Herbert Simon als die beiden zentralen Figuren dargestellt – auf Kosten von La Porte, Rochlin und Schulman.

Vermutlich hat die knappe Liste von Merkmalen, die von den HRO-Autoren zusammengestellt worden war, völlig anders funktioniert, als sie es erwartet hatten. Statt einen Ausgangspunkt zu bilden, der Forschern und Experten den Freiraum bietet, die Kategorien weiter
anzureichern, entwickelte die Merkmals-Liste sich im Lauf der Jahre zu einer Art Sammlung
von Minimalbedingungen, die eine erfolgreiche Hochrisiko-Organisation vermeintlich hinreichend beschreiben. Sie ist gelegentlich sogar als „a four-step process model of quality
management" (Gaba 2000: 86) dargestellt worden. Dies war jedoch keineswegs die ursprüngliche Intention der Forscher aus Berkeley gewesen. In anderen Fällen sind HRO-
Theoretiker als „behavioural scientists" (Knox/Simpson/Garite 1999) bezeichnet worden.
Man findet daher mehr Aufsätze über andere Aktivitäten, die vermeintlich von dieser Sichtweise profitieren könnten, als eine Verbreiterung der Charakterisierung selbst, die zur Entdeckung weiterer Merkmale hätte führen können und zudem verhindert hätte, dass die ursprünglichen Arbeiten so leicht hätten karikiert werden können, wie das gelegentlich der Fall
war.

Der Löwenanteil der Literatur zielt mittlerweile auf ein neues Mitglied im exklusiven Club
der *High Reliability* Organisationen: das Gesundheitssystem (Shapiro/Jay 2003; Wil-
son/Burke/Priest/Salas 2005; Roberts/Madsen/Desai/Van Stralen 2005; Carroll/Rudolph
2006; Pronovost et al. 2006; Dixon/Shofer 2006). Was hat im Bereich der Medizin-
Community ein derartiges Interesse an den HRO-Prinzipien hervorgerufen?

Die Verknüpfung zwischen dem Bereich der Medizin und dem HRO-Programm ist zweifellos eine direkte Konsequenz aus dem Alarm, den der bekannte Report *To Err is Human:
Building a Safer Health System* auslöste, der 1999 vom American Institute of Medicine veröffentlicht worden war und den Weg für Reflexionen über etliche Probleme bereitete. Die
Grundlinie dieser Studie soll kurz in Erinnerung gerufen werden: Ausgehend von zwei großen Studien (Colorado in Utah und New York) deckten die Autoren auf, dass „at least 44,000
Americans die each year as a result of medical error" (Institute of Medicine 1999: 1). Eine
noch größere Zahl trägt gesundheitliche Schäden davon. Ferner steht der durch Fehler verur-
sachte Tod im Krankenhaus in der gesamten westlichen Welt an Platz fünf der Mortali-
tätsstatistiken.

Das Hauptargument der Autoren lautet, dass einige der Todesfälle im Krankenhaus vollständig vermeidbar sind. Fehlerinduzierend wirken sich eine mangelhafte Kommunikation, eine
schlechte Vorbereitung, fehlendes Feedback sowie große interne Unstimmigkeiten zwischen
Krankenstationen, Pflegern und Experten aus. Diese Fehler haben ihre Ursache darin wie das
System organisiert ist, und werden folglich als ‚Organisationsproblem' etikettiert und so
auch an die Praxis adressiert. Organisationale Faktoren, welche die Atomindustrie nach der
Tragödie in Tschernobyl ‚entdeckte', werden nun auch von Gesundheitsorganisationen,
Krankenhäusern oder Gesundheitsbehörden ‚entdeckt'. Diese Gesundheitsorganisationen
sind nun, 20 Jahre später, davon überzeugt, dass die Entstehung von Fehlern nicht auf einen
Mangel an Fähigkeiten, Kompetenzen oder Wissen, schlampiges Management oder bloße
Nachlässigkeit der unteren Ebenen, also vor allem Krankenschwestern und Ärzte, zurückzu-
führen ist. Das ist jedoch längst nicht alles.

Als Folge dieses brutalen Erwachens vergleicht das Gesundheitssystem nunmehr engagiert
und systematisch seine Abläufe mit denen anderer Hochrisiko-Industrien (Luftfahrt, Atom-

kraft ...). Die einzelnen Gesundheitsorganisationen sind nunmehr bestrebt, ihre Fehlerquoten zu verringern, und sie zeigen großes Interesse an Ansätzen wie freiwilligen Fehlerberichts-Systemen (im medizinischen Bereich werden die in den Berichten erfassten Fehler als *„sentinel events"* – „kennzeichnende Ereignisse" – bezeichnet). Die Analyse basiert allerdings auf der Prämisse, dass es sich beim Gesundheitswesen tatsächlich um ein System handelt (Jensen 2008). Im Fall eines Krankenhauses trifft dies auf einer gewissen Ebene sicherlich zu. Aber es fällt schwer, die Abläufe in einem Krankenhaus mit denen eines zivilen Atomkraftwerks oder einer Fluggesellschaft zu vergleichen. Der Vergleich ist lange nicht so einfach wie erwartet und ist möglicherweise nicht sehr sinnvoll.

4.2 Was der HRO-Ansatz erreicht hat

Die HRO-Literatur hat für Sozialwissenschaftler Neuland erschlossen, insbesondere für europäische Forscher. Sie zeigte die Berechtigung der Beschäftigung mit Fragen des Organisations-Designs und untermauerte die Sichtweise, dass Sicherheit und Zuverlässigkeit nicht nur das Resultat hervorragender Technik in Kombination mit einer hervorragenden Kultur sind. Sie sind vielmehr auch Resultat des Designs der Organisation: Entscheidungen werden getroffen, Verteilungen werden vorgenommen, und all dies beeinflusst die Fähigkeit zur Sicherheit und Zuverlässigkeit in hohem Maße. Diese Entscheidungen müssen hinterfragt und reflektiert werden.

Der andere Punkt – nahezu trivial, aber von Unternehmen und Regulationsbehörden immer noch nicht vollständig verdaut –, lautet, dass Varianz zwischen Organisationen existiert. Die Industrie und die Regulationsbehörden haben es stets vorgezogen, von ‚Kultur' zu sprechen, wenn sie mit organisationaler Varianz konfrontiert waren, statt auf den fundierten Wissensstand der Organisationsforschung zurückzugreifen. Dies würde es den Sozialwissenschaftlern und insbesondere den Organisationsforschern jedoch ermöglichen, die spezifischen Stärken und Schwächen unterschiedlicher Organisationsregimes herauszuarbeiten und so einen wichtigen Beitrag zur Sicherheitsdebatte zu leisten.

Die HRO-Literatur hat schließlich der vergleichenden Forschung (zwischen Ländern und Industrien bzw. zwischen privatem und öffentlichem Sektor) einen unglaublichen Schub gegeben, und diese Entwicklung sollte weiter gefördert werden. Derartige Normaloperations-Studien benötigen große Unterstützung, vor allem da es bislang nur sehr eingeschränkte Möglichkeiten für Forscher gibt, sich mit derartigen Themen unabhängig zu beschäftigen.

5   Fazit

Abschließend kann zunächst festgehalten werden: Ebenso wie die *Normal Accident Theory* auf sehr wenige Unfälle anwendbar ist (selbst Perrow ist an diesem Punkt sehr restriktiv[16]), trifft auch das HRO-Konzept auf keine große Gruppe von Organisationen zu. Angespornt durch den Erfolg des begrifflichen Konzepts scheinen die Forscher und Experten im Laufe der Jahre den ersten Teil des Modells vergessen und sich lediglich auf den zweiten konzentriert zu haben.

- Ursprünglich war eine *High Reliability* Organisation vor allem durch die Transaktionen innerhalb ihrer institutionellen Umwelt definiert. Eine HRO zu werden oder als solche klassifiziert zu werden, setzte voraus, dass die Gesellschaft einen fehlerfreien Betrieb erwartet, weil der Fehler keine zulässige Option darstellt.

- Im später entwickelten, zweiten Teil des Modells fungierte die Beschreibung der verschiedenen Merkmale, die HROs besitzen, als ein Set von Exzellenz-Kriterien, die es nachzuahmen galt.

Die spezifische Stärke der HRO-Ansatzes liegt jedoch vermutlich woanders. In Abgrenzung von der *a posteriori*-Analyse großer Unfälle hat er das Potenzial der Normal-operations-Studien verdeutlicht. Wenn man herausfinden will, an welchen Punkten Organisationen verletzlich sind, aber auch in welchen Bereichen sie stark sind, muss das ‚normale Funktionieren' ebenfalls untersucht werden. Der Rückgriff auf Methoden der Ethnografie und der Soziologie gab dem Studium derartiger komplexer Organisationen einen neuen Schub. Aus diesem Grunde gebührt den frühen Pionieren der *High Reliability Theory* große Anerkennung.

6   Literatur

Bain, William, 1999: Application of Theory of Action to Safety Management: Recasting the NAT/HRT Debate. In: *Journal of Contingencies and Crisis Management* 7, 129-140.

Bourrier, Mathilde, 1999a : *Le nucléaire à l'épreuve de l'organisation*. Paris: Presses Universitaires de France.

Bourrier, Mathilde, 1999b: Constructing organizational reliability: the problem of embeddedness and duality. In: Bernhard Wilpert/Jyiuji Misumi/Rainer Miller (Hg.), *Nuclear Safety, A Human Factors Perspective*. London: Taylor and Francis, 25-48.

Bourrier, Mathilde, 2002: Bridging Research and Practice: The Challenge of Normal Operations Studies. In: *Journal of Contingencies and Crisis Management* 10, 173-180.

---

[16]   Er hat weder Tschernobyl noch Bhopal als echte ‚normale Unfälle' akzeptiert. Sie sind seiner Ansicht nach auf schlampige Bedienmannschaften und schlechtes Management zurückzuführen; zudem sind sie eine traurige Konsequenz innerorganisationaler Machtkämpfe. Vgl. auch seine Abneigung gegen der Theorie der 'Normalisierung der Abweichung', die Vaughan entwickelt hatte, um die Challenger-Katastrophe zu erklären, wie sie im Nachwort der zweiten Auflage von Normal Accidents zum Ausdruck kommt (1999a: 379).

Bourrier, Mathilde, 2007: Risques et Organisations. In: Claudine Burton-Jeangros/Christian Grosse/Valérie November (Hg.), *Face au risque* (L'Equinoxe, Collection des sciences humaines). Genève: Georg Editeur, 159-182.

Carroll, John/J. W. Rudolph, 2006: Design of High Reliability organizations in health care. In: *Quality and Safety in Health Care* 15(1), 4-9.

Dixon, Nancy M./Marjorie Shofer, 2006: Struggling to Invent High-Reliability Organizations in Health Care Settings: Insights from the field. In: *Health Services Research* 41(4), Part II, 1618-1632.

Etienne, Julien, 2007: Reorganizing Public Oversight of High-Risk Industries in France – A Reliability Analysis of Permitting. In: *Journal of Contingencies and Crisis Management* 15, 143-156.

Gaba, David M. 2000: Structural and Organizational Issues in Patient Safety: A comparison of Health Care To Other High-Hazard Industries. In: *California Management Review* 43 (1), 83-102.

Heimann, Larry, 1997: *Acceptable Risks, Politics, policy and risky technologies*. Ann Arbor/MI: The University of Michigan Press.

Heimann, Larry, 2005: Repeated failures in the management of high risk technologies. In: *European Management Journal* 23 (1), 105-117.

Hopkins, Andrew, 1999: The Limits of Normal Accident Theory. In: *Safety Science* 32, 93-102.

Hopkins, Andrew, 2001: Was Three Mile Island a „Normal Accident"? In: *Journal of Contingencies and Crisis Management* 9, 65-72.

Institute of Medicine 1999: *To Err is Human: Building a safer health system*. Washington, DC: National Academy Press.

Jarman, Alan, 2001: Reliability Reconsidered: A critique of the HRO-NAT Debate. In: *Journal of Contingencies and Crisis Management* 9, 98-107.

Jensen, Casper Bruun, 2008: Sociology, systems and (patient) safety: Knowledge translations in healthcare policy. In: *Sociology of health and Illness* 30 (2), 309-324.

Knox, G. Eric/Kathleen Rice Simpson/Thomas J. Garite, 1999: High reliability perinatal Units: An approach to the prevention of patient injury and medical malpractice claims, In: *Journal of healthcare risk management* 19 (2), 24-32.

Landau, Martin, 1969: Redundancy, Rationality, and the Problem of Duplication and Overlap. In: *Public Administration Review* 29, 346-357.

La Porte, Todd R., 1975: *Organized Social Complexity: Challenge to Politics and Policy*. Princeton, NJ: Princeton University Press.

La Porte, Todd R./Karlene Roberts/Gene I. Rochlin, 1987: *The research Challenge*. Institute of Governmental studies (Working Paper).

La Porte, Todd R./Paula M. Consolini, 1991: Working in Practice But Not in Theory: Theoretical Challenges of „High-Reliability Organizations". In: *Journal of Public Administration Research and Theory* 1, 19-47.

La Porte, Todd R., 1994: A Strawman Speaks Up: Comments on the Limits of Safety. In: *Journal of Contingencies and Crisis Management* 2, 207-211.

La Porte, Todd R./Craig Thomas, 1995: Regulatory Compliance and the Ethos of Quality Enhancement: Surprises in Nuclear Power Plant Operations. In: *Journal of Public Administration Research and Theory* 5, 109-137.

La Porte, Todd R. 2001: Fiabilité et légitimité soutenable. In: Mathilde Bourrier (Hg.), *Organiser la fiabilité*. Paris: L'Harmattan, 71-105.

La Porte, Todd R., 2006a: Challenges of Assuring High Reliability When Facing Suicide Terrorism, In: Philip Auerswald/Lewis Branscomb/Todd M. La Porte/Erwann Michel-Kerjan, (Hg.), *Seeds of*

Disaster, Roots of Response: How Private Actions Can Reduce Public Vulnerability, New York, NY: Cambridge University Press, 99 – 120.

La Porte, Todd R., 2006b: Institutional Issues for Continued Space Exploration: High-reliability systems across many operational generations – Requisites for public credibility, In: Steven Dick (Hg.), *Critical Issues in the History of Spaceflight*. NASA History Division: Washington, D.C., 403-426.

Lawrence, Paul/Jay Lorsch, 1967: *Organization and Environment: Managing Differentiation and Integration*. Cambridge, MA: Harvard University Press.

Leveson, Nancy, 2008: *Applying Systems Thinking to Analyze and Learn from Events*. Paper presented at the 26th NetWork workshop on Event Analysis and Learning From Events, Steinhöfel near Berlin, August 28th-30th 2008.

Marais, Karen/Nicolas Dulac/Nancy Leveson, 2006: *Beyond Normal Accidents and High Reliability Organizations: The Need for an Alternative Approach to Safety in Complex Systems*. Paper presented at the Engineering Systems Division Symposium, MIT, Cambridge/MA, March 29-31, 2006.

Mascini, Peter, 1998: Risky Information: Social Limits to Risk Management. In: *Journal of Contingencies and Crisis Management* 6, 35-44.

Perrow, Charles, 1983: The Organizational Context of Human Factors Engineering. In: *Administrative Science Quarterly* 28(4), 521-541.

Perrow, Charles, 1984: *Normal Accidents, Living with High-Risk Technology*, New York/NJ: Basic Books.

Perrow, Charles, 1994: The Limits of Safety: The Enhancement of a Theory of Accidents. In: *Journal of Contingencies and Crisis Management* 2, 212-220.

Perrow, Charles, 1999a: *Normal Accidents, Living with High-Risk Technology*. New York/NJ: Basic Books (second edition with new Afterword).

Perrow, Charles, 1999b: Organizing to Reduce the Vulnerabilities of Complexity. In: *Journal of Contingencies and Crisis Management* 7, 150-155.

Pidgeon, Nick, 1997: The Limits to Safety? Culture, Politics, Learning and Man-Made Disasters. In: *Journal of Contingencies and Crisis Management* 5, 1-14.

Pronovost, Peter J., et al., 2006: Creating High Reliability in Health Care Organizations, In: *Health Services Research* 41 (4), Part II, 1599-1617.

Reason, James, 1990: *Human Error*. Cambridge: Cambridge University Press.

Rijpma, Jos A., 1997: Complexity, Tight-Coupling and Reliability: Connecting Normal Accidents Theory and High Reliability Theory. In: *Journal of Contingencies and Crisis Management* 5, 15-23.

Rijpma, Jos A., 2003: From Deadlock to Dead End: The Normal Accidents-High Reliability Debate Revisited. In: *Journal of Contingencies and Crisis Management* 11, 37- 46.

Roberts, Karlene H., 1988: Some characteristics of high reliability organizations (Organizational Behavior & Industrial Relations working paper N° OBIR-23). University of California: Berkeley Business School.

Roberts, Karlene H. (Hg.), 1993: *New Challenges to Understanding Organizations*, New York: Macmillan.

Roberts, Karlene H./Peter M. Madsen/Vinit M. Desai/David Van Stralen, 2005: A case of the birth and death of a high reliability healthcare organisation, In: *Quality and Safety in Health Care* 14, 216-220.

Roberts, Karlene H./Vinit Desai/Peter M. Madsen, 2006: Reliability Enhancement and Demise at Back Bay Medical Center's Children's Hospital. In: Pascale Carayon (Hg.), *Handbook of Human Factors and Ergonomics in Health Care and Patient Safety.* Mahwah/NJ: Erlbaum, 249ff.

Roberts, Karlene H./Martha Grabowski, 2008: Risk Mitigation in Healthcare Organizations and in Aggregations of those Organizations. In: Marilyn S. Bogner (Hg.), *Human Error in Medicine* (2nd edition). Hillsdale/NJ: Erlbaum (in press).

Rochlin, Gene I., 1979: *Plutonium, Power and Politics: International Arrangements for the Disposition of Spent Nuclear Fuel.* Berkeley/CA: University of California Press.

Rochlin, Gene, I, 1988, *Technologogy and Adaptive hierarchy: Formal and informal organization for flight operations in the U.S Navy.* University of California, Berkeley/CA: Institute of Governmental Studies (working paper N° 88-18).

Rochlin, Gene I., 1993: Defining „High Reliability" Organizations in Practice: a Taxonomic Prologue, In: Karlene H. Roberts (Hg.), New Challenges to Understanding Organizations. New York, NJ: Macmillan, 11-32.

Rochlin, Gene I., 1996: Reliable Organizations: Present Research and Future Directions. In: *Journal of Contingencies and Crisis Management* 4, 55-59.

Rochlin, Gene I., 1997: *Trapped in the Net: The unanticipated consequences of computerization.* Princeton/NJ: Princeton University Press.

Rochlin, Gene I., 2001: Les organisations „à haute fiabilité": Bilan et perspectives de recherche. In: Mathilde Bourrier (Hg.), *Organiser la fiabilité.* Paris: L'Harmattan, 39-70.

Roe, Emery/Paul R. Schulman, 2008: *High Reliability Management: Operating on the Edge.* Stanford, CA: Stanford University Press.

Rosenthal, Uriel/Alexander Kouzmin, 1994: Systems, Organizations and The Limits of Safety: A Symposium. In: *Journal of Contingencies and Crisis Management* 2, 205-206.

Sagan, Scott, 1993: *The Limits of Safety, Organizations, Accidents and Nuclear Weapons.* Princeton, NJ: Princeton University Press.

Schulman, Paul R., 1993: The Negociated Order of Organizational Reliability. In: *Administration and Society* 25 *(3)*, 353-372.

Schulman, Paul R., 1993: A comparative framework for the analysis of high reliability organizations. In: Karlene H. Roberts (Hg.), *New challenges to Organizations.* New York: Macmillan, 33-53.

Schulman, Paul R./Emery Roe, 2007: Designing Infrastructures: Dilemmas of Design and The Reliability of Critical Infrastructures. In: *Journal of Contingencies and Crisis Management* 15, 42-49.

Scott, Richard, 1992: *Organizations, Rational, Natural and Open Systems.* Englewood Cliffs/NJ: Prentice Hall (third edition).

Shapiro, Marc.J/Gregory D. Jay, 2003: High Reliability Organizational Change for Hospitals: Translating the tenets for medical professionals. In: *Quality and Safety in Health Care* 12, 238-239.

Shrivastava, Paul, 1987: *Bhopal. Anatomy of a crisis.* Cambridge/MA: Ballinger.

Sills, D.L., Wolf, C. P.,/Shelanski, V. B. *Accident At Three Mile Island, The Human Dimensions.* Boulder, CO: Westview Press, 1981.

Starbuck, William H./Farjoun Moshe, 2005: *Organization at the Limit, Lessons from the Columbia Disaster*, Blackwell Publishing Ltd.

Stinchcombe, Arthur L., 2001: *When Formality Works, Authority and Abstraction in Law and Organizations.* Chicago/IL: The University of Chicago Press.

Thompson, James D., 1967: *Organizations in Action*, New York: McGraw-Hill.

Vaughan, Diane, 1996: *The Challenger Launch Disaster.* Chicago/IL: The University of Chicago Press.

Weick, Karl E./Karlene H. Roberts, 1993: Collective Mind in Organizations: Heedful Interrelating on Flight Decks. In: *Administrative Science Quarterly* 38*(3)*, 357-381.

Wildavsky, Aaron, 1988: *Searching for Safety*. New Brunswick: Transaction Books.

Wilson, Katherine A./C. Shawn Burke/Heather A. Priest/Eduardo Salas, 2005: Promoting Health Care Safety through Training High Reliability Teams. In: *Quality and Safety in Health Care* 14, 303-309.

Komplexitätsmanagement

Die Grenzen der Kontrollierbarkeit komplexer Systeme[1]

Gudela Grote

1   Komplexität und Unsicherheit

Wenn über komplexe Systeme und ihre Gestaltung diskutiert wird, ist zunächst immer der erste Stolperstein, Komplexität zu definieren. Ich möchte im folgenden die sehr einfache Definition verwenden, nach der ein komplexes System durch eine Vielzahl von Elementen, die vielfältig miteinander verknüpft sind, gekennzeichnet ist (vgl. die Beiträge von Schneider/Bauer und Weyer in diesem Band). Insbesondere durch die vielfältigen Verknüpfungen entstehen Interaktionsvarianten der Elemente eines Systems, die in ihrer Auftretenswahrscheinlichkeit und in ihren Effekten nur begrenzt vorhergesagt werden können. Mit den daraus entstehenden Unwägbarkeiten und den Versuchen, trotz mangelnder Transparenz und Vorhersehbarkeit die Kontrolle über das System zu behalten, beschäftigt sich der vorliegende Beitrag.

Die tayloristische Sicht auf Organisationen geht davon aus, dass zumindest die wesentlichen Geschehnisse in einer Organisation vollständig vorausplanbar und entsprechend der Planung durchführbar sind. Allgemein gesprochen, bedeutet es, dass die Unternehmen als grundsätzlich offene Systeme durch entsprechende Planungs- und Steuerungsprozedere annähernd in geschlossene Systeme verwandelt werden können (vgl. Weitz/Shenhav 2000). In der neueren Organisationslehre (z.B. Staehle 1991; Orton/Weick 1990) wird demgegenüber betont, dass es nicht um eine Vermeidung von Unsicherheit um jeden Preis gehen kann, sondern proaktives Umgehen mit Unsicherheit gefördert werden muss, um der gleichzeitigen Rationalität und Indeterminiertheit organisationaler Prozesse Rechnung zu tragen. Sehr vereinfacht kön-

---

[1]   Dieser Beitrag ist eine erweiterte Fassung des in der Festschrift für Prof. Timpe erschienenen Beitrags „Menschliche Kontrolle über technische Systeme – Ein irreführendes Postulat" (K. Karrer/B. Gauss/C. Steffens (Hg.), Beiträge der Forschung zur Mensch-Maschine-Systemtechnik aus Forschung und Praxis. Düsseldorf: Symposion, 65-78.)

nen zwei Arten des Umgangs mit Unsicherheit in Arbeitssystemen unterschieden werden (Grote 1997, 2004): die Minimierung und die Bewältigung, die sich besonders in Bezug auf die Art der Planungsprozesse, die gewählten Koordinationsmechanismen für die Kopplung zwischen Planung und Umsetzung und die operative Zusammenarbeit sowie den Umgang mit Störungen unterscheiden (vgl. Abbildung 1). Der Versuch der *Minimierung* von Unsicherheit – besonders ausgeprägt in risikoreichen Arbeitssystemen – setzt komplexe, zentrale Planungssysteme und eine Reduktion operativer Handlungsspielräume durch Reglementierung und Automatisierung voraus, um einerseits Unsicherheit „wegzuplanen" und andererseits eine hohe Kopplung zwischen zentraler Planung und dezentraler Umsetzung zu erreichen. Koordination erfolgt vor allem via Standardisierung und Programme sowie persönliche Weisungen.

Minimierung von Unsicherheiten	Bewältigung von Unsicherheiten
- Komplexe, zentrale Planungssysteme; - Reduktion operativer Handlungsspiel-räumen durch Reglementierung und Automatisierung; - Störungen als zu vermeidende Symptome ineffizienter Systemgestaltung	- Planung als Ressource für situatives Handeln; - Fördern operativer Handlungsspielräume durch vollständige Aufgaben und laterale Vernetzung; - Störungen als Gelegenheit für Kompetenzerwerb/-einsatz und für Systemveränderungen
▼ Bindung/ Steuerung	▼ Autonomie/ Regelung
▲ Balance durch lose Kopplung ▲	
Motivation durch Aufgabenorientierung Autonomie höherer Ordnung Flexible Wechsel zwischen Organisationsformen Kultur als Basis für Koordination/Integration	

Abbildung 1: Management von Unsicherheit in Organisationen (vgl. Grote 2004)

Mit der Strategie der *Bewältigung* von Unsicherheit wird vom Mythos der zentralen Kontrollierbarkeit komplexer Systeme Abschied genommen, wodurch gleichzeitig ein konstruktiveres Umgehen mit der Begrenztheit der Planung und Steuerung und eine gezielte Förderung dezentraler Autonomie möglich werden. Planung wird als Ressource für situatives Handeln verstanden (vgl. Suchman 1987) und damit die Kopplung zwischen Planung und Umsetzung durch eine Anpassung der Planung an die Erfordernisse der Umsetzung erreicht statt die Umsetzung der Planung unterzuordnen. Koordination erfolgt vor allem über gegenseitige Absprachen lateral vernetzter Akteure und über geteilte Normen und Werte. Störungen werden nicht unhinterfragt als Zeichen schlechter Planung und mangelnder Effizienz gedeutet, sondern – zumindest auch – als mögliche Chance für individuelles Lernen und systemische Weiterentwicklung verstanden. In der Annahme, dass eine wirkliche Weiterentwicklung nur in Auseinandersetzung mit dem „Nicht-Normalfall" passieren kann (vgl. Staehle 1991), kann dies so weit gehen, dass Störungen und – nach einem engen Verständnis – „Ineffizienz" bewusst in Kauf genommen werden, um auf einer übergeordneten Ebene Effizienz durch Lernprozesse und neue Lösungen zu steigern.

Schon in früheren organisationswissenschaftlichen Studien und neuerdings in einem Überblicksartikel von Toby Wall, John Cordery und Chris Clegg (2002) ist aufgezeigt worden, dass die Strategie der Minimierung von Unsicherheit (z.B. in mechanistischen Organisationen nach Burns/Stalker 1960) dann erfolgreich sein kann, wenn die Organisation insgesamt mit wenigen Unsicherheiten konfrontiert ist, also z.B. in einer stabilen Umwelt Routineprozesse sicherzustellen hat. Wenn ein höheres Ausmaß an Unsicherheiten, z.B. bei innovativen Arbeitsprozessen in dynamischen Umwelten, vorliegt, dann führt nur die Strategie der Bewältigung von Unsicherheiten (z.B. in organismischen Organisationen nach Burns/Stalker 1960) zum Erfolg.

Die Bewältigung von Unsicherheit muss jedoch ohne Verlust der Bindung zwischen Subsystemen des Arbeitssystems erfolgen, was dezentrale Planung und Umsetzung im Rahmen koordinierter arbeitsteiliger Prozesse erfordert. Karl Weick (1976; Orton/Weick 1990) hat den Begriff des „loose coupling" verwendet, um die dafür nötige Gleichzeitigkeit von Autonomie und Bindung auszudrücken. Dabei bezieht er sich auf James Thompson (1967) und die von ihm beschriebene Gleichzeitigkeit von Unsicherheit und rationaler Planung auf den verschiedenen Ebenen von Verantwortung und Kontrolle in Organisationen:

> *„Loose coupling suggests that any location in an organization (top, middle, or bottom) contains interdependent elements that vary in the number and strength of their interdependencies. The fact that these elements are linked and preserve some degree of determinancy is captured by the word* coupled *in the phrase* loosely coupled. *The fact that these elements are also subject to spontaneous changes and preserve some degree of independence and indeterminancy is captured by the modifying word* loosely. *(...) Thus, the concept of loose coupling allows theorists to posit that any system, in any organizational location, can act on both a technical level, which is closed to outside forces (coupling produces stability), and an institutional level, which is open to outside forces (looseness produces flexibility). (...) This general image is described here as the dialectical interpretation of loose coupling."* (Orton/Weick 1990: 204-205, Hervorhebungen im Original)

Das Konzept der losen Kopplung ist zu unterscheiden von der häufig verwendeten eindimensionalen Definition von Kopplung, die durch die beiden Pole 'Unabhängigkeit' und 'Abhängigkeit' der Systemkomponenten gekennzeichnet ist (z.B. Perrow 1984; Staehle 1991; vgl. auch Orton/Weick 1990, für eine detaillierte Behandlung der diversen Missverständnisse bzgl. ihres Konzepts der losen Kopplung).

Eine Reihe von Gestaltungsempfehlungen der Arbeits- und Organisationsforschung stellen letztlich Versuche der Umsetzung der Idee der losen Kopplung dar (vgl. Abbildung 1), so z.B.:

- die Förderung von Motivation durch Aufgabenorientierung (Emery 1959) auf der Grundlage individuell oder kollektiv vollständiger Aufgaben, wodurch autonomes Handeln auf ein überindividuelles, der Aufgabe inhärentes Ziel gerichtet werden soll,

- die Förderung von Autonomie höherer Ordnung (Grote 1997; Klein 1991), d.h. die selbst bestimmte Beschränkung operativer Autonomie z.B. in technisch eng gekoppelten und risikoreichen Systemen, in denen ein besonders hoher Grad an kontinuierlicher Koordination gewährleistet werden muss,

- der flexible Wechsel zwischen Organisationsformen mit unterschiedlichen Graden an (De-)Zentralität, um auf unterschiedliche Anforderungen an die Bewältigung von Unsicherheit reagieren zu können (z.B. LaPorte/Consolini 1991) und

- die Schaffung gemeinsamer Normen im Sinne einer starken Organisationskultur, durch die autonomes Handeln überindividuell koordiniert und integriert werden kann (z.B. Schein 1992; Weick 1987).

Diesen Konzepten ist gemeinsam, dass sie ausgehend von der Forderung nach hoher dezentraler Autonomie im operativen Bereich Koordinationsmechanismen beschreiben, die die Nutzung der Autonomie im Sinne eines übergeordneten gemeinsamen Ziels fördern.

Im folgenden wird argumentiert, dass die Umsetzung des Konzepts der losen Kopplung ermöglicht, die durch zunehmende Komplexität von Systemen ebenfalls zunehmende Unsicherheit auf eine Weise zu bewältigen, die dem in systemischen Führungstheorien beschriebenen Paradox der Kontrolle durch Abgabe von Kontrolle entspricht (Senge 1990; Ulrich/Probst 1991). Die gleichzeitige Erfordernis von Stabilität und Flexibilität, die Organisationen erfüllen müssen, um angesichts hoher Unsicherheiten zu bestehen – in der Systemgestaltung in den letzten Jahren zunehmend unter dem Begriff der „resilience" diskutiert (Hollnagel/Woods/Leveson 2005) – wird erfüllt, wenn dezentrale Kontrolle und Regelung im systemtheoretischen Verständnis mit zentral definierten Grundprinzipien und daraus abgeleiteten Steuerimpulsen verbunden werden. Welche Konsequenzen diese Überlegungen für die Gestaltung komplexer Systeme haben, wird an zwei Kernthemen der Systemgestaltung, Reglementierung und Automation aufgezeigt. Dabei wird aber auch deutlich gemacht, dass Grenzen sowohl der zentralen als auch der dezentralen Kontrollierbarkeit komplexer Systeme bestehen, und dass es für eine angemessene Systemgestaltung wesentlich ist, dass diese Grenzen identifiziert und der Umgang mit ihnen bewusst gestaltet wird. Um dies zu ermöglichen, ist auch ein grundlegendes Umdenken im Risikomanagement nötig, damit die Verteilung von Verantwortung und Kontrolle über Risiken besser als bislang übereinstimmt. Die Relevanz und das Zusammenspielen dieser verschiedenen Gestaltungsbereiche soll zunächst an einem Beispiel verdeutlicht werden.

2   Das Beispiel TCAS

Der tragische Flugunfall über Überlingen am 1. Juli 2002 hat eine heftige Diskussion über die Gestaltung von Systemen der Flugsicherung, insbesondere des TCAS (Traffic Alert and Collision Avoidance System), ausgelöst (vgl. z.B. Weyer 2006). Das TCAS ist ein in modernen Verkehrsflugzeugen eingebautes Warnsystem, das Zusammenstöße in der Luft verhindern soll. Wenn das System ein anderes Flugzeug auf Konfliktkurs detektiert, wird 40 Sekunden vor dem berechneten Zusammenstoß ein Warnsignal und 15 Sekunden später eine

Anweisung an die Piloten ausgegeben, die den Konflikt auflösen kann (in den meisten Fällen eine Anweisung zu steigen bzw. zu sinken). Wenn beide in den Konflikt involvierten Flugzeuge mit TCAS ausgerüstet sind, sind die Anweisungen beider Systeme aufeinander abgestimmt und sollten daher den Zusammenstoß definitiv verhindern können. Gleichzeitig werden Flugzeuge vom Boden aus durch die Flugsicherung überwacht, was die Frage aufwirft, welchem System die Piloten Priorität einräumen sollen. Nach dem jetzigen Stand der Technik ist die den Piloten übermittelte Information des TCAS den Fluglotsen nicht direkt zugänglich, sondern muss von den Piloten per Funk an die Fluglotsen weitergegeben werden. Der Zusammenstoß über Überlingen wurde in der allerletzten Phase dadurch verursacht, dass die Piloten beider Flugzeuge die in ihren Ländern gültigen Vorgaben befolgten, die für die eine (amerikanische) Crew beinhaltete, die Anweisung des TCAS auszuführen, während die andere (russische) Crew den im Vergleich zu ihrem TCAS gegenläufigen Anweisungen des Fluglotsen höhere Priorität einräumte. Dies führte dazu, dass die Piloten beider Flugzeuge gleichzeitig den Sinkflug einleiteten.

In der Folge dieses Unfalls wurde weltweit die Regelung erlassen, dass dem TCAS die höchste Priorität zu geben ist und die Verantwortung beim Piloten liegt, den Anweisungen des TCAS zu folgen. Dahinter verbirgt sich das Problem, dass TCAS-Warnungen und Anweisungen nicht hundertprozentig zuverlässig sind und deshalb letztlich immer der Pilot entscheiden muss, ob er dem TCAS Folge leistet oder nicht. In den derzeitig bei Flugzeugherstellern geführten Diskussionen um die Automatisierung des TCAS, also darüber, ob die Anweisungen des TCAS vom Autopilot ohne Zutun der Piloten ausgeführt werden sollte, wird davon ausgegangen, dass der Pilot verantwortlich bleibt und es auch bei grundsätzlich automatischer Ausführung der TCAS-Anweisungen die Möglichkeit des manuellen Eingreifens und Übersteuern des Systems durch den Piloten geben soll. Die Rolle der Flugsicherung bleibt dabei unklar, sie sollen zukünftig durch automatische Datenvermittlung zwischen Flugzeug und Boden zwar auch unmittelbar über die Anweisungen des TCAS informiert werden, aber in keiner Weise eingreifen. Entscheidungen der Flugsicherung werden somit eindeutiger an die Piloten delegiert und damit dezentralisiert, gleichzeitig werden sie aber auch stärker automatisiert, wodurch die Kontrolle der beteiligten Menschen de facto reduziert wird.

Der Ist-Zustand wie auch die derzeit diskutierten Zukunftsszenarien für die Kollisionsvermeidung beinhalten eine unangemessene Verteilung der Unsicherheit und der Ressourcen für die Unsicherheitsbewältigung. Den Piloten wird einerseits suggeriert, dass die TCAS-Informationen und Anweisungen als sicher anzusehen sind. Andererseits wird durch die nicht vollständige Automatisierung von TCAS auch offengelegt, dass TCAS nicht unfehlbar ist, und von den Piloten die letztliche Kontrolle über und Verantwortung für die Flugsicherheit erwartet wird. Der ungleiche Informationsstand bei Piloten und Flugsicherung wird zwar durch zukünftige automatische Datenübertragungssysteme vermieden, die Fluglotsen sollen aber die Information de facto nicht für eigene Aktionen zur Kollisionsvermeidung nutzen, da diese ausschliesslich durch TCAS und nötigenfalls die Piloten zu erfolgen hat. Ob ein Nichteingreifen der Fluglotsen im Falle von Fehlentscheiden des TCAS und/oder der Piloten tatsächlich ungeahndet bliebe, wäre aber noch am praktischen Fall zu beweisen.

Das Beispiel TCAS zeigt Grundfragen sowohl der Automatisierung als auch der Reglementierung auf, die in den folgenden Abschnitten vertieft diskutiert werden.

3   Kontrolle in automatisierten Systemen

Jedes automatisierte System ist ein soziotechnisches System, unabhängig vom Grad der Automatisierung, denn auch die menschenlose Fabrik, die führerlose U-Bahn, der automatisierte Zahlungsverkehr werden in letzter Instanz von Menschen für Menschen entwickelt und betrieben. Generell sind deshalb technische Systeme niemals isoliert zu betrachten, sondern immer als Teil eines soziotechnischen Systems, zu dem auch die das technische System betreibenden Menschen und die formalen und informellen Strukturen und Abläufe, in denen sie arbeiten, gehören. Um allen für das Funktionieren eines soziotechnischen Systems relevanten Zusammenhängen Rechnung zu tragen, ist es zudem sinnvoll, auch solche Organisationen und Organisationseinheiten in die Systembetrachtung miteinzubeziehen, die für die Systementwicklung, für Wartung und Unterhalt wie auch für die reglementarischen Randbedingungen von Entwicklung und Betrieb der operativen Systeme zuständig sind. Diese sehr weite Systemabgrenzung ist besonders dann nützlich, wenn es um Fragen der Verantwortungsverteilung im System geht.

Viele Autoren sind sich darin einig (z.B. Boy 1998; Hauss/Timpe 2002), dass die Grenzen der Automatisierung neben technischer Machbarkeit und sozialer Akzeptanz vor allem durch die Notwendigkeit bestimmt sind, dass Menschen die Systemziele bestimmen und für ihr Erreichen sowie für alle dabei entstehenden positiven wie negativen Folgen verantwortlich sind. Mit zunehmender Automatisierung auch komplexer Entscheidungsprozesse und insbesondere bei „lernenden" technischen Systemen verwischen diese Grenzen aber immer mehr. In einem sehr breit angelegten interdisziplinären Projekt zur Folgenabschätzung der Robotikentwicklung beispielsweise wurde deshalb gefordert, dass „lernende" technische Systeme so zu gestalten seien, dass Lern„absicht", Lernprozess und Lernergebnis für den menschlichen Nutzer eines Roboters transparent sein müssen, sodass Lernen gegebenenfalls auch unterbunden oder rückgängig gemacht werden kann (Christaller et al. 2001). Die Beeinflussbarkeit des technischen Systems und damit die Kontrolle über das technische System werden als wesentliche Voraussetzung für die Verantwortungsübernahme angesehen.

Unter der Prämisse der Notwendigkeit menschlicher Verantwortungsübernahme werden im Folgenden die Voraussetzungen für die Kontrollierbarkeit technischer Systeme behandelt. Anschließend wird dargelegt, dass diese Voraussetzungen vielfach verletzt werden und es kritisch zu hinterfragen ist, inwieweit sie überhaupt herstellbar sind. Aus diesen Begrenzungen werden dann Konsequenzen für die Systemgestaltung gezogen.

3.1 Voraussetzungen für die Kontrollierbarkeit technischer Systeme

Stellvertretend für viele Gestaltungsmethoden, die dem Postulat der Kontrollierbarkeit technischer Systeme durch den Menschen verpflichtet sind (vgl. z.B. Hollnagel 2003; Timpe/Jürgensohn/Kolrep 2002), wird im folgenden die Methode KOMPASS (Komplementäre Analyse und Gestaltung von Produktionsaufgaben in soziotechnischen Systemen) kurz vorgestellt.

KOMPASS (Grote et al. 1999, 2000; Wäfler et al. 1999, 2003) wurde entwickelt, um eine prospektive und ganzheitliche Gestaltung von Mensch-Maschine-Systemen auf der Grundlage der Komplementarität von Mensch und Technik zu unterstützen. Der komplementäre Ansatz berücksichtigt explizit die Tatsache, dass Mensch und Technik je spezifische Stärken und Schwächen besitzen. Anders aber als im komparativen Ansatz (vgl. Bailey 1989) werden diese nicht im Sinne eines *entweder* Mensch *oder* Technik gegeneinander ausgespielt, sondern durch eine durchgängige Gestaltung der Mensch-Technik-Interaktion zu einer neuen Qualität des Gesamtsystems verschmolzen. Dazu wurden für die drei Analyse- und Gestaltungsebenen „Mensch", „Technik" und „Organisation" Kriterien definiert, die in ihrer Gesamtheit darauf abzielen, das soziotechnische System im Sinne des Unsicherheitsmanagements zu einer lokalen Bewältigung von Varianzen zu befähigen (vgl. Abbildung 2).

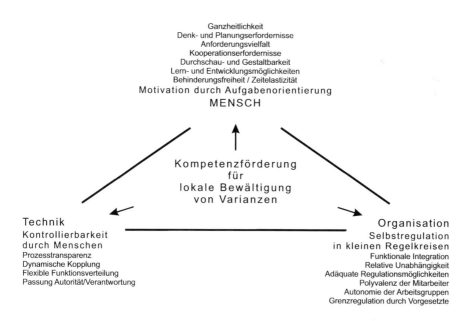

Abbildung 2: KOMPASS-Gestaltungsansatz

Auf der Ebene der Technik bzw. spezifischer der Mensch-Technik-Interaktion fordert KOMPASS die Kontrollierbarkeit der Technik durch den Menschen, die im Sinne der drei Elemente von Kontrolle - Durchschaubarkeit, Vorhersehbarkeit und Beeinflussbarkeit - in Form von vier Kriterien konkretisiert wird: Prozesstransparenz, dynamische Kopplung, Informations- und Ausführungsautorität und Flexibilität. Auf der Ebene des Menschen bzw. spezifischer der menschlichen Arbeitsaufgabe ist das Kernanliegen die intrinsische Motivation durch Aufgabenorientierung mit den entsprechenden Kriterien menschengerechter Arbeitstätigkeiten (z.B. Ulich 1994). Auf Ebene der Organisation bzw. einzelner Arbeitssysteme in der Organisation ist entsprechend dem soziotechnischen Systemansatz die Selbstregulation in kleinen Regelkreisen mit Kriterien wie Vollständigkeit und Unabhängigkeit der Aufgaben, Polyvalenz, Gruppenautonomie und Grenzregulation durch den Vorgesetzten angestrebt (z.B. Susman 1976; Pasmore 1988).

Im Unterschied zu manchen anderen Verfahren für die Aufgabenanalyse und -gestaltung ist das Anliegen von KOMPASS, sowohl die kognitive Befähigung des menschlichen Operateurs durch entsprechende Gestaltung des Mensch-Maschine-Systems sicherzustellen als auch seine motivationale Bereitschaft, kognitive Fähigkeiten im Sinne der Systemziele einzusetzen. Dies drückt sich beispielsweise in der Forderung aus, dass Informations- und Ausführungsautorität so aufeinander abzustimmen sind, dass die gewählte Aufteilung der Ausführungsautorität dem Menschen soviel Eingriffsmöglichkeiten gibt, dass er vom technischen System zur Verfügung gestellte oder potentiell abrufbare Information auch tatsächlich nutzen *will*. Oftmals wird in automatisierten Systemen sehr viel Information bereitgestellt, ohne dem Menschen Funktionen zuzuweisen, die auch eine direkte Nutzung dieser Information nötig machen. Geht dann etwas schief und die nicht zur Kenntnis genommene Information wird hierfür als Ursache identifiziert, wird der Mensch verantwortlich gemacht. Nicht berücksichtigt wird dabei, dass möglicherweise viel zu viel Information vorhanden war (die Probleme durch Alarmüberflutung in der Prozessindustrie werden schon lange diskutiert, vgl. z.B. Papadopoulos/McDermid 2001) und dass unter Umständen dem Menschen durch mangelnde Handlungserfordernisse auch kein direkter Anreiz gegeben wurde, die Information kontinuierlich aufzunehmen.

Bisherige Anwendungserfahrungen mit KOMPASS zeigen, dass die Methode sehr gut geeignet ist, um die grundlegende Verantwortungs- und Kontrollproblematik bewusst zu machen und auch kontrovers zu diskutieren. Die konkrete Umsetzung in Entscheidungen zur Funktionsallokation ist aufgrund der Vielzahl der zu berücksichtigenden Kriterien und ihrer Abhängigkeiten untereinander aber schwierig. Neben diesen eher pragmatischen Schwierigkeiten im Umgang mit Methoden wie KOMPASS ist aber auch der zugrunde liegende Ansatz zu hinterfragen, vollständige Kontrollierbarkeit zu fordern. Diesem fundamentalen Zweifel soll in den folgenden Abschnitten nachgegangen werden.

3.2 Mangelnde menschliche Kontrollierbarkeit technischer Systeme als Kern menschlicher „Unzuverlässigkeit"

Giesa und Timpe (2002) geben einen sehr guten Überblick über den Stand der Diskussion zur menschlichen Zuverlässigkeit in komplexen soziotechnischen Systemen. Zentrale Aussage von Ereignis- und Unfallanalysen quer durch die verschiedensten Industriezweige ist, dass fehlerhafte menschliche Handlungen ein zentraler Faktor sind. Gleichzeitig wächst aber das Bewusstsein dafür, dass Unfallursachen immer in einem komplexen Geflecht von menschlichen, technischen, sozialen, organisationalen und umweltbezogenen Faktoren zu suchen sind, die in James Reasons (1997) Definition latente Fehler beinhalten können, die erst in Kombination mit fehlerhaften menschlichen Handlungen „at the sharp end" zum Tragen kommen.

Ein viel diskutiertes Beispiel der unglücklichen Verkettung von Mensch und Technik ist der Unfall eines Airbus A320 der Lufthansa in Warschau am 14. September 1993 (Main Commission Aircraft Accident Investigation Warsaw 1994), bei dem der technisch definierte und durch den Menschen nicht beeinflussbare Algorithmus für den Bremsvorgang nach Aufsetzen des Flugzeugs auf der Landebahn zu spät ausgelöst wurde und das Flugzeug über die Landebahn hinaus in einen Erdwall fuhr. Als Folge dieses Unfalls wurden bei Lufthansa die Piloten eingehender über diesen technischen Algorithmus informiert und kleinere technische Verbesserungen an den Flugzeugen vorgenommen. An der durch den Menschen nicht beeinflussbaren, automatisierten Auslösung des Umkehrschubs und Betätigung der Störklappen während des Bremsvorgangs wurde nichts geändert.

Die Problematik, die aus dieser Art des „Kontrollentzugs" durch Technik entsteht, hat René Amalberti (1992, 1993) sehr anschaulich beschrieben. Er geht davon aus, dass Menschen auf der Grundlage eines „ökologischen Risikomanagements" handeln, das ihnen ermöglicht, mit der Begrenztheit ihrer eigenen Ressourcen sinnvoll umzugehen, indem sie verschiedene Handlungsmöglichkeiten antizipieren und priorisieren und ihre Kontrollmöglichkeiten darauf verwenden, die tatsächliche Situation der antizipierten möglichst anzunähern. Er argumentiert, dass diese Art des Umgangs mit Risiko durch Automation erschwert wird, da Transparenz und Flexibilität verloren gehen. Piloten beispielsweise reagieren auf diese Schwierigkeit, indem sie entweder versuchen, das technische System 'zu überlisten' – z.B. nicht existenten Wind angeben, damit der Computer einen anderen, d.h. den gewünschten, Anflugwinkel berechnet – oder die Verantwortung völlig an das technische System delegieren. Damit Technik das ökologische Risikomanagement der Piloten unterstützen könne, müssten sich Entwickler dieser Systeme mehr an menschlichen, situativen Problemlösestrategien orientieren, statt präskriptiv optimale Strategien anzunehmen. Wesentliche Grundlage dafür sei, Menschen vermehrt als Sicherheitsfaktor und nicht ausschließlich als Risikofaktor zu betrachten. Durch die gängige Sicht auf den Menschen als Risikofaktor und die weitgehende Delegation von Funktionen an die Technik als (vermeintlichem) Sicherheitsfaktor wird der Mensch gerade erst zum Risikofaktor, es wird also eine selbsterfüllende Prophezeiung kreiert.

Methoden wie KOMPASS setzen bei dieser Annahme an und versuchen, Mensch- und Technikbilder zu reflektieren und zu revidieren, damit der Mensch systematisch als Sicherheitsfaktor unterstützt wird. Dabei sind auch die Sicht auf Arbeitssysteme als Ganzes, also Organisationsbilder (Morgan 1986), und insbesondere die Annahmen zur Plan- und Steuerbarkeit von Organisationen im Sinne der bereits dargestellten Ansätze des Umgangs mit Unsicherheit zu hinterfragen.

3.3   Grenzen der Kontrollierbarkeit von Technik

Damit eine entsprechende Änderung der Sicht auf Menschen, Technologien und Organisationen greifen kann, müsste allerdings eine noch grundlegendere Annahme zutreffen. Diese Annahme besagt, dass auch die fortgeschrittenste Technik von Menschen kontrollierbar wäre, wenn die Entwickler und die Betreiber der Technik bereit wären, einen höheren zeitlichen und finanziellen Aufwand für entsprechende Entwicklungen zu betreiben.

Nach all den Jahrzehnten, in denen Grundlagen und Methoden entwickelt worden sind, um einen solchen Sinneswandel und in Folge bessere Gestaltung von Technik zu unterstützen, lässt der insgesamt doch beschränkte Erfolg dieser Bemühungen Zweifel an dieser Annahme aufkommen. Was wäre, wenn die immer wieder konstatierte mangelhafte menschliche Kontrollierbarkeit von Technik nicht eine normative Ursache in Form von Menschen-, Technik- und Organisationsbildern hat, sondern einen sachlichen Ursprung in Form einer das menschliche Kontroll- und zunehmend auch das Vorstellungsvermögen übersteigenden Komplexität? Dann kann die Maxime nur sein, entweder alle weitere Technikentwicklung anzuhalten oder eine (partielle) Nichtkontrollierbarkeit zu akzeptieren. Auf der rein technischen Seite nimmt diese Akzeptanz die Form von Restrisikoberechnungen an. Auf der menschlichen Seite scheut man sich, diese *Nichtkontrollierbarkeit* zuzugeben, da man dann in Verantwortungsdilemmata hineingerät. So wird der menschliche Operateur als ‚Backup' im System behalten, bei dem alle Probleme zusammenlaufen, deren Lösung von ihm erwartet wird. Dass dies nicht aufgehen kann und als Augenwischerei durch Systementwickler und -betreiber anzusehen ist, um die Grenzen der Kontrollierbarkeit nicht offen eingestehen zu müssen, hat schon Lisanne Bainbridge (1982) in unnachahmlicher Klarheit aufgezeigt.

Seit einiger Zeit erfährt die Forschung zum Vertrauen in Technik auf der Ebene der konkreten Mensch-Technik-Interaktion ein verstärktes Interesse (z.B. Muir 1994; Moray/Inagaki/Itoh 2000). Polemisch könnte man den Ursprung dieses Interesses darin vermuten, dass zwar weiterhin von der Devise „Vertrauen ist gut – Kontrolle ist besser" ausgegangen wird, dass dem Operateur jedoch vielfach lediglich das Vertrauen bleibt. Experimentelle Untersuchungen haben gezeigt, dass gerade dann der Technik vertraut und entsprechend viele Funktionen der Technik vom Operateur übertragen werden, wenn das Vertrauen in die eigenen Fähigkeiten gering ist (z.B. Lee/Moray 1992, 1994). Aus der grundlagenpsychologischen Forschung wissen wir, dass Selbstvertrauen sehr viel mit wahrgenommenen Kontrollmöglichkeiten zu tun hat.

Im Folgenden wird als Prämisse genommen, dass technische Systeme für Menschen zumindest partiell nicht kontrollierbar sind. Es werden Überlegungen dazu angestellt, wie diese Prämisse Kriterien für die Technikentwicklung modifizieren könnte und was daraus möglicherweise an Gewinn zu ziehen wäre.

3.4 Richtlinien für die Gestaltung (partiell) nicht kontrollierbarer Technik

Hauptanliegen von Richtlinien für die Gestaltung partiell nicht kontrollierbarer Technik wäre, den Menschen von seiner Lückenbüßerrolle in komplexen soziotechnischen Systemen zu befreien. Ansatzweise passiert dies bereits in all jenen Methoden, die aufgrund von Überlegungen zur maximalen menschlichen Belastbarkeit die Entwicklung adaptiver Systeme unterstützen, in denen zeitweise und unbeeinflussbar durch den Menschen die Kontrolle gänzlich zur Technik übergeht (z.B. Inagaki 2000; Moray/Inagaki/Itoh 2000). Die Frage der Verantwortlichkeit wird üblicherweise in diesen Ansätzen aber nicht behandelt.

Klaus Kornwachs schreibt zu den Voraussetzungen für die Übernahme von Verantwortung:

> *„Verantwortung wahrnehmen zu können, setzt Handlungsfreiheit und Wahlfreiheit voraus. Zwangssituationen entbinden zwar nicht von möglichen Schuldgefühlen, aber üblicherweise doch von einer gewissen Verantwortlichkeit, es sei denn, man habe sie willentlich oder fahrlässig selbst herbeigeführt."* (1999: 55f.)

Neben diversen anderen Voraussetzungen, die für die jetzige Diskussion weniger relevant sind, nennt er zudem die Forderung, dass fehlendes Wissen über Handlung, Absicht und Folgen prinzipiell und praktisch erwerbbar sein muss. Er betont, dass Automatisierung zwar einerseits gerade durch Komplexitätsreduktion für den menschlichen Operator diese Bedingungen zu schaffen versucht, gleichzeitig dadurch aber auch neue Komplexität geschaffen wird, die diese Voraussetzungen verletzen kann.

Aufbauend auf einem Ansatz, der den Bedingungen für Verantwortungsübernahme und damit auch für Kontrollierbarkeit gerecht zu werden versucht, sollten die Grenzen der Kontrollierbarkeit möglichst klar definiert werden. In den Bereichen, die für den menschlichen Operateur als nicht kontrollierbar eingestuft werden, ist auch seine Verantwortung abzulehnen. Am Beispiel des Bremsvorgangs im Airbus A320 hätte das geheißen, dass die irreversible Automatisierung der für das Bremsen des Flugzeugs essentiellen Funktionen den Piloten schon im Training vermittelt und auch während des Landevorgangs angezeigt werden müsste. Wenn in der Ausführung dieser Funktionen Fehler passieren, so wäre direkt der Hersteller, möglicherweise noch der Systembetreiber, nicht aber der Pilot verantwortlich zu machen, außer es könnte nachgewiesen werden, dass mangelnde Kompetenz auf Seiten des Piloten (z.B. durch frühere schlechte Beurteilungen bei Simulatortrainings) oder andere Bedingungen vorliegen, die im Sinne von Kornwachs eine willentliche oder fahrlässige Herbeiführung dieser Zwangssituation bewirkt haben.

Im Rahmen eines kürzlich durchgeführten Expertenworkshops zu den Chancen und Risiken des Pervasive Computing wurde ähnlich argumentiert, dass Zonen von Intransparenz und Unsicherheit in den technischen Systemen transparent gemacht werden sollten, d.h. als solche zu deklarieren wären (Meier 2005). Bei Inbetriebnahme einer RFID (Radio Frequency Identification)-Anwendung (wie den inzwischen schon berühmten Milchflaschen in unseren Kühlschränken, die nach Ablauf ihres Verfallsdatums selbst Milch nachbestellen) könnte dies zum Beispiel bedeuten, dass der Nutzer informiert wird, welche Datenverbindungen hergestellt werden und welche davon in einem sicherheitstechnisch ungeschützten Netzwerk erfolgen. Solche Hinweise gibt es teilweise heute schon bei Internetverbindungen. Dort, wo die Nutzerin noch die Wahl hätte, die Technik nicht zu nutzen, verbliebe die Verantwortung bei ihr. Dort, wo wir gezwungen wären, solche Technik anzuwenden, könnten wir diese Meldungen zur Kenntnis nehmen und wüssten dadurch um die Grenzen der Kontrollierbarkeit, ohne Einfluss nehmen, aber auch ohne zur Verantwortung gezogen werden zu können.

Um soziotechnische Systeme entsprechend solcher Vorgaben gestalten zu können, sollten bestehende Verfahren technischer, menschlicher und organisatorischer Risikoabschätzungen dahingehend erweitert werden, dass nicht beherrschte Risikozonen als solche identifiziert und für Systembetreiber wie auch im operativen Betrieb für die Systemnutzer kenntlich gemacht werden. Soweit möglich sollten auch in diesen Bereichen Heuristiken zur Verfügung gestellt werden, um die Unsicherheiten bewältigen und wieder Kontrolle erlangen zu können, z.B. im Sinne der „process rules" von Andrew Hale und Paul Swuste (1998, mehr dazu weiter unten). Gleichzeitig würde aber in diesen Bereichen die Verantwortung für das sichere Betreiben des Systems beim Systemhersteller, möglicherweise beim Systembetreiber, nicht aber beim menschlichen Operateur liegen. Der Druck, diese Bereiche möglichst klein zu halten und damit die Kontrollierbarkeit durch den menschlichen Operateur zu maximieren, würde dadurch wachsen. Ähnliches passiert beispielsweise schon durch die amerikanische Gesetzgebung, die es Operateuren ermöglicht, den Systementwickler zu verklagen, wenn ihre eigenen Fehlhandlungen nachweislich Folge schlechter Systemgestaltung waren (Baram 2007).

Eine Risikoanalysemethode, die sich für ein solches Vorgehen eignen könnte, ist CREAM von Erik Hollnagel (1998). In dieser Methode werden vier Kontrollmodi, in denen sich der menschliche Operateur befinden kann, unterschieden: chaotisch, opportunistisch, taktisch und strategisch. Diesen Kontrollmodi werden Reliabilitätsintervalle zugeordnet, die zur Bestimmung der Wahrscheinlichkeit von Handlungsfehlern bei verschiedenen möglichen Ereignissequenzen genutzt werden. Eine solche Unterteilung könnte auch nützlich sein, um Bereiche der menschlichen Nichtkontrollierbarkeit in einem Mensch-Maschine-System zu identifizieren, in denen bei bestimmten Randbedingungen nur ein chaotischer Kontrollmodus möglich ist, z.B. weil Ereignisfolgen nicht vorhersehbar sind. Dabei wäre in der weiteren Systemgestaltung zu entscheiden, inwieweit Funktionen in solchen Bereichen vollständig dem technischen System übergeben werden können bzw. inwieweit der menschliche Operateur doch noch in seinem Handeln unterstützt werden kann. Schließlich kann unter Umständen genau dadurch Kontrolle gewonnen werden, dass Bereiche von Intransparenz und Unsicherheiten im System klarer erkannt werden und der Umgang mit ihnen gezielt geübt wird, statt Sicherheiten zu behaupten, die insbesondere bei zunehmender Vernetzung von Systemen nicht mehr einlösbar sind.

4   Kontrolle durch Reglementierung

Standards und Regeln sind ein wesentlicher Koordinationsmechanismus in Organisationen. Sie erlauben koordiniertes Handeln einer Vielzahl von Akteuren ohne Notwendigkeit einer direkten Absprache, d.h. ohne explizite Koordination zwischen den Akteuren. Besonders in sicherheitsrelevanten Arbeitsprozessen besteht zudem die Annahme, dass Regeln die Sicherheit erhöhen, da die persönliche Koordination zwischen Akteuren fehleranfällig ist. Lokal handelnde Personen können nicht alle Konsequenzen ihrer Handlungen in komplexen, stark vernetzten Systemen überblicken. Dies kann weit besser durch ein unter Einbezug dieser komplexen Interaktionen entwickeltes Regelsystem gewährleistet werden.

Gleichzeitig ist aber auch zu bedenken, dass persönliche Koordination durch Anweisungen eines Vorgesetzten oder Absprachen im Team weit flexibler ist als unpersönliche, durch Regeln definierte Koordination. Nicht alle Besonderheiten aller möglichen Zustände und Kontextbedingungen können für komplexe Systeme vorausgedacht und in das Regelsystem mit aufgenommen werden. Anpassungen und Konkretisierungen der Handlungsvorgaben müssen von den Akteuren lokal unter Berücksichtigung der Situation vorgenommen werden. Das bedeutet auch, dass die Akteure bewusst zwischen *impliziter Koordination* auf Basis von Vorschriften und dem damit verbundenen geteilten Grundverständnis der Situation und *expliziter Koordination*, die aktiv ein geteiltes Verständnis der aktuellen Besonderheiten der Situation herstellt, wechseln können müssen (Grote/Zala-Mezö/Grommes 2004). Dabei ist auch zu berücksichtigen, dass fremdbestimmte Regeln solche Anpassungsprozesse erschweren können, da sie individuelle Planung verhindern und Atomisierung von Handlungen fördern (Vermersch 1985).

4.1 Regelmanagement

Aus der Perspektive des Regelmanagements in Organisationen muss vor allem entschieden werden, welche Form des Unsicherheitsmanagements für einen bestimmten Arbeitsprozess die adäquate ist. Daraus lässt sich dann ableiten, welches Gewicht Vorschriften und persönlicher Absprache sowie der Algorithmisierung von Arbeitsprozessen durch Technik und schließlich auch der sozialen Koordination durch kulturelle Normen als Koordinationsmechanismen beizumessen ist. Hinsichtlich der persönlichen Absprache ist auch zu entscheiden, wie stark hierarchische Vorgaben durch die Führungsperson im Vergleich zu lateralen Absprachen innerhalb und zwischen Arbeitsgruppen oder Einzelpersonen genutzt werden sollen. Analog ist bei technisch determinierten Prozessen zu entscheiden, wie viel menschliche Eingriffsmöglichkeiten zugelassen oder gefordert werden, und bei durch Vorschriften festgelegten Prozessen, wie viel Entscheidungsspielräume welchen Akteuren belassen werden. Eine Besonderheit kultureller Normen als Koordinationsmechanismus ist, dass sie eine sehr ,weiche' Form der Koordination darstellen, die in sich eine Balance von Zentralisierung durch Werte bei gleichzeitig ermöglichter Dezentralisierung der Handlungsautonomie birgt.

Diese Entscheidungen stellen die ersten Schritte im Regelmanagementprozess dar, wie er von Andrew Hale, Tom Heijer und Floor Koornneef (2003) beschrieben worden ist. Im Folgenden müssen dann Entscheidungen über die Art der Regeln getroffen werden, z.B. hinsichtlich Detaillierungsgrad und Verbindlichkeit. Hale und Swuste (1998) haben dazu ein Kategoriensystem vorgeschlagen, das diese Entscheidungen unterstützt. Sie unterscheiden zwischen:

- der Ebene der durch eine Regel festgelegten Handlungsregulation:
  - Ziel (die Regel definiert nur das Ziel, macht aber keine Aussagen darüber, wie das Ziel zu erreichen ist)
  - Prozess (die Regel beschreibt Prozesse, die nötig sind, um die korrekte Handlung zu definieren)
  - Handlung (die Regel scheibt eine konkrete operative Handlungsweise vor)
- der Verbindlichkeit der Regel (Ratschlag vs. Vorgabe)
- dem Handlungsspielraum in der Ausführung der Regel (mit vs. ohne Handlungsspielraum)
- der Verantwortungszuteilung (Verantwortliche Person(en) erwähnt vs. nicht erwähnt)
- den Ausnahmen der Regelanwendung (mit vs. ohne Ausnahmen)
- der Begründung der Regel (mit vs. ohne Begründung)

Auch muss bestimmt werden, auf welcher Ebene der Organisation die Regeln definiert werden. So gilt beispielsweise bezüglich der Handlungsregeln (vgl. Hale/Swuste 1998), dass:

- je höher die Vorhersagbarkeit, desto eher können Handlungsregeln auf höheren Ebenen in der Organisation entschieden werden;
- je höher die Innovation, desto eher müssen Handlungsregeln auf operativer Ebene bestimmt werden;
- je höher die Interaktionserfordernisse, desto eher müssen Handlungsregeln auf höheren Ebenen in der Organisation entschieden werden.

Mathilde Bourrier (1998) hat in ihren vergleichenden Analysen der Organisation von Instandhaltungsarbeiten in vier Kernanlagen gezeigt, dass die Befolgung von Regeln mit dem Ausmaß des Einflusses zusammenhing, den die betroffenen Arbeitenden auf deren Erstellung und Modifikation hatten. Dies zeigt die Wichtigkeit von Autonomie höherer Ordnung, d.h. Autonomie bezüglich Entscheidungen über die Restriktion der eigenen operativen Autonomie (Grote 1997).

In den weiteren Schritten des Regelmanagements geht es um die Einführung, Verbreitung, Überwachung, Evaluation und Modifikation der Regeln. Hierbei sind alltägliche Führungsprozesse, Ausbildung sowie Auswertung und Kommunikation von Ereignissen zentral. Aus den Erfahrungen in der Anwendung der Regeln können sich auch grundlegende Änderungen in der Definition der Arbeitsprozesse und Koordinationsmechanismen ergeben.

4.2   Flexible Routinen

Allgemeiner kann Koordination in Organisationen im Kontext der Herausbildung organisationaler Routinen diskutiert werden. Organisationale Routinen sind als „repetitive, recognizable patterns of interdependent actions, carried out by multiple actors" (Feldman/Pentland 2003: 95) beschrieben worden. Diese Definition verweist auf die Bedeutung von Routinen für koordiniertes Handeln, ohne zu spezifizieren, in welcher Form diese Routinen existieren. Dies könnten Regeln und Vorschriften sein, technologisch vordefinierte Prozesse oder auch ein von den Akteuren geteiltes, erfahrungsbasiertes und implizites Verständnis der geforderten Handlungsweisen. Die Grundannahme ist, dass Routinen in Organisationen entstehen, weil sie Komplexität und Unsicherheit reduzieren und Stabilität, Kontrolle und Legitimität erhöhen. Gleichzeitig wird die Herausbildung von Routinen als Bürokratisierung verstanden, die die Flexibilität des Handelns erschwert. Marta Feldman und Brian Pentland haben aber darauf hingewiesen, dass Routinen immer die Dualität von Prinzip und Praxis enthalten und die Praxis immer eine situationsbezogene Modifikation des Prinzips enthält und damit Flexibilität ermöglicht (Bourdieu 2005).

Die Frage, welche Arten von Regeln und Vorschriften die Entwicklung flexibler Routinen unterstützen, ist bisher nicht systematisch untersucht worden. Es kann angenommen werden, dass Regeln in den meisten Fällen ein gewisses Maß an Handlungsspielraum beinhalten sollten, damit die Adaptivität der Praxis der Routine gewährleistet ist. Dabei wäre auch zwischen inhärent flexiblen Regeln und der flexiblen Anwendung von eigentlich starren Regeln zu unterscheiden. Letzteres wird wohl oftmals eher als Regelverletzung ausgelegt (z.B. Reason et al. 1998). Diese Überlegungen zeigen, dass es sehr wichtig ist, nicht nur die Menge an Regelungen in Organisationen und die Auswirkung auf die Kontrollierbarkeit von Arbeitsprozessen zu untersuchen, sondern auch die Art der Regeln zu berücksichtigen.

Prozessregeln (Hale/Swuste 1998) erscheinen in besonderem Maß geeignet, um lose Kopplung zu stützen. Sie bieten Orientierung, ohne den Handelnden auf eine Handlung festzulegen und können sogar explizit den Wechsel zwischen verschiedenen Koordinationsformen unterstützen, indem eine Regel beispielsweise besagt, dass unter bestimmten Bedingungen nicht mehr dem standardisierten Handlungsablauf zu folgen ist, sondern die nötigen Handlungen im Team und/oder mit dem Vorgesetzten explizit abzusprechen sind.

4.3   Fallbeispiel eines Eisenbahnunternehmens

In Eisenbahnunternehmen haben seit jeher detaillierte Reglementierungen einen hohen Stellenwert. Dies ist gut nachvollziehbar aufgrund der speziellen Arbeitsbedingungen im Schienentransport, die hohe Eigenständigkeit von verteilt und teilweise isoliert arbeitenden Akteuren verlangen, denen bis vor kurzem nur beschränkte Möglichkeiten der direkten Kommunikation zur Verfügung standen. In der Koordination von Arbeitsprozessen wird deshalb eher auf Vorschriften als auf persönliche Führung oder Absprachen im Team vertraut. Angesichts der steigenden Anforderungen an die Koordination durch immer höhere Zugdichte wird aber zunehmend diskutiert, ob nicht persönliche Formen der Koordination zu stärken wären (Hale/Heijer 2006). Persönliche Koordination ist flexibler und kann deshalb auch bei hoher Komplexität situativ angemessenes Handeln unterstützen. Die inzwischen breit verfügbaren Kommunikationsmittel würden auch den dafür nötigen persönlichen Austausch ermöglichen und unterstützen.

Handlungsregel – Sind ortsfeste Signale für Abfahrerlaubnis vorhanden, sind diese zu verwenden.

Prozessregel – Wenn die Zustimmung zur Fahrt ohne offensichtlichen Grund nicht rechtzeitig erteilt werden kann, verständigt der Fahrdienstleiter den Lokführer.

Zielregel – Der Fahrdienstleiter hat unter Berücksichtigung der betrieblichen Zweckmässigkeit die Zustimmung zur Fahrt so zu erteilen, dass ein rechtzeitiges Verkehren ermöglicht wird.

Regel mit geringer Verbindlichkeit – Wird die Zustimmung zur Fahrt am Vorsignal festgestellt, darf auf die Beachtung der Gruppensignal-Zusatzsignalisierung verzichtet werden.

Regel mit Handlungsspielraum – Falls es absehbar ist, dass die kundendienstliche Bereitschaft nicht rechtzeitig erstellt werden kann, verständigt der Lokführer den Fahrdienstleiter. Diese Information erfolgt so früh wie möglich, in der Regel vor dem Erteilen der Zustimmung zur Fahrt.

Regel mit Hinweis auf Verantwortungszuteilung – Mit der Fahrtstellung des Hauptsignals erteilt der Fahrdienstleiter dem Lokführer die Zustimmung zur Fahrt.

Regel mit Ausnahme – Die Fahrtstellung des Gruppensignals gilt als Zustimmung, ausgenommen die allenfalls erforderliche technische Bereitschaft wurde noch nicht gemeldet.

Regel mit Begründung – Bei Annäherung an eine Haltestelle oder einen Bahnhof hat der Lokführer eines Zuges mit Bedarfshalt die Geschwindigkeit auf 60 km/h oder weniger zu vermindern, damit er nötigenfalls den Zug rechtzeitig anhalten kann.

Tabelle 1: Beispiele aus der Regelanalyse eines Fahrdienstreglements

Als Vorbereitung für mögliche Anpassungen des bestehenden Fahrdienstreglements in einem Eisenbahnunternehmen wurden die bestehenden Regeln nach dem Kategoriensystem von Hale und Swuste (1998) analysiert (vgl. auch Grote et al. 2008, Grote 2008). Beispiele für Regeln der verschiedenen Kategorien finden sich in Tabelle 1.

Zwei wesentliche Ergebnisse der Regelanalyse waren:

1. Es fanden sich bei Rangierprozessen weit mehr Regeln mit Spielraum als bei Prozessen, die Zugfahrten betreffen. Angesichts der weit geringeren Qualifikation von Rangierern im Vergleich zu Fahrdienstleitern und Lokführern wäre genau die umgekehrte Verteilung zu empfehlen, d.h. die besser qualifizierten Mitarbeitenden erhalten durch offenere Regeln mehr Eigenverantwortung.

2. Es fand sich ein höherer Anteil an Regelungen mit Verantwortungszuteilung bei den vor kurzem revidierten Regeln zu Zugfahrten, was dem expliziten Ziel der Revision entsprach. Damit wird einerseits Verantwortungsdiffusion vermieden, gleichzeitig stellte sich aber auch die Frage, ob nicht bisher bestehende Redundanzen durch mehrere gleichermassen einbezogene Akteure nun übermäßig reduziert werden. Es wurde kritisiert, dass die Logik der Regeln nicht mehr den Arbeitsprozessen, sondern der Arbeitsteilung zwischen Infrastruktur und Verkehr folgt.

Anhand der Ergebnisse wurde eine Reihe von Empfehlungen ausgesprochen, die in einem anschließenden internen Projekt zum Regelmanagement im untersuchten Eisenbahnunternehmen umgesetzt wurden. Insbesondere wurden inhaltliche Vorgaben für die Regelerstellung erarbeitet, die eine systematischere Wahl von Regelarten unterstützen. Dabei werden auch die spezifische Arbeitssituation und die Kompetenzprofile der Adressaten sowie das Zusammenspiel verschiedener Koordinationsmechanismen berücksichtigt.

5   Abschließende Bemerkungen

Vieles des Gesagten ist nicht neu – neu ist vielleicht eher die zugrunde liegende Haltung: Statt mangelnde menschliche Kontrollierbarkeit komplexer Systeme zu beklagen und menschliche Kontrolle immer wieder aufs Neue zu fordern, geht der hier vorgestellte Ansatz sehr dezidiert davon aus, dass heutige und zukünftige soziotechnische Systeme mehr oder minder große Zonen der Nichtkontrollierbarkeit enthalten. Jegliche Systemgestaltung sollte dies zur Prämisse nehmen und entsprechende Konzepte erarbeiten, mit der Nichtkontrollierbarkeit auf eine Weise umzugehen, die nicht die Verantwortung beim menschlichen Operateur sucht, sondern Systembetreiber, Systementwickler und letztlich gesellschaftliche Akteure in die Pflicht nimmt. Dies kann um einiges effektiver geschehen, wenn Unsicherheit transparent gemacht und der Mensch seiner Funktion als Lückenbüßer und Backup enthoben würde. Damit wären wir auch näher an der Erfüllung der von Kornwachs aufgestellten Forderung: „Handle so, dass die Bedingungen (der Möglichkeit) des verantwortlichen Handelns für alle Beteiligten erhalten bleiben." (Kornwachs 1999: 67)

Um die menschliche Handlungsfähigkeit angesichts wachsender Komplexität und Unsicherheit zu erhöhen, sind Regeln nicht als starre Vorgaben, sondern als flexibel zu nutzende Ressourcen für situatives Handeln zu gestalten. Der „slack" (Staehle 1991), der bei viel Unsicherheit nötig ist, muss explizit gestaltet werden, statt implizit auf die Improvisationsfähigkeit der menschlichen Akteure zu hoffen. Dem Traum der zentralen Kontrollierbarkeit durch zentrale Planung, der im Zuge neuerer technischer Entwicklungen wie beispielsweise der RFID-Technologie wieder erwacht, muss entgegengewirkt werden, damit die Bewältigung von Unsicherheit unterstützt werden kann.

Gleichzeitig bleibt aber auch aus Perspektive der Gestaltung von Regelsystemen das grundlegende Problem bestehen, dass durch erhöhte Komplexität Zonen der Nichtkontrollierbarkeit entstehen, die als solche erkannt und bewusst in Kauf genommen werden müssen. Wie Michael Power schreibt, bedingt dies „new politics of uncertainty, (...) (which) must generate legitimacy for the possibility of failure". (2004: 62) Er nimmt an, dass öffentliches Vertrauen in komplexe soziotechnische Systeme gerade dadurch wieder hergestellt werden kann, dass die Risiken von Innovationen offengelegt und nicht beschönigt werden:

> *„A new politics of uncertainty would not seek to assuage public anxiety and concerns with images and rhetorics of manageability and control, and would challenge assumptions that all risk is manageable. States and corporations would not need to act as if all risk is controllable and would contest media assumptions to that effect. Public understandings of expert fallibility would be a basis for trust in them, rather than its opposite. Regulatory organizations would be publicly conceived of more as laboratories, rather than as insurers."* (ebd.)

Diese Offenheit für die Begrenztheit der Kontrollierbarkeit komplexer Systeme könnte eine Chance dafür sein, dass Systemhersteller und -betreiber, Aufsichtsbehörden und die vor Ort handelnden Menschen sich gegenseitig darin unterstützen, miteinander Verantwortung zu tragen statt sie von einem zum nächsten zu schieben.

6   Literatur

Amalberti, René, 1992: Safety in process-control: An operator-centred point of view. In: *Reliability Engineering and System Safety* 38: 99-108.

Amalberti, René, 1993: Safety in flight operations. In: Berhard Wilpert/Thoralf Qvale (Hg.), *Reliability and safety in hazardous work systems.* Hove: Lawrence Erlbaum, 171-194.

Bailey, Robert W., 1989: *Human performance engineering* (2nd ed.). London: Prentice-Hall International.

Bainbridge, Lisanne, 1982: Ironies of automation. In: Gunnar Johannsen/John E. Rijnsdorp (Hg.), *Analysis, design and evaluation of man-machine systems.* Oxford: Pergamon, 129-135.

Baram, Michael, 2007: Liability and its influence on designing for product and process safety. In: Safety Science 45: 11-30.

Bourdieu, Pierre, 2005: *The Social Structures of the Economy.* Cambridge: Polity Press.

Bourrier, Mathilde, 1998: Constructing organizational reliability: the problem of embeddedness and duality. In: Jyuji Misumi et al. (Hg.), *Nuclear safety: a human factors perspective.* London: Taylor & Francis, 25-48.

Boy, Guy, 1998: *Cognitive function analysis.* London: Ablex.

Burns, Tom/George M. Stalker, 1961: *The management of innovation.* London: Tavistock.

Christaller, Thomas et al., 2001: *Robotik. Perspektiven für menschliches Handeln in der zukünftigen Gesellschaft.* Berlin: Springer.

Emery, Fred, 1959: *Characteristics of Socio-Technical Systems.* London: Tavistock Institute of Human Relations.

Feldman, Martha S./Brian T. Pentland, 2003: Reconceptualizing organizational routines as a source of flexibility and change. In: *Administrative Science Quarterly* 48: 94-118.

Giesa, Hans-Gerd/Klaus-Peter Timpe, 2002: Technisches Versagen und menschliche Zuverlässigkeit: Bewertung der Verlässlichkeit in Mensch-Maschine-Systemen. In: Klaus-Peter Timpe et al. (Hg.), *Mensch-Maschine-Systemtechnik - Konzepte, Modellierung, Gestaltung, Evaluation.* Düsseldorf: Symposion, 63-106.

Grote, Gudela, 1997: *Autonomie und Kontrolle - Zur Gestaltung automatisierter und risikoreicher Systeme.* Zürich: vdf Hochschulverlag.

Grote, Gudela, 2004: Uncertainty management at the core of system design. In: *Annual Reviews in Control* 28: 267-274.

Grote, Gudela, 2008: Rules management as source for loose coupling in high-risk systems. In: Erik Hollnagel et al. (Hg.), *Remaining sensitive to the possibility of failure.* London: Ashgate, 91-100.

Grote, Gudela/Cornelia Ryser/Toni Wäfler/Anna Windischer/Stefen Weik, 2000: KOMPASS: A method for complementary function allocation in automated work systems. In: *International Journal of Human-Computer Studies* 52: 267-287.

Grote, Gudela/Toni Wäfler/Cornelia Ryser/Steffen Weik/Martina Zölch/Anna Windischer, 1999: *Wie sich Mensch und Technik sinnvoll ergänzen. Die Analyse automatisierter Produktionssysteme mit KOMPASS.* Zürich: vdf Hochschulverlag.

Grote, Gudela/Johann Weichbrodt/Hannes Günter/Eniko Zala-Mezö/Barbara Künzle, 2008: Coordination in high-risk organizations: the need for flexible routines. In: *Cognition, Technology & Work* (im Druck).

Grote, Gudela/Eniko Zala-Mezö/Patrik Grommes, 2004: The effects of different forms of coordination in coping with work load. In: Rainer Dietrich und Traci Michelle Childress (Hg.): *Group Interaction in High-Risk Environments*. Ashgate, Aldershot/UK, 39-55.

Hale, Andrew/Tom Heijer, 2006: Is resilience really necessary? The case of railways. In: Erik Hollnagel et al. (Hg.). *Resilience Engineering: Concepts and Precepts*. London: Ashgate, 125-148.

Hale, Andrew/Tom Heijer/Floor Koornneef, 2003: Management of Safety Rules: The Case of Railways. In: *Safety Science Monitor* 7: 1 <www.monash.edu.au/muarc/IPSO/vol7/index.html>

Hale, Andrew/Paul Swuste, 1998: Safety rules: procedural freedom or action constraint? in: *Safety Science* 29: 163-177.

Hauss, York/Klaus-Peter Timpe, 2002: Automatisierung und Unterstützung im Mensch-Maschine-System. In: Klaus-Peter Timpe et al. (Hg.), *Mensch-Maschine-Systemtechnik - Konzepte, Modellierung, Gestaltung, Evaluation*. Düsseldorf: Symposion, 41-62.

Hollnagel, Erik, 1998: *CREAM - Cognitive Reliability and Error Analysis Method*. Oxford: Elsevier.

Hollnagel, Erik (Hg.), 2003: *Handbook of Cognitive Task Design*. Mahwah, NJ: Lawrence Erlbaum.

Hollnagel, Erik/David D. Woods/Nancy Leveson (Hg.), 2006: *Resilience Engineering: Concepts and Precepts*. London: Ashgate.

Inagaki, Toshiyuki, 2000: Situation-adaptive autonomy for time-critical takeoff decisions. In: *International Journal of Modelling and Simulation* 20: 175-180.

Klein, Janice A., 1991: A Reexamination of Autonomy in Light of New Manufacturing Practices. In: *Human Relations* 44: 21-38.

Kornwachs, Klaus, 1999: Bedingungen verantwortlichen Handelns. In: Klaus-Peter Timpe/Matthias Rötting (Hg.), *Verantwortung und Führung in Mensch-Maschine-Systemen*. Sinzheim: Pro Universitate, 51-79.

LaPorte Todd. R/Paula M. Consolini, 1991: Working in Practice but Not in Theory: Theoretical Challenges of „High-Reliability Organizations". In: *Journal of Public Administration Research and Theory* 1: 19-48.

Lee, John/Neville Moray, 1992: Trust, control strategies and allocation of function in human-machine systems. In: *Ergonomics* 35: 1243-1270.

Lee, John/Neville Moray, 1994: Trust, self-confidence, and operators' adaptation to automation. In: *International Journal of Human-Computer Studies* 40: 153-184.

Main Commission Aircraft Accident Investigation Warsaw, *Report on the Accident to Airbus A320-211 Aircraft in Warsaw on 14 September 1993*, Warsaw, Poland, March 1994. Web version prepared by Peter Ladkin, <www.rvs.uni-bielefeld.de/publications/Incidents/DOCS/ComAndRep/Warsaw/warsaw-report.html>

Meier, Katrin, 2005: *Stakeholder-Dialog über Pervasive Computing – Überall und unsichtbar*. St. Gallen: Stiftung Risiko-Dialog.

Moray, Neville/Toshiyuki Inagaki/Makoto Itoh, 2000: Adaptive automation, trust, and self-confidence in fault management of time-critical tasks. In: *Journal of Experimental Psychology: Applied* 6: 44-58.

Morgan, Gareth, 1986: *Images of organization*. Beverly Hills, CA: Sage.

Muir, Bonnie M., 1994: Trust in automation, part I: Theoretical issues in the study of trust and human intervention in automated systems. In: *Ergonomics* 37: 1923-1941.

Orton, Douglas J./Karl E. Weick, 1990: Loosely coupled systems: A reconceptualization. In: *Academy of Management Review* 15: 203-223.

Papadopoulos, Yiannis/John McDermid, 2001: Automated safety monitoring: A review and classification of methods. In: *International Journal of Condition Monitoring and Diagnostic Engineering Management* 4 (4): 1-32.

Pasmore, William. A., 1988: *Designing effective organizations. The sociotechnical systems perspective.* New York: Wiley.

Perrow, Charles, 1984: *Normal Accidents: Living with High Risk Technologies.* New York: Basic Books.

Power, Michael, 2004: *The risk management of everything: Rethinking the politics of uncertainty.* London: Demos.

Reason, James T., 1997: *Managing the risks of organizational accidents.* Aldershot, UK: Ashgate.

Reason, James T./Dianne Parker/Rebecca Lawton, 1998: Organizational controls and safety: The varieties of rule-related behaviour. In: *Journal of Occupational and Organizational Psychology* 71: 289-304.

Schein, Edgar H., 1992: *Organizational culture and leadership* (2nd Ed). San Francisco: Jossey-Bass.

Senge, Peter M., 1990: *The fifth discipline: The art and practice of the learning organisation.* New York.

Staehle, Wolfgang H., 1991: Redundanz, Slack und lose Kopplung in Organisationen: Eine Verschwendung von Ressourcen? In Wolfgang H. Staehle/Jörg Sydow (Hg.), *Managementforschung 1.* Berlin: de Gruyter, 313-345.

Suchman, Lucy A., 1987: *Plans and Situated Actions: The Problem of Human-Machine Communication.* Cambridge: Cambridge University Press.

Susman, Gerald I., 1976: *Autonomy at work. A sociotechnical analysis of participative management.* New York: Praeger.

Thompson, James D., 1967: *Organizations in action.* New York: McGraw-Hill.

Timpe, Klaus-Peter/Thomas Jürgensohn/Harald Kolrep (Hg.), 2002: *Mensch-Maschine-Systemtechnik - Konzepte, Modellierung, Gestaltung, Evaluation.* Düsseldorf: Symposion.

Ulich, Eberhardt, 1994: *Arbeitspsychologie* (3. Aufl.). Zürich: Verlag der Fachvereine; Stuttgart: Schäffer-Poeschel.

Ulrich, Hans/Gilbert J.B. Probst, 1991: *Anleitung zum ganzheitlichen Denken und Handeln. Ein Brevier für Führungskräfte.* Bern.

Vermersch, Pierre, 1985: Donées d'observation sur l'utilisation d'une consigne écrite: L'atomisation de l'action. In: *Travail Humain* 48: 161-172.

Wäfler, Toni/Gudela Grote/Anna Windischer/Cornelia Ryser, 2003: KOMPASS: A method for complementary system design. In: Erik Hollnagel (Hg.), *Handbook of Cognitive Task Design.* Mahwah, NJ: Lawrence Erlbaum, 477-502.

Wäfler, Toni/Anna Windischer/Cornelia Ryser/Steffen Weik/Gudela Grote, 1999: *Wie sich Mensch und Technik sinnvoll ergänzen. Die Gestaltung automatisierter Produktionssysteme mit KOMPASS.* Zürich: vdf Hochschulverlag.

Wall, Toby D./John L. Cordery/Chris W. Clegg, 2002: Empowerment, performance, and operational uncertainty: A theoretical integration. In: *Applied Psychology. An International Review* 51: 146-169.

Weitz, Ely/Yehouda Shenhav, 2000: A longitudinal analysis of technical and organiza tional uncertainty in management theory. In: *Organization Studies* 21: 243-265.

Weick, Karl E., 1976: Educational Organizations as Loosely Coupled Systems. In: *Administrative Science Quarterly* 21: 1-19.

Weick, Karl E., 1987: Organizational Culture as a Source of High-Reliability. In: *California Management Review* 29: 112-127.

Weyer, Johannes, 2006: Modes of governance of hybrid systems. The mid-air collision at Überlingen and the impact of smart technology. In: *Science, Technology & Innovation Studies* 2: 127-149.

Von loser zu enger Kopplung

Die Entstehung risikofreudiger Universitäten und neuer Planungshorizonte

Michael Huber

1 Einleitung

Die organisationssoziologische Literatur beschreibt *Komplexität* entweder als Fehleranfällig-keit (vgl. Vaughn 1999) oder durch Hinweis auf die Unübersichtlichkeit und Unreformier-barkeit der Organisation und auf die Anarchie der Entscheidungsprozesse (vgl. Cohen et al. 1972). Diese Alternative von Fehleranfälligkeit oder Kompliziertheit bei der Beschreibung komplexer Organisationen ist keineswegs folgenlos für die empirische Analyse.

Den Zugang zur Komplexität als Fehleranfälligkeit repräsentiert auf paradigmatische Weise Charles Perrows (1984) bahnbrechendes Konzept der ‚normalen Katastrophen', bei dem er Fehleranfälligkeit als Strukturmerkmal der Organisation einführt. Es beruht auf der Beobach-tung, dass je komplexer die Organisation, desto größer das Risiko nicht-intendierter, destruk-tiver Folgen ist. Perrow unterscheidet zur Beobachtung der organisatorischen Komplexität zwei Dimensionen: Organisationen sind lose oder eng gekoppelt (vgl. auch Weick 1976) und ihre Interaktionen zeichnen sich durch Linearität oder Komplexität aus. Mit diesen beiden, in der Organisationsforschung seitdem weit verbreiteten Unterscheidungen spannt Perrow ein Feld auf, in dem Organisationsstrukturen und ihr Fehlerpotenzial eng zusammenhängen. So haben lose gekoppelte und durch lineare Interaktionen gekennzeichnete Organisationen ein sehr geringes Fehlerpotenzial, denn „if something goes wrong […] there is plenty of time for recovery, nor do things have to be in a precise order" (Perrow 1984: 98). In eng gekoppelten Organisationen mit komplexen Interaktionen dagegen ist das Fehlerpotenzial groß, „they will respond more quickly to these perturbations, but the response may be disastrous" (ebd.: 92). Eng gekoppelte Systeme sind fehleranfällig(er), weil sie die Fehler nicht auffangen können: „there is much less slack, less underutilised space, less tolerance for low quality performance and more multifunctional components" (ebd.: 88). Die Analyse Perrows zeigt des Weiteren, dass die Organisation auf das erhöhte Fehlerpotenzial wieder mit Organisation und Planung reagiert und neue Sicherungsmaßnahmen einführt. Allerdings wird sie dadurch nicht verlässlicher oder robuster, sondern riskanter, weil zusätzliche, unerwartete und komplexere Interaktionen die Fehleranfälligkeit – und damit die Komplexität – erhöhen.

Die andere Möglichkeit besteht darin, die Komplexität der Organisation mit ihrer Unregierbarkeit oder Kompliziertheit gleichzusetzen. In paradigmatischer Weise wird diese Option in den organisationssoziologischen Arbeiten zur Universität hervorgehoben. Universitäten werden als lose gekoppelte Systeme den wenig fehleranfälligen Organisationen zugeordnet. Karl Weick zufolge besitzen sie die folgenden charakteristischen Merkmale: „richly connected networks in which influence is slow to spread and/or is weak while spreading, […] a relative lack of coordination […], infrequent inspection of activities within the system […] those occasions when no matter what you do things always come out the same" (1976: 5). Durch lose Kopplung entsteht folglich eine vielgestaltige Organisation, die Entscheidungen nur schwer durchsetzen kann. Damit ist nicht gemeint, dass die Universität weniger komplex sei als fehleranfälligere Organisationsformen, ihre Komplexität wird nur anders konzipiert. So charakterisieren Michael D. Cohen et al. (1972) die Universität als ‚anarchisch', weil ihre Präferenzen nicht-transitiv sind und die Entscheidungen oft nur im Nachhinein legitimiert werden, weil die Mechanismen der organisatorischen Reproduktion (*technology*) nicht von allen, nicht einmal von allen wichtigen Mitgliedern verstanden werden und weil die Zuordnung von Mitgliedern zu Entscheidungsprozessen häufig unzureichend organisiert ist (Cohen et al. 1972: 1). Mit anderen Worten, hier ist es der Mangel an Organisation, der zum Nicht-Erreichen organisatorischer Ziele und Vorgaben führt.

Diese Gegenüberstellung bezeichnet nicht nur unterschiedliche Ursachen der Komplexität; hinter ihnen verbergen sich vielmehr auch unterschiedliche Vorstellungen über die Dynamik organisatorischer Entwicklung. Kompliziertheit verweist auf organisatorische Unzulänglichkeiten, die überwunden werden könnten, wenn *mehr* Organisation und Planung eingeführt würden. Dagegen legen Perrows Ausführungen zur Komplexität nahe, dass Fehlerbekämpfung Organisationen noch fehleranfälliger macht, dass die lose gekoppelten Organisationen aber Veränderungen absorbieren. Zwar hilft Planung Fehler zu vermeiden, gleichzeitig stellt sie aber eine wesentliche Quelle der Fehleranfälligkeit dar. Ein Mehr an Organisation ist keine Lösung.

Die Dopplung von Komplexitätskonzepten gewinnt im Kontext der aktuellen Universitätsreform (in Deutschland und anderen europäischen Ländern gleichermaßen) besondere Bedeutung, weil sie ein zentrales Reformproblem der Universität beschreiben hilft, nämlich die ‚Organisationswerdung der Universität' (z.B. Krücken/Meier 2006; Huber 2008a). Um die Entwicklung von der Institution zur Organisation zu beschreiben, geht dieser Beitrag davon aus, dass diese beiden Erklärungsstrategien nicht alternativ sind, sondern damit zusammenhängen, dass die teilautonome Universität zu einer autonomen Organisation entwickelt werden soll. Nils Brunsson und Kerstin Sahlin-Andersson charakterisieren eine solche ‚komplette', autonome Organisation als eine „entity processing independence and sovereignty with autonomous or self-interested goals with rational means and qualities commanding independent resources and having clear boundaries" (2000: 731). Dagegen werden teilautonome Organisationen als *Agenten* bezeichnet, die sich durch eine Abhängigkeit von anderen Akteuren und Organisationen auszeichnen, die als *Prinzipale* bezeichnet werden. „The principal is supposed at least indirectly, to control the action and to be responsible for it" (Brunsson/Sahlin-Andersson 2000: 732). In der Hochschulforschung besteht nun generelle Übereinstimmung darin, dass die aktuelle Hochschulreform einen zentralen Schritt hin zur Organisationswerdung darstellt. Die Universität soll von einem Agenten zur kompletten Organisation werden.

Soweit dies Komplexität betrifft, so die These dieses Beitrags, wird im Verlauf der Universitätsreform die Kompliziertheit der Universität durch Fehleranfälligkeit ersetzt. Damit wird das Management radikal umgestellt. Während nämlich die Robustheit der komplizierten Organisationen erkauft ist durch ihre Unregierbarkeit und Unübersichtlichkeit, ist Fehleranfälligkeit abhängig von Regierbarkeit; ihre Komplexität hängt folglich mit Planbarkeit zusammen. Betrachtet man die aktuelle Universitätsreform aus einer Komplexitätsperspektive, kann gezeigt werden, wie Regierbarkeit und Fehleranfälligkeit zueinander in einem Steigerungsverhältnis stehen und wie dies die Reform lose gekoppelter Organisationen beeinflusst. Um diesen Zusammenhang zu entwickeln, entfalte ich meine Argumentation in vier Schritten. In Abschnitt 2 skizziere ich ein erweitertes Kopplungsmodell der Universität, das zeigt, weshalb Weicks Konzept lose gekoppelter Systeme die Universitätsentwicklung nur unzureichend beschreiben kann. Abschnitt 3 zeigt dann, wie das New Public Management die System-Umwelt-Kopplung der Universität neu bestimmt und welche Folgen die erweiterte Autonomie der Universität für die anderen Kopplungen entfaltet. Abschnitt 4 beschreibt die organisatorischen Folgen dieses Wandels anhand der unternehmerischen Universität und zeigt, welche neuen Herausforderungen mit der Übernahme von Risiken an die Universität gestellt werden. Am Ende der Entwicklung steht eine fehleranfällige, riskante Universität, deren Aktivitäten durch Risikomanagement koordiniert werden. Dieser Entwicklungsschritt wird in Abschnitt 5 behandelt. Abschließend gehe ich auf die neue Fehleranfälligkeit der Universität ein.

2   Lose Kopplung: Erweiterungsvorschläge

Die Hochschulforschung verlässt sich auf die Behauptung der organisationssoziologischen Literatur, dass Universitäten (unabhängig von nationalen Differenzen) lose gekoppelt sind. Wenn sie von der losen Kopplung der Universität sprechen, beziehen sich Weick (1976) und seine Nachfolger (vgl. den Überblick in Orton/Weick 1990; Musselin 2007) auf die einzelnen ‚Produktionsabteilungen' der Universitäten, d.h. die Fakultäten und Institute, deren Aktivitäten und Resultate voneinander weitgehend unabhängig sind. Lose gekoppelt bedeutet aber auch, dass Fehler einer Fakultät oder eines Instituts sich selten auf andere Fakultäten auswirken, weil sie, soweit es die Organisation (nicht die Mitglieder!) betrifft, durch die Art der Kopplung absorbiert werden.[1]

Diese Konzeption der Universität ist unzureichend, da die Betrachtung der Abteilungen als lose gekoppelt darauf beruht, dass die Beziehung der Universität als Agent zum Prinzipal des Staats (und deren organisatorische Folgen) systematisch ausgeblendet wird. Die Universität in den meisten europäischen Staaten ist als lose gekoppelt nur ungenügend beschrieben, da lose Kopplung Staatsabhängigkeit voraussetzt, d.h. eine enge Kopplung der Universitäten an den Staat. Staatsabhängigkeit absorbiert mögliche Fehlerquellen durch Finanzierungsgarantien und weitgehende fachliche Kontrollen wie beispielsweise Staatsexamen; sie ist auch Quelle von Fehlern, die aber weitgehend ignoriert werden.[2] Daher kann Uwe Schimank (2001) den modernen Professor als Kleinunternehmer beschreiben, der allerdings nie bankrott gehen kann. Auch die Universität kann die Abteilungen nur deshalb voneinander weitgehend unabhängig operieren lassen, weil sie lediglich eine eingeschränkte Verantwortung für deren Erfolg übernimmt. Es ist vielmehr der Staat, der über Erfolg und Misserfolg entscheidet. Die Staatsabhängigkeit sedimentiert sich auch *in* der Universität, indem die Folgen der externen, engen Kopplung intern durch die lose Kopplung der staatsorientierten, bürokratischen Zentralverwaltung mit der wissenschaftlichen Selbstverwaltung abgefangen werden. Weitet man also das organisationsbezogene Kopplungskonzept entlang dieser zusätzlichen Dimensionen von Staatsabhängigkeit und der Doppelung von Verwaltung aus, so kann festgestellt werden, dass die Kopplung der Fakultäten und Institute im Zuge einer Organisationsreform nicht beliebig gesteigert bzw. abgebaut werden kann, sondern, wie Weick betont, immer nur ein bestimmtes Gesamtmaß enger Kopplung möglich ist:

> „*There are probably a finite number of tight couplings that can occur at any moment, that tight couplings in one place imply loose couplings elsewhere and that it may be the pattern of couplings that produces the observed outcomes*" (Weick 1976: 10).

Übertragen auf das erweiterte Kopplungsmodell besagt die Weicksche Gleichgewichtsthese, dass Änderungen der Kopplungsintensität in einer Dimension *zwangsläufig* Änderungen in anderen Dimensionen nach sich ziehen. Im Rahmen der aktuellen Universitätsreform erlangt diese Bedingung organisatorischen Wandels besondere Bedeutung.

Die Beschreibung der Universität als lose gekoppeltes System markiert ein Alleinstellungsmerkmal der Universität jenseits nationaler Variationen, das (auch) ihre Unreformierbarkeit begründen soll (vgl. Braun 2001, Clark 1998). In der Hochschulforschung wird diese Umweltbeziehung als zentrales Organisationsmerkmal beschrieben. Burton Clark (1983) stilisiert (den Grad der) Autonomie – als Gegenbegriff zur Staatsabhängigkeit – zur entscheiden-

---

[1] Das gilt nicht nur für die Forschung, sondern auch für die Lehre, denn der (Miss-)Erfolg der einzelnen Studierenden oder Studiengänge ist voneinander weitgehend unabhängig. Für die Forschung gilt, dass (Miss-)Erfolge in einem Bereich keine notwendige Voraussetzung für (Miss-)Erfolge in anderen Bereichen darstellen. Damit im Zusammenhang steht auch die gern gepflegte Vorstellung, dass die Universität eine ‚besondere Organisation' ist (vgl. die Übersicht in Musselin 2007).

[2] So berichtet Hartmut Titze (1990) vom Akademikerzyklus, der die permanente Über- oder Unterproduktion von Lehrern als Resultat staatlicher Steuerungsversuche der letzten 200 Jahre beschreibt. Diese Fehlleistung wird als naturwüchsige und daher unkontrollierbare Folge, nicht als Fehler beschrieben.

den Größe nationaler Hochschulsysteme (vgl. McDaniel 1996). So entspricht die geringe Autonomie der deutschen oder französischen Universitäten der engen Kopplung an den Staat, von denen sich die weitaus autonomeren englischen und amerikanischen Universitäten deutlich unterscheiden. Autonome Universitäten sind *loser* an ihre Umwelten gekoppelt, denn „a workable twentieth century definition of institutional autonomy [is] the absence of dependence upon a single or narrow base of support" (Babbridge/Rosenzweig, zit. n. Clark 1998: 7). Clark Kerr (1963) hat diese institutionelle Autonomie in der (normativen) Konzeption der *multiversity* gefasst, die sich nicht nur an der Politik, sondern an den unterschiedlichen Klienten der Universität, also auch Firmen, Stiftungen und Studierende (inklusive Alumni), orientiert.

Das Ausmaß der Kundenorientierung wirkt sich auch auf die universitäre Organisation aus. Weniger autonome Universitäten, wie die deutschen, die stark an der Politik orientiert sind, entwickelten eine bürokratische Zentralverwaltung, der seit den 1970er Jahren eine repräsentative akademische Selbstverwaltung an die Seite gestellt wurde. Traditionell sind diese Aufgabenbereiche lose gekoppelt. Im deutschen Hochschulrahmengesetz (HRG, § 59 (2)) ist die Aufgabentrennung festgeschrieben:

„Die Hochschulen [...] haben das Recht auf Selbstverwaltung im Rahmen der Gesetze. Dabei werden dem Staat folgende Kompetenzbereiche zugewiesen: Die Personal- und Wirtschaftsverwaltung, die Haushalts- und Finanzverwaltung, die Ermittlung von Ausbildungskapazitäten, die Festlegung von Zulassungszahlen in einer über die bloße Rechtsaufsicht hinausgehende Weise".

Dieser Kompetenzverlust wird in den meisten Studien als organisatorische Schwäche dargestellt. Niklas Luhmann meint, „dass viele Merkmale von Organisation, mit denen andere Funktionssysteme (vor allem Politik und Wirtschaft) keine besonderen Schwierigkeiten haben, im Wissenschaftssystem nur sehr schwach spürbar sind" (1990: 678). Andere Autoren nehmen die Universität als schwaches Abbild anderer Organisationsformen wahr (z.B. Kieserling 1992: 7f.). Auch die Studie zu amerikanischen College-Präsidenten (Cohen/March 1974) stellt fest, dass diese, obwohl sie weitaus mächtiger als europäische Rektoren sind, ihre Vorstellungen nur selten umsetzen können.[3] Diese organisatorischen Schwächen werden von Brunsson und Sahlin-Andersson mit dem Begriff des *Agenten* verbunden, denn sie hängen wesentlich davon ab, dass andere Akteure die Entscheidungen für die Universität übernehmen.

Statt sich nur an den organisationsinternen Kopplungen zu orientieren, wird hier das Zusammenspiel unterschiedlicher Kopplungstypen hervorgehoben. Änderungen in den Kopplungsbeziehungen wirken sich nicht beliebig auf die Gesamtkonstellation aus. Es lässt sich etwa erwarten, dass mehr Autonomie gegenüber dem Staat universitätsintern durch engere Kopplungen balanciert wird. Die aktuelle Universitätsreform ist ein geeignetes Beispiel, um

---

[3] Das Gegenteil fällt auf. Einflussreichen Akteuren wie Wilhelm von Humboldt (Berlin, Beginn des 19. Jahrhunderts), Johan Nicolai Madvig (Kopenhagen, zweite Hälfte des 19. Jahrhunderts) oder William Rainey Harper (Chicago, Ende des 19. Jahrhunderts) wird schnell ein entscheidender Epochenwechsel zugeschrieben.

das Zusammenspiel von Kopplungen und Komplexität als Fehleranfälligkeit im Kontext der Organisationsentwicklung näher zu betrachten.

3   Die Universität des New Public Management

Der externe Anlass der aktuellen Universitätsreform ist das *New Public Management* (NPM), das zwischen den frühen 1980er Jahren und der Mitte der 1990er Jahre eine umfassende Reform der europäischen Universitäten einleitete. Dabei verfolgte die Politik in allen Ländern das Ziel, die Autonomie der Universität zu steigern, da der staatliche Einfluss auf die Wissenschaft negativ eingeschätzt wurde. Das New Public Management begründet den Autonomiezuwachs auch mit dem Schutz vor staatlicher Inkompetenz und Verschwendungssucht. Ein wichtiges Ziel ist die *komplette Organisation*.[4] Zugleich schwingt jedoch ein Misstrauen gegenüber der Universität mit, das sich aus der Erfahrung ihrer Unregierbarkeit speist. Die Universität könnte ihren Wissensvorsprung missbrauchen (vgl. Power 1997: 5). Dagegen fordert das New Public Management das Einschreiten der Prinzipale und bessere Kontrolle. Der Status der Universität als Agent wird also im Namen des Autonomiezugewinns aufrechterhalten, zum Teil sogar gestärkt. Dabei stützt sich das New Public Management auf das alte Vorurteil, dass es der Universität an Wille zur Reform mangle (vgl. auch Stichweh 1994: 253) und deshalb externer Kontrollen bedürfe.

Seit Humboldt schätzt man die Autonomisierung der Universität als eine problematische Strategie ein, weil eine vom Staat unabhängige Universität den partikularen Interessen anderer Akteure, wie Firmen oder Kirchen, ausgesetzt wäre. Autonomie wäre folglich zwar erstrebenswert, aber eben auch riskant. Als Reaktion auf diese internen Spannungen des Autonomiekonzepts will das New Public Management die Effizienz steigern, ohne die Universität jedoch in ein Wirtschaftsunternehmen zu verwandeln (vgl. Daxner 1996). Für die Autonomisierung ist jedoch der Umstand entscheidend, dass die Reform sowohl eine ‚komplette Organisation‘ voraussetzt (Krücken/Meier 2006; von Wissel 2007), als diese auch als ihr zentrales Ziel ausweist. Mit der Autonomisierung verschiebt sich somit nicht nur die Umweltbeziehung der Universität, sondern insbesondere das interne Kopplungsgefüge der Universität. Wird die enge Kopplung an den Staat gelockert, wird die Universität autonom und dient nicht mehr nur einem Herrn. Organisationsintern ändert sich die Beziehung von Zentral- und Selbstverwaltung. Die mittlere Verwaltungsebene wird überproportional ausgebaut (Gornitzka et al. 1998; Hancock/Hellawell 2003) und die lose Kopplung der beiden Universitätsverwaltungen wird ersetzt durch ein integriertes Managementsystem. Die Folgen dieser Veränderungen sind zentrales Thema der aktuellen Hochschulforschung.

Mit Blick auf die Frage der Komplexität fällt hauptsächlich auf, dass die ‚Organisationswerdung der Universität‘ durch (sehr unterschiedliche) fehlerverarbeitende, integrative Strate-

---

[4]   Zur Erinnerung: Brunsson und Sahlin Andersson bezeichnen als komplette Organisation eine „entity processing independence and sovereignty with autonomous or self-interested goals with rational means and qualities commanding independent resources and having clear boundaries" (2000: 731).

gien ermöglicht werden soll. David Dill hebt in seinem Vergleich der Entscheidungsstrukturen von zwölf Universitäten in sieben Ländern „the organizational characteristics of an academic learning organization" (1999: 128) hervor, die er mit einer neuen Kultur ‚systematischer Problemlösung' verbindet. Mit der Semantik der ‚lernenden Universität' verweist Dill auf die Verschlankung der Organisation, die die Bedürfnisse von Studierenden, Öffentlichkeit und Wirtschaft *gleichermaßen* erfüllt. Organisationslernen betont die Integration der ehemals nur lose gekoppelten Abteilungen, Aktivitäten und Erwartungen zu einer autonomeren Organisation. Allerdings bleibt unklar, welche strukturellen Veränderungen die Organisation zu diesen Lernprozessen befähigen sollen. Shattlock stellte fest, dass die Reform zwar begonnen wurde „to encourage greater institutional autonomy through a more marketised funding regime". Zugleich aber konstatiert er, dass dies einen Hochschulsektor hervorgebracht hat, der „more subordinated to government imperatives" (2006: 139) sei, als es die traditionelle Universität je war. Diese neue, weiterhin widersprüchliche Beziehung von Staat und Universität löst eine ‚reformatorische Kaskade' auch innerhalb der Organisation aus. Diese Kaskade führt, so die These dieses Beitrags, zu größerer Fehlerwahrnehmung, was an den Managementstrategien erkennbar wird.

4 Individuelle Leistungen als Fehlerquellen der Organisation

Das New Public Management entwickelt mit ‚organisierten Rechenverfahren' und ‚Audits' eine *governance by evaluation* (Rose 1991; Vollmer 2004; Heintz 2008), die es der Universität ermöglicht, laufend die Nutzerzufriedenheit, den Grad der Zielerfüllung und Effizienz zu beobachten und zu bewerten. Solche Audits koppeln Verwaltung und akademische Produktion enger und machen mehr Reformen und eine detailliertere Steuerung möglich (z.B. Gamoran und Dreeben 1986). Allerdings sind es nicht organisatorische, sondern individuelle Leistungsindikatoren, wie Publikationen oder Drittmitteleinwerbungen, die – auf oft methodisch undurchsichtige Weise – zu organisatorischen Kennzahlen aggregiert werden. Probleme bleiben dabei nicht aus. So ergibt sich beispielsweise aus Evaluationen des Wissenschaftsrats im Jahr 2007, dass die Universität Bielefeld in der Chemie hervorragende Forschung betreibt, allerdings ineffizient organisiert ist (Wissenschaftsrat 2007). Die chemische Forschung der TU Chemnitz wird als schlecht eingeschätzt, sie ist allerdings effizient organisiert. Können diese beiden Evaluationsergebnisse nun konsistent und für alle zu vergleichenden Universitäten in eine systematische Beziehung zueinander gesetzt werden? Ist es das Ziel der Evaluation, eine eindeutige Darstellung der akademischen Qualität zu liefern, oder werden Kennzahlensysteme entwickelt, um eine die Fachbereiche überschreitende Koordination der Abteilungen zu etablieren und, über alle Fakultätsgrenzen hinweg, einen Zusammenhang von Lehre und Forschung, von Leistung und Leistungsverweigerung zu erstellen, der erstmals nachhaltige finanzielle Folgen hat (vgl. Huber 2005)? Wie auch immer diese Fragen beantwortet werden, Kennzahlensysteme organisieren finanzielle und symbolische Ressourcenzuweisungen der Universität, sagen aber nur wenig über die Organisation, dafür viel über die Leistungsfähigkeit bzw. mögliche Fehlentscheidungen individueller Mitglieder aus. Am Beispiel des englischen *Research Assessment Exercise* lässt sich illustrieren, welche organisatorischen Folgen solche Evaluationsstrategien entfalten können.

Das Research Assessment Exercise misst die Forschungsleistung englischer Universitätsforscher, indem es ihre Publikations- und Forschungstätigkeit bewertet und auf einer eindimensionalen, siebenstufigen Skala von 1 bis 5* abbildet[5]. Die leistungsbezogene Allokation von Ressourcen ist an dieses Maß geknüpft: Je besser die Bewertungen, desto leichter wird die Akquirierung neuer Drittmittel. Das Research Assessment Exercise wird nun wesentlich kritisiert, weil die Messungen nicht *neutral* seien, sondern jeder Versuch, Qualität zu messen, sie erst herstelle (vgl. bereits Merton 1973; Münch 2007). Auch wird vermutet, dass die Interessen der Auftraggeber über jene der evaluierten Institutionen dominieren (vgl. Power 1996: 298). Am wichtigsten für meine Argumentation jedoch ist, dass die Messungen Forschung umwandeln „from a matter of individual professional responsibility to one of collective interest to institutions and departments" (Henkel 1999: 106). Auf dieses emergente Organisationsproblem reagiert die Universität mit standardisierten (Minimal-)Anforderungen an Lehre und Forschung. Diese kann das Lehr- und Forschungspersonal aber kaum erfüllen, denn „a large portion of staff are failing to live up to what was once a universal standard, a standard moreover, which the professional had manifestly failed to monitor for themselves" (Fulton, zit. n. Henkel 1999: 106).

Für die Organisation ergeben sich daraus neue Probleme: Was macht man mit den Versagern, was mit den Erfolgreichen? Mary Henkel (1999: 114ff.) beschreibt den wachsenden Druck auf die ‚Erfolgreichen', erfolgreich zu bleiben, und zeigt, wie das Research Assessment Exercise die ‚Verlierer' der Audits in eine Abwärtsspirale des Bedeutungsverlustes stößt. Im Rahmen des Research Assessment Exercise kann die Universität dafür aber keine Lösungen entwickeln, denn bei den Kategorien des Research Assessment Exercise spielten weder die Organisation noch die organisatorischen Folgen des Research Assessment Exercise eine Rolle. Erfolge werden der Organisation, Fehler hingegen weiterhin den individuellen Forschern zugeschrieben; letztere können sich unmittelbar auf die Karriere des einzelnen Forschers auswirken, schlagen aber nur mittelbar auf die Reputation der Organisation durch. Es sind eben diese Forscher, die mit den Risiken der eigenen forschungsbezogenen Entscheidungen, aber auch den Gefahren,[6] die durch die Entscheidungen anderer entstehen, umgehen müssen. Werden die ökonomischen, aber auch die akademischen Fehldispositionen einzelner Fakultäten oder Mitglieder nicht länger durch die lose gekoppelte Organisation absorbiert, sondern schlagen auf die Handlungsoptionen aller Akteure durch, muss die Universität auf wachsende Kontrolle, gegenseitige Beobachtung und intensiveren Wettbewerb umstellen. Neu an dieser ‚unternehmerischen Universität' ist, dass sie diese Risiken nicht länger als individuelle Probleme, sondern als organisatorische Herausforderung auffasst (vgl. Sjoberg

---

[5]   Die Skala reicht von 1 bis 4, um dann mit 4*, 5 und 5* fortzusetzen.

[6]   Für die genaue Unterscheidung von *Risiko* und *Gefahr* vergleiche Luhmann 1991. Hier wird mit Gefahr angedeutet, dass die riskanten Entscheidungen auch Konsequenzen für Abteilungen oder Mitglieder entfalten, die in die Entscheidungen aber nicht einbezogen werden (können). Folgen daraus, wie man dies innerhalb und zwischen Universitäten zunehmend beobachten kann, ökonomische und machtpolitische Asymmetrien, ist es nur eine Frage der Zeit, ehe diese Asymmetrien in die Kritik geraten und durch Managementverfahren eingedämmt werden.

2005). Dazu kommt, dass Risiken nicht mehr um jeden Preis vermieden werden, sondern Universitäten Risiken aktiv eingehen.

Wie dafür eine Gesamtstrategie des Universitätsmanagements aussehen kann, zeigt der Blick nach England, wo vom Higher Education Funding Council of England (HEFCE) im Jahr 2000 ein integrativer, organisationsbezogener Lösungsvorschlag eingeführt wurde.

5   Der Umgang mit Fehleranfälligkeit: akademisches Risikomanagement[7]

Wenn das Research Assessment Exercise die universitäre Autonomie befördern soll, müssen die Ergebnisse der einzelnen Evaluationen systematisch aufeinander bezogen und in eine angemessene, längerfristige Strategie umgesetzt werden. Die Ergebnisse müssen systematisch mit den organisatorischen und marktbezogenen Möglichkeiten abgeglichen, gewichtet und auf eine Gesamtstrategie des Managements ausgerichtet werden. In England etablierte das Higher Education Funding Council mit dem Risikomanagement eine solche integrative Strategie. Raban und Turner (2003: 4) zufolge ist das *Risiko*management ein „standard requirement in governance in the UK" geworden. Die Umstellung auf Risiko bringt mit sich, dass Planung zum zentralen Problem (und später auch Risiko) wird und Fehleranfälligkeit zu einem zentralen Thema der Universitätsentwicklung.

Wenn Risiko eine Form des Problematisierens von Zukunft bezeichnet (vgl. Luhmann 1991: 59), bedeutet das nicht nur einen erweiterten Zeithorizont für das Universitätsmanagement, sondern auch, dass Planungsfähigkeit ein wesentliches Merkmal riskanter Organisationen wird. Dabei muss man anmerken, dass Organisationen nicht gezwungen sind zu planen, weil sie Risiken ausgesetzt sind, sondern umgekehrt, weil sie planen können, gehen sie mehr (und größere) Risiken ein. Allerdings öffnen die Organisationen sich damit auch dem Problem der Fehleranfälligkeit (Rothstein et al. 2006: 107f.). Denn man kann im Medium des Wahrscheinlichen/Unwahrscheinlichen zwar Beliebiges über die Zukunft sagen, man eröffnet damit zugleich aber auch die Sicht auf abweichende oder fehlerhafte Entwicklungen. Damit muss die Organisation umzugehen lernen, „denn die Leichtigkeit der Formenkopplung im Medium der Wahrscheinlichkeit kommt dem, der Dissens kommunizieren will, ebenso zugute wie dem, der Konsens erreichen möchte" (Luhmann 1991: 81). Risikomanagement hält die Fehleranfälligkeit der Universität in Grenzen: Auf der einen Seite werden Fehler möglich, weil die Universität Risiken eingeht, auf der anderen Seite muss sie diese Fehler in den Griff bekommen. Gleichzeitig – und auch das unterscheidet die unternehmerische von der traditionellen Universität – kann die Verantwortung für Fehler zu einem immer geringeren Teil an die Mitglieder weitergegeben werden. Am Beispiel des akademischen Risikomanagements lässt sich dann zeigen, wie Fehleranfälligkeit zu einem zentralen organisatorischen Problem der Universität wird.

---

[7]   Ausführlicher: Huber 2008b.

Am 21. September 2000 überprüfte der Aufsichtsrat des Higher Education Funding Council seine Audit-Richtlinien und kam zum dem Schluss, dass das Risikomanagement[8] ein vielversprechender Ansatz auch für Universitäten sei:

> *„There are genuine business benefits to be gained [...] quite apart from improvements in accountability and shareholder confidence"* (HEFCE 2000).

In einem ersten Schritt solle daher das Risikomanagement im Finanzbereich eingeführt werden, da für diese Aufgabe bereits formalisierte, weitgehend kontextunabhängige Verfahren vorlägen. Der Schwerpunkt auf finanzielle Risiken bedeute jedoch nicht, dass nicht auch andere Risiken betrachtet würden. „All risks – governance, management, quality, reputational and financial" (ebd.) müssten erfasst werden. Allerdings konzentriert sich die Definition als „the threat or possibility that an action or event will adversely or beneficially affect an organisation's ability to achieve its objectives" (ebd.) ganz auf die Fehleranfälligkeit singulärer Universitäten. Akademisches Risikomanagement erfordert jedoch die Bestimmung ‚institutioneller Ziele', wenn möglich widerspruchsfrei, und die Zuordnung verbindlicher Wahrscheinlichkeits- und Schadenswerte zu einzelnen Zielgrößen. Beides erweist sich allerdings für einzelne Organisationen als zu schwierig.

Ab 2001 entwickelten das Higher Education Funding Council und die Universitäten daher ein stärker sachlich orientiertes Konzept des akademischen Risikomanagements (vgl. HEFCE 2001). Da keine ‚Theorie' universitärer Risiken zur Verfügung stand (und es auch an praktischer Erfahrung mangelte), entwickelte das Higher Education Funding Council einen experimentellen Zugang, der bekannte und weniger bekannte Faktoren, Ereignisse und Herausforderungen an die Universität als Risiken fasst (vgl. HEFCE 2006). Diese Risiken sind in den meisten Fällen jedoch akademische ‚Gefahren', da die Universität mit diesen Ereignissen keine Entscheidungen verbinden kann. Zum Beispiel ist die *unzureichende öffentliche Finanzierung* in den meisten europäischen Hochschulsystemen kein Risiko, sondern eine Gewissheit, auf die sich das Universitätsmanagement nur einzurichten und dessen negative Folgen es intern zu dämpfen versuchen kann. Weder die finanziellen Probleme des Staates noch die ungerechte Mittelverteilung im Universitätssektor (vgl. Williams 1997 für Großbritannien in den 1980er Jahren) liegen innerhalb der Reichweite des universitären Risikomanagements. Sucht man aus universitärer Perspektive einen Ansatzpunkt für Interventionen, so böten sich lediglich die generelle Ineffizienz des Systems oder die unzureichende Attraktivität der einzelnen Universität für Studenten oder Wissenschaftler an. Nur diese beiden Faktoren könnten durch das Risikomanagement aufgegriffen, wenngleich kaum gelöst werden. Auch die *abnehmende Forschungsqualität* kann ebenso einer falschen wie auch einer richtigen, allerdings riskanten Forschungsstrategie zugeschrieben werden.[9] An diesen Beispielen lässt sich erahnen, wie ein Modell operativer Kausalität für die Universität experi-

---

[8]   Das Risikomanagement an Universitäten weicht insofern von dem in anderen politischen Bereichen ab, als nicht ein standardisiertes Verfahren entwickelt, sondern nur sichergestellt wird „that there is an ongoing process for identifying, evaluating and managing the risks faced by the institution" (HEFCE 2000).

[9]   Überdies ist das ‚Risiko' nur aus der Sicht des ausführenden Forschungsinstituts riskant, für alle anderen Fakultäten eine Gefahr, weil sie bei mangelndem Erfolg die Rechnung begleichen müssen.

mentell erschlossen wird und sich neuen, organisatorischen Zurechnungsgewohnheiten an-
passt.

Das Higher Education Funding Council entwickelte mehrere Modelle des Risikomanagements. So wurde ein Risikobaum erstellt, der acht Hauptrisiken identifiziert und zu jedem
Risiko eine gewisse Anzahl von Unterrisiken aufzählt; zudem wurden die Risiken nach dem
Grad ihrer Allgemeinheit unterschieden. Die damit gemachten Erfahrungen wurden schließlich in einer neuen Begriffsbestimmung reflektiert, die das Higher Education Funding Council 2003 vorlegte. Risiko sei

> *„an action event or circumstance that might be expected to jeopardise the quality and
> standard of an institution's academic provision at some point in the future" (Ra-
> ban/Turner 2003: 14).*

Mit der neuen Zeitperspektive wurde zudem deutlich, dass das universitäre Risikomanagement den Planungshorizont der traditionellen Verwaltung erweitern muss. Wenn beispielsweise schlechte Research Assessment Exercise-Ergebnisse ein zentrales akademisches Risiko darstellen, so sind sie zweifellos nicht innerhalb eines Jahres, möglicherweise nicht einmal innerhalb eines Research Assessment Exercise-Zyklus zu ändern.

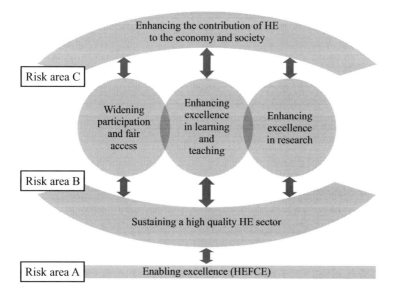

Abbildung 1: Das HEFCE-Modell des akademischen Risikomanagements (vgl. HEFCE 2007)

In einer dritten Phase wurden um 2005 die akademischen Tätigkeiten und deren finanzielle
Folgen in einem umfassenden Risikomodell zusammengebracht, in dem akademische, institutionelle und soziale Risiken unterschieden wurden (siehe Abbildung 1).

Der ‚genuin akademische' Risikotyp (risk area A) bezieht sich auf die Probleme bei der
Bereitstellung akademischer Exzellenz und identifiziert Schwierigkeiten bei der Anwerbung

guter Mitarbeiter und Studierender als entscheidende Risiken. Dazu kommen Risiken wie das schlechte Abschneiden beim Research Assessment Exercise, weil es sich negativ auf die Reputation der Universität auswirkt. Der ‚institutionelle' Risikotyp (risk area B) konzentriert sich auf operationale und organisatorische Probleme (vgl. Rothstein et al. 2006: 104). Hierunter fallen eine schlechte Universitätsleitung, unklare, wenig entwickelte Zielvorstellungen oder fehlende Leistungsfähigkeit in anderen Organisationsbereichen. Drittens wird ein ‚sozialer' Risikotyp (risk area C) eingeführt, der die unzureichende Nachfrage ebenso umfasst wie die mangelnde Öffnung der Universitäten für ‚bildungsferne Schichten' oder eine zu geringe Nachfrage seitens der Wirtschaft. Der Umgang mit diesen drei Risikotypen wird durch das Risikomanagement möglich.

Dabei lassen sich aus den Dokumenten des Higher Education Funding Council zwei Ansätze herauslesen:

- Für den ersten Ansatz sind die institutionellen Risiken zentral für die Konstruktion akademischer Risiken, die anderen Risikotypen artikulieren nur die Bedingungen ihrer Dringlichkeit und Sichtbarkeit. Demzufolge entfalten die Legitimitäts- und Managementprobleme der Universitäten bzw. des Higher Education Funding Council einen wesentlichen Einfluss auf die Steuerung der Hochschulen. Das Risikomanagement muss daher nicht nur den kontrollierten Umgang mit möglichen Problemen und Chancen ermöglichen, sondern auch die Entscheider vor negativen institutionellen Folgen von Entscheidungen schützen.[10]

- Eine zweite Lesart konzentriert sich auf die Förderung akademischer Qualität; das universitäre Risikomanagement muss dann auf operationaler Ebene und bei der Nachfrage nachzusteuern versuchen. Dies würde bedeuten, dass Universitäten ihre Leistungen nicht länger selbst bestimmen können, sondern sich mit unterschiedlichen Klienten in umständlicher Weise abstimmen müssen. Dabei wird auch deutlich, dass die akademischen Risiken wesentlich über die Sozialdimension abgearbeitet werden müssen, indem beispielsweise Verfahren eingerichtet werden, die einen Risikoausgleich zwischen der unterschiedlichen Klientel der Universität herstellen. Diese Form des Risikoausgleichs bedeutet organisatorisch allerdings, dass die lose Kopplung nicht aufrechterhalten werden kann, denn die Risiken einer Abteilung treten nunmehr für andere Abteilungen als *Gefahr* auf.

In beiden Interpretationen wird der Umgang mit Fehlern zu einer zentralen organisatorischen Aufgabe, denn die integrativen Managementansätze suchen nicht länger Risiken und Fehler um jeden Preis zu vermeiden, sondern folgen dem tradierten Motto des wirtschaftlichen Unternehmertums, das Luhmann als Grundlage für das Risiko markiert: *Chi non riscia non guadagna* (vgl. Luhmann 1991: 18).[11]

---

[10] Damit wird blame shifting (vgl. auch Hood 2002) zum zentralen Problem der Suche nach akademischen Risiken. „The creation or perpetuation of a blame culture would subvert the entire enterprise because it would encourage risk aversion and discourage the disclosure by staff of the risks inherent in their project or programme activities. The challenge for any higher education institution that is intent on implementing a risk management approach is to do so in ways that will encourage both the maximum participation of staff in the assessment of academic risks and innovative activity in pursuing through innovation new opportunities to develop an institution's provision and its modes of delivery." (Raban/Turner 2003: 14)

[11] *Wer nicht wagt, der nicht gewinnt.*

6   Schlussfolgerungen

Die durch das New Public Management angeleitete Universitätsreform überwindet die tradierte Unregierbarkeit und ermöglicht es der Universität, ihre Organisationsmerkmale weiterzuentwickeln. Damit ändert sich die Darstellung der Universität von einer anormalen oder speziellen Organisation zu einer Normalorganisation, an die man dann auch ‚normale Erwartungen' stellt (Brunsson/Sahlin-Anderson 2000; Huber 2005). Mit dieser ‚Organisationswerdung der Universität' gehen allerdings nicht nur ein Zuwachs an Autonomie und damit neue Handlungs- und Entscheidungsmöglichkeiten einher, sondern auch ein Zuwachs an Fehleranfälligkeit. Fehleranfälligkeit weist darauf hin, so ließe sich Perrows Konzept der ‚normalen Katastrophen' interpretieren (vgl. Einleitung), dass die Universität komplexer wird.

Fehleranfälligkeit bedeutet nicht, dass lose gekoppelte, teilautonome *Agenten* keine Fehler machen. Fehleranfälligkeit ist vielmehr ein Maß für die innerorganisatorischen Folgewirkungen von fehlerhaften Entscheidungen. *Agenten* können Fehler häufig ignorieren, weil sie für die an gewisse Ereignisse anschließenden, organisatorischen Entscheidungen folgenlos bleiben oder aber, wie dies Max Weber (1995) mit seiner Einschätzung akademischer Karrieren als eine Art Glücksspiel andeutete, können Fehler den Mitgliedern individuell zugeschrieben, aus organisatorischer Sicht also externalisiert werden. Teil der Organisationswerdung der Universität ist es, dass diese ‚Externalisierungsstrategie' immer schwerer durchzusetzen ist, weil die gegenseitigen Abhängigkeiten von Instituten, Personen, aber auch Universitäten deutlicher zu Tage treten und dadurch die unerwünschten Folgen zu ihren Quellen zurückverfolgt werden können. Rechenschaftspflichten gegenüber universitären Stakeholdern und die ausgeweitete Umweltorientierung, die von den neuen Universitäten erwartet wird, verschärfen nochmals die Notwendigkeit einer Klärung der oft nicht-intendierten Folgen von Organisationsentscheidungen.

Dass die Universität darauf mit neuen Managementstrategien antwortet, verwundert nicht. In der tradierten Universität musste nur die Politik als Umwelt wahrgenommen werden und die Fehler wurden im Rahmen der staatlichen Finanzierungsgarantien (zumindest in den europäischen Staaten) in ihren Wirkungen auf andere Organisationen bzw. Fachgruppen weitgehend abgefangen. Damit können moderne Erwartungen an die Universität nicht länger erfüllt werden. Verwunderlich ist vielmehr, dass in England eine *Risikouniversität* entsteht, die die Verantwortung für den Umgang mit Fehlern *als Organisation* übernimmt. Es geht aber nicht nur um Verantwortung, sondern auch um Manövrierfähigkeit unter Knappheitsbedingungen. Um sich neue, langsichtige Handlungsoptionen zu erschließen, verwandelt die Risikouniversität ‚Fehler' in ein (erst ansatzweise formalisiertes) wahrscheinlichkeitstheoretisches Konzept, durch das es möglich wird, wichtige Entscheidungen von unwichtigen zu unterscheiden. Verwunderlich auch, dass sie damit in einer alten Tradition der Universitäten steht, allerdings ersetzt sie die Zuschreibung von Risiken auf Individuen durch eine Organisationsstrategie, die dann aber organisatorisch prekäre Fragen aufwirft. Gehen Abteilungen oder Organisationsmitglieder Risiken ein, erscheinen sie bei zunehmender Autonomie als *Gefahren* für andere Abteilungen.[12] Wer aber wollte dafür die Verantwortung übernehmen? Die

---

[12]   Vgl. Fußnote 6.

Entkopplung von Entscheidungen und Folgen wird problematisch, wenn die Folgen von Entscheidungen die Handlungsoptionen aller anderen Mitglieder der Organisation bestimmen. Mit den neuen Fassungen der rechtlichen Rahmenbedingungen versucht der Staat (in allen europäischen Ländern) dieses Problem durch Hierarchisierungsimperative für die akademische Selbstverwaltung einzudämmen; eine andere Möglichkeit eröffnet sich durch die Projektform an Universitäten, die soziale Probleme ebenso wie Planungsschwierigkeiten an die Mitarbeiter externalisiert (vgl. Torka 2006). Die englische Risikouniversität ist ein Versuch, diese und andere Lösungsansätze in einem Modell zu integrieren. Noch steht sie für einen technokratischen Lösungsansatz, der finanzielle Aspekte und langfristigere Planungshorizonte in den Vordergrund stellt. Die Entwicklungen und universitätsinternen Konflikte der letzten Jahre deuten jedoch auch eine Horizonterweiterung an, durch die insbesondere soziale und zeitliche Probleme in den Griff bekommen werden. Die Organisationswerdung der Universität erfordert langfristige Planungsstrategien, die sich nicht nur an die neuen Umweltbeziehungen anpassen, sondern die internen Organisationsprobleme einer nachhaltigen Lösung zuzuführen helfen. Fehleranfälligkeit ist dann das organisatorische Maß für die Bereitschaft der Organisation, sich diesen Problemen zu stellen.

7   Literatur

Braun, Dietmar, 2001: Regulierungsmodelle und Machtstrukturen an Universitäten. In: Erhard Stölting/Uwe Schimank (Hg.), *Die Krise der Universität*. Wiesbaden: *Leviathan Sonderheft* 20.

Brunsson, Nils/Kerstin Sahlin-Andersen, 2000: Constructing Organizations: The Example of Public Sector Reform. In: *Organization Studies* 21(4): 721-746.

Clark, Burton R., 1983: *The Higher Education System: Academic in Cross National Perspectives*. Berkeley: University of California Press.

Clark, Burton R., 1998: *Creating Entrepreneurial Universities: Organizational pathways of transformation*. Oxford: Pergamon Press.

Cohen, Michael D./James G. March, 1974: *Leadership and Ambiguity: The American College President*. New York.

Cohen, Michael D./James G. March/Johan P. Olsen, 1972: A garbage can model of organizational choice. In: *Administrative Science Quarterly* 17(1): 1-25.

Daxner, Michael, 1996: *Ist die Uni noch zu retten? Zehn Vorschläge und eine Vision*. Reinbek: Rowohlt.

Dill, David, 1999: Academic accountability and university adaptation: the architecture of an academic learning organization. In: *Higher Education* 38: 127-154.

Gamoran, Adam/Robert Dreeben, 1986: Coupling and Control in Educational Organizations. In: *Administrative Science Quarterly* 31(4): 612-632.

Gornitzka, Åse/Svein Kyvik/Ingvild M. Larsen, 1998: The Bureaucratization of Universities. In: *Minerva 36*: 21-47.

Hancock, Nick/David Hellawell, 2003: Academic Middle Management in Higher Education: a game of hide and seek? In: *Journal of Higher Education Policy and Management* 25(1): 5-12.

HEFCE, 2000: *HEFCE's Accounts Direction to higher education institutions for 2000-01*. hefce 24/00 (circular letter 24/00) (www. hefce.ac.uk/pubs/…).

HEFCE, 2001: *Risk management. A briefing for governors and senior managers*: hefce 01/24 (www. hefce.ac.uk/pubs/...).

HEFCE, 2006: *HEFCE Strategic Plan*. hefce 2006-11 (www. hefce.ac.uk/AboutUs/riskman/).

HEFCE, 2007: *HEFCE's Assurance Framework*. Hefce (www. hefce.ac.uk/AboutUs/riskman/).

Heintz, Bettina, 2008: Governance by Numbers. Zum Zusammenhang von Quantifizierung und Globalisierung am Beispiel der Hochschulpolitik. In: Gunnar SchuppertF./Andreas Voßkuhle (Hg.), *Governance von und durch Wissen*. Baden-Baden: Nomos, 110-128.

Henkel, Mary, 1999: The modernisation of research evaluation: The case of the UK. In: *Higher Education* 38(1): 105-122.

Hood, Christopher, 1991: A public management for all seasons. In: *Public Administration* 69(1): 3-19.

Huber, Michael, 2005: Reform in Deutschland. Organisationssoziologische Anmerkungen zur Universitätsreform. In: *Soziologie* 34 (3): 392-403.

Huber, Michael, 2008a: Die Zukunft der Universität. In: *Soziologie* 37 (3): 275-293.

Huber, Michael, 2008b: Colonised by Risk. The emergence of academic risks in British Higher Education. In: Bridget M. Hutter (Hg.), *Anticipating Risks and Organizing Risk Regulation in 21st Century*. Cambridge: Cambridge University Press (im Druck).

Kerr, Clark, 1963, 2001: *The Uses of the University*. Cambridge: Harvard University Press (5. Auflage).

Kieserling, André, 1992: Vorwort des Herausgebers. In: ders. (Hg.), *Niklas Luhmann, Universität als Milieu*. Bielefeld: Haux.

Krücken, Georg/Frank Meier, 2006: Turning the University into an Organisational Actor. In: Gili S. Dori/John W. Meyer/Hokyu Hwang (Hg.), *Globalisation and Organisation. World Society and Organisational Change*. Oxford: Oxford University Press.

Luhmann, Niklas, 1990: *Die Wissenschaft der Gesellschaft*. Frankfurt: Suhrkamp.

Luhmann, Niklas, 1991: *Soziologie des Risikos*. Berlin: De Gruyter.

McDaniel, Olaf C., 1996: The Paradigms of Governance in Higher Education systems. In: *Higher Education Policy* 9(2): 137-158.

Merton, Robert K., 1973: Recognition and Excellence. In: ders., *The Sociology of Science. Theoretical and Empirical Investigations*. Chicago: University of Chicago Press.

Münch, Richard, 2007: *Die akademische Elite. Zur sozialen Konstruktion wissenschaftlicher Exzellenz*. Frankfurt/M.: Suhrkamp.

Musselin, Christine, 2007: Are Universities Specific Organisations? In: Georg Krücken/Anna Kosmützky/Marc Torka (Hg.), *Towards a Multiversity? Universities between Global Trends and National Traditions*. Bielefeld: transcript.

Orton, Douglas J./Karl E. Weick, 1990: Loosely Coupled Systems: A Reconceptualization. In: *Academy of Management Review* 15(2): 203-223.

Perrow, Charles, 1984: *Normal Accidents – Living with High Risk Technology*. New York: Basic Books.

Power, Michael, 1996: Making things audible. In: *Accounting, Organization and Society 21(2/3)*: 289-315.

Power, Michael, 1997: *Audit Society. Rituals of Verification*. Oxford, Oxford University Press.

Raban, Colin/Elizabeth Turner, 2003: *Academic Risk*. London: HEFCE Report on Good Management Practice.

Rose, Nikolas, 1991: Governing by Numbers: Figuring out democracy. In: *Accounting, Organization and Society* 16(7): 673-692.

Rothstein, Henry/Michael Huber/George Gaskell, 2006: A Theory of Risk Colonisation: the spiralling logics of societal and institutional risk. In: *Economy and Society* 35(1): 91-112.

Schimank, Uwe, 2001: Festgefahrene Gemischtwarenläden – Die deutschen Hochschulen als erfolgreich scheiternde Organisationen. In: Erhard Stölting/Uwe Schimank (Hg.), *Die Krise der Universität*. Wiesbaden: Leviathan Sonderheft 20.

Shattlock, Michael, 2006: Policy Drivers in UK Higher Education in Historical Perspective: 'Inside Out', 'Outside In' and the Contribution to Research. In: *Higher Education Quarterly* 60(2): 130-140.

Sjoberg, Gideon, 2005: Intellectual risk taking, organizations, and academic freedom and tenure. In: Lyng, Stephen (Hg.), *Edgework. The Sociology of Risk Taking*. New York: Routledge.

Stichweh, Rudolf, 1994: Die Form der Universität. In: ders., *Wissenschaft, Universität, Professionen*. Frankfurt/M.: Suhrkamp.

Titze, Hartmut, 1990: *Der Akademikerzyklus. Historische Untersuchungen über die Wiederkehr von Überfüllung und Mangel in akademischen Karrieren*. Göttingen: Vandenhoeck & Ruprecht.

Torka, Marc, 2006: Die Projektförmigkeit der Forschung. In: *die hochschule* 1/2006: 63-83.

Vaughn, Diane, 1999: The Dark Side of Organizations: Mistake, Misconduct and Disaster. In: *Annual Review of Sociology* 25: 271-305.

Vollmer, Hendrik, 2004: Folgen und Funktionen organisierten Rechnens. In: *Zeitschrift für Soziologie* 33(6): 450-470.

von Wissel, Carsten, 2007: *Hochschule als Organisationsproblem. Neue Modi universitärer Selbstbeschreibung in Deutschland*. Bielefeld: transcript.

Weber, Max, 1995: *Wissenschaft als Beruf*, Stuttgart: Reclam

Weick, Karl E., 1976: Educational Organizations as Loosely Coupled Systems. In: *Administrative Science Quarterly* 21(1): 1-19.

Williams, Gareth, 1997: A market route to mass education: British Experience 1979-1996. In: *Higher Education Policy* 10(3/4): 275-289.

Wissenschaftsrat, 2007: *Forschungsleistungen deutscher Universitäten und außeruniversitärer Einrichtungen in der Chemie. Ergebnisse der Pilotstudie Forschungsranking*. Köln http://www.wissenschaftsrat.de/texte/pilot_ergeb_chemie.pdf (letzter Aufruf: 25. 9. 2008).

Komplexität an den Finanzmärkten

Das Beispiel des Portfoliomanagements

Ekaterina Svetlova

Finanzmärkte sind komplexe Systeme: Faktoren, die ihre Entwicklung beeinflussen, sowie Relationen zwischen diesen Faktoren sind nicht eindeutig bestimmbar. Trotzdem stellen sich täglich Tausende von Investoren der Aufgabe, die Komplexität der Märkte zu bewältigen. Wie lösen sie dieses Problem in ihren alltäglichen Praktiken? Mit dieser Frage setzt sich der vorliegende Artikel am Beispiel eines Bereiches der Finanzmärkte – des Portfoliomanagements – auseinander. Basierend auf den Ergebnissen empirischer Forschung werden zwei Möglichkeiten des Umgangs mit der Komplexität an den Finanzmärkten vorgestellt: die Anwendung von qualitativen Methoden (Heuristiken) oder von formalen (meistens computergestützten) Modellen. Es lässt sich zeigen, dass die Heterogenität der angewandten Methoden und die Nutzung ihrer Ergebnisse nicht zu einer Reduktion, sondern zur Erhöhung der Marktkomplexität beiträgt: Die Komplexität der Finanzmärkte wird generiert, indem jeder einzelne Teilnehmer sie zu reduzieren versucht. Dies dient der Aufrechterhaltung der Märkte. Der empirischen Auseinandersetzung mit diesen Mechanismen ist der Beitrag gewidmet.

1   Komplexität der Finanzmärkte

Finanzmärkte werden oft als komplex und infolgedessen als unberechenbar beschrieben. Worin besteht aber die Komplexität der Finanzmärkte und warum ist sie ein Problem? Die gängigste Definition von Komplexität besagt, dass ein Phänomen komplex ist, wenn es aus mehreren Elementen besteht und durch mehrere Faktoren bestimmt wird, die in keiner eindeutigen Verbindung zueinander stehen. Das heißt unter anderem, dass, wenn man jedes Element sowie jeden Einflussfaktor genau kennt und sie sogar messen kann, man trotzdem nicht weiß, wie sich das Phänomen als Ganzes verhalten wird.

Komplexität stellt daher vor allem dann ein Problem dar, wenn das künftige Verhalten eines Systems (einer Maschine, eines Marktes, des Wetters etc.) vorhergesagt werden muss und man selbst ein Teil dieses Systems ist sowie von dessen künftigem Verhalten abhängt. Erwartungen werden ausgehend von dem aktuellen Informationsstand gebildet; da es aber keine eindeutigen Verknüpfungen zwischen den Faktoren und ihren Wirkungen gibt, erscheint diese Aufgabe im Fall der komplexen Systeme als unlösbar.

Vor einer Aufgabe dieser Art – der Schätzung der künftigen Wertpapierpreise – stehen die Teilnehmer der Finanzmärkte. Auf dem Aktienmarkt wird einem Aktienemittenten für die von ihm ausgegebenen Aktien Geld zur Verfügung gestellt, das er nutzt, um seine Produktion zu steigern, im Markt zu expandieren oder um ein neues Produkt einzuführen. Er hofft, dass er dank dieser Maßnahmen imstande sein wird, in der Zukunft seine Schulden zu begleichen, Dividenden zu zahlen und den Unternehmenswert zu steigern. Der Aktienanleger spekuliert auf diesen Erfolg, oder, besser gesagt, er hofft, durch den Kauf der Aktien an diesem Erfolg zu partizipieren. Er muss daher heute die künftigen Zahlungsströme eines Aktienemittenten abschätzen, um eine Entscheidung über den Kauf einer Aktie treffen zu können.

Die fundamentalen Unternehmensmerkmale (Gewinnsituation, Wachstum, Marktpositionierung eines Unternehmens) sind aber nicht die einzigen Faktoren, die die künftige Preisentwicklung einer Aktie beeinflussen. Finanzmärkte sind komplexe Systeme, weil eben die zukünftigen Wertpapierpreise und ihre Trends von einer großen Anzahl weiterer Faktoren abhängen, deren Einfluss nie mit Sicherheit abgeschätzt werden kann. Es handelt sich unter anderem um volkswirtschaftliche Rahmenbedingungen (Zinsen, Inflation, Konjunktur, Währungsentwicklungen etc.), politische Erwartungen (Steuerpolitik, Subvention, auch politische Stabilität etc.) sowie die Psychologie der Marktteilnehmer (Erwartungen der Anderen, Spekulationen etc.). Es ist nicht nur unmöglich, alle Einflussgrößen aufzuzählen, sondern es muss ständig damit gerechnet werden, dass neue Faktoren dazu kommen,[1] beispielsweise neue Produkte, Übernahmegerüchte etc. Als gutes Beispiel kann die Pleite einer lokalen Bank in Kalifornien im Februar 2007 dienen, die zu einer starken Marktkorrektur führte: Diese Korrektur konnte so gut wie kein Marktteilnehmer vorhersehen, da man dazu nicht nur von der Existenz dieser Bank hätte wissen, sondern auch dieser Pleite im Vorhinein die Bedeutung hätte beimessen müssen, die ihr der Markt letztendlich beigemessen hat.

Im Unterschied zu natürlichen komplexen Systemen wie zum Beispiel dem Wetter ist die Komplexität der Finanzmärkte ‚man-made'. Die Entwicklungen der Aktienpreise hängen vom Verhalten mehrerer Akteure und ihrem Zusammenspiel auf dem Markt ab: Es handelt sich um Anleger, Analysten, Vorstände, Investor Relations der börsennotierten Unternehmen etc. Das Mitspielen der Anderen steigert die Komplexität des Systems, denn der Andere ist ein Träger individueller Erwartungen und Erlebnisse, die jeder Marktteilnehmer aber bei der

---

[1] Dieses Problem hat Nassim N. Taleb (2007) in seinem Buch „The Black Swan: The Impact of the Highly Improbable" analysiert: Er nannte diese unerwarteten, aber einflussreichen Faktoren „the black swans".

eigenen Erwartungsbildung mitberücksichtigen muss. Jeder wird in seinen Entscheidungen beobachtet und ist gleichzeitig selbst ein Beobachter.[2]

Die Komplexität der Finanzmärkte ist ‚man-made' nicht nur, weil die anderen Akteure mitspielen, sondern auch weil ihr Zusammenspiel unberechenbar ist. Die Kapitalmärkte werden durch ein „komplexes Verhalten" im Sinne von Klaus Richter und Jan-Michael Rost (2002) gekennzeichnet: Die einfachen und transparenten Mechanismen auf der Mikroebene beeinflussen sich wechselseitig und produzieren dadurch ein unvorhersehbares Verhalten auf der Makroebene. Im Sozialen führt das intentionale Handeln auf der Ebene der einzelnen Akteure oft zu den „Zuständen, die wesentlich Nebenprodukt sind" (Elster 1987: 141). In den Interaktionen der Akteure auf den Finanzmärkten entstehen Preistrends, die Eigendynamiken entwickeln und aus den Handlungen Einzelner nicht ableitbar sind. Es entsteht sogar der Eindruck, dass der Finanzmarkt ein lebendiger Organismus ist: So sprechen die Marktteilnehmer von einem Markt, der „sich bewegt", „explodiert", „Nachrichten verdaut", „denkt" und „etwas weiß"; der Markt kann sogar „tot" sein (vgl. Brügger 2000: 238ff.). Das Verhalten der Märkte scheint autonom, d.h. vom Verhalten der einzelnen Akteure unabhängig zu sein. Der Kapitalmarkt unterscheidet sich aber von den Wanderdünen und anderen komplexen physischen Systemen, deren Verhalten aus den elementaren Basismechanismen auf der Mikroebene nicht ableitbar ist, dadurch, dass das Verhalten der Marktteilnehmer nicht einheitlichen Gesetzen folgt. Wie noch gezeigt wird, variieren die Vorgehensweisen der Akteure an den Finanzmärkten stark, was eine adäquate Beschreibung auf der Mikroebene erschwert und das Geschehen auf der Makroebene erst recht unvorhersehbar und unsteuerbar macht.

Die Unvorhersagbarkeit der Finanzmärkte als Folge der Komplexität fand ihre theoretische Formulierung in der Random-Walk-Hypothese, die besagt, dass die Wertpapierpreise grundsätzlich einem zufälligen Pfad folgen und ihre künftige Entwicklung nicht aus der Vergangenheit (i.e. aus der Auswertung der schon bekannten Informationen und aus der Beobachtung der anderen Marktteilnehmer) bestimmt werden kann:

> „[...] the future path of the price level of a security is no more predictable than the path of a series of cumulated random numbers. In statistical terms the theory says that successive price changes are independent, identically distributed random variables. Most simply this implies that the series of price changes has no memory, that is, the past cannot be used to predict the future in any meaningful way" (MacKenzie 2001: 119).

Trotzdem stellen sich täglich tausende Finanzmarktteilnehmer der Aufgabe, genau dies zu tun, nämlich aufgrund von Daten aus der Vergangenheit die künftigen Preisentwicklungen vorherzusagen und auf der Basis dieser Vorhersagen über ihre Positionen im Markt zu entscheiden. Die Komplexität, mit der die Akteure auf den Finanzmärkten konfrontiert sind, ist aber so groß, dass die Möglichkeit des Prognostizierens und des Entscheidens überhaupt zum

---

[2]   Die Akteure sind sich dieser Tatsache bewusst: Sie berücksichtigen das fremde Beobachten und Erwarten in ihren eigenen Erwartungen. Dies steigert die Komplexität weiter: Luhmann (2002: 181) hat vorgeschlagen, den Begriff der „Hyperkomplexität" dafür zu reservieren.

Problem wird: Wie entscheidet man, wenn es keine ‚Wenn-Dann'-Regeln gibt, wenn keinem Faktor eine eindeutige Folge zugeordnet werden kann? Mit der Komplexität muss so umgegangen werden, dass Vorhersagen und damit Entscheidungen möglich werden.

Der Umgang mit der Komplexität auf den Finanzmärkten ist das Thema dieses Beitrages. Die Finanzmarktteilnehmer versuchen, die Komplexität für sich so weit zu reduzieren, dass sie entscheiden und handeln können. Sie reduzieren vor allem die Anzahl der Parameter, auf die sie achten, grenzen die Informationsflut ein, benutzen Computermodelle für die Unterstützung der individuellen Entscheidungen oder sogar als eigentliche Entscheidungsträger. Durch die Anwendung dieser Strategien wird die Komplexität der Märkte aber nicht geringer: Sie wird als ‚Nebenprodukt' der Entscheidungen und Handlungen der einzelnen Akteure immer wieder generiert. Der Umgang mit der Komplexität an den Finanzmärkten führt nicht zur Reduktion von Komplexität, vielmehr ist Komplexität die eigentliche Voraussetzung für das Bestehen der Märkte. Wäre es möglich, Komplexität so weit zu reduzieren, dass aus der Beobachtung der einzelnen Einflussparameter klare künftige Preistrends ableitbar wären, so dass alle Marktteilnehmer eine einheitliche optimale Handlungsstrategie (nur ‚kaufen' oder nur ‚verkaufen') verfolgen würden, würde nur noch eine Seite des Marktes existieren und es gäbe folglich keinen Markt mehr. „A financial market requires the certainty that the uncertainty will continue." (Brügger 2000: 252) Die Voraussetzung für die Unsicherheit ist aber Komplexität: Da klare Verbindungen zwischen den Elementen und Faktoren komplexer Phänomene nicht feststellbar sind, ist es unmöglich, eindeutige Schlüsse aus den vorhandenen Informationen über die zukünftigen Zustände dieser Phänomene zu ziehen. Diese Komplexität konstituiert den Finanzmarkt. Sie wird ständig dadurch neu generiert, dass die einzelnen Marktteilnehmer die Komplexität für sich auf der Mikroebene reduzieren.

2   Umgang mit der Komplexität an den Finanzmärkten

Wie gehen die Finanzmarktteilnehmer in ihren Praktiken mit der Komplexität der Märkte um? Diese Frage wird hier empirisch untersucht: Die Datenbasis bilden 15 problemorientierte Interviews mit professionellen Anlegern auf den Finanzmärkten, vorwiegend mit Portfoliomanagern, die in Investmenthäusern in Frankfurt am Main und in Zürich tätig sind. Portfoliomanager beschäftigen sich mit der langfristigen Anlage von Kundengeldern in Wertpapieren, um für ein bestimmtes Investmentprofil maximale Rendite zu erwirtschaften. Das Geld wird in Form von Investmentfonds (auch Portfolios genannt) angelegt, die sich nach der Art der Wertpapiere (Aktien, Anleihen etc.) unterscheiden. In den Interviews wurden die Portfoliomanager der Aktienfonds verschiedener Ausrichtungen (europäische Aktien, Small/Mid Caps, Emerging Markets) sowie ein Portfoliomanager am Rentenmarkt befragt. Sie verfolgen eine aktive Anlagestrategie, d.h. sie weichen aufgrund von Ertrags- und Risikoprognosen bei der Zusammenstellung des Fondsportfolios bewusst von einer vorgegebenen Benchmark ab, um die Performance dieser Benchmark zu übertreffen. Darüber hinaus wurden für die Analyse auch Interviews mit Portfoliomanagern aus den Finanzzeitungen und -zeitschriften, vorwiegend aus „Financial Times", „Handelsblatt" und „Manager Magazin", ausgewertet.

Aus der Definition des aktiven Fondsmanagements folgt, dass die Portfoliomanager zwecks Erwirtschaftung einer maximalen Rendite für das vorgegebene Risikoprofil imstande sein müssen, Rendite und Risiko von Wertpapieren zu prognostizieren sowie den optimalen Zeitpunkt für den Kauf bzw. den Verkauf zu bestimmen. Sie werten dafür die fundamentalen Informationen aus, beobachten das Verhalten der anderen Anleger, verfolgen die Gerüchte im Markt etc. Jeder Marktteilnehmer ist dabei überzeugt, dass er die Komplexität so weit reduzieren kann, dass er die Verbindungen zwischen den aktuell bekannten Informationen und den zukünftigen Aktienpreisen feststellen und dies besser und schneller als der Markt tun kann.

Komplexitätsreduktion auf der Ebene der einzelnen Portfoliomanager erfolgt auf zwei Wegen: Es werden entweder Heuristiken (vereinfachende Regeln der Informationsverarbeitung) oder formale Modelle angewandt. In beiden Fällen lässt sich zeigen, wie die ‚man-made' Komplexität der Finanzmärkte generiert wird, indem die Marktteilnehmer mit der Komplexität auf unterschiedliche Art und Weise umgehen.

2.1 Heuristiken

„Unter Heuristiken versteht man Regeln oder Strategien der Informationsverarbeitung, die mit geringem Aufwand zu einem schnellen, aber nicht garantiert optimalen Ergebnis kommen, kurz: Faustregeln" (Goldberg/von Nitzsch 2004: 49).

Die am stärksten verbreiteten Vereinfachungsregeln wie Mental Accounting, Verankerungsheuristik etc. haben Daniel Kahneman und Amos Tversky (1979) in der Prospect Theory beschrieben. In dem vorliegenden Beitrag wird der Begriff der Heuristiken benutzt, um individuelle Regeln und Tools des Umgangs mit Komplexität an Finanzmärkten zu bezeichnen, die Portfoliomanager für sich entwickeln und auch selbst anwenden. Diese Regeln basieren auf der individuellen Erfahrung jedes Marktteilnehmers: Sie beobachten den Markt, stellen für sich die wichtigsten Einflussfaktoren und Kausalitäten fest, auf die sie sich dann immer wieder beim Entscheiden verlassen und die sie laufend überprüfen (mentales ‚back-testing').

Die Interviews mit den Portfoliomanagern haben gezeigt, dass diese vereinfachenden Regeln und Tools recht heterogen sind, d.h. dass der Umgang mit Komplexität auf Finanzmärkten sich von Anleger zu Anleger, von Investmenthaus zu Investmenthaus erheblich unterscheidet. Peter Bernstein (1992) berichtet über die Erfahrung von Jack Treynor, einem der größten Finanztheoretiker des 20. Jahrhunderts: Treynor war am Anfang seiner Karriere an der Stiftung der Universität Yale beschäftigt und besuchte in den 1960er Jahren alle wichtigen Kapitalanlagegesellschaften der USA: „He was astonished by the diversity he discovered: No two were doing alike, but every one of them thought they were doing it the right way. This was very perplexing." (Bernstein 1992: 184) Das gleiche Bild zeigte sich in den Interviews mit den aktiven Portfoliomanagern von heute: Sie verfolgen das Ziel, die künftigen Preise der Wertpapiere vorherzusagen, gelangen aber auf ganz unterschiedlichen Wegen zu ihren Prognosen.

Obwohl einige Vereinfachungsregeln von den Investoren gemeinsam geteilt werden (wie zum Beispiel „Wenn die Zinsen steigen, ist es schlecht für den Aktienmarkt"), sind viele

Heuristiken doch individuell und führen zu unterschiedlichen Erwartungen und Positionen im Markt. Portfoliomanager grenzen ihr Anlageuniversum ein und reduzieren die Anzahl der Faktoren, auf die sie ständig achten. Hier ein Beispiel aus dem Interview mit einem Portfoliomanager am Rentenmarkt (PM_A):

„PM_A: Aber zum Beispiel generell, um mein Marktuniversum zu beobachten, verwende ich seit geraumer Zeit dieselben Daten. Zum Beispiel schaue ich mir an in den USA die Zweijährigen und die Zehnjährigen.[3] Ich schaue mir nicht an die Fünfjährigen und die Dreißigjährigen. Das hätte ich auch machen können. Und sich erweitert das manchmal ein bisschen ... das Universum, aber ich versuche das gleich und übersichtlich zu halten.

Frage: Und die volkswirtschaftlichen Daten? Wie erfassen Sie diese?

PM_A: Was ich mache ist, ich schaue immer auf dieselben Daten ... Ich habe ein natürlich subjektives Bild von der Priorität der Daten. Bei mir haben zum Beispiel die Arbeitsmarktzahlen in den USA eine hohe Priorität. Bei der Inflation ... da schaue ich auf die Core CPI[4] und so Dinge. Das machen andere Leute ein bisschen anders. Es sind nicht alle der Meinung, die Arbeitsmarktzahlen sind wichtig. Sie schauen bei der Inflation auf die normale Inflation. Oder dann bei Housing[5] ... da schaue ich mir alles ein bisschen an und dann schau ich auf die Leading Indicators bei Housing. Dann gibt es Wirtschaftsdaten ... die beachte ich nicht, die nehme ich wahr, dann schaue ich ‚über oder unter Erwartungen', aber lasse ich eigentlich liegen ... Und da ... da habe ich halt mein Bild."

Dieser Interviewausschnitt zeigt deutlich, dass der Anleger konsistent auf bestimmte Faktoren achtet, sie nach seiner Priorität im Kopf sortiert, sich beim Entscheiden an diesem Bild orientiert und zudem berücksichtigt, dass die Konkurrenten und Kollegen es anders tun. Die Informationsflut wird auch dadurch eingegrenzt, dass Portfoliomanager ihre Infoquellen selektieren und ihnen unterschiedliche Bedeutung beimessen: Einige Aktieninvestoren glauben, dass die regelmäßigen Treffen mit dem Management der Unternehmen entscheidend für den Erfolg sind, andere halten die Unternehmensmeetings für reine Zeitverschwendung; einige verlassen sich auf die Prognosen der Unternehmen, andere ignorieren sie und konzentrieren sich auf die Schätzungen von Analysten und Brokern, mit denen sie täglich telefonieren und E-Mails austauschen. Einige Investoren verlassen sich ausschließlich auf die externen Datenbanken und Services. Auch auf den Informationsaustausch mit den Kollegen wird unterschiedlicher Wert gelegt: In den großen Investmenthäusern gibt es jeden Tag „morning meetings", jeden Monat Anlageausschusssitzungen, regelmäßige Meetings oder „conference calls" mit den Analysten, die von den Angestellten dieser Organisationen entweder als nützlich oder als Zeitverschwendung betrachtet werden. Ein Interviewpartner aus einer kleinen

---

[3]   Hiermit sind die Anleihen mit der Laufzeit von zwei und zehn Jahren gemeint.

[4]   CPI bedeutet consumer price index, i.e. Konsumentenpreisindex, der zur Messung der Inflation benutzt wird. Core CPI ist ein Konzept der Messung der Kerninflationsrate, die die Preise für Lebensmittel und Energieressourcen aus der Berechnung ausschließt.

[5]   Der Wohnungsbausektor einer Wirtschaft.

Investmentbank berichtete, dass es bei ihnen keine formellen Meetings gibt: Der informelle Austausch zwischen den Kollegen finde nach Bedarf statt; dies spare viel Zeit.

Die Informationen werden auch ganz unterschiedlich systematisiert, um verarbeitet werden zu können. Portfoliomanager benutzen oft ‚selbstgestrickte' Tools, zum Beispiel Excel-Tabellen (Spreadsheets), mit derer Hilfe die Unternehmens- und Marktdaten überwacht und ausgewertet werden. Welche Daten in diese Spreadsheets aufgenommen und welche Kennzahlen dort berechnet werden, ist ebenso eine Heuristik: Jeder Portfoliomanager entscheidet darüber individuell, ausgehend von seiner eigenen Erfahrung. So werden Konsensuserwartungen, Erwartungen von Analysten, denen man wegen langjähriger Zusammenarbeit besonders vertraut, Prognosen von Unternehmen, eigene Prognosen oder auch nur reale, von den Unternehmen schon bekannt gegebene Zahlen als Inputdaten für die Spreadsheets verwendet. Berechnet werden – je nachdem – relative Kennzahlen, Cash-flow-Kennzahlen, Wachstumsraten etc. Sogar professionelle Anleger, die nach gleichen Investmentstilen (Wachstum oder Value) entscheiden, berechnen unterschiedliche Kennzahlen, so ein Interviewpartner. Diese Informationstabellen werden unterschiedlich oft aktualisiert: vor oder nach einem Unternehmensbesuch, nach den Quartalsberichten der Firmen etc.

Einige Investoren benutzen informelle Scoring-Modelle, in denen die fundamentale Qualität und Bewertung eines Unternehmens benotet werden. Die Vorgehensweise wird systematisch angewandt; die Vergabe der Noten unterliegt aber keiner Systematik: Es handelt sich um rein subjektive Schätzungen.

Interviews zeigen, dass sogar innerhalb eines Bankhauses unterschiedliche Vorgehensweisen angewandt werden. Zwei Portfoliomanager einer Fondsgesellschaft aus den Filialen in Zürich und Frankfurt haben über zwei komplett unterschiedliche Investmentprozesse berichtet. Einige Investmenthäuser lassen die Heterogenität der Vorgehensweisen bewusst zu: So sagte der Portfoliomanager von Jupiter's Global Managed Fund, der neun weitere Manager in seinem Team hat: „I encourage each of the manager to do their own thing, to run their fund in the way they want to run it." (Kelleher 2007: 11)

Jeder Portfoliomanager versucht, mit seinen individuellen Regeln und Tools ein Bild vom Markt oder von einem Unternehmen zu generieren. Diese Tools müssen ‚bequem' sein und in die eigene Denkphilosophie passen. Hier wird stellvertretend eine Aussage eines Portfoliomanagers am Aktienmarkt (PM_B) dokumentiert:

> *„PM_B: Durch meine Spreadsheets wird bei mir ein Bild vom Unternehmen im Kopf erzeugt: ob das Unternehmen wächst, wie es wächst – in ‚double digits' oder ‚single digits', organisch oder sonst wie. Für mich sind die Bilder für die Tendenz wichtig. Das ist meine Art zu denken."*

In den Interviews sprechen die Portfoliomanager oft von einem Puzzlebild des Marktes, das im Lauf der Anwendung der heuristischen Regeln und Tools entsteht. Die Heterogenität der Vorgehensweisen im Umgang mit Komplexität führt notwendigerweise zu unterschiedlichen Bildern und dementsprechend auch zu heterogenen Erwartungen und Entscheidungen: Dies ist so, weil „mit jeder Information nicht nur gewisser, sondern auch ungewisser wird, wie sich der Preis entwickeln wird. Jede Information begründet Erwartungen und schafft somit größere Gewissheit. Jede Information zeigt jedoch auch gegenläufige Möglichkeiten auf und begründet damit abweichende Erwartungen, schafft also Ungewissheit." (Baecker 1999: 298) Komplexität und Ungewissheit werden reduziert und gleichzeitig gesteigert.

Dieses Bild trifft zu, weil die Asset-Management-Branche nach wie vor auf die Experten setzt, auf die einzelnen Portfoliomanager, die über Jahre besser abschneiden als der Markt oder die Konkurrenz: Die Investmenthäuser verlassen sich auf die Einzelpersonen, die „Goldfinger" (Döhle/Hetzer/Palan 2002: 154-164). Gleichzeitig aber werden der Branche die Schwächen der ‚Spitzenleute' immer stärker bewusst: mangelnde Disziplin, begrenzte Kapazitäten der Informationsverarbeitung, Abhängigkeit von Emotionen und anderes mehr. Die Lösung wird in der Anwendung der computerisierten Strategien gesucht.

2.2   Formale Modelle

Ein alternativer Weg, mit der Komplexität im Markt umzugehen, ist die Anwendung von formalisierten, computergestützten Modellen. Die Verbindungen zwischen den Einflussfaktoren und ihren Wirkungen werden mit Hilfe der statistischen Verfahren ermittelt: Basierend auf den Daten der Vergangenheit wird festgestellt, welche Faktoren unter welchen Bedingungen zum Beispiel für die Outperformance bestimmter Aktien signifikant waren; diese Erkenntnisse werden auf die Zukunft projiziert. Wie im Fall der Heuristiken wird die Anzahl der zu berücksichtigenden Faktoren sowie die der berücksichtigten Verbindungen zwischen ihnen eingeschränkt. Die Strategien der Komplexitätsreduktion basieren hierbei nicht auf der menschlichen Erfahrung, sondern auf den statistischen Analysen.

> *„As computing capabilities increased and global markets became more closely integrated, asset managers started relying on models to track asset prices and detect tiny anomalies that a human eye might struggle to see. Initially, people then traded on these anomalies; but soon they started using computers not just to spot anomalies but to execute trades too. Computers are thus now using models to make trades – and often trading with other computers – with barely any human intervention."* (Tett/Gangahar 2007: 7)

Die Ergebnisse der ‚quantitativen' Analyse werden nicht nur bei der Steuerung der Investmentfonds, sondern auch direkt im Handel implementiert. Dadurch werden einige Schwächen des ‚personenbasierten' Portfoliomanagements vermieden.

Die Bedeutung der computergestützten Modelle im Portfoliomanagement wächst von Jahr zu Jahr. Die Investmentgesellschaft der Sparkassen DEKA berichtete, dass etwa 9 Prozent des verwalteten Vermögens bei ihr mit den ‚quantitativen' Ansätzen gemanagt werden – mit steigender Tendenz (Hetzer/Papendick 2003: 162). Der so genannte Programmhandel machte 2004 schon 50 Prozent aller Transaktionen auf der New Yorker Börse und 25 bis 30 Prozent in Europa aus (Maisch/Schönauer 2004: 26).

Vor dem Hintergrund dieser Tendenz wird immer öfter die Frage gestellt, ob die Komplexität der Märkte durch die Anwendung der Computermodelle nicht so stark reduziert wird, dass sie nicht mehr ausreicht, um die Märkte aufrechtzuerhalten. Zu Grunde liegt hier das

Problem des ‚computer herding': Wenn die Investoren den Markt mit den gleichen oder ähnlichen formalen Modellen beurteilen, also Komplexität auf die gleiche Art und Weise reduzieren, bilden sie gleiche oder ähnliche Erwartungen und treffen gleiche oder ähnliche Entscheidungen. Alle stellen sich auf die gleiche Seite des Marktes, d.h. wollen gleichzeitig nur kaufen oder nur verkaufen; die andere Seite wird zu dünn und droht aufzuhören zu existieren.

Die Ausführung der in eine Richtung laufenden Stop-Loss-Strategien im Rahmen der computergesteuerten Portfolioversicherung war zum Beispiel einer der Faktoren, die die Aktienmarktkrise 1987 verursachten (vgl. Authers 2007: 9). Im August 2007 haben die ungünstigen Entwicklungen bei einigen qualitativ gemanagten Hedge Fonds ebenso für Turbulenzen im Markt gesorgt: Ein globaler quantitativer Aktienfonds von Goldman Sachs hatte innerhalb einer Woche 30 Prozent seines Wertes eingebüßt, weil die Computer die drastischen Marktbewegungen nicht vorhergesehen und aus diesem Grund eine falsche Strategie berechnet hatten. So ging es auch vielen anderen computergesteuerten Investmentfonds (Tett/Gangahar 2007: 7).

Die in den Investmenthäusern benutzten Modelle sind einander in der Tat relativ ähnlich. Eine Portfoliomanagerin (PM_C) beschreibt die formalisierten Tools, die in ihrer Bank angewandt werden, wie folgt:

> *„PM_C: Wir haben ‚Valuation' ... Was wir natürlich auch haben, ist ‚Momentum', wir haben ‚Sentiment'[6] und auch anti-zyklische Kräfte. Das ist genauso, wie in jedem anderen Asset-Management-Shop auch."*

Dies ist so, weil die Experten, die quantitative Tools benutzen, auf den Hochschulen mit den gleichen mathematischen Methoden ausgebildet werden. Außerdem werden die erfolgreichen Strategien ziemlich schnell nachgeahmt (Gangahar 2007: 7). Und vor allem basieren die Aussagen der Modelle auf den allgemein schon bekannten Daten: Die Vergangenheit ist für alle gleich. Sind vor diesem Hintergrund die Befürchtungen berechtigt, dass es zum vollständigen Verlust der Komplexität in den Märkten kommen kann?

Die Gefahr besteht heutzutage noch nicht wirklich. Da jedes Investmenthaus (und manchmal auch einzelne Portfoliomanager) ihre eigenen Modelle entwickeln, sind diese Modelle nicht absolut identisch. Im Prozess des ‚Bastelns' der Modelle[7] werden menschliche Vorentscheidungen getroffen: Es wird bestimmt, welche Daten eingespielt, wie einzelne Parameter modelliert und welche Datenquellen benutzt werden etc.

Außerdem gibt es noch genügend Modelle, bei denen die qualitativen Faktoren (Management-Qualität, der Wert einer Marke, Corporate Governance etc.) in Form von subjektiven Schätzungen ihre Berücksichtigung finden: Viele Portfoliomanager sind davon überzeugt,

---

[6]   Bewertung (valuation), Momentum und Sentiment sind Techniken der Einschätzung der Werte und der Märkte. Zum Beispiel hilft Bewertung, den Marktwert einer Aktie einzuschätzen, Momentum gibt Aufschluss über Tempo und Ausmaß aktueller Kursbewegungen und Sentiment-Indikatoren spiegeln die Anlegermeinungen über die weitere Kursentwicklung wider.

[7]   Mehrere Interviewpartner haben den Prozess des Modellierens als ‚Basteln' bezeichnet.

dass viele wichtige Parameter nicht quantifizierbar sind. So sagt der Fondsberater Nils Bartram von Hauck & Aufhäuser: „Es gibt weiche Faktoren, die sehr wichtig für die künftige Aktienentwicklung sind, die können Sie nicht in irgendwelche Excel-Tabellen pressen." (Hussla 2007: 26) Die Mehrheit der Portfoliomanager vertraut den formalen Methoden deshalb noch nicht vollständig, sondern benutzt sie nur als Unterstützungstools bei ihren Entscheidungen. Diese Skepsis wurde auch in den Interviews mehrmals bekräftigt.

Die Subjektivität bei der Schätzung der Modellparameter ist mit Ungenauigkeit verbunden. So beschreibt ein Portfoliomanager (PM_D) die Probleme der Anwendung eines formalen Bewertungsmodells:

> *„PM_D: Unsere Fonds haben im letzten Jahr schlecht performt, weil die Inputdaten für die Modelle bloße subjektive Schätzungen sind. Wir hatten im letzten Jahr das China-Wachstum zu niedrig geschätzt, dementsprechend auch den Ölpreis (um 33 USD, die Annahme halten wir bis jetzt). Das führte dazu, dass die Makrodaten, die in das Modell gefüttert wurden, falsch waren; alles war dann falsch. Garbage in – garbage out. Das ist unser zentrales Problem."*

Der Freiraum, der beim ‚Füttern' der Modelle besteht, führt zu den heterogenen Aussagen und Entscheidungen.

Von einer radikalen Komplexitätsreduktion im Markt als Folge der Anwendung formaler Modelle kann auch deswegen keine Rede sein, weil oft auch bei der Ausführung der Computerentscheidungen Freiräume bestehen. Dies hängt vor allem von der Strategie der Investmenthäuser ab: Einige insistieren auf der rigorosen Umsetzung der von den Computern berechneten Strategien, weil nur dadurch die Vorteile des quantitativen Investments vollständig ausgespielt werden können. Für sie entsteht dann aber das Problem des ‚computer herdings' und des drohenden Komplexitätsverlustes.

Es gibt aber viele Kapitalanlagegesellschaften, die den Menschen die letzte Entscheidung überlassen: Sie erlauben ihnen, ihre Erfahrung und das ‚Bauchgefühl' für den Markt ins Spiel zu bringen sowie die Aussagen der Modelle zu hinterfragen. Viele Interviewpartner betrachteten die Möglichkeit, die Modelle zu hinterfragen, als eine zentrale Bedingung ihrer Anwendung. Hier ein Beispiel:

> *„PM_D: Es ist wichtig zu wissen, was in einem Unternehmen vor sich geht. Wenn ein Modell mir empfiehlt, ein billiges Unternehmen zu kaufen, muss ich wissen, warum es billig ist. So ist zum Beispiel Surgut[8] billig, es ist schon lange billig, aber es ist bekannt warum: Wegen seinem Management. Prosperity (ein Großaktionär) plant dort eine Managementveränderung. Wenn das endlich passiert, d.h. die alten Leute rausgeschmissen und die neuen eingesetzt werden, wird Surgut sich verdoppeln, dann ist er ein Kauf. Bis dahin bleibt er uninteressant, egal wie billig er ist."*

---

[8]   Gemeint wird Surgutneftegaz, ein großer russischer Ölwert.

Generell wird wie folgt argumentiert:

> *"There are many useful areas for investment judgment where quantitative models never become practicable. In 1996, what did investors say would be the impact on Hong Kong stock values when that British colony reverts to mainland China in 1997? There are simply not enough cases of very similar type to do a least-squares regression of returns versus possible governing factors. One may do better by forming a subjective judgment, reasoning from cases that are similar enough to offer analogy, but that are not similar enough to use for statistical analysis."* (Wilcox 1997: 66)

Es kommen mit anderen Worten immer neue Faktoren dazu, die in keinem Modell berücksichtigt sind und erst im Nachhinein einprogrammiert werden müssen. In einem Interview wurde die Subprime-Krise als ein solcher Faktor erwähnt: Die Portfoliomanagerin (PM_C) integriert gerade diesen neuen Faktor in ihre Modelle. Das ist ein kreativer Prozess, den ihre Konkurrenten vielleicht ähnlich, aber doch anders gestalten und dann mit ihren Modellen zu anderen Aussagen kommen. Die Interviews bestätigen auch, dass formale Methoden des Umgangs mit der Komplexität in der Praxis grundsätzlich durch die kreative Intuition, das Interpretieren, das Geschichtenerzählen, die Metaphernbildung und das Phantasieren ergänzt werden, was die Komplexität der Märkte aufrechterhält.

Gleichzeitig hängt der Umgang mit den Aussagen der Modelle nicht nur von der Politik der Anlagegesellschaften ab, sondern stellt ein grundsätzliches Problem für alle Modellanwender dar. Es existiert für die Bestimmung unterschiedlicher Marktparameter kein einheitliches Modell. Eine Portfoliomanagerin berichtet, dass sie, um Parameter wie ‚Momentum' oder ‚Sentiment' zu berechnen, mehrere Modelle gleichzeitig laufen lässt, die auch durchaus unterschiedliche Aussagen treffen können. Dadurch entsteht das Problem der Modellkombination: Wie geht man mit unterschiedlichen Aussagen der Modelle um, die ein und denselben Parameter bestimmen? Dieses Problem wird von den Marktteilnehmern heutzutage als zentral angesehen:

> *"PM_C: Denn das ist etwas, woran sich die Investmentmanagers wirklich unterscheiden. Denn die Tools sind immer die gleichen: ein bisschen DCF[9] oder ja, mein Gott, nehme ich jetzt da den gleichgewichtigen Zins oder den aktuellen kurzfristigen ... ach, das ist ja Kinderkram: Wir gucken uns das an, wir wissen, was kommt raus. Die Frage ist: Wie passiert die Model Combination? Und das unterscheidet die Shops."*

Modellkombination ist ein Problem, das beim quantitativen Umgang mit Komplexität entstanden ist. Portfoliomanager, die formale computergestützte Methoden benutzen, müssen darüber urteilen, wie sie die Parameter, zu denen Modelle unterschiedliche Aussagen treffen, in ihren Entscheidungsprozessen berücksichtigen. Sie werden mit einem weiteren komplexen Problem konfrontiert, das, wie die herkömmliche Aufgabe der Renditevorhersage, mit Hilfe der Heuristiken (subjective judgment) oder der formalen Methoden (model mixing, model

---

[9] Discounted Cash Flow: Bewertungsmodell, das auf Schätzungen für die zukünftige Cash Flow-Entwicklung basiert.

synthesis, model switching etc.) gelöst werden kann. Das Problem der Modellkombination wird von den Marktteilnehmern unterschiedlich behandelt, was die Heterogenität der Erwartungen und Entscheidungen im Markt garantiert und weitere Komplexität produziert. Die Komplexität der Finanzmärkte bleibt ‚man-made'.

Bei der Einschätzung der Komplexität der Finanzmärkte müssen die Modelle selbst als ein zusätzlicher Komplexitätsfaktor berücksichtigt werden. Dies ist vor allem deswegen so, weil Modelle unvollkommene Instrumente des Umgangs mit der Komplexität darstellen. Sie sind letztendlich nicht imstande, die Komplexität der Finanzmärkte zu erfassen, also alle Faktoren zu berücksichtigen und alle kausalen Beziehungen festzustellen. Sie können keine eindeutigen Prognosewerte liefern und generieren weitere komplexe Probleme wie das der Modellkombination. Außerdem kann die Dynamik der Faktoren – Veränderungen sowie die Entstehung neuer Faktoren – in den Modellen oft nicht ausreichend berücksichtigt werden:

> „PM_A: Ich habe vor Jahren auch mal selber Modelle gebastelt: Regressions- und Faktorenmodelle und so weiter. Und die haben einige Zeit, vielleicht über zwei Jahre ganz gut funktioniert, aber dann gab's halt so Schocks. Zum Beispiel die Asienkrise und Emerging-Markets-Krise und LTCM[10], auch der Russische Default[11] hat da auch etwas mitgewirkt. Auf jeden Fall war alles dann komplett falsch. Das Modell hat gesagt: 6 Prozent, und die Zinsen waren da 4. Bevor war der Unterschied im Bereich 20-30 Basispunkte, also es hat gestimmt. Aber dann konnte man gar nichts mehr damit anfangen. In dem ursprünglichen Format, wie ich das Modell konzipiert hatte, war das nicht mehr brauchbar, weil der dominante Faktor, die Flucht in die Qualität – die Bonds sind gestiegen, die Renditen sind gefallen aufgrund dieses einen Faktors – war halt nicht drinnen. Wenn ich die Variable ‚Emerging Markets Spreads' genommen hätte, dann hätte es super funktioniert. Aber das war ursprünglich nicht inkludiert."

Die Relationen zwischen den für den Markt relevanten Faktoren lassen sich nicht eindeutig für eine ausreichend lange Zeitperiode feststellen. Oder wie William Strazzullo, der Chief Market Strategist der Bell Curve Trading es formulierte: "When they [the models] work it's good but over time relationships [between the factors included in the model] inevitably break down." (Gangahar 2007: 7) Komplexität wird durch die Anwendung der Modelle nur vorübergehend und eher scheinbar reduziert.

Außerdem werden die Modelle selbst zu einem Einflussfaktor, denn ihr Zusammenspiel beeinflusst, wie schon angedeutet, die Märkte. Probleme wie ‚computer herding' und ‚model combination' bezeugen eher die Steigerung der Komplexität der Märkte durch die Modellanwendungen als ihre Reduktion. Mit MacKenzie (2006) kann an dieser Stelle vermutet werden, dass finanzmathematische Modelle keine „Aufnahmegeräte" („cameras") sind, sondern auch „Triebwerke" („engines"), die zu einem selbständigen und wesentlichen Teil der ökonomischen Prozesse geworden sind. Vor diesem Hintergrund müssten Modelle, wenn sie Märkte bewerten und die Anlagestrategien berechnen, sich selbst als einen Einflussfaktor bei

---

[10]   LTCM war ein großer Hedge Fonds, dessen Zusammenbruch 1998 fast eine globale Finanzkrise auslöste.

[11]   Finanzkrise in Russland 1998, die zu einer Aussetzung der Zinszahlungen des russischen Staates führte.

den Kalkulationen berücksichtigen. Dies tun sie aber nicht, erfassen schon deswegen die Komplexität nicht vollständig und steigern sie.

3   Schluss

In diesem Beitrag wurde gezeigt, dass Finanzmärkte komplexe Systeme darstellen und dass ihre Komplexität das Resultat des Zusammenspiels der einzelnen Akteure ist. Indem die Marktteilnehmer versuchen, die Komplexität der Märkte auf ihre besondere Art und Weise zu reduzieren, reproduzieren sie die Märkte als komplexe Systeme immer wieder. Zwei Wege der Komplexitätsreduktion auf der individuellen Ebene wurden besprochen: Heuristiken und formale Modelle.

Die empirische Analyse dieser beiden Methoden des Umgangs mit der Komplexität demonstriert, dass die Komplexität der Finanzmärkte ‚man-made' ist: Eine einheitliche Beschreibung des menschlichen Verhaltens auf der Mikroebene und dementsprechend auch des Verhaltens der Märkte ist nicht möglich.

Insbesondere sorgt die Anwendung der Heuristiken, also der individuellen Regeln und Tools der Informationsverarbeitung, für die Diversität der Vorgehensweisen auf der Mikroebene: Diese auf den subjektiven Erfahrungen basierenden Regeln sowie einfache Modelle variieren sehr stark und entziehen sich einer einheitlichen Beschreibung.

Die komplizierteren formalen Tools, die auf den mathematischen Modellen basieren, zeigen eher eine Tendenz der Vereinheitlichung. In diesem Zusammenhang knüpfen die Überlegungen über die formalen Modelle an das traditionelle Thema der Soziologie ‚Technik und Gesellschaft' an: Einerseits soll die Technik die Komplexität der Märkte für die Teilnehmer reduzieren, andererseits sind mit ihrer Anwendung die Befürchtungen der Unkontrollierbarkeit (zum Beispiel ‚computer herding') verbunden. Die formalen Modelle, die oft identisch aufgebaut und nachgeahmt werden, stellen eine Gefahr für die Märkte dar, insbesondere deshalb, weil ihre Bedeutung steigt. Wenn die Komplexität der Märkte effektiv und einheitlich reduziert wird, wird die Existenz der Märkte bedroht: Die Technik gerät außer Kontrolle und zerstört das System.

Die Finanzmärkte stellen daher ein System dar, das sich selbst auflösen würde, wenn seine Komplexität vollständig beherrschbar wäre. Im Beitrag wurde demonstriert, dass dieser Zustand allerdings heutzutage bei weitem nicht erreicht ist: Die Heuristiken und der Aufbau der formalen Modelle sowie deren Anwendung sind heterogen. Dies ist so, weil die Komplexitätsreduktion nur ein Mittel zu dem eigentlichen Zweck darstellt, nämlich der erfolgreichen Suche nach Ineffizienzen und der Vorhersage der Preise am Markt. Die Überzeugung der Wertpapieranleger, dass sie diesen Zweck mit ihren eigenen Methoden besser als die Anderen erreichen können, ist der Motor der Finanzmärkte. Deswegen werden immer weitere Modelle entwickelt, sie werden anders kombiniert, ihre Aussagen werden unterschiedlich interpretiert. Dadurch tragen die computergestützten Modelle zur Steigerung der Marktkomplexität bei: Sie (und insbesondere ihr Zusammenspiel) werden selbst zu einem zusätzlichen Komplexitätsparameter für die Investoren.

Die empirische Untersuchung des Umgangs mit der Komplexität am Beispiel des Portfolio-managements hat also mehrere Faktoren aufgedeckt, die zwar einerseits der Reduktion die-nen, andererseits zugleich aber bewirken, dass die Komplexität der Märkte bestehen bleibt. Eine breitere homogene Anwendung identischer formaler Modelle dagegen könnte das Ende der Finanzmärkte, so wie sie heute existieren, bedeuten.

4   Literatur

Authers, John, 2007: The Anatomy of a Crash: What the Market Upheavals of 1987 Say about Today. In: *Financial Times* 19. Oktober 2007, 9.

Baecker, Dirk, 1999: Die Preisbildung an der Börse. In: *Soziale Systeme* 5, 287-312.

Bernstein, Peter L., 1992: *Capital Ideas: The Improbable Origins of Modern Wall Street.* Hoboken, New Jersey: John Wiley & Sons.

Brügger, Urs, 2000: Speculating: Work in Financial Markets. In: Herbert Kalthoff/Richard Rotten-burg/Hans-Jürgen Wagener (Hg.), *Facts and Figures: Economic Representations and Prac-tices*, Ökonomie und Gesellschaft, Jahrbuch 16. Marburg: Metropolis, 229-255.

Döhle, Patricia/Jonas Hetzer/Dietmar Palan, 2002: Goldfinger. In: *Manager Magazin* 6, 154-164.

Elster, Jon, 1987: *Subversion der Rationalität.* Frankfurt/Main: Campus.

Gangahar, Anuj, 2007: Does Not Compute: How Misfiring Quant Funds Are Distorting the Markets. In: *Financial Times* 10. Dezember 2007, 7.

Goldberg, Joachim/Rüdiger von Nitzsch, 2004: *Behavioral Finance: Gewinnen mit Kompetenz.* Mün-chen: FinanzBuch Verlag.

Hetzer, Jonas/Ulric Papendick, 2003: Keine Stars mehr. In: *Manager Magazin* 12, 162.

Hussla, Gertrud, 2007: Renditeträchtige Rasterfahndung. In: *Handelsblatt* 64, 30./31. März/1. April 2007, 26.

Kahneman, Daniel/Amos Tversky, 1979: Prospect Theory: An Analysis of Decision under Risk. In: *Econometrica* 47, 263–291.

Kelleher, Ellen, 2007: A Hands-Off Approach to Management. In: *Financial Times*, Special Reports Fund management, 5. Februar 2007, 11.

Luhmann, Niklas, 2002: *Einführung in die Systemtheorie.* Heidelberg: Carl-Auer-Systeme-Verlag.

MacKenzie, Donald A., 2001: Physics and Finance: S-Term and Modern Finance as a Topic for Sci-ence Studies. In: *Science, Technology & Human Values* 26/2, 115-144.

MacKenzie, Donald A., 2006: *An Engine, Not a Camera: How Financial Models Shape Markets.* Cam-bridge, Mass.: MIT Press.

Maisch, Michael/Felix Schönauer, 2004: Automatisiertes Geschäft nimmt zu: Großanleger entdecken den Programmhandel. In: *Handelsblatt* 129, 7. Juli 2004, 26.

Richter, Klaus/Jan-Michael Rost, 2002: *Komplexe Systeme.* Frankfurt/M.: Fischer.

Taleb, Nassim N., 2007: *The Black Swan: The Impact of the Highly Improbable.* New York: Random House.

Tett, Gillian/Anuj Gangahar, 2007: System Error: Why Computer Models Proved Unequal to Market Turmoil. In: *Financial Times* 15. August 2007, 7.

Wilcox, Jarrod W., 1997: Quantitative Investing. In: Peter Carman (Hg.), *Quantitative Investing for the Global Markets: Strategy, Tactics, and Advanced Analytical Techniques*, Chicago, London: Fitzroy Dearborn Publishers, 57-92.

Komplexitätssteigerung durch Steuerung in Organisationen

Eine Fallanalyse

Matthias Klemm und Jan Weyand

1 Einleitung

Antworten auf die Frage nach der Steuerbarkeit von komplexen Systemen und Organisationen bewegen sich typischerweise zwischen zwei einander entgegengesetzten Polen: Der Auffassung der prinzipiellen Steuerbarkeit komplexer Systeme steht die Auffassung ihrer prinzipiellen Unsteuerbarkeit bzw. ihrer Selbststeuerung gegenüber. Beide Positionen stehen auf den ersten Blick vor für sie jeweils kaum zu erklärenden Phänomenen. Der Rede von der Selbststeuerung muss der Erfolg steuernder Eingriffe in komplexe Systeme wie beispielsweise Verkehrssysteme ein Rätsel bleiben wie der gegenteiligen Auffassung die zyklische Wiederkehr von ‚Steuerungsproblemen'.

Die Stärke der beiden Positionen liegt insbesondere darin, auf die Schwäche der jeweils anderen hinzuweisen. Die Frage nach der Steuerung bzw. Steuerbarkeit von komplexen Systemen bzw. Organisationen können sie jeweils für sich genommen kaum adäquat beantworten. Dass beide Positionen nebeneinander vertreten werden, hat mit dem Gegenstand zu tun: Steuerung findet statt oder nicht; ein ‚bisschen' Steuerung gibt es nicht.

Eine alternative Position kann also nicht darin bestehen, den Begriff der Steuerung aufzuweichen, denn das hieße, die Faktizität steuernder Eingriffe zu negieren. Sie setzt vielmehr genau an dieser Faktizität des Steuerns an und fragt, was genau geschieht, wenn ein (komplexes) soziales System gesteuert wird. Wir konzentrieren uns dabei auf zwei unserer Auffassung nach zentrale Punkte, nämlich erstens den Ort oder die Position der Steuerung in Organisationen und zweitens die Frage der Perspektive, von der aus gesteuert wird. Eine Steuerung sozialer Organisationen, so lässt sich die Position pointiert zusammenfassen, greift erstens nicht einfach von außen in die Organisation ein, sondern operiert im Innenbereich der Organisation. Zweitens und daraus folgend repräsentiert eine Steuerungsinstanz nicht ‚das Ganze', ‚die Einheit' oder ein ‚Gesamtinteresse' einer Organisation. Sie agiert vielmehr als ein Teil der Organisation mit einer partikularen Perspektive. Drittens kann Steuerung, so betrachtet, nicht nur als Folge von Komplexität, sondern auch als Ursache von Komplexität gesehen werden. Wie und warum Steuerung Komplexität unbeabsichtigt steigern kann, ist Gegenstand der folgenden Ausführungen.

Eine Reflexion des Ortes oder der Position der Steuerung in komplexen Organisationen führt zu der Einsicht, dass die Annahme, Steuerung würde per se die Komplexität von Organisationen reduzieren, Steuerungsformen eine kausale Durchgriffsmacht zugesteht, über die sie gerade vor dem Hintergrund komplexer, d.h. differenzierter Leistungsbeziehungen in Organisationen nicht bzw. nur in drastischen Fällen verfügen. Man geht wie bei technischen Systemen davon aus, dass Steuerung im Außenbereich des Systems angesiedelt sei und so die Installation von Steuerungseinheiten die Komplexität des Systems reduziere. Das aber ist eine ausgesprochen verkürzende Annahme, die der mit einem Steuerungshandeln typisch einhergehenden Perspektivität entspricht. Für soziale Organisationen gilt jedoch, dass sich Steuerung und zu steuernder Ablauf nicht einfach trennen lassen, d. h. dass die Steuerung nicht einfach im Außenbereich des zu steuernden Ablaufs angesiedelt ist, sondern ebenso im Innenbereich. Steuerung wirkt nicht nur auf Organisation, sondern ist selbst Teil von Organisation. Darin besteht der *Doppelcharakter von Steuerung* und daraus ergibt sich die objektive Wahrscheinlichkeit, dass Steuerung die Komplexität von Organisationen steigert.

Wir beginnen unsere Überlegung mit der Unterscheidung der Steuerung von technischen und von sozialen Systemen, um so das genannte Problem der Steuerung bereits gesteuerter Prozesse als Komplexitätssteigerung aufzuzeigen (1). In einem zweiten Schritt werden wir ein Fallbeispiel vorstellen, die Einführung eines Systems zur Steuerung von Informationsflüssen durch eine Wissensmanagementabteilung in einem global agierenden Hochtechnologiekonzern. Das Beispiel entstammt einem zweijährigen, am Institut für Soziologie in Erlangen durchgeführten und von der DFG geförderten Projekt mit dem Titel „Bedingungen der Wissensproduktion in der Wissensgesellschaft" (2). Aus der Problemexposition und dem Beispiel werden wir in einem dritten Schritt Konsequenzen für die organisationssoziologische Diskussion um Steuerung und Komplexität ziehen (3). Unsere Schlussfolgerungen gehen dahin, deutlicher zwischen der strukturell notwendigen Perspektive der Steuerungseinheiten und dem theoretischen Verständnis von Steuerung zu unterscheiden.

2   Steuerung komplexer Organisationen

Zwischen der Steuerung von technischen Geräten und Systemen mittels kybernetischer Modelle und der Steuerung sozialer Organisationen wird oft kein wesentlicher Unterschied gesehen. Dabei wird hinsichtlich Steuerbarkeit und Steuerung wenigstens eine Ähnlichkeit, in der Regel eine Gemeinsamkeit von technischen Systemen und sozialen Organisationen unterstellt. Das Gemeinsame besteht eben in der Annahme der Steuerbarkeit und das heißt der Planbarkeit von Abläufen. Entsprechend werden die Schwierigkeiten, denen eine Steuerung sozialer Organisationen gegenübersteht, gerade nicht in der besonderen, von technischen Systemen unterschiedenen Funktionsweise dieser Organisationen gesehen, sondern – wie bei technischen Systemen bzw. Mensch-Maschine-Systemen auch – in ihrer Komplexität: Komplexe Systeme oder Organisationen gelten als schwer zu steuern, weil sie ihre eigenen Operationen nicht voll determinieren. Komplexe Systeme zeichnen sich im Unterschied zu einfachen Systemen dadurch aus, dass

1. nicht ein Zustand B auf einen Zustand A nach einer angebbaren Regel folgt, sondern dass auf einen Zustand A mehrere mögliche Zustände folgen können oder

2. ein Zustand B nicht linear auf einen Zustand A folgt (vgl. exemplarisch Gandolfi 2001).

Komplexität bezeichnet in beiden Fällen eine Eigenschaft eines Systems oder einer Organisation, nämlich prospektive Uneindeutigkeit, die durch Steuerung ‚in den Griff' bekommen werden soll. Die prospektive Uneindeutigkeit des Systems bzw. der Organisation ist zwar Eigenschaft des Systems, aber diese Eigenschaft wird nicht ‚an sich', sondern in einer bestimmten Perspektive relevant, eben der Perspektive der Steuerung. Die Begriffe (und die durch sie bezeichneten Phänomene) Komplexität und Steuerung verweisen daher wechselseitig aufeinander.

Dies gilt sowohl für technische wie für soziale Systeme und in beiden Fällen bezeichnet Steuerung ein Doppeltes, die Herstellung von prospektiver Eindeutigkeit bzw. kalkulierbarer Mehrdeutigkeit auf der einen Seite und die Gestaltung von Systemabläufen nach Steuerungsvorgaben auf der anderen Seite. Das mag schwierig und je nach Systemtypus mit großen Risiken behaftet sein (vgl. Perrow 1988). Aber es bleibt im Grunde ein technisches Problem, Steuerungssysteme so zu entwickeln, dass die möglichen Zustände des zu steuernden Systems ‚beherrschbar', d. h. vorhersagbar und daher kontrollierbar sind.

In dieser Perspektive ist das Verhältnis von steuernder Instanz und zu steuerndem Ablauf selbst linear und nach einem Modell von Ursache und Wirkung gedacht: Ein beliebiger Prozess wird nach vorab definierten Messwerten gesteuert, d. h. die Steuerungsinstanz greift in den Prozess in einer vorab definierten Weise ein, wenn vorab definierte Messwerte unter- oder überschritten werden. Die Steuerungsinstanz kontrolliert das System anhand des Vergleichs der ihr zur Verfügung stehenden Ist-Daten mit den Soll-Daten und greift im Abweichungsfalle ein. Wird keine Abweichung registriert, ist davon auszugehen, dass die Systeme im Sinne der Steuerungsvorgaben funktionieren. Die Steuerungsparameter orientieren sich also an den Abweichungsfolgen in einem einfachen Ursache-Wirkungs-Modell. Dieses Modell kann natürlich selbst recht kompliziert und schwer zu verstehen sein, aber es ist nicht komplex im genannten Sinn. Gelingt der steuernde Eingriff, etwa die Einführung eines Verkehrsleitsystems in einer Innenstadt, so ist durch den steuernden Eingriff (Installation des Verkehrsleitsystems) eine mögliche Komplexitätsfolge, die durch die Unkoordiniertheit der Einzelentscheidungen von Autofahrerinnen und Autofahrern erzeugt wird (unkontrollierter Verkehr mit entsprechenden Staus im Innenstadtbereich), beseitigt. Insbesondere in der Theorie und Praxis des Managements wird dieser Gedanke auf soziale Organisationen übertragen und in unterschiedlichen Verfahren zur Steuerung von Organisationshandeln ausformuliert. Wissens-, Innovations- und andere Formen des Managements von Organisationen stellen ja nichts anderes als Versuche dar, die Funktionsweise der Organisation einer steuernden Kontrolle zu unterwerfen (nicht umsonst heißt managere: bei der Hand nehmen).

Ein Steuerungsverständnis, das in der besagten Weise am Begriff der Komplexität ansetzt, unterscheidet nicht systematisch zwischen technischen und sozialen Systemen und in der Regel auch nicht zwischen biologischen und sozialen Systemen. Es unterscheidet aber – als Konsequenz aus dieser Nicht-Unterscheidung – zwischen der linearen Steuerung und den komplexen, zu steuernden Prozessen und Einheiten: Alle diese Systeme können komplex sein, und in allen können daher Steuerungsversuche zur Reduktion von Komplexität eingesetzt werden. Je nach den besonderen Anforderungen des Gegenstandsbereichs erhält das Unterfangen seiner Steuerung dann allerdings eine besondere Bezeichnung, im Falle biologischer Systeme, die mit Blick auf soziale Zwecke gesteuert werden, etwa Behaviorismus, im Falle sozialer Systeme etwa Sozialtechnologie usw.

Allein dies ist nicht der einzige Zugang zu Fragen der Steuerung von komplexen Organisationen. Wenn wir uns der Frage der Steuerung *komplexer Systeme* nicht auf der Grundlage der Unterscheidung zwischen linearer Steuerung und (unkontrollierter) Komplexität, sondern auf der der Gemeinsamkeit von Steuerung und zu steuernden Prozessen, nämlich ihrer Sinnbasierung, zuwenden, so befinden wir uns im Bereich ausschließlich sozialer, das heißt in diesem Falle: ‚irgendwie' bereits gesatzter Organisationen oder weiterer sozialer Aggregatzustände (Märkte, Netzwerke z.B.; vgl. klassisch: Weber 1922). Wir sprechen also im Fall der Steuerung *komplexer sozialer Organisationen* von der Steuerung von Abläufen, in denen Sinn verarbeitet wird (soziale Systeme). Im Mittelpunkt des Interesses steht dann die Beziehung von sinnförmiger Steuerung und sinnförmiger Komplexität.

Diese Differenz hat Konsequenzen für die Theorie der Steuerung. Wir können Steuerung nicht mehr einfach im Außenbereich der zu steuernden Abläufe verorten und wir können keine einfachen linearen oder kausalen Beziehungen zwischen Steuerung und zu steuerndem Ablauf herstellen. Sowohl die Steuerung als auch der zu steuernde Prozess verarbeiten erstens Sinn, d. h. sie verstehen Informationen und handhaben sie auf der Grundlage dieses Verstehens. Beide agieren zweitens eigensinnig, d. h. das Verstehen und das Verarbeiten von Sinn kann und wird auch gegenläufig zu der vorab kalkulierten Weise geschehen (vgl. Luhmann 1992; Ortmann 2003). Folglich ist nicht nur das System komplex, Komplexität ist vielmehr in den Prozess der Steuerung selbst ‚eingebaut'. Drittens wird, additiv gedacht, die Komplexität sozialer Organisationen durch Steuerung nicht einfach reduziert, sondern zunächst auch erhöht, weil die Steuerung sozialer Prozesse als weiterer Teil dieser Prozesse auftaucht.

Komplexität ist im Fall sozialer Organisationen daher nicht nur ein Ansatzpunkt für die Steuerung sozialer Abläufe, Komplexität ist auch die Folge von Steuerungsprozessen in Organisationen (Luhmann 2005). Die Steuerung von Organisationen ist einerseits auf die Koordination und Kontrolle von Organisationsprozessen bezogen und muss sich daher als von diesen Organisationsprozessen unterschieden ausweisen. Indem sie diese Prozesse (selektiv) erfasst und durch Eingaben (selektiv) strukturiert, reduziert sie deren Komplexität zunächst für sich und erst dann in Form von Vorgaben, Anweisungen, Ablaufplänen etc. für diese Prozesse selbst. Andererseits ist die Funktion der Steuerung als Teil der zu steuernden Organisation auch Teil der zu steuernden Organisationsprozesse, kommt also spätestens in dem Moment, in dem Steuerung die ‚Arbeit' aufnimmt, im Gegenstandsbereich wieder vor. Die Steuerung von Organisationsprozessen hat daher einen Doppelcharakter: Sie muss von den zu steuernden Prozessen unterschieden werden *und* als Element der zu steuernden Prozesse sichtbar sein. Infolge dieses Doppelcharakters kann Komplexität durch Steuerung nicht nur reduziert, sondern auch erhöht werden. So, wie eine Verkehrsampel die Straßenordnung sichtbar macht, also Aufmerksamkeit auf sich zieht, funktioniert sie nur, wenn bei Rot gehalten wird, und es wird einsichtig, dass ein Übermaß an sichtbaren Signalen und Symbolen der Steuerung irgendwann die Komplexität des Straßenverkehrs so erhöht, dass Steuerung das Gegenteil ihrer Absicht bewirkt (‚Schilderwald'). Es ist dieser Punkt, dem unsere Aufmerksamkeit gilt, zumal er in der gegenwärtigen Steuerungstheorie und -praxis vermutlich aufgrund seines kontraintuitiven Charakters wenig Beachtung findet (man spricht eher von ‚Überregulierung').

Obwohl sich also Steuerung von den zu steuernden Prozessen unterscheidet, folgt für die Betrachtung von Steuerung, soweit sie als sinnförmig verstanden wird, deren Perspektivität im Sinne der modernen Erkenntnistheorie: Diese geht grundsätzlich davon aus, dass sich erkennendes Subjekt und Objekt der Erkenntnis nicht ‚sauber' voneinander trennen lassen. Spätestens seit Kant wissen wir, dass unsere Erkenntnis uns keine Vorstellungen der Erkenntnisobjekte liefert, wie sie an sich selbst verfasst sind, sondern dass diese Vorstellungen vielmehr durch die Formen, in denen sich unsere Anschauung und unser Denken vollziehen, präformiert sind. Wir müssen zwar nach Kant ein 'Ding an sich' als unbekannte Ursache der Erscheinungen annehmen, über dieses Ding an sich aber können wir jenseits dieser Annahme nichts sagen, da wir nicht von unseren Formen der Anschauung und des Denkens abstrahieren können (vgl. Kant 1976). Wir können den subjektiven Anteil nicht ‚wegdenken'. Jedes Objekt unserer Erkenntnis ist immer schon subjektiv präformiert. Auf dieser Grundlage ergeben sich weitere zentrale Einsichten der modernen Erkenntnistheorie, vor allem der hermeneutische Zirkel: Alles, was wir verstehen, verstehen wir auf der Grundlage sozial erworbener Wissensvorräte. Weil diese Wissensvorräte sozial veränderbar sind, hat das Verstehen des kulturell oder historisch Anderen eine Grenze an unseren eigenen Wissensvorräten, die wir nicht überspringen können (Gadamer 1972; Nietzsche 1969). Die Objektivität unserer Einsichten ist daher nicht unabhängig von historischer Zeit oder, mit Theodor W. Adorno gesprochen, Wahrheit hat einen Zeitkern (Adorno 1998; Hegel 1988).

Überträgt man diese Einsicht auf Steuerung, so folgt, dass sie gerade nicht von vornherein über einen übergeordneten ‚Blick' auf den zu steuernden Aspekt verfügen kann – auch Steuerung kann keinen ‚extramundanen' Standort einnehmen. Die Trennung von Steuerung und zu steuerndem Prozess, die auf die eine Seite die Steuerung, auf die andere den zu steuernden Prozess setzt, ist zwar funktional für die Etablierung von Steuerung notwendig. Sie ist jedoch dann theoretisch irreführend, wenn aus dieser Trennung eine überlegene ‚Einsicht' auf Seiten der Steuerung angenommen wird, die nicht an die Funktion der Steuerung *im Innenbereich* von Organisationen zurückgebunden wird. In Verbindung mit den eben angestellten Überlegungen folgt daraus, dass

1. eine Steuerung sozialer Organisationen grundsätzlich einen Doppelcharakter aufweist, der darin besteht, dass die Steuerung zugleich aus einer Binnen- und aus einer Außenperspektive ausgeübt wird;

2. die Komplexität der Organisationsprozesse durch die Integration einer Instanz zur Steue-
    rung nicht nur verringert, sondern auch erhöht wird bzw. sich erhöhen kann (in Abhän-
    gigkeit davon, wie sie zusätzliche Aufmerksamkeit in schon geordneten Verhältnissen
    auf sich zieht),

3. die Komplexität sozialer Organisation von der Instanz zur Steuerung in einer spezifischen
    Weise wahrgenommen und gehandhabt wird, d. h. die Komplexität der Organisation kein
    an sich selbst und unabhängig von der Steuerungsinstanz vorliegendes Faktum ist, son-
    dern vielmehr in einer spezifischen Perspektive, eben der der Steuerungsinstanz, gegeben
    ist.

Geht man von dieser theoretischen Perspektive aus und berücksichtigt die genannten drei
Punkte, lässt sich eine Steuerung sozialer Organisationen nicht mehr einfach vom Modell der
Steuerung technischer Prozesse abziehen und Steuerung nach dem Modell von Ursache und
Wirkung begreifen. Wenn wir von der Steuerung sozialer Organisationen sprechen, können
wir gerade nicht davon ausgehen, dass bei einer Abweichung eines zu steuernden Prozesses
von einem definiertem Wert die Steuerungsfunktion in Aktion tritt, bis der ‚Ist-Wert' sich
wieder im Rahmen der vorgegebenen ‚Soll-Werte' bewegt. Nur aus dieser Perspektive stellt
sich überhaupt die steile Alternative zwischen dem Postulat der Steuerbarkeit und dem der
Unsteuerbarkeit sozialer Organisationen, weil man nur unter der Voraussetzung einer einfachen, d. h. nicht selbst komplexen Beziehung zwischen Steuerung und zu steuerndem Ablauf
überhaupt auf die Vorstellung einer sich nach einem vorentworfenen Plan vollziehenden
Organisationssteuerung kommen kann, wogegen dann mit der These der Unmöglichkeit der
Realisierung solcher Pläne (zurecht) opponiert wird. Die Frage nach der Komplexitätsreduktion oder -steigerung durch Steuerung lässt sich auf der Grundlage der vorstehenden Überlegungen aber empirisch wenden, indem das ‚Zusammenspiel' zwischen Steuerung und Gegenstand der Steuerung untersucht wird.

3   Fallbeispiel: Wissensmanagement als Instrument zur Steuerung von Informationsflüssen

Unser empirisches Fallbeispiel bezieht sich auf die Einführung eines computerbasierten
Instruments zur Lenkung der Informationsflüsse in einem international agierenden Konzern.
Mit der Planung und Entwicklung dieses Instruments hatte die konzerneigene Abteilung für
Wissensmanagement eine Diskussion von Vertretern verschiedener Marketingabteilungen
des Konzerns in einem vom Wissensmanagement betriebenen Austauschforum aufgegriffen.[1]
Die Diskussion drehte sich um die in den Spezialbereichen entstandene Erkenntnis, dass a)
regional, funktional und hierarchisch unterschiedliche Abteilungen über Marktinformationen
verfügen, b) deren Kenntnisstand jeweils nicht identisch ist und c) die zentrale Zusammen-

---

[1]   Wissensmanagement kann als recht aktuelles unternehmensstrategisches Programm im Umgang mit Komplexi-
      tät in Form von räumlichen, zeitlichen und sozialen Komplikationen arbeitsteiliger und verzweigter Leistungs-
      erbringung verstanden werden (vgl. z.B. Herrmann/ Mambrey/ Shire 2003).

führung dieser Informationen ein Nutzungspotenzial *für solche Bereiche* bedeuten würde, deren Wertschöpfung von der Güte und Menge an Marktinformationen abhängt. Die Spezialabteilungen formulierten das Interesse an einer informationstechnischen Unterstützung des Austauschs für sie relevanter Daten und Informationen. Auf der Basis einer zentralen Managemententscheidung wurde die Abteilung für Wissensmanagement beauftragt, die Entwicklung eines Steuerungsinstruments für Informationsflüsse zu erarbeiten. Parallel zur Erstellung einer Datenbank wurden in den einzelnen Abteilungen Vertreter bestellt, die insbesondere für die Kommunikation mit dem Wissensmanagement und die spätere Datenmigration zuständig sein sollten.

3.1 Die übergeordnete Perspektive der Abteilung für Wissensmanagement

Das zu lösende Wissens- und Informationsproblem resultiert also aus dem Umstand, dass relevante Informationen in regional, divisional und hierarchisch gegliederten Einheiten vorliegen, die Einheiten aber nicht quer vernetzt sind (organisationale Komplexität). Die Zentralisierung der Problemlösung bei der Abteilung für Wissensmanagement hatte eine für Steuerungseinrichtungen typische Transformation des Problemverständnisses zur Folge. In den Worten des Wissensmanagements:

> *„Es gibt also die ganzen Regionen, es gibt die ganzen Geschäftsgebiete und es gibt die ganzen verschiedenen central departments, die alle irgendwie über Marktinformationen verfügen." (Wissensmanager Zentrale)*

> *„Die Informationen, die liegen persönlich bei irgend welchen Infor- ma=äh irgend welchen Personen rum, auf irgend welchen Harddiscs und die wissen selbst meist gar nicht [I2: hm], was sie eigentlich haben. Austausch: null, Struktur: null, Verfügbarkeit: null. Das ist der Standard." (Wissensmanager Zentrale)*

Die auf ein spezifisches Problem gerichteten Anfrage wird aus einer Außenperspektive übersetzt, von der aus sie nunmehr als Unordnung erscheint. Den Beteiligten wird dabei die Unkenntnis des Werts der Informationen, über die sie verfügen, für andere Personen attestiert. Das Problem der hoch spezialisierten Marketingexperten, handlungsrelevante Informationen wissentlich auszutauschen, wird vom Wissensmanagement in das Problem des Zugangs zu Information überhaupt transformiert und einerseits auf den Speicherort („irgendwelchen harddiscs" – wodurch die Daten nicht für Dritte verfügbar sind), andererseits auf die Informationsbesitzer bezogen. Entsprechend läuft das Konzept zur Informationssteuerung darauf hinaus, die Informationsträger zur Ablage *ihrer Informationen an einem spezifischen Ort nach einem spezifischen Schema* zu bringen.

Auf der Basis der Problemverschiebung erscheint das Wissensmanagement nunmehr in der Funktion der Vertretung des Gesamtinteresses bzw. als Repräsentant allgemeiner Organisationsziele mit einem überlegenen Gesamtblick auf das Geschehen:

„Wir erkennen für [...] die Gesamtheit, dass, und in (betont: dem) Fall für das Un-
ternehmen, dass hier auf (betont: Makro)-Ebene ein Vorteil ist." (Wissensmanager
Zentrale)

An die Stelle selektiver Vernetzung tritt Vollerfassung:

„Was uns angeht, was die Kunden angeht, was die klassischen Märkte angeht, was
die Wettbewerber angeht, was äh Zulieferer angeht, (betont: alles). Alles muss drin
sein. Und da ham Sie natürlich, wenn Sie das erst mal harmonisiert haben, eine un-
glaubliche Informationsgrundlage, auf der die eigentlichen Möglichkeiten erst begin-
nen." (Wissensmanager Zentrale, 223-229)

Das Wissensmanagement setzt sich demnach das Ziel, die organisationsinternen Informationsflüsse umfassend zu bündeln und für die Organisation ebenso umfassend zur Verfügung
zu stellen. Diese Figur der überlegenen und unabhängigen Position wird auch in der Managementtheorie (vgl. z.B. Heidorn/Kadow 1991) vertreten. In der Figur der Repräsentation
eines Ganzen in einem und durch einen Teil wirkt dieser Teil als quasi außenstehender, aus
dem operativen (kommunikativen) Geschehen ausgeklinkter auf die anderen Teile ein (vgl.
Schienstock 1993). Konsequent wird in einer solchen Perspektive Komplexität nur auf Seiten
des zu steuernden Objekts im Sinne einer ‚Übermacht des Impliziten' oder als umfassender
‚Entropieverdacht' verortet und darin die Legitimität und Notwendigkeit des Eingriffes identifiziert (Pfohl/Bock/Dubbert 1991; wissenssoziologisch betrachtet vgl. Liebig 2001; zur
Kritik am darin enthaltenen Entropieverdacht vgl. Weick 1985). Das sich anschließende und
einschlägige Problem ist natürlich, dass Management im Sinne der zu steuernden Prozesse
nicht selbst handelt, also andere umsetzen müssen, was vorher geplant und nachher kontrolliert wird. Dieser Sachverhalt führt direkt zu der Einsicht in eine Kontrolllücke zwischen den
beiden Zeitpunkten der Intervention und zur Infrage-Stellung dieser linearen Auffassung von
der Steuerung sozialer Organisationen, wie sie in der neueren Organisations- und Steuerungstheorie vorgenommen wurde. Nach dieser Auffassung wirken ausdifferenzierte Organisationsbereiche durch Rückkoppelungseffekte auf die Steuerung zurück. Deshalb kann keine
einfache Beziehung zwischen Steuerung und Ergebnis hergestellt werden (Willke 2002
u.v.m.). Weil zudem ausdifferenzierte Organisationsbereiche nach eigenen Logiken funktionieren und keiner der Teile die Logik des Ganzen repräsentieren kann, wird eine eklatante
Diskrepanz zwischen Anspruch und Leistungsvermögen von Steuerung diagnostiziert bzw.
der planende steuernde Eingriff als eine Illusion bezeichnet. An seine Stelle tritt das Konzept
einer systemischen Selbststeuerung.

Die mit dem Konzept der Selbststeuerung verbundene radikale Absage an Steuerungskonzepte, die auf planvollem Eingriff in Systeme bzw. Organisationen basieren, schließt nach
unserer Auffassung jedoch in einem wesentlichen Punkt an die traditionelle Semantik der
Steuerung im Sinne der Vertretung eines Gesamtinteresses an. Denn die Rede von der
Selbststeuerung macht nur Sinn, wenn wir unterstellen, dass diese Selbststeuerung vom
Selbstvollzug so entkoppelt werden kann, dass der ‚Steuerungskreislauf' Komplexität nicht
nur zum Zwecke der besseren Steuerung, sondern auch für den ‚Produktionskreislauf' redu-
zieren kann. Schon begrifflich verweist die Referenz der Bezeichnung ‚Selbst' im Begriff der
Selbststeuerung auf eine Einheit (System, Organisation, Individuum), die sich nach einer

angebbaren Logik steuert. Die Frage lautet allerdings: Von welcher Steuerung und von welchem Gesamtinteresse sprechen wir, wenn wir von Selbststeuerung sprechen?

Um die genannte Frage zu beantworten, müssen wir die im ‚Selbst' von Selbststeuerung unterstellte ‚Zentralperspektive' und damit die etablierten Steuerungskonzepte verlassen, ohne die Existenz (und funktionale Notwendigkeit) einer oder mehrerer solcher Zentralperspektiven zu negieren. Wir können dann sehen, inwiefern eine spezifische Steuerung spezifische Formen von Komplexität nicht nur (für wen?) reduziert, sondern auch steigert. Dies werden wir nun an unserem Fallbeispiel entwickeln, indem wir zeigen, zu welchen steuerungspraktischen Konsequenzen die Einnahme der dargestellten Zentralperspektive führt.

3.2 Komplexitätssteigerung durch Steuerung

Mit dem Projekt zur Steuerung von Informationsflüssen nimmt das Wissensmanagement erstens eine Neudefinition des von den Marketingexperten aufgeworfenen Problems vor: Während es den Marketingexperten um die Verteilung von Informationen ging, von denen sie festgestellt hatten, dass sie für alle oder fast alle relevant sind, besteht für das Wissensmanagement das Problem in der Etablierung eines abteilungsübergreifenden Informationsmanagements. Das gesammelte Marketingwissen soll konzernweit verfügbar sein, und entsprechend ist die Problemwahrnehmung der Wissensmanagementabteilung nicht mehr auf die Verfügbarkeit spezifischer, für mehrere Marketingabteilungen relevanter Daten bezogen, sondern auf die gemeinsame konzernweite Ablage *aller* Marketingdaten. Diese Verschiebung der Problemdefinition verändert den Bezugspunkt des steuernden Eingriffs: Bezugspunkt desselben ist nicht mehr die aktuelle Relevanz der Information in einem Handlungssystem, sondern die potenzielle Relevanz in unterschiedlichen Handlungssystemen.

Mit der Etablierung des Wissensmanagements als Steuerungsinstanz ist zweitens eine Transformation der Interventionslogik verbunden. Die Steuerungseinheit Wissensmanagement übersetzt das Problem handlungsrelevanter Information für bereichsspezifische Abteilungen des Marketings zunächst in die Frage nach dem Umgang mit Information überhaupt. Dadurch wird die Frage nach der Synchronisation in unterschiedlichen Organisationseinheiten verteilter Information übersetzt in die technische Frage nach dem Speicherort von potenziell relevanter Information. Am Ende steht die Idee einer zentralen, einheitlichen und an dem Konzept der Information als selbständiger Einheit orientierten Datenbank, „erasing the barriers of language, time and distance" (Selbstdarstellung Wissensmanagement).

In dieser Neufassung des Problems nimmt das Wissensmanagement, drittens, eine Perspektive ein, die im Außenbereich der zu steuernden Prozesse liegt, wobei die Abteilung sich selbst als Repräsentantin zentraler und einheitlicher Informationsflüsse versteht. Konsequent gelten dann auch die mit dem Zugang des Wissensmanagements verbundenen neuen Ansprüche an das Datenbankkonzept nicht als Ansprüche, die das Wissensmanagement daran stellt, sondern als allgemeine Ansprüche. Die Umsetzung der drei Anforderungen Vollständigkeit, Harmonisierung und ubiquitäre Verfügbarkeit der Daten stellt neue Ansprüche an die Nutzer der Datenbank: Die Marketingabteilungen sollen ihre hochspezialisierten Informationen nach einem allgemeinen, für alle differenzierten Abteilungen geltenden und daher unspezifischen System von Metadaten ablegen. Diese Anforderungen indes sind Anforderungen des Wissensmanagements. Sie können überhaupt nur von einer Abteilung formuliert werden, die gerade nicht operativ mit hoch spezialisierten Informationen umgeht. Jede der drei Anforderungen bildet einen Pol eines Gegensatzpaares, auf dessen einer Seite Zentral- und dessen anderer Seite Spezialabteilungen verortet werden können: Vollständigkeit der Information ist auf Seiten der Zentralabteilung unabhängig von der spezifischen Relevanz der Information, auf Seiten der Spezialabteilung hingegen davon abhängig. Hier gilt in der Regel die Gleichung: Je spezialisierter, desto irrelevanter und hinderlicher ist die Vollständigkeit von konzernweit verfügbarer Information. Vollständigkeit steht Relevanz gegenüber. Harmonisierung der Datenstruktur steht ebenfalls der Spezialisierung der einzelnen Daten gegenüber. Eine harmonisierte Datenstruktur muss entsprechend kompliziert und unübersichtlich sein, wenn sie den hohen Spezialisierungsgrad der Information so abbilden können soll, dass die Information noch nutzbar ist. Schließlich haben Zentralabteilungen zwar typischerweise Bedarf am ubiquitären Datenzugriff, nicht aber spezialisierte Abteilungen. Selbst wenn wir das Problem des Schutzes sensibler Daten oder das Problem der Verletzung von Urheberrechten durch eine konzernweite Verfügbarkeit urheberrechtlich geschützter Daten als lösbar unterstellen, bleibt der prinzipielle Gegensatz zwischen einem unspezifischen Bedarf und einem hochspezifischen Bedarf an Information, für den ein ubiquitärer Datenzugriff irrelevant ist, bestehen.

Die Problemtransformation in eine zentrale Perspektive wird auf der Seite der beteiligten Spezialabteilungen mit Vorbehalten wahrgenommen. Diese Vorbehalte werden wiederum durch das Wissensmanagement im Sinne von Interessenegoismen und etablierten Freund- und Feindlinien registriert:

> *„Sie haben ja hier x-verschiedene Abteilungen, die alle ihre Pfründe verteidigen und irgendwie ihr Recht dran haben wollen [I1: hm]. Ähm sie haben verschiedene Management-Interessen, die sie auch irgendwie für sich gewinnen müssen. Sie haben auf dem Mikro-Level verschiedene Persönlichkeiten, die vollkommen unterschiedlich ticken. Ähm sie haben schon Beziehungsgeflechte, die unterschiedlich wie so in alten Beziehungen einfach gegenseitig aufgespielt hat und da schon wieder Streitereien sind." (Wissensmanager Zentrale)*

Das ist einerseits völlig plausibel: Die im Wissensmanagement wahrgenommene ‚Produzentenmacht' der Informationsträger entsteht, weil (fast) alle zur Umsetzung notwendigen Ressourcen *außerhalb* des Wissensmanagements, aber gleichzeitig *innerhalb* bereits bestehender sozialer Felder verortet sind. Die Wissensmanagementabteilung hat keinen Einblick in die spezifische Organisation von Wissensflüssen in einem Geschäftsbereich und kann diesen auch nicht haben, weil sie über das dort jeweils relevante anwendungsbezogene Spezialwissen nicht verfügt und dementsprechend keinen bzw. einen nur eingeschränkten, auf der personalen Ebene der Beeinflussung von Ansprechpartnern liegenden Zugang zu den Expertensystemen in den Geschäftsbereichen hat.

Andererseits ist es deshalb für die Abteilung für Wissensmanagement als einer Steuerungseinrichtung, die das Gesamtinteresse vertritt, nicht oder nur schwer möglich, zwischen solchen Ansprüchen der Experten in den Marketingabteilungen zu unterscheiden, die ‚legitim' im Sinne der gesetzten Funktion der Gesamtinteressenvertretung sind und solchen, die das Gesamtinteresse unterlaufen. Das Wissensmanagement konzentriert sich daher auf das selbst gesteckte Ziel eines allgemeinen ‚Zentralarchivs' und identifiziert Ansprüche, die diese Konzeption infrage stellen, als Abteilungsegoismen. In der Konsequenz erscheinen divergierende Anforderungen seitens der spezialisierten Abteilungen nicht – auch – als sachliche Anforderungen, sondern – ausschließlich – als Partikularinteressen. Die von den spezialisierten Organisationseinheiten erhobenen unterschiedlichen Anforderungen an die Datenbank werden in einen politischen Aushandlungsprozess übersetzt mit dem Ziel, das entworfene Konzept nunmehr selektiv durch Einbindung einzelner Abteilungen durchzusetzen (nach dem Muster des Bandwaggon-Effekts). Ist die kritische Masse überschritten, so die Annahme, müssen alle Abteilungen, auch gegen ihren Willen, bei sich abzeichnender zusätzlicher Arbeitsbelastung und unsicheren Nutzungschancen, mitziehen und ihre Daten in das Datenbanksystem einspeisen. Dieses Vorgehen erscheint aus Sicht des Wissensmanagements legitim, eben weil die Widerständigkeiten der Abteilungen lediglich als Ausdruck von Partikularinteressen gedeutet werden.

Allerdings wird auch auf diesem Wege die Datenbank komplizierter: Um die einzelnen Abteilungen überhaupt einbinden zu können und dabei den Führungs- und Steuerungsanspruch aufrechterhalten zu können, muss das Wissensmanagement diesen Zugeständnisse bezüglich der konkreten Nutzungsmöglichkeiten der Datenbank machen und gleichzeitig versuchen, die Nutzungsoptionen der Datenbank für andere Abteilungen offen zu halten. Diese Zugeständnisse sind aus Sicht des Wissensmanagements Mittel zum Zweck, um die Mitarbeit der beteiligten Abteilungen am entwickelten Konzept zu sichern, für diese jedoch conditio sine qua non, um dabeizubleiben. So entsteht eine Modifikationsdynamik der Datenbank, durch welche die Aufgabendiskontinuität der erfassten Bereiche in das System hineinkopiert wird: Weil jedes Zugeständnis spezifisch auf eine Abteilung bezogen und entsprechend funktional vor allem oder nur für diese Abteilung ist, können so zwar einzelne Abteilungen eingebunden werden, weitere Abteilungen aber nur um den Preis einer erhöhten Kompliziertheit der Datenbank, in die tatsächlich zunehmend horizontale und vertikale Differenzierungen und Nutzungsrechte eingeführt werden. Folge ist, dass das Projekt der Datenbank a) kontinuierlich modifiziert wird, seine Realisierung sich b) im Zustand permanenter Unsicherheit bewegt und schließlich c) zwar die zur Beteiligung verpflichteten Abteilungen und ihre Vertreter Zeit in das Projekt investieren, dabei jedoch einerseits weiter an ihren eigenen Informationsgewinnungsverfahren festhalten und andererseits die Datenbank mit solchen Informationen ‚füttern', die aus ihrer Sicht eher sekundäre Bedeutung haben. Die Möglichkeit, relevantes Wissen aus der Datenbank zu gewinnen, wird deshalb typischerweise skeptisch bewertet:

„Ich werde es in XY [Name der Datenbank] garantiert net finden, sag ich mal, weil das anwendungsbezogen da etwas so unter ferner liefen ist. Da ist zwar auch ein Fach drin. Ich hol mir das von den Experten ab, die äh darüber was schreiben. Da weiß ich's wenigstens aus erster Hand und äh das das ist einfach das, was ich gelernt hab im Laufe der Zeit." (Experte in einer einbezogenen Abteilung)

Fassen wir diese Beschreibung zusammen, so zeigt sich, dass die Einführung einer Steuerung der Informationsflüsse im untersuchten Fall nicht in erster Linie zu einer Ordnung bestehender Daten- und Informationsbestände und -transfers beiträgt, sondern ein neues System jenseits der bestehenden Austauschformen etabliert. Die Abblendung des Doppelcharakters von Steuerung und die Verortung des Wissensmanagements im Außenbereich der zu steuernden

Prozesse führt bereits auf der Ebene der Problemanalyse dazu, dass ein typisch informationstechnisches und verallgemeinerbares Konzept als Lösung eines ganz anders gelagerten Problems entworfen wird und die sich aus dem Spannungsverhältnis ergebenden Steuerungsprobleme im Steuerungshandeln ausschließlich auf Seiten der zu steuernden Einheiten verortet werden. Die Situation wird eher unübersichtlicher, weil und soweit das neue System den Relevanzen und Nutzungswegen der (zukünftigen) Anwender nur teilweise entspricht und diese so auch weiterhin auf ihre Datengewinnungsverfahren angewiesen sind. In der Folge wird ein zeitraubender Nachjustierungsprozess in Gang gesetzt, der sowohl auf der technischen als auch auf der sozialen Beziehungsebene tatsächlich Komplexität steigert und die Realisierung der Datenbank radikal verzeitlicht – mit durchaus offenem Ende.

Die Analyse des empirischen Falles macht deutlich, dass die Probleme der Steuerung zunächst daraus erwachsen, dass die nach eigenen Regeln funktionierende Abteilung für Wissensmanagement Komplexität erfasst und durch ein Steuerungsinstrument zu reduzieren sucht, das allgemein für hoch spezialisierte Bereiche gelten soll. Die Kriterien dieses Instruments sind aus einer Zentralperspektive sofort einleuchtend, unterlaufen aber *notwendig* die Spezialisierung und Differenzierung von Handlungsbereichen in der Organisation, deren Ausdifferenzierung ja selbst das Resultat vorgängiger, auf die Organisationsstruktur bezogener Steuerungsentscheidungen war und ohne die gar kein Steuerungsbedarf entstanden wäre. Entgegen der mit dem Steuerungsanspruch verbundenen Perspektive des Ganzen, die die Abteilung dem Selbstbild und ihrem Handeln nach vertritt, ist das Wissensmanagement faktisch dazu gezwungen, sich von der Zentralperspektive immer wieder zu lösen und auf die funktionalen Bezüge der Beteiligten einzugehen. Dies tut sie, spieltheoretisch informiert, als Mittel zum Zweck der Aufrechterhaltung der eigenen Steuerungskompetenz, auf Kosten des ursprünglich entworfenen Datenbankkonzepts und mit der Konsequenz der Erhöhung innerorganisationaler Komplexität in der Steuerung von Informationsflüssen und in deren Planung und Realisierung: Weil das Wissensmanagement seinen Doppelcharakter nicht sieht (und wahrscheinlich: nicht sehen kann), stellt sich das Problem der Komplexität nicht als solches, sondern als Problem innerorganisationaler Macht. Das Problem der Komplexität wird gleichsam abgeblendet und als Frage der Durchsetzungsmacht von Interessen verhandelt und das Ausgangsproblem ein Stück weit aus den Augen verloren.

4   Schluss: Plädoyer für ein Verständnis von Steuerung als sozialer Tatsache

Steuerung ist eine soziale Tatsache, die eine Komplexitätssteigerung der zu steuernden Prozesse nach sich ziehen kann. Unser Fall demonstriert nicht mehr – aber auch nicht weniger – als eine empirische Umgangspraxis, bei der der Doppelcharakter der Steuerung in einer Organisation in diese Konsequenz mündet. Gegen unser Fallbeispiel ließe sich einwenden, dass es auch andere Beispiele gibt, die Relation von Fallbeispiel und allgemeiner Aussage daher wenigstens problematisch sei. Diesem Einwand würden wir zustimmen – mit einer Einschränkung: Man kann darüber streiten, ob der präsentierte Fall ein typischer Fall ist. Kaum lässt sich darüber streiten, dass in der Steuerungstheorie, der Managementtheorie und -praxis Steuerungskonzepte favorisiert werden, in denen erstens nicht von Perspektivität der Steuerung, sondern von allgemein*gültigen* Steuerungsprinzipien und zweitens nicht vom Doppelcharakter der Steuerung, sondern von Repräsentativität usw., kurz: von einer klaren Trennung zwischen Steuerung und Komplexität die Rede ist.

Eine Steuerungstheorie, soviel lässt sich an dieser Stelle festhalten, sollte erstens die Perspektivität jeder Steuerung in Rechnung stellen und das bedeutet: das Konzept der Repräsentanz als Element der Steuerungsansprüche behandeln und dies bei der Modellierung von Steuerungsprozessen berücksichtigen. Hier helfen aus differenzierungstheoretischer Perspektive formulierte Konzepte der Selbststeuerung kaum weiter, da sie entweder eine Logik des Ganzen unterstellen oder aber das Problem eben jenes Doppelcharakters von Steuerungshandeln ausblenden. Gerade im Bereich organisierter Sozialsysteme und moderner Organisationen ist von einer Pluralität der Steuerungsperspektiven auszugehen.

Zweitens muss die Steuerungstheorie berücksichtigen, dass jedenfalls die Steuerung sozialer Organisationen nicht von außen an die Organisation herangetragen wird, sondern in der Organisation selbst agiert, und das heißt: dass die Komplexität komplexer sozialer Organisationen nicht einfach vorgegeben ist, sondern durch Steuerung mit erzeugt wird. Dass dieser Befund kontraintuitiv ist, sollte uns nicht daran hindern, ihn zu berücksichtigen.

5   Literatur

Adorno, Theodor W., 1998: *Metaphysik. Begriff und Probleme*. Frankfurt a. M.: Suhrkamp.

Gadamer, Hans-Georg, 1972: *Wahrheit und Methode*. Tübingen: Mohr.

Gandolfi, Alberto, 2001: *Von Menschen und Ameisen*. Zürich: Orellfüssli.

Herrmann, Thomas/Peter Mambrey/Karen Shire (Hg.), 2003: *Wissensgenese, Wissensteilung und Wissensorganisation in der Arbeitspraxis*. Opladen: Westdeutscher Verlag.

Hegel, Georg W. F., 1988: *Phänomenologie des Geistes*. Hamburg: Felix Meiner.

Heidorn, Hans-Walter/Berhard Kadow, 1991: Anforderungsgerechte Sicherung des Management-Nachwuchses in der Volkswagen AG. In: Rainer Marr (Hg.), *Euro-strategisches Management. Band 1*. München und Mering: Hampp, 265-284.

Kant, Immanuel, 1976: *Kritik der reinen Vernunft*. Hamburg: Felix Meiner.

Liebig, Brigitte, 2001: ‚Tacit Knowledge' und Management. Ein wissenssoziologischer Beitrag zur qualitativen Organisationskulturforschung. In: Ralf Bohnsack/Iris Nentwig-Gesemann/Arnd-Michael Nohl (Hg.), *Die dokumentarische Methode und ihre Forschungspraxis*. Opladen: Leske+Budrich, 143-164.

Luhmann, Niklas 1992: Ökologie des Nichtwissens. In: ders., *Beobachtungen der Moderne*. Opladen: Westdeutscher Verlag, 149-220.

Luhmann, Niklas, 2005: Organisation und Entscheidung. In: ders., *Soziologische Aufklärung 3. Soziales System, Gesellschaft, Organisation*, 4. Auflage, Wiesbaden: VS-Verlag, 389-450.

Nietzsche, Friedrich, 1969: Vom Nutzen und Nachteil der Historie für das Leben. In: *Werke I*, München: Carl Hanser, 209-286.

Ortmann, Günther, 2003: *Regel und Ausnahme. Paradoxien sozialer Ordnung*. Frankfurt/Main: Edition Suhrkamp.

Perrow, Charles, 1988: *Normale Katastrophen. Die unvermeidbaren Risiken der Großtechnik*. Frankfrut/New York:Campus Verlag.

Pfohl, Hans-Christian/Ingo Bock/Michael Christian Dubbert, 1991: Internationalisierung der Managementwicklung. Vorschlag zur Kulturintegration europäischer Länder- und Unternehmenskulturen. In: Rainer Marr (Hg.), *Euro-strategisches Management. Band 1*. München und Mering: Hampp, 75-110.

Schienstock, Gerd, 1993: Soziologie des Managements: Eine Prozessperspektive. In: Wolfgang Staehle/Jörg Sydow, (Hg.), *Managementforschung 3*. Berlin, New York: Walter de Gruyter, S. 271-308.

Weber, Max, 1922: *Wirtschaft und Gesellschaft*. Tübingen: C.B. Mohr.

Weick, Karl. E, 1985: *Der Prozeß des Organisierens*. Frankfurt/Main: Suhrkamp.

Willke, Helmut, 2002: *Dystopia. Studien zur Krisis des Wissens in der modernen Gesellschaft*. Frankfurt/Main: Suhrkamp.

Organisationen, Autopoiesis und Governance-Modi

Komplexitätsmanagement am Beispiel der Wiener Clusterpolitik

Eva Buchinger

Wenn die Adressaten von Politik Organisationen sind (Unternehmen, Universitäten, Schulen, Spitäler usw.) können sie mit der Theorie sozialer Systeme als autopoietische (operativ geschlossene, sich selbst reproduzierende, komplexe) Entitäten beschrieben werden. Wie deren Governance überhaupt möglich ist, damit beschäftigt sich der erste Teil dieses Textes. Auf Basis der systemtheoretischen Antwort – durch Interaktion und/oder medienbasierte Signale – wird dann ein Konzept von Public Governance entwickelt, das zwischen den Modi Steuerung und Koordination unterscheidet. Zuletzt wird die empirische Relevanz dieser beiden Governance-Modi anhand der Wiener Innovationspolitik, mit besonderer Berücksichtigung der Clusterpolitik, demonstriert.

1   Einleitung

Wir leben in einer Organisationsgesellschaft (vgl. Schimank 2005; Perrow 1972; Parsons 1982; Weber 1985: 548-579). Das heißt Organisationen in Form von Personen privaten/öffentlichen Rechts durchziehen die moderne Gesellschaft und sind in Wirtschaft, Recht und Politik genauso zu finden wie in Wissenschaft, Kunst und Religion. Komplexitätsmanagement in modernen Gesellschaften ist deshalb ohne Berücksichtigung der Organisationsdimension undenkbar.

In der Theorie sozialer Systeme sind Organisationen als autopoietische Systeme konzeptualisiert (Luhmann 1997; 2000). Das heißt sie sind operativ geschlossene Entitäten auf Basis von Entscheidungskommunikationen, die eine hohe Eigenkomplexität aufweisen. Komplexitätsmanagement *in* Organisationssystemen beruht auf Führung (Corporate Governance), und Komplexitätsmanagement *zwischen* Organisationssystemen beruht auf gegenseitiger Adressierung. Wenn die adressierenden Organisationen die öffentliche Hand repräsentieren, dann handelt es sich um Komplexitätsmanagement in Form von Public Governance. Letzteres, nämlich Public Governance in unterschiedlichen Erscheinungsformen, ist Gegenstand dieses Textes.

Wenn nun Systemtheorie (à la Luhmann 1981; 1988: 324-349; 1991) mit Handlungstheorie (à la Mayntz 1987; 2004a; 2004b) im Hinblick auf Public Governance kombiniert wird, dann ergeben sich drei Analysekategorien: (1) autopoietische Organisationssysteme als Steuerungssubjekte und Steuerungsadressaten; (2) Steuerungsziele (Intentionen, Differenzen), die von den Steuerungssubjekten formuliert werden; (3) Steuerungsmittel und -instrumente, die es den Steuerungssubjekten ermöglichen, ihre Ziele zu erreichen. Mit diesen Kategorien wird im Folgenden erklärt, wie es den Steuerungssubjekten der öffentlichen Hand gelingt, ihre Adressaten zu erreichen und ihnen bestimmte Entscheidungsmotive nahe zu legen.

Ausgehend vom Autopoiesiskonzept können grundsätzlich zwei Arten der Erreichbarkeit unterschieden werden, die in zwei idealtypischen Governance-Modi resultieren:

- Public Governance als Steuerungsprozess basierend auf Adressierung via Signalsetzung und
- Public Governance als Koordinationsprozess basierend auf Adressierung via Interaktion (face-to-face).

Bei beiden Modi ist die Wahrscheinlichkeit hoch, dass es den Steuerungssubjekten gelingt, ihre Adressaten in Resonanz zu bringen. Wenn die Steuerungssubjekte Organisationen der öffentlichen Hand sind, verfügen sie über Mechanismen, die ihnen allen anderen Organisationen gegenüber Adressierungsvorteile verschaffen: Sie können erstens Partizipation an politischen Prozessen anbieten (Interaktion) und sie sind zweitens überlegen in der Verfügung über Steuerungsmedien (Signalsetzung).

Im Folgenden werden zunächst die systemtheoretischen Erklärungen von organisationaler Autopoiesis und Komplexität dargestellt (Kap. 2). Darauf aufbauend wird ein Konzept von Komplexitätsmanagement als Public Governance mit den Modi ‚Steuerungsprozess‘ und ‚Koordinationsprozess‘ entwickelt (Kap. 3), welche vergleichend diskutiert werden (Kap. 4). Dann wird die empirische Relevanz der beiden Modi am Beispiel der Innovationspolitik der Stadt Wien (Kap. 5), mit Fokus Clusterpolitik (Kap. 6), demonstriert. Abschließend wird auf die beabsichtigte Anwendung dieses Konzeptes in der Politikberatung hingewiesen.

2   Organisationssysteme, Autopoiesis und Komplexität

Organisationen entstehen und reproduzieren sich, wenn und solange es zur Kommunikation von Entscheidungen kommt (vgl. Luhmann 2000: 63-65). Jede Entscheidungskommunikation ist eine Operation, die sich auf andere Entscheidungskommunikationen derselben Organisation bezieht. Deshalb wird von operativer Schließung durch Selbstreferenz gesprochen. Es ist für die Bestandserhaltung des Systems notwendig, dass Entscheidungskommunikationen nach rückwärts (vorausgegangene Entscheidungen) und vorwärts (folgende Entscheidungen) anschlussfähig sind. Insofern reproduzieren sich Organisationen auf Basis ihrer eigenen Operationen. Der ganze Prozess der selbstreferentiellen Reproduktion wird mit dem Begriff *Autopoiesis* bezeichnet.

> *„Wie der Begriff ‚poiesis' besagt, geht es um die Herstellung eines Werkes, um Erzeugung des Systems als sein eigenes Produkt. [...] Der Begriff betont nicht die gesetzmäßige, geschweige denn die unbedingte Sicherheit der Produktion, sondern die Reproduktion, das heißt: die Produktion aus eigenen Produkten. Deshalb kann man im Anschluss an Heinz von Foerster auch von einer ‚historischen Maschine' sprechen, das heißt: von einem System, das weitere Operationen von dem Zustand aus produziert, in den es sich selbst versetzt hat." (ebd.: 48f.)*

Die Autopoiesis von Organisationssystemen wird über Entscheidungsprämissen organisiert (vgl. ebd.: 331). Das sind Regeln, die für mehr als eine Entscheidung gelten (vgl. ebd.: 225). Konsequenterweise repräsentieren die Entscheidungsprämissen – und nicht etwa die Anzahl der Stellen und ihre hierarchische Gliederung – die *Strukturen* von Organisationssystemen.

Autopoiesis ist auch der Ausgangspunkt für die Bestimmung der Komplexität von Organisationssystemen. Dabei sind zwei Dimensionen zu berücksichtigen – quantitative und qualitative Komplexität (vgl. Luhmann 1990a; Luhmann 2000: 222-237, 306-315).

Ein System wird *quantitativ* komplex, wenn nicht mehr jede Operation mit allen anderen Operationen des Systems verknüpft werden kann; d.h. nicht mehr jede Entscheidungskommunikation mit jeder Entscheidungskommunikation. Organisationen sind also sehr rasch komplex, was aber ‚bloß' durch die Limitierung der Zeit verursacht wird. Wenn unendlich viel Zeit zur Verfügung stehen würde, könnten unendlich viele Entscheidungen kommunikativ aufeinander bezogen werden. Nachdem es aber gerade das Wesen von Organisationen ist, das ‚Jeder-mit-jedem' zu vereinfachen, sind sie in Bezug auf die quantitative Dimension ‚Komplexitätsreduktionsmaschinen'. In der klassischen Organisationsliteratur wird das mit den Begriffen Unsicherheitsabsorption (vgl. March/Simon 1958: 165), Unsicherheitsvermeidung (vgl. Cyert/March 1992: 166-169), Mehrdeutigkeitsreduktion (vgl. Weick 2001: 49) und Bereitstellung von Eindeutigkeit (vgl. Weber 1985: 561) beschrieben. Die Entscheidungsprämissen (Strukturen) geben weitgehend vor, welche Entscheidungskommunikationen an welche Stellen/Personen zu richten sind, und reduzieren so Größen- und Verschiedenartigkeitskomplexität sehr effektiv.

Dem gegenüber ist die *qualitative* Komplexität von Organisationen, die über Kontingenz[1] in Form von Zukunftsoffenheit bestimmt wird, schon deutlich reduktionsresistenter. Zu jedem Zeitpunkt ist die Zukunft des Systems offen im Hinblick auf die nächste Entscheidungs-

---

[1] Der Begriff wird hier modallogisch verwendet und bedeutet zweifache Negation: Etwas ist kontingent, wenn es weder notwendig noch unmöglich ist.

kommunikation. Es gibt keine vollständige Determiniertheit, wenn auch die Beliebigkeit eingeschränkt ist. Organisationale Kontingenz entfaltet sich zweifach:

- Strukturkontingenz (Struktur = Entscheidungsprämissen): Organisationssysteme sind immer im Hinblick darauf offen, welche Entscheidungsprämisse als nächstes genutzt wird. Darüber hinaus werden Entscheidungsprämissen auch simultan (und nicht nur sukzessive) aktiviert. Zwar greift hier Komplexitätsreduktion durch formale Zuständigkeit (spezifisch organisatorische Entscheidungsprämissen), diese wird aber praktisch immer durch informelle Strukturen gedoppelt.

- Elementkontingenz (Element = Entscheidungskommunikation): Entscheidungsprämissen schränken zwar den Möglichkeitsraum ein, geben aber die Entscheidung selbst nicht vor. Niemand kann hundertprozentig wissen, welche Entscheidung jemand als nächstes treffen und im System kommunizieren wird (abschätzen ja, aber nicht exakt voraussagen). Die aus der Elementkontingenz resultierende Komplexität (Unsicherheit/Mehrdeutigkeit) wird mit Strukturen reduziert, aber nicht eliminiert.

Der hier vorgestellte Komplexitätsbegriff ist als Systemkomplexität definiert. Er unterscheidet sich damit von einer häufig gewählten Komplexitätsbestimmung, die vom Beobachter ausgeht.

3   Komplexitätsmanagement als Public Governance

Wenn organisationale Komplexität primär[2] durch Kontingenz bestimmt ist, dann ist Komplexitätsmanagement Kontingenzmanagement. Bei Kontingenzmanagement *im* System handelt es sich um Führung (vgl. Baecker 2003: 287; 1999: 195), um Adressierung[3] handelt es sich bei dem Versuch eines Kontingenzmanagements von *außen*. Public Governance[4] ist dann gegeben, wenn die Adressierung durch Organisationen der öffentlichen Hand erfolgt.

3.1   Resonanzbedingungen und Adressierung

Aufgrund ihrer operativen Schließung sind Organisationssysteme steuerungsresistent – und zwar in Bezug auf Durchgriffkausalität von außen. In einer Organisation wird nur das relevant, was in eine Entscheidungskommunikation einfließt und so bereits in die Organisationsrationalität transformiert ist. Es gibt also keine Durchgriffkausalität – aber eine Auslösekausalität. Deshalb kann eine Organisation zwar nicht von außen gesteuert, aber durch einen äußeren Anstoß in Bewegung versetzt werden: die entsprechenden Begriffe sind Resonanz,

---

[2]   Da die quantitative Komplexität von Organisationssystemen effektiver reduziert werden kann als die qualitative Komplexität (vgl. Kap. 1), wird im Folgenden insbesondere auf das Kontingenzmanagement eingegangen.

[3]   Vgl. zum systemtheoretischen Gebrauch des Begriffs ‚Adresse' Fuchs (1997) und Stichweh (2001).

[4]   Vgl. zum Spektrum von Governance Definitionen u. a. Schuppert (2005), Mayntz (2004b), Kooiman (2003), Rhodes (1997), Rosenau/Czempiel (1992).

Perturbation oder Irritation (vgl. Luhmann 1986: 40). Um Resonanz zu erreichen, müssen die Organisationssysteme entsprechend adressiert werden.

Wie aber ist Resonanz zu konzeptualisieren, wenn autopoietische Systeme ihre Umwelt mit den eigenen Operationen nicht erreichen? Bei Organisationen beginnt es damit, dass die Motivierung zu Entscheidungskommunikationen nie ausschließlich darin liegt, dass im System bereits Entscheidungen kommuniziert worden sind. Das heißt, autopoietische Systeme operieren nicht nur selbstreferentiell, sondern auch fremdreferentiell. Mehr noch, jede Operation des Systems erzwingt eine Kopplung von Selbstreferenz und Fremdreferenz: Selbstreferenz durch Bezug auf die eigenen Entscheidungskommunikationen und Fremdreferenz durch Motivierung von Entscheidungskommunikationen. Oder anders gesagt „es kommt zu einem ständigen Oszillieren zwischen Selbstreferenz und Fremdreferenz" (Luhmann 2000: 65).

Wie kann aber Fremdreferenz trotz operativer Schließung erklärt werden? Nun, Fremdreferenz ist ebenfalls eine interne Operation. Mit der internen Unterscheidung von Selbst- und Fremdreferenz wird die Außengrenze „operativ produziert" (Luhmann 2000: 222). An diese doch sehr abstrakte Antwort schließt sich eine dritte Frage an, nämlich, wie man sich praktisch vorzustellen hat, wie Organisationssysteme ihre Umwelt (*noise*) in Systemoperationen (Fremdreferenzen) umwandeln. Grundsätzlich gibt es dazu zwei Möglichkeiten:

- Entscheidungsträger und
- Entscheidungsstrukturen.

Über alle entscheidungsberechtigten Mitglieder einer Organisation fließt Wissen über Umwelt in die Organisation als ‚Entscheidungsmaschine' ein und kann als Fremdreferenz zur Wirkung kommen. Organisationssysteme sind aber auch strukturell auf ihre Umwelt ausgerichtet. Das heißt es gibt eine Vielzahl von Entscheidungsprämissen, die die Umwelt in Form von voreingestellten Fremdreferenzen thematisieren. Inputbezogene Entscheidungsprämissen betreffen Einkaufs- und Beschaffungs-Regeln (Erhalt des materiellen Unterbaus der Organisation) oder Regeln über Art und Ausmaß der Nutzung öffentlicher Infrastruktur. Outputbezogene Entscheidungsprämissen betreffen den Verkauf der Produkte und Dienstleistungen bei Unternehmen oder die Inanspruchnahme der Leistungen bei Schulen, Spitälern etc. Dazu kommen als weitere umweltbezogene Entscheidungsprämissen solche, die die Kooperationen, die Beobachtung der Mitbewerber oder das Marketing regeln.

Organisationssysteme wandeln also Umwelt nach Maßgabe der Möglichkeiten ihre Mitglieder und/oder ihrer Strukturen in Systemoperationen um. Folglich muss auch einer der beiden Wege der Adressierung gewählt werden, um Organisationssysteme von außen in Resonanz zu bringen:

- Adressierung über Interaktion oder
- Adressierung über strukturrelevante Signalsetzung.

Adressierung über *Interaktion* kann grundsätzlich alle entscheidungskommunizierenden Mitarbeiter/innen betreffen. Es gibt aber darüber hinaus besondere Stellen/Personen – Repräsentanten – die angesprochen werden können und von vorne herein in „engen interaktionellen Kontakten" (Luhmann 2000: 211) mit Systemen in der Umwelt stehen. In hierarchisch aufgestellten Organisationen sind das die leitenden Stellen/Personen, in dezentral aufgestellten Organisationen die nach Fachkompetenz besetzten ‚Grenzstellen'.

Adressierung über *Signale* funktioniert am besten auf Basis symbolisch generalisierter Kommunikationsmedien. Damit sind symbolische Codes gemeint, die zusätzlich zur Sprache „die wirksame Übertragung reduzierter Komplexität steuern" (Luhmann 1975: 216). Sie sind nicht mit Verbreitungsmedien – Druck, Radio, TV, Internet – zu verwechseln, sondern stellen hoch abstrakte gesellschaftliche Orientierungsstandards dar, die sich mit der Ausdifferenzierung von Funktionssystemen etabliert haben: zum Beispiel das Medium Geld mit dem Funktionssystem Wirtschaft, das Medium Macht mit den Systemen Politik und Recht usw. Symbolisch generalisierte Kommunikationsmedien sind strukturell in Organisationssystemen verankert. Es gibt Entscheidungsprämissen zu Einnahmen/Ausgaben (Geld), zur Regelung wer mit der Unterschrift wofür haftet (Recht) usw.

3.2   Adressierungsvorteile öffentlicher Organisationen

Organisationen werden von anderen Systemen in ihrer Umwelt ununterbrochen mittels Interaktion und Signalen adressiert. Die Akteure der öffentlichen Verwaltung sind zunächst einfach Organisationen neben vielen anderen, die ‚durchzukommen'[5] versuchen. Sie verfügen aber über zwei Mechanismen in Bezug auf Resonanzerzeugung, die ihnen gegenüber Anderen Vorteile verschaffen. Sie sind einerseits in der Lage, Partizipation an politischen Prozessen anbieten zu können, und sie haben andererseits die Möglichkeit, über Steuerungsmedien in einer Art zu verfügen, wie sie anderen Akteuren nicht möglich ist (Signalsetzung).

In Politiknetzwerken (vgl. Marin/Mayntz 1991; Mayntz 2004b) sind Organisationen der öffentlichen Hand gegenüber anderen Organisationen bloß Primus inter pares. Es ist für sie aber trotzdem rational, diese Form der *Partizipation* zu wählen, weil sie so Expertenwissen für sich erschließen, Politik-Implementierung verbessern und Politik-Legitimation erhöhen können. Für nicht-öffentliche Organisationen ist Partizipation wiederum attraktiv, weil sie Informationen über laufende Politikprozesse aus erster Hand bekommen, sich Expertenwissen erschließen und ihre eigenen Steuerungsinteressen direkt und ohne Umwege einbringen können. Das Partizipationsangebot der Politik kann deshalb (bei entsprechenden Umständen) sehr attraktiv sein.

In politischen Steuerungsprozessen werden die symbolisch generalisierten Kommunikationsmedien zielgerichtet eingesetzt. Da diese Präferenzen fixieren – zum Beispiel zahlen/nicht zahlen in Bezug auf Geld; Regierung/Opposition und Recht/Unrecht in Bezug auf Macht – erfüllen sie eine Steuerfunktion und können als *Steuerungsmedien* (vgl. Luhmann 1997: 363) bezeichnet werden (vgl. Tabelle 1).

In Rechtsstaaten mit Marktwirtschaft sind Recht (a) und Geld (b) die wichtigsten „Wirkmittel der Politik" (Luhmann 1981: 94). Beide Medien haben den Vorteil, dass sie abstrakt ein-

---

5   D.h. die versuchen, vom adressierten System wahrgenommen zu werden – und zwar nicht als noise, sondern als ein Signal, das vom adressierten System in eine ganz bestimmte/gewünschte Fremdreferenz umgewandelt wird.

setzbar sind und sich vor allem mittels Organisationen zu langen Wirkungsketten ausbauen lassen. Sie bieten die Chance „zentralisierbarer Globaldisposition" (Luhmann 1981: 95), etwa in Form von Gesetzen oder Geldbewilligungen für noch unabsehbare Einzelfälle. Was Wissen (c) als Steuerungsmedium anbelangt, so hat dieses in Form von Beratern/Räten/Experten zwar eine lange Tradition, die Kriterien dafür sind jedoch nicht oder nur wenig standardisiert. Nichtsdestotrotz lässt sich ein kontinuierliches Ansteigen von Wissen als politischem Steuerungsmedium in Form von beratenden Gremien und Agenturen beobachten (OECD/EC 2007, OECD 2002). Was Artefakte (d) als Steuerungsmedium anbelangt, so sind zwar zum Errichten und Betreiben von Infrastruktur erhebliche finanzielle Ressourcen notwendig, es macht aber aufgrund der Dominanz der Materialbasis Sinn, von Artefakten als eigenem Steuerungsmedium zu sprechen.

Geld	Jede Organisation ist in den Zahlungsverkehr eingebunden und daher ist Geld ein wirksames Resonanzsignal, wenn der Betrag groß genug ist.
Recht*	Organisationen sind Personen öffentlichen oder privaten Rechts und können es sich daher nicht erlauben, die Resonanz auf rechtsbasierte Signale zu verweigern.
Wissen	In wissensbasierten Gesellschaften gewinnt Wahrheit (= geprüftes Wissen, Luhmann 1990b: 167) als Steuerungsmedium zunehmend an Bedeutung und wird zumeist in Form von Expertenwissen (Willke 1994: 227ff.) eingesetzt.
Artefakte	Artefakte resultieren in gebauter Infrastruktur (Ver-/Entsorgungs-, Verkehrs-, Informations-/Kommunikationsinfrastruktur etc.), die für die Erhaltung des materiellen Unterbaus jeder Organisation erforderlich ist.

* Steuerungsmedium auf Basis des symbolisch generalisierten Kommunikationsmediums Macht

Tabelle 1: Steuerungsmedien und ihr Resonanzpotenzial (Quelle: Buchinger 2006a)

Bezogen auf diese vier Steuerungsmedien haben Organisationen der öffentlichen Hand vor allem beim Recht und bei der Infrastruktur Adressierungsvorteile. Beim Recht deshalb, weil sie es nicht nur wie alle anderen nutzen, sondern auch gestalten können. Bei der Infrastruktur deshalb, weil diese in Staaten nach dem Wohlfahrtsmodell nach wie vor in hohem Ausmaß öffentliche Angelegenheit ist und alle Organisationen zur Aufrechterhaltung ihres materiellen Unterbaus darauf angewiesen sind.

4 Steuerung und Koordination: Modi der Public Governance im Vergleich

Je nach vorherrschender Art der Adressierung können zwei Governance-Modi unterschieden werden: Governance mit Steuerungscharakter welche mittels Signalen adressiert, und Governance mit Koordinationscharakter, welche Interaktion (face-to-face) nutzt. Bevor die Integration dieser beiden am Beispiel der Clusterpolitik (Kap. 6) demonstriert wird, werden sie in diesem Kapitel in ihrer Idealtypik charakterisiert und miteinander verglichen und im nächsten Kapitel (5) am Beispiel der Innovationspolitik einzeln vorgestellt.

4.1 Charakteristika von Steuerung und Koordination

Systemtheoretisch korrekt geht es bei Public Governance mit *Steuerungscharakter* via Signalsetzung nicht um den Eingriff in die adressierten Organisationen, sondern um die Minimierung einer Steuerungsdifferenz.[6] Die Steuerungssubjekte, und nicht die Steuerungsadressaten, formulieren und ,manipulieren' diese Differenz, die Teil eines Steuerungsziels ist. Das Steuerungsziel setzt sich demnach wie folgt zusammen: Differenzhöhe plus Zeitpunkt der Differenzminimierung auf Null plus Kreis der Adressaten, die die Differenzminimierung kollektiv bewirken sollen.

Politische Entscheidungsträger als Steuerungssubjekte formulieren das Steuerungsziel und generieren mittels Politikinstrumenten diejenigen Signale, die ihnen für die Adressierung geeignet erscheinen. Sinnvollerweise beginnt der Steuerungsprozess aber nicht mit dem Setzen von Signalen, sondern mit Lern- und Entscheidungsprozessen in Bezug auf die relevante Steuerungsdifferenz (vgl. Abbildungen 1 und 2). Sobald das Steuerungsziel geklärt ist, kann über die Politikinstrumente, mit denen die Signale erzeugt werden, befunden werden. Die Signale sollen dann bei den Adressaten Entscheidungskommunikationen anstoßen, die vorher nicht – oder nicht so – vorkamen, und sie so in ihrer *Selbststeuerung beeinflussen*. Wenn zum Beispiel die Erhöhung der Frauenquote in Unternehmen, Universitäten und Ministerien das Steuerungsziel ist, können über die Signale Förderung (Geld), Verordnung (Recht), Awareness Kampagne (Wissen) oder Kindergärten (Artefakte/Infrastruktur) Anstöße (Motive) für die Änderung der geschlechtsspezifischen Entscheidungskommunikationen der Adressaten gegeben werden. Wenn nun ein ausreichend großer Teil des Adressatenkreises die Erhöhung der Frauenquote als *eigenes* Steuerungsziel übernimmt, ist die Steuerung gelungen.

---

[6]   Für Beispiele vgl. Kap. 5, Tab. 2. Luhmann (1988: 326-338) weist darauf hin, dass es Steuerung als Differenzminimierung sehr wohl gibt, aber – darin folgt er Maytnz (1987) – nur in Form von Steuerungshandeln. In diesem Zusammenhang nimmt er aber eine betont steuerungspessimistische Haltung ein; die Effekte des Steuerungshandelns treten ungesteuert ein und Luhmann spricht vor allem von unerwünschten Nebenfolgen und Vollzugsdefiziten. Zur Diskussion der Möglichkeiten der Überwindung des praktischen Steuerungspessimismus innerhalb der Theorie sozialer Systeme vgl. Buchinger (2007a).

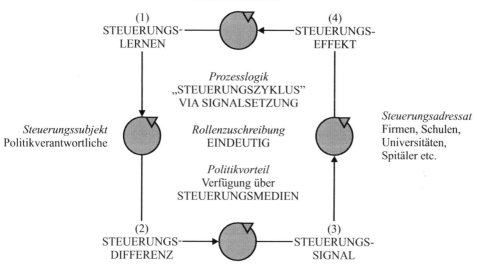

Abbildung 1: Governance-Modi im Vergleich

Public Governance mit *Koordinationscharakter* via Interaktion beginnt ebenfalls mit Lern- und Entscheidungsprozessen, allerdings in Bezug auf die Teilnehmenden und das Koordinationsdesign. Wer soll/muss eingebunden werden? Wer repräsentiert welche Interessen, welches Wissen, welche Ressourcen? Welchen Rahmen braucht der Koordinationsprozess (Zeit, Teilnehmerzahl, Vorgaben/Inputs)? Was ist die adäquate Interaktionsform (Plattform, Workshops, Subgruppen/Plena)? Was soll prozedural/inhaltlich das Mindestergebnis sein (reiner Informationsaustausch, gemeinsame Problemdefinition, vertragliche Vereinbarung)? Die Interaktionsdichte ist in Koordinationsprozessen naturgemäß hoch, auch wenn es keine Voraussetzung ist, dass alle Teilnehmer/innen face-to-face Kontakt haben.

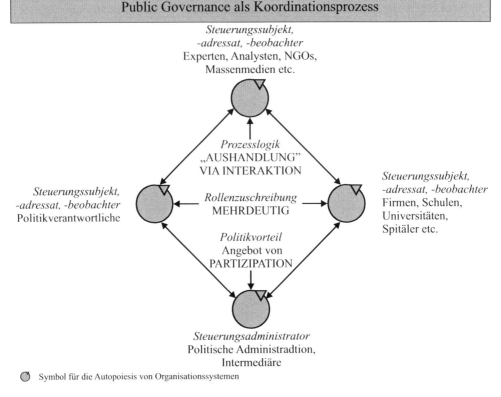

Abbildung 2: Governance-Modi im Vergleich

4.2 Steuerung und Koordination im system- und handlungstheoretischen Vergleich

Systemtheoretisch unterscheiden sich die beiden Governance-Modi Steuerung und Koordination in der *Kommunikationsform*. Koordination basiert auf sprachlicher Vermittlung und sinnlicher Wahrnehmung – verbale/nonverbale Kommunikation face-to-face, telefonisch (ear-to-ear) oder schriftlich. Steuerung basiert auf medienvermittelter Kommunikation, bei der Strukturen im Vordergrund stehen – Gesellschaftsstrukturen mit ihren symbolisch generalisierte Kommunikationsmedien in Verbindung mit Organisationsstrukturen in Form von Entscheidungsprämissen.

Handlungstheoretisch unterscheiden sich Steuerung und Governance in Bezug auf die *Rollenkontinuität*. Bei der Steuerung durch die öffentliche Hand kann eindeutig zwischen Steuerungssubjekten (Politikverantwortlichen) und Steuerungsadressaten (Firmen, Schulen, Universitäten, Spitäler etc.) unterschieden werden. Bei Koordination durch die öffentliche Hand verschwimmt hingegen der Unterschied zwischen Steuerungssubjekt und Steuerungsadressat, denn Steuerungsziele werden in Verhandlungssystemen gemeinsam erarbeitet.

Wie die schematische Darstellung in Abbildungen 1 und 2 zeigt, können beide Governance-Modi grundsätzlich mit ein und demselben Set an Akteuren vorkommen. In der Praxis wird, abhängig von der Problemstellung, eher eine weniger ‚symmetrische' Konstellation der Normalfall sein. Was aber bei beiden Governance-Modi in der öffentlichen Hand bleibt, ist die *politische Verantwortung* – sowohl für die Zielsetzung als auch für das Procedere – unbeschadet dessen, dass sich die Legitimation politischen Handelns durch Partizipation erhöht. Der hier berücksichtigte Ausschnitt des Governance-Themas betrifft also ‚Governance by Government' und ‚Governance with Government' und nicht ‚Governance without Government'.[7]

5 Kombination von Steuerung und Koordination: Die innovationspolitische Strategie der Stadt Wien

In der insgesamt kurzen Geschichte der Wiener Innovationspolitik – offiziell gibt es sie seit den 1990er Jahren, vorher fand sie im Rahmen der Wirtschafts- und Standortpolitik statt – wurde von Beginn an auf die Kombination von Steuerung und Koordination gesetzt. Steuerung vor allem in Form von geld- und artefaktbasierten Politikinstrumenten und Koordination vor allem in Form von operativen Wissensinstrumenten. Die Stadt Wien hat jüngst (im Herbst 2007) ihre neue Strategie für Forschung, Technologie und Innovation (FTI-Strategie) veröffentlicht (Stadt Wien 2007) und darin die Fortführung beider Governance-Modi festgelegt.

Governance mit Steuerungscharakter ist in der FTI-Strategie durch sechs *Steuerungsdifferenzen* expliziert (vgl. Tabelle 2). Daneben gibt es noch implizit differenzorientierte Ziele, wie die Schaffung neuer Schwerpunktstandorte oder die Steigerung der Zahl internationaler FTI-Kooperationen mit Partnern aus der CENTROPE Region.[8] Zur Erreichung der expliziten oder impliziten Ziele sollen gleichermaßen die Medien Geld und Wissen und Infrastruktur eingesetzt werden (vgl. Tabelle 3 für die entsprechenden Politikinstrumente). Aufgrund des im internationalen Vergleich schwach ausgeprägten österreichischen Föderalismus kommt Recht auf der regionalen Ebene nur bedingt als Steuerungsmedium in Frage.

---

[7] Vgl. für diese Unterscheidung nach dem Staatlichkeitsgrad Schuppert (2006).

[8] Grenzüberschreitende Initiative (Start: 2003) der österreichischen Bundesländer Wien, Niederösterreich und Burgenland, des tschechischen Kreises Südmähren, der slowakischen Kreise Bratislava und Trnava sowie der ungarischen Komitate Győr-Moson-Sopron und Vas mit zusammen etwa 6,5 Millionen Einwohnern.

Ziel 2015	Ausgangslage
Steigerung der F&E-Quote* auf 4 %	3,10 % (2004) 2,54 % (2007)
Steigerung der Anzahl der F&E betreibenden Unternehmen auf 800	405 (2004)
Steigerung der Zahl der F&E-Beschäftigten auf 22.000	17.383 (2004)
Steigerung der Akademikerquote auf 20 %	16,4 % (2004)
Steigerung des Frauenanteils in der betrieblichen Forschung um 100%	17 % (2004)
Erhöhung der Zahl der Beteiligungen von kleinen und mittleren Unternehmen am 7. EU-Rahmenprogramm auf 200	knapp 100 im 6. RP

* Anteil der privaten und öffentlichen Ausgaben für Forschung und Entwicklung (F&E) am Bruttoregionalprodukt

Tabelle 2: Differenzorientierte Ziele der Wiener Strategie für Forschung, Technologie und Innovation (FTI-Strategie) (Quellen: Stadt Wien 2007a, Stadt Wien 2007b, PROVISO 2006)

Governance mit Koordinationscharakter ist in der FTI-Strategie bereits dadurch prominent verankert, dass die Strategieformulierung selbst partizipativ erfolgte (strategisches Wissensinstrument). Im Rahmen von thematischen Panels haben etwa 100 Experten/innen aus Wirtschaft, Wissenschaft und Politik zusammengewirkt, deren Ergebnisse in öffentlichen Großveranstaltungen präsentiert und diskutiert wurden.

In der Strategie sind drei *Partizipationsmechanismen* vorgesehen. Erstens werden die bereits vorhandenen Clustermanagement-Einrichtungen (Netzwerkmanagement plus Beratung/Services) weitergeführt, mittels derer die Steuerungsadressaten koordiniert werden und an denen auch die Steuerungsadministratoren aktiv beteiligt sind. Zweitens sollen Dialogforen zu stadtbezogenen Zukunftsthemen etabliert werden, die einen „kritischen und wissenschaftlich fundierten Dialog zwischen den verschiedenen Akteuren aus Wissenschaft, Wirtschaft, Politik, Bevölkerung und anderen Stakeholdern" (Stadt Wien 2007a: 47) ermöglichen. Drittens soll eine Geschäftsstelle eingerichtet werden, die als Informationsplattform innerhalb des Magistrats fungiert und die Vernetzung zwischen dem Magistrat und der Innovations-Community in Wien leistet.

Die Steuerungs- und Koordinationsvorhaben der FTI-Strategie sind ambitioniert. Das müssen sie auch sein, um das Gesamtziel – Wien soll „eine der zentralen europäischen Forschungsmetropolen werden" (Stadt Wien 2007a: 27) – in erreichbare Nähe zu rücken. Die Kombination der Steuerungs- und Koordinationsinstrumente wird innerhalb und zwischen den Agenturen der Stadt Wien[9] abgestimmt. Die über ihre Kombination hinausgehende Verdichtung der beiden Modi zu deren *Integration* wird im nächsten Kapitel am Beispiel der Wiener Clusterpolitik beschrieben.

---

[9]   Vgl. für die Gesamtdarstellung der Akteure der Wiener Innovationspolitik Buchinger (2007b).

Medium	Instrumententyp	Instrumente der Wiener Innovationspolitik[3] mit	
		Steuerungscharakter	Koordinationscharakter
Recht	Gesetze und Verordnungen	FTI-Gesetzgebung	
	Soft Law		Ko-Regulierung (Staat und Private gemeinsam)
Geld[1]	Indirekte fiskalische Instrumente	Steuerfreibeträge und Steuerabsetzbeträge für F&E	
	Direkte finanzielle Instrumente	*Barzuschüsse für F&E, Bildung, Qualifizierung*	Innovationsorientierte öffentliche Beschaffung
	Katalytische finanzielle Instrumente	begünstigte Kredite, Garantien	*Beteiligungen*
Wissen	Operative Wissensinstrumente	Awareness- und Info-Kampagnen *Programmmanagement*	*Beratung/Services Netzwerkmanagement*
	Strategische Wissensinstrumente	Wissenschafts-, Forschungs- und Ethikräte	*Dialogforen/Plattformen*, Partizipatives Foresight
Artefakte	Gebaute Infrastruktur[plus 2]	Großforschungseinrichtungen, aufwändige Universitätslabors	
		Wissenschafts-/Technologieparks	
	Gebaute Infrastruktur	Gebäude-, IKT-, Energie-, Verkehrsinfrastruktur etc.	

[1] Die Dreiteilung der geldbasierten Instrumente in indirekt/direkt/katalytisch folgt der Unterscheidung der EC-Expertengruppe (EC 2003: 10).

[2] Wissensinfrastruktur, die eine erhebliche Gebäudeinfrastruktur benötigt.

[3] Die hervorgehobenen Instrumente werden von der Stadt Wien unter dem Titel regionale Innovationspolitik eingesetzt; viele der anderen Instrumente stehen den Wiener Akteuren ebenfalls zur Verfügung, werden aber vom Bund beigesteuert bzw. laufen unter allgemeiner Wirtschafts-/Standortpolitik.

Tabelle 3: Steuerung und Koordination in der Wiener Innovationspolitik (Quellen: Buchinger 2006a, 2007b)

6 Integration von Steuerung und Koordination: Clusterpolitik der Stadt Wien

Die Stadt Wien setzt nicht nur gelegentlich, sondern schwerpunktmäßig auf die Integration der Governance-Modi Steuerung und Koordination. Das Label dafür ist Clusterpolitik. Obwohl Wien zu klein ist, um Cluster innerhalb seiner hoheitlichen Grenzen vorzufinden – im Porterschen Sinne wären das erhebliche Teile eines Wertschöpfungssystems[10] – ist es dennoch gerechtfertigt von Clusterpolitik zu sprechen. Wesentliche Charakteristika wie die Ver-

[10] Wertschöpfungssysteme umfassen Zulieferung, Produktion, Distribution und Nutzung (Porter 1990: 43; 1990: 148-175; 1998).

besserung von Akteur-Interaktionen, von materiellen/immateriellen Rahmenbedingungen und von internationaler Sichtbarkeit/Anbindung (vgl. Porter 2000: 150; Andersson et al. 2004: 46; Audretsch 2000: 162) werden berücksichtigt. Man folgt dabei auch der grundlegenden Idee, dass Clusterpolitik auf vorhandene Stärken eines Wertschöpfungssystems aufbauen und einen Bezugsrahmen für neue, integrierte Formen der Governance (vgl. Hertog/Bergmann/Charles 2001: 405) bieten soll.

6.1   Geschichte der Wiener Clusterpolitik

Die Geschichte der Wiener Clusterpolitik beginnt in den 1980er Jahren, auch wenn damals dieser Ausdruck noch gar nicht verwendet wurde. Seit dieser Zeit wird integrierte Innovationspolitik für Teile von Wertschöpfungssystemen gemacht. Charakteristisch für urbane Standorte und damit auch für Wien ist der geringe Produktionsanteil, weshalb die Kooperationen mit den Partnern in der ‚Vienna Region'[11] auch sinnvoll sind.

Seit dem Start der Wiener Technologieoffensive im Jahr 1997 wurde konsequent auf vier Themenschwerpunkte gesetzt, die als regionale Stärkefelder gelten: Lebenswissenschaften, Automobilindustrie, Informations- und Kommunikationstechnologien und Kreativwirtschaft. Bis 2006 sind in diese Themenschwerpunkte von der Stadt Wien etwa 500 Millionen Euro investiert worden (MA27 2006). Wie der FTI-Strategie und jüngsten Äußerungen der Verantwortlichen[12] zu entnehmen ist, wird Clusterpolitik als Bezugsrahmen für einen stärkefeldbezogenen Mix an Politikinstrumenten auch in Zukunft eine wichtige Rolle spielen.

6.2   Clusterpolitik als integrierte Governance

Die Integration von Steuerung und Koordination wird in Wien vor allem durch die stärkefeldbezogene Verzahnung von mehreren Instrumenten erreicht: Clustermanagement-Einrichtungen, die Netzwerkmanagement, Beratung und Service verbinden (Koordination), thematische Calls für Barzuschüsse zu F&E-Projekten (Steuerung) und Wissenschafts-/Technologieparks (Steuerung und Koordination). Diese Instrumentenverzahnung gibt es für jedes der Stärkefelder. Dazu kommen noch Steuerungsinstrumente wie Stiftungsprofessuren, Fachhochschulkurse oder Qualifizierungen. In der Abbildung 3 ist der Integrationskomplex schematisch dargestellt.

---

[11]   Die Vienna Region ist ein Zusammenschluss der Bundesländer Wien, Niederösterreich und Burgenland. Wien ist gänzlich von Niederösterreich umgeben und Burgenland grenzt an Niederösterreich.

[12]   Rathauskorrespondenz – Presseaussendung 5.2.2008 OTS0127 <www.ots.at>.

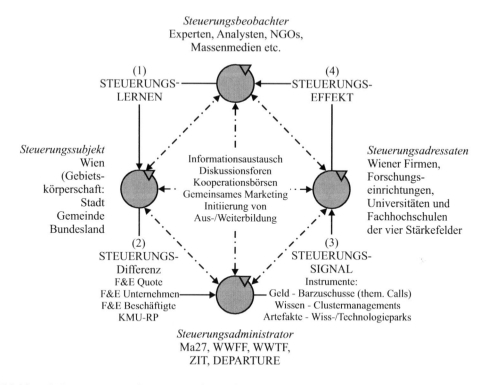

Steuerungsbeobachter
Experten, Analysten, NGOs,
Massenmedien etc.

(1)
STEUERUNGS-
LERNEN

(4)
STEUERUNGS-
EFFEKT

Steuerungssubjekt
Wien
(Gebiets-
körperschaft:
Stadt
Gemeinde
Bundesland

Informationsaustausch
Diskussionsforen
Kooperationsbörsen
Gemeinsames Marketing
Initiierung von
Aus-/Weiterbildung

Steuerungsadressaten
Wiener Firmen,
Forschungs-
einrichtungen,
Universitäten und
Fachhochschulen
der vier Stärkefelder

(2)
STEUERUNGS-
Differenz
F&E Quote
F&E Unternehmen
F&E Beschäftigte
KMU-RP

(3)
STEUERUNGS-
SIGNAL
Instrumente:
Geld - Barzuschusse (them. Calls)
Wissen - Clustermanagements
Artefakte - Wiss-/Technologieparks

Steuerungsadministrator
Ma27, WWFF, WWTF,
ZIT, DEPARTURE

Abbildung 3: Integration von Steuerung und Koordination in der Wiener Clusterpolitik

Da die Clustermanagement-Einrichtungen als One-Stop-Shops[13] fungieren und somit auch die Verbindung zu allen anderen (nicht stärkefeldbezogenen) Instrumenten herstellen, kommt ihnen eine zentrale Rolle zu. Aber nicht nur sie sorgen für Interaktionintensität, auch die Wissenschafts-/Technologieparks schaffen einen verdichteten Raum und erhöhen dadurch die Chance für persönliche Begegnung und damit für Vertrauensbildung, Austausch, Mitbewerberbeobachtung und Benchmark, also für Faktoren, die üblicherweise als zentral für vorteilhafte Clusterdynamik gelten.

6.3 Administratoren und Instrumentenportfolio

In die Clusterpolitik sind nahezu alle *Administratoren* der Wiener Innovationspolitik eingebunden. Sie bedienen sich der Clustermanagement-Einrichtungen, um die entsprechenden Politikinstrumente zu bündeln (vgl. Abbildung 3 und Tabelle 4). Wie solche Einrichtungen

---

[13] Als One-Stop-Shop bezeichnet man eine öffentliche oder private Einrichtung, die mehrere administrative Abläufe bündelt und/oder unterschiedliche Services in einer Stelle anbietet. Die Clustermanagement-Einrichtungen verstehen sich als One-Stop-Shops weil sie für ihre Klientel die Kombination von (a) Informationen über und Unterstützung zu Fördermöglichkeiten aller drei Hoheitsebenen (EU, Bund, Bundesländer), (b) Mitgliederservices wie Veranstaltungen, Newsletter, Kooperationsplattformen etc. und (c) Beratungsdienstleistungen im Bereich von Marketing, Wettbewerbs-/Patentanalysen etc. anbieten.

konzipiert sind, kann je nach Technologiefeld und Politikhintergrund sehr unterschiedlich sein. Bei den Wiener Initiativen finden sich zunächst unterschiedliche rechtliche Formen, nämlich Projekt, Bereich und ARGE. Des Weiteren unterscheiden sich die Wiener Clustermanagement-Einrichtungen auch in Bezug auf ihre vertikale und horizontale Politikverflechtung, nämlich Multi-Level-Governance bei Informations- und Kommunikationstechnologie (IKT) (EU und Wien) und Lebenswissenschaften (Bund und Wien) und horizontale Multi-Actor-Governance beim Automotive Cluster (Wien und Niederösterreich).

Der zweite Aktivposten im Instrumentenportfolio sind die *Wissenschafts-/Technologieparks* (vgl. Tabelle 4). Wien betreibt im Rahmen der Clusterpolitik Standortentwicklung durch die Verwertung stadteigener Liegenschaften. Dabei kommt eine Kombination der Politikinstrumente ‚Beteiligung' und ‚gebaute Infrastruktur^{plus}' zum Tragen. Investoren werden mittels Public Private Partnerships (PPPs) bei der Errichtung und im Betrieb eingebunden.

Der dritte Aktivposten im Instrumentenportfolio sind die nicht primär clusterspezifischen Instrumente, in denen die Stärkfelder aber berücksichtigt werden. Regelmäßig werden Forschungs- und Entwicklungsvorhaben auf Basis von stärkefeldbezogenen thematischen Calls (Wettbewerbe) gefördert, Stiftungsprofessuren an Wiener Universitäten finanziert und stärkefeldbezogene Fachhochschulkurse unterhalten.

	Clustermanagement-Einrichtungen		Wissenschafts-/Technologieparks	
Stärke-feld	Name (Gründung)	Rechtliche Form (Finanzierung durch)	Name (Start)	PPP* (Beteiligung Wien)
Lebens-wissen-schaften	Life Science Austria Vienna Region (LISA VR, 2002)	Arbeitsgemein-schaft: ZIT und AWS (Wien, Bund)	Vienna Biocenter VBC (1992), VBC2 (2004), (VBC3 in Bau)	Vienna Biocenter Errichtungs GmbH (ZIT 45 %)
Auto-mobil-industrie	Automotive Cluster Vienna Region (ACVR, 2001)	Geschäftsbereich: VBR (Wien, NÖ)	TECHBASE (2005)	TECHBASE Science Park Vienna GmbH (ZIT 15%)
IKT	Vienna IT Enterprises (VITE, 2004)	Projekt: Projektträger WWFF (bis 2008 EU Strukturfonds Ziel 2)	Business & Research Center Höchstädtplatz BRC (2005)	Business & Research Center Höchstädtplatz Errichtungs GmbH (ZIT 45%)
Kreativ-wirt-schaft	ZIT-MEDIA (2008)	(Soll nach dem Vorbild von LISA VR konzipiert werden)	Media Quarter Marx (2003)	Media Quarter Marx Errichtungs- und Verwertungs GmbH (ZIT 40%)**

* PPP Public Private Partnership

** Zusätzlich: ZIT 86 % an der MARX Realitäten GmbH

Legende: IKT: Informations-/Kommunikationstechnologien; ZIT: Zentrum für Innovation und Technologie (100 % Tochter des WWFF); AWS: Austria Wirtschaftsservice; NÖ: Niederösterreich; VRB: Vienna Region Beteiligungsmanagement GmbH (Träger der VBR sind die NÖ Entwicklungsagentur Eco Plus und der WWFF); WWFF: Wiener Wirtschaftsförderfonds

Tabelle 4: Clustermanagements und Wissenschafts-/Technologieparks (Quelle: Buchinger 2006b, aktualisiert)

6.4 Zur Entfaltung des Integrationsmechanismus

Die Initialzündung für die Entfaltung des Integrationsmechanismus der Wiener Clusterpolitik ist den *Politikverantwortlichen* zu verdanken. Auch wenn innerhalb Wiens die Clusterpolitik immer wieder einmal kritisch diskutiert wird (zum Beispiel im Hinblick auf die oben bereits erwähnte Fragmentierung der vorhandenen Wertschöpfungssysteme), ist man doch ‚auf dem Thema draufgeblieben' und sorgt so für Kontinuität und Erwartungssicherheit.

Durch ihr Engagement bei den Wissenschafts-/Technologieparks und den Clustermanagements treten die *Administratoren* auch direkt mit den Adressaten in Verbindung. Die direkte Interaktion ist jedoch nicht als umfassend und/oder systematisch, sondern eher als selektiv zu beschreiben. Mit einer ganzen Reihe von Unternehmen und vor allem mit den Interessensvertretern bestehen aber persönliche Kontakte, die sowohl von den Agenturen als auch von den Politikern gepflegt werden. Auf regionaler Ebene ist die Koordination zwischen den Akteuren naturgemäß enger als auf nationaler oder supranationaler Ebene.

Die Einbindung der *Adressaten* erfolgt systematisch über die Clustermanagements. Manche sind Mitgliederorganisation (ACVR, VITE) während andere sich als frei zugängliche Koordinationseinrichtungen verstehen (LISA VR). Im Leistungsangebot der Clustermanagements finden sich Newsletter, Beratung/Services, Marketing, Plattformen/Dialoggruppen, Aus-/Weiterbildung und Wirtschaftsmissionen, um hier nur einige zu nennen. In manchen Stärkefeldern ist das Clustermanagement zudem im entsprechenden Technologiepark angesiedelt.

Die *Steuerungsbeobachtung* ist in nicht unerheblichem Maß auf Marketing ausgerichtet. Die Erfolge der Wiener Innovationspolitik werden regelmäßig und höchst professionell in Hochglanzbroschüren und Presseaussendungen/Pressekonferenzen präsentiert. In der Zwischenzeit entsteht jedoch auch zunehmendes Bewusstsein für die Notwendigkeit systematischer und unabhängiger Evaluierungen. Was an unabhängiger Beobachtung bereits jetzt für alle Cluster existiert, das sind Hintergrundstudien in Form von sektoralen Analysen.

7 Resümee

Da Organisationen das Rückgrat moderner Gesellschaften bilden, ist Komplexitätsmanagement nicht nur in, sondern auch in der Beziehung zwischen ihnen von Bedeutung. Für Organisationen der öffentlichen Hand stellt das zwischen-organisationale Komplexitätsmanagement eine besondere Herausforderung dar, weil sie mit begrenzten Ressourcen umfassende und gleichzeitig gezielte Effekte hinsichtlich der Entscheidungsmotive ihrer Adressaten aus Wirtschaft, Wissenschaft, Bildung, Gesundheit usw. erreichen wollen.

In diesem Text wurde ein Konzept von Public Governance vorgestellt, das Systemtheorie (Luhmann) mit Handlungstheorie (Mayntz) verknüpft. Im Gegensatz zu anderen Governance-Ansätzen[14] stellt dieses Konzept Organisationen in den Mittelpunkt und behandelt gesell-

---

[14]   Etwa: Rosenau/Czempiel, (1992), Rhodes (1997), Kooiman (2003), Schuppert (2005).

schaftliche Strukturen (Staat, institutionalisierte Medien etc.) erst in Bezug darauf. Ausgehend von der Bestimmung von Organisationen als autopoietische Systeme ergeben sich zwei Modi der Public Governance die im Text beschrieben wurden: Governance als Steuerungsprozess und Governance als Koordinationsprozess.

Die empirische Relevanz dieses Konzeptes wurde am Beispiel der Wiener Innovationspolitik demonstriert. Dabei wurde schwerpunktmäßig die Wiener Clusterpolitik behandelt, um zu zeigen, wie mit der Integration von Steuerung und Koordination ein abgestimmter Policy-Mix erzielt werden kann. Über das Beispiel Clusterpolitik hinaus soll das hier vorgestellte Konzept von Public Governance in Zukunft in Politikberatungsprojekten, vor allem für vergleichende Analysen und die Identifizierung von Good Practice, eingesetzt werden.

8   Literatur

Andersson, Thomas et al., 2004: *The Cluster Policies Whitebook*. Malmö: IKED, Report.

Audretsch, David B., 2000: Innovative Clusters and the Strategic Management of Places. In: *Wirtschaftspolitische Blätter* 2: 155-164.

Baecker, Dirk, 1999: *Organisation als System*. Frankfurt/Main: Suhrkamp.

Baecker, Dirk, 2003: *Organisation und Management*. Frankfurt/Main: Suhrkamp.

Buchinger, Eva, 2006a: Wie ist politische Innovationssteuerung möglich? Systemtheoretische Betrachtungen am Beispiel der F&E-Quote. In: Eva Buchinger/Ulrike Felt (Hg.), *Technik- und Wissenschaftssoziologie in Österreich*. Wiesbaden: Verlag für Sozialwissenschaften, 51-78.

Buchinger, Eva, 2006b: *Positionierung der Clusternetzwerk-Initiativen Wiens*. Wien: ARC-sys/ZIT-0023, Report.

Buchinger, Eva, 2007a: Applying Luhmann to Conceptualize Public Governance of Autopoietic Organizations. In: *Cybernetics and Human Knowing* 14(2-3): 173-187.

Buchinger, Eva, 2007b: *International Comparison of Urban Technology and Innovation Policies: Report on the City of Vienna*. Wien: ARC-sys/ZIT-0036, Report.

Cyert, Richard M./James G. March, [1963] 1992: *A Behavioural Theory of the Firm*. Oxford: Blackwell.

EC, 2003: *Raising EU R&D Intensity: Improving the Effectiveness of the Mix of Public Support Mechanism*. Brussels: European Commission, Expert-Group-Report.

Fuchs, Peter, 1997: Adressabilität als Grundbegriff der soziologischen Systemtheorie. In: *Soziale Systeme* 3(1997): 57-79.

Hertog, Pim den/Edward Bergman/David Charles, 2001: Creating and Sustaining Innovative Clusters: Towards a Synthesis. In: OECD (Hg.), *Innovative Clusters: Drivers of National Innovation Systems*. Paris: Organization for Economic Co-operation and Development.

Kooiman, Jan, 2003: *Governing as governance*. London: Sage Publications.

Luhmann, Niklas, 1975: Einführende Bemerkungen zu einer Theorie symbolisch generalisierter Kommunikationsmedien. In: ders. (Hg.), *Soziologische Aufklärung 2*. Opladen: Westdeutscher Verlag, 212-240.

Luhmann, Niklas, 1981: *Politische Theorie im Wohlfahrtsstaat*. München: Olzog.

Luhmann, Niklas, 1986: *Ökologische Kommunikation*. Opladen: Westdeutscher Verlag.

Luhmann, Niklas, 1988: *Die Wirtschaft der Gesellschaft*. Frankfurt/Main: Suhrkamp.

Luhmann, Niklas, 1990a: Haltlose Komplexität. In: ders. (Hg.), *Soziologische Aufklärung 5*. Opladen: Westdeutscher Verlag, 58-74.

Luhmann, Niklas, 1990b: *Die Wissenschaft der Gesellschaft*. Frankfurt/Main: Suhrkamp.

Luhmann, Niklas, 1991: Steuerung durch *Recht? Zeitschrift für Rechtssoziologie* 11(1990): 137-160.

Luhmann, Niklas, 1997: *Die Gesellschaft der Gesellschaft*. Frankfurt/Main: Suhrkamp.

Luhmann, Niklas, 2000: *Organisation und Entscheidung*. Opladen: Westdeutscher Verlag.

MA27, 2006: *Forschung, Technologie, Innovation: Aktuelle Projekte und Maßnahmen der Stadt Wien*. Magistratsabteilung 27 der Stadt Wien, Report.

March, James G./Herbert A. Simon, 1958: *Organizations*. New York: John Wiley & Sons.

Marin, Bernd/Renate Mayntz, 1991: Studying Policy Networks. In: dies. (Hg.), *Policy Networks*. Frankfurt: Campus, 11-23.

Mayntz, Renate, 1987: Politische Steuerung und gesellschaftliche Steuerungsprobleme. In: dies. (Hg.), *Soziale Dynamik und politische Steuerung: Theoretische und methodologische Überlegungen*. Frankfurt: Campus, 186-208.

Mayntz, Renate, 2004a: Governance im modernen Staat. In: Arthur Benz (Hg.), *Governance: Regierung in komplexen Regelsystemen*. Wiesbaden: VS Verlag, 65-76.

Mayntz, Renate, 2004b: *Governance als fortentwickelte Steuerungstheorie?* Köln: Max-Planck-Institut für Gesellschaftsforschung, MPIfG Working Papers 04/1.

OECD 2002: *Distributed Public Governance: Agencies, Authorities and other Government Bodies*. Paris: Organization for Economic Co-operation and Development, Report.

OECD/EC 2007: *Organizing the Central State Administration: Policies and Instruments*. Paris/Brussels: Organization for Economic Co-operation and Development/European Commission, Report.

Parsons, Talcott, 1982 [1964]: Evolutionary Universals in Society. In: Leon H. Mayhew (Hg.), *Talcott Parsons on Institutions and Social Evolution*. Chicago: The University of Chicago Press, 296-326.

Perrow, Charles, 1972: *Complex Organizations: A Critical Review*. New York: MacGraw-Hill.

Porter, Michael E., 1990: *The Competitive Advantage of Nations*. London: Macmillan.

Porter, Michael E., 1998: Clusters and the New Economics of Competition. In: *Harvard Business Review* 98(11/12): 77-90.

Porter, Michael E., 2000: Clusters and Government Policy. In: *Wirtschaftspolitische Blätter* 2: 144-154.

PROVISO, 2006: *Statusreport 6. Rahmenprogramm: Aktuelle Ergebnisse 2002-2006*. <http://archiv.bmbwk.gv.at/medienpool/14040/fopro1175eha121206.pdf [2007-12-27]>

Rhodes, Rod A.W, 1997: *Understanding governance: PolicyNnetworks, Governance, Reflexivity and Accountability*. Maidenhead: Open University Press.

Rosenau, James N./Ernst-Otto Czempiel, 1992: *Governance without Government: Order and Change in World Politics*. Cambridge: Cambridge University Press.

Schimank, Uwe, 2005: Organisationsgesellschaft. In: Wieland Jäger/Uwe Schimank (Hg.), *Organisationsgesellschaft: Facetten und Perspektiven*. Wiesbaden: VS Verlag, 19-50.

Schuppert, Gunnar F., 2005: Governance im Spiegel der Wissenschaftsdisziplinen. In: ders. (Hg.), *Vergewisserung über Stand und Entwicklungslinien: Governance-Forschung Bd. 1*. Baden-Baden: Nomos.

Schuppert, Gunnar F., 2006: Zauberwort Governance. In: *WZB-Mitteilungen* 114: 53-56.

Stadt Wien, 2007a: *Wiener Strategie für Forschung, Technologie und Innovation.* <http://www.wiendenktzukunft.at [2007.12.27]>

Stadt Wien, 2007b: *Statistisches Jahrbuch 2007.* Wien: Magistrat der Stadt Wien MA5, ISSN 0259-6083.

Stichweh, Rudolf, 2001: Adresse und Lokalisierung in einem globalen Kommunikationssystem. In: ders. (Hg.), *Die Weltgesellschaft: Soziologische Analysen.* Frankfurt: Suhrkamp, 220-231.

Weber, Max, 1985 [1922]: *Wirtschaft und Gesellschaft.* Tübingen: Mohr.

Weick, Karl E., 2001: *Making Sense of the Organization.* Oxford: Blackwell.

Willke, Helmut, 1994: *Systemtheorie III: Steuerungstheorie.* Stuttgart: Lucius & Lucius.

Komplexität als Problem politischer Gestaltung

Thesen zur Governance in der Innovationspolitik

Manfred Mai

1   Einführung

Regieren in modernen Gesellschaften bedeutet vor allem Umgang mit Komplexität. Die Hauptursachen für die gegenüber vormodernen Gesellschaften gestiegene Komplexität sind die Zunahme der Arbeitsteilung und der sozialen Differenzierung. Die Triebkräfte dieses Differenzierungsprozesses sind die Säkularisierung, die Industrialisierung, die Verwissenschaftlichung oder allgemein: die zunehmende Rationalisierung der Welt (Max Weber). Als Folge der Ausdifferenzierung in immer mehr Teilbereiche und Subsysteme mit immer mehr spezifischen Funktionen entstanden in Politik, Wirtschaft und Gesellschaft immer mehr Akteure, die ihre jeweiligen Interessen und Autonomiespielräume gegenüber dem Staat aber auch gegenüber anderen Akteuren absichern wollten (vgl. Münch 1995: 28). Die Politik moderner Gesellschaften sieht sich daher mehreren organisierten Interessen mit jeweils konkurrierenden Macht- und Autonomieansprüchen gegenüber. Die Effizienzsteigerung, die der Gesamtgesellschaft durch die Arbeitsteilung zugute kommt, bedeutet zugleich eine Erschwerung politischer Steuerung, da mehrere Einzelrationalitäten und Interessen koordiniert werden müssen: zum einen, um Ziele durchzusetzen und zum anderen, um die Legitimität der politischen Entscheidung zu erhöhen.

Erst auf der Basis formaler Rechte konnten sich die jeweiligen Rationalitäten etwa der Wirtschaft, der Kunst, der Medien und der Wissenschaft entfalten. Moderne Gesellschaften sind daher im Wesentlichen durch die Zusicherung autonomer Spielräume für bestimmte Funktionsbereiche gekennzeichnet. Erst im Rahmen dieser rechtlichen Autonomie können sich die spezifischen Rationalitäten gesellschaftlicher Subsysteme entfalten. Dabei ist es unerheblich, ob diese rechtlich gesicherte Autonomie gegen den Staat erkämpft wurde – wie etwa die der

Kunst – oder vom Staat in der Erkenntnis eigener Steuerungsdefizite gewährt wurde – wie etwa der Bereich der Wirtschaft. Das Ausmaß der jeweiligen Autonomiespielräume ist auch ein Gradmesser für die Demokratie. In totalitären Regimen stehen fast alle gesellschaftlichen Bereiche unter dem Primat der Politik. Insofern sind die Steuerungsprobleme keine Indizien für Staats- und Legitimationskrisen, sondern eine Folge der Selbstbeschränkung des demokratischen Staats, der in bestimmte Bereiche nicht eingreifen will und darf, weil es die Verfassung und die darauf beruhenden Rechte der Akteure verbieten. Demokratie ist immer kompliziert und komplex. Vermeintlich einfache Lösungen stehen daher immer im Verdacht, ihren Gewinn an Effizienz mit einem Verlust an Legitimität und Demokratie zu erkaufen.

„Der Staat verliert, je mehr Technologieprogramme er initiiert, seine zentrale Position in der Innovationspolitik. Die Pluralität der Teilnehmer am Prozess der Technikentwicklung erfordert eine dezentrale ‚Governance'-Struktur." (Rammert 1997: 407).

Im Folgenden sollen die Gründe für die gestiegene Komplexität im Bereich der Innovationspolitik dargestellt und die Konsequenzen für die politische Praxis vor dem Hintergrund des Governance-Paradigmas dargestellt werden.

2   Gründe für die gesteigerte Komplexität in der Innovationspolitik

Spätestens seit dem Ende des 19. Jahrhunderts kann man in Deutschland von einer Innovationspolitik als eigenständigem Politikfeld innerhalb der übergreifenden Gewerbe- und Wirtschaftspolitik sprechen (vgl. Lundgreen et al. 1986). Mit gezielten Maßnahmen von der Patentgesetzgebung, der Verbesserung des technischen Schulwesens bis zum Ausbau des Technologietransfers versuchte die Politik das Wachstum und den Strukturwandel von der Agrar- zur Industriegesellschaft zu beschleunigen. Das Ziel war der Anschluss Deutschlands an die damals führenden Industrienationen. Untrennbar verknüpft sind damit auch außenpolitische Ziele: Damals wie heute bestimmte die wirtschaftliche Potenz einer Nation auch über ihren Rang in der Weltpolitik. Ein wichtiges Instrument zur Erreichung dieses Ziels war die Innovationsfähigkeit, zu der wiederum Wissenschaft und Technik zusammen mit bestimmten Rahmenbedingungen die Basis bilden.

Heute, nach dem Ende des Kalten Krieges, geht es weniger um technologische Führerschaft einzelner Nationen zur Erreichung militärischer Dominanz, sondern eher um die Wettbewerbsfähigkeit regionaler Wirtschaftsräume auf globalen Märkten. Nationale Ziele spielen immer noch eine bedeutende Rolle in der Innovationspolitik, aber sie werden zumindest in der EU gegenüber supranationalen Projekten relativiert. Spätestens seit den Beschlüssen der EU in Lissabon 2000, Europa zur dynamischsten Region der Welt zu machen, sind die nationalen innovationspolitischen Ziele gesamteuropäisch eingebunden. Alle Mitgliedstaaten gehen davon aus, dass sie nur im europäischen Verbund gegenüber den asiatischen und nordamerikanischen Wettbewerbern eine Chance haben.

Auch andere Politikfelder sind zunehmend international vernetzt. Doch während etwa die Sozial-, Medien- oder Rechtspolitik zum Kern des nationalen Selbstverständnisses zählen und als Besitzstände gegenüber den Harmonisierungsbestrebungen der EU verteidigt werden, sind die Grenzen in den Bereichen Wirtschaft, Wissenschaft und Technik offener. Unternehmen, Universitäten und Wissenschaftsinstitutionen sind international vernetzt und eben dadurch eine besondere Herausforderung für die politische Steuerung, weil ihre Möglichkeiten wesentlich durch die Grenzen des nationalen Rechts definiert werden.

Ein wichtiger Grund für die gestiegene Komplexität der Innovationspolitik ist die Zunahme der daran beteiligten Akteure. Innovationspolitisch unmittelbar relevant sind die Bereiche Wirtschaft und Wissenschaft. Beide sind intern durch eine Vielzahl unterschiedlicher Institutionen differenziert, die teilweise untereinander konkurrieren, teilweise aber auch koordiniert vorgehen. Zu den wichtigsten Akteuren aus dem Bereich Wirtschaft zählen z.B. Unternehmen, Banken, Unternehmensberatungen und Verbände (einschließlich der Gewerkschaften). So stehen etwa die unterschiedlichen Branchen untereinander im Wettbewerb um staatliche Unterstützung. Das gleiche gilt für die Konkurrenz zwischen großen und mittelständischen Betrieben. Auch die Meso-Ebene der Verbände und organisierten Interessen ist im Bereich der Wirtschaft sehr heterogen: Regional verankerte Handelskammern stehen global aufgestellten Konzernen ebenso gegenüber wie traditionelle Familienbetriebe anonymen Private Equity-Unternehmen. Es ist problematisch, das breite Spektrum der Akteure und ihrer Interessen im Bereich Wirtschaft auf einen einzigen Nenner zu bringen. Es ist makrosoziologisch nicht falsch und für bestimmte Fragestellungen sinnvoll, alle diese Aktivitäten der Wirtschaft als Maßnahmen zur Herstellung und Verteilung von Gütern – so eine gängige Definition der Volkswirtschaftslehre – zusammenzufassen. Für die hier gestellte Frage nach der Governance muss dagegen die gesellschaftliche Meso-Ebene der institutionellen Akteure im Mittelpunkt stehen. Mit ihnen kann die Politik verhandeln, Vereinbarungen treffen und sie gegebenenfalls in Netzwerke einbinden.

Auch die Wissenschaft besteht aus mehreren institutionellen Akteuren – Hochschulen, außeruniversitäre Forschungsinstitute, Akademien, Großforschungseinrichtungen, Verbänden, Forschungsförderungsinstitutionen –, sodass sich auch hier die Makro-Ebene „der Wissenschaft" als unzureichende Basis für die vorliegende Fragestellung erweist. Es sind ganz konkrete Institutionen aus dem Bereich der Wissenschaft, die für die Governance wichtig sind und weniger der Bereich der Wissenschaft als Ganzes, der ohnehin der Politik nicht als Ansprechpartner zur Verfügung steht: Weder die Deutsche Forschungsgemeinschaft noch die Hochschulrektorenkonferenz – um zwei wichtige Institutionen aus dem Bereich der Wissenschaft in Deutschland zu nennen – repräsentieren die Wissenschaft als Ganzes, sondern sie haben jeweils spezifische Interessen.[1] Auch hier erweist sich ein theoriegeleiteter Versuch, alle Institutionen unter einer einheitlichen Rationalität zu subsumieren, für die Frage nach der Governance als problematisch. Es ist zwar wissenschaftssoziologisch vertretbar, die Rationalität der Wissenschaft in der Mehrung von Reputation (u. a. durch Publikationen)

---

[1] In einem Bericht der DFG und der Max-Planck-Gesellschaft aus dem Jahr 1999 ist von einer „Segmentierung des Wissenschafts- und Forschungssystems" und einer „Dominanz institutioneller Eigeninteressen in Deutschland" die Rede, welche die Nutzung möglicher Synergien schmälern (zitiert in: Bührer/Heinze/Kuhlmann 2003: 5).

sowie in der Sicherung von Autonomie und Bestand der jeweils eigenen (u. a. durch Einwerben von Drittmitteln oder Verhandlungen mit der Politik) Institution zu sehen. Aber wie bereits im Zusammenhang mit der Wirtschaft ausgeführt, greift der Governance-Ansatz nur auf der Meso-Ebene bestehender institutioneller Akteure: nur mit ihnen lassen sich Netzwerke bilden und Vereinbarungen treffen.

3   Von Big Science zu Clustern

Ein weiterer wichtiger Grund für die Komplexitätszunahme ist die Konzentration der Innovationspolitik auf Cluster. Grundlegend dafür war die Erkenntnis, dass Regionen besonders dann boomen, wenn Unternehmen einer bestimmten Branche besonders konzentriert auftreten und maßgeschneidert von Forschungseinrichtungen aber auch von Kreditinstituten und staatlichen Stellen unterstützt werden. Das Paradigma dafür ist das Silicon Valley, wo in den 1970er Jahren auffallend viele kleine Unternehmen im Umfeld der University of California in Berkeley und Los Angeles im Bereich Informationstechnik entstanden (vgl. Castells 2003: 58 und 197). Seit dieser und anderen Erfolgsgeschichten[2] gehört die Bildung neuer und das Management bestehender Cluster zum Kern der Innovations- und Regionalpolitik.

Cluster werden auf allen politischen Ebenen – von der EU bis zu einzelnen Regionen – definiert und gefördert (vgl. Bundesministerium für Bildung und Forschung 2006; RWI 2006). Maßgeblich für die Einrichtung und Förderung eines Clusters sind bereits vorhandene Stärken einer Region. Diese Politik ist nicht unumstritten. Regionen mit einer industriellen Monostruktur – z.B. die ehemaligen Montanstandorte in England, Belgien, Frankreich und Deutschland – waren darauf angewiesen, dass neue zukunftsträchtige Industrien den Strukturwandel beschleunigen. Um neue Arbeitsplätze zu schaffen, wurden vor allem Branchen gefördert, die ein nachhaltiges Wachstum versprechen und aus wettbewerbsfähigen Unternehmen bestehen. Nach dem Vorbild des Silicon Valley wurde daher im Umfeld von Universitäten, die wie z.B. im Ruhrgebiet z. T. erst gegründet werden mussten, Technologie- und Gründerparks eingerichtet.

Es hat sich aber nach einigen Jahren herausgestellt, dass nur wenige dieser Aktivitäten erfolgreich waren. Eine Region, so lautet die Erkenntnis aus vielen Fehlschlägen, ist eben mehr als die Summe harter Standortfaktoren (Flächenverfügbarkeit, Arbeitskräftepotenzial, Infrastruktur u. Ä.), sondern eine Region besteht auch aus ,weichen' Faktoren wie die Bereitschaft der Bürger zur Selbstständigkeit, zur Toleranz, zu Kultur und zur Bildung. Als Zauberformel für eine erfolgreiche Regionalentwicklung gilt derzeit der von Richard Florida (2002) entwickelte Dreiklang von „Technology, Talents, and Tolerance" – ohne genau definieren zu können, was genau damit gemeint ist und was das für die konkrete Förderpolitik

---

[2]   Zu den bekanntesten Clustern zählen neben dem Silicon Valley u. a. das Modecluster in Norditalien, das Biocluster in Martinsried und das Maschinenbaucluster im Raum Mittlerer Neckar.

bedeutet.[3] Nur wenn alle diese drei Faktoren an einem Standort existieren besteht die Chance, dass er für „die Klasse der Kreativen" – zu der Florida u. a. Wissenschaftler, Künstler, Architekten, Freiberufler und Banker zählt – interessant wird und sich dort Wachstum entfaltet. „The Creative Class consists of people who add economic value through their creativity." (Florida 2002: 68).

Diese Hinwendung zu den eher ‚weichen' Standortfaktoren ist ein ebenso großer Bruch mit der traditionellen Regionalpolitik wie die die Orientierung an Wettbewerb und Leistung. Konnten sich Regionen bisher darauf verlassen, im Falle unterdurchschnittlichen Wachstums und bei Strukturdefiziten besonders gefördert zu werden, müssen sie sich heute einem Wettbewerb um die besten Konzepte für die zukünftige Entwicklung stellen. Fast immer spielen bei diesem Wettbewerb Innovationen eine zentrale Rolle. Offen ist allerdings, welche Innovationen in welchem Bereich den erwarteten Schwung für das Wachstum bilden.

Durch die Wettbewerbe der Regionen um Fördermittel aus den Töpfen der EU, des Bundes und der Länder sowie um Industrieansiedlungen kommen automatisch die jeweiligen Stärken in den Blick. Was eine Region schon jetzt gut kann, soll in Zukunft gezielt verbessert werden. Das bedeutet auch, dass es in diesem Prozess Verlierer gibt. Nicht alles kann gefördert werden. Die Auswahl, was gefördert wird und was nicht, ist eine politische Entscheidung, die nur dann akzeptiert wird, wenn die Kriterien für den Wettbewerb akzeptabel sind und auch die Verlierer in den Prozess eingebunden werden können. An der Politik der Kompensation hat sich daher im Prinzip nichts geändert. Eine Kommune wird z.B. bei einer Betriebsschließung immer auf eine Kompensation drängen. Schließlich hat jeder Standort in den Parlamenten und Regierungen Vertreter, die den Prozess beeinflussen können. Dennoch: Durch die Orientierung an weichen Faktoren und am Wettbewerb um die besten Konzepte ist ein grundlegender Wandel gegenüber der bisherigen Regionalpolitik vollzogen, die primär auf harte Standortfaktoren und auf die ‚Gießkanne' als Förderinstrument abstellte.

4 Von staatlicher Steuerung zur Governance

Dieser Wechsel hat auch Konsequenzen für den Steuerungsmodus der Politik (vgl. Benz 2004; Mayntz 2004). Die mehr oder weniger eindeutigen und teilweise hierarchischen Beziehungen zwischen Regierung, Kommunen, Wirtschaftsförderungseinrichtungen, Hochschulen, Transferstellen und Großforschungseinrichtungen werden durch Cluster und Innovationsnetzwerke abgelöst, in denen weitere Akteure wie Banken, Consulting-Firmen, Verbände und einzelne Unternehmen beteiligt sind. Jedes Cluster bedeutet für die Politik eine Zunahme an Komplexität, die durch Auslagerung in Projektträger, Plattformen u. Ä. zusätzlich erhöht wird. Im Zusammenhang mit drastischen Fehlentwicklungen wird im Rahmen

---

[3] Erstaunlich an diesem Leitbild ist, dass es parteiübergreifend gewürdigt und in Regierungsprogrammen aufgegriffen wird. Dies ist vielleicht ein Indiz dafür, dass jeder aus den drei Ts herauslesen kann, was ihm gefällt: Für die einen steht mehr die Toleranz im Sinne multikultureller Großstadtmilieus im Vordergrund und für die anderen mehr die Technologie im Sinne traditioneller Technologieförderung.

staatsanwaltschaftlicher Ermittlungen gelegentlich deutlich, welche formalrechtlichen Beziehungen in dem Geflecht von Verträgen bestehen. Hinzu kommen die informellen Beziehungen zwischen Beiräten und Gremien in den beteiligten Institutionen, deren Kompetenzen oft unscharf sind oder sich überschneiden. Selbst Insidern fällt es schwer, diese Intransparenz – wer ist wem gegenüber für was verantwortlich? – zu erklären, da jeder nur die Zusammenhänge übersieht, die ihn unmittelbar betreffen.[4]

Durch die Ausweitung des Kreises der am Innovationsprozess beteiligten Akteure steigt auch der Koordinierungsbedarf.[5] Da jeder Akteur in einem Innovationsnetzwerk nicht nur das Gesamtziel – Verbesserung der Wettbewerbsfähigkeit durch Stärkung der Innovationskraft – vor Augen hat, sondern auch seine eigenen Interessen durchsetzen will, besteht die Aufgabe vor allem darin, eine gemeinsame Vision in Form eines Projekts mit erreichbaren Zwischenzielen zu definieren. Viele Projekte scheitern bereits auf dieser Ebene. Zwar wollen alle potenziellen Akteure gemeinsam von den Fördermitteln der EU profitieren, können sich aber nicht über die gemeinsame Verwendung möglicher Ergebnisse einigen, weil vor allem Unternehmen befürchten, ihre Wettbewerbsvorteile in Form innovativer Lösungen wieder zu verlieren, wenn sie die Ergebnisse mit anderen Wettbewerbern teilen müssen. Die allgemeine Verfügbarkeit und Transparenz der Forschungsergebnisse ist aber eine Vorraussetzung für die Förderung aus öffentlichen Programmen. Es gelingt der Politik nicht immer, alle Akteure von den Vorteilen einer Kooperation in einem bestimmten Cluster zu überzeugen.

Der Modus der hierarchischen Steuerung war auch in der Vergangenheit alles andere als ein erfolgreicher Steuerungsmechanismus in der Innovations- und Technologiepolitik. Zu stark waren die Vetopotenziale vor allem der Wirtschaft und ihrer Verbände, als dass die Politik ihre Ziele durchsetzen konnte. Diese wurden vielmehr in korporatistischen Netzwerken ausgehandelt und erst dann umgesetzt, wenn alle Interessen berücksichtigt werden konnten. Viele marxistisch orientierte Sozialwissenschaftler sahen den Staat nur als Erfüllungsgehilfen der Wirtschaft ohne eigenständiges Handlungspotenzial und konstatierten ein Staatsversagen.[6] Auch von konservativer Seite wurde der Staat durch die voranschreitende Technik als bedroht angesehen. Anders als die eher linksliberalen Autoren, die auf eine Demokratisierung aller technikrelevanten Entscheidungen setzten, forderten die konservativen Autoren

---

[4]   Ungeachtet der komplexitätsbedingten Intransparenz gibt es eine eindeutige rechtliche – z.B. für die korrekte Verwendung der Fördermittel und ordnungsgemäße Geschäftsführung – und politische Verantwortung für das Erreichen der erwarteten Ziele. Es gehört zu den Routinen parlamentarischer Untersuchungsausschüsse, dass die Verantwortlichen Intransparenz und Sachzwänge als Entschuldigung für Fehlentwicklungen benennen. Das Parlament und die Medien sind dennoch vor allem daran interessiert, einen Geschäftsführer oder Politiker als Alleinverantwortlichen festzustellen.

[5]   „Der Staat agiert nicht autonom und anweisend, sondern als kooperativer Staat, der im Vorfeld von Entscheidungsfindungen auf den Sachverstand außerstaatlicher Akteure zurückgreift und deren Interesse […] berücksichtigt." (Dolata 2005: 25).

[6]   Joachim Hirsch spricht in diesem Zusammenhang vom „chaotischen Charakter des Staatsinterventionismus": „Bei struktureller Unmöglichkeit eines vom Verwertungsprozess des Kapitals und dessen Imperativen unabhängigen gesellschaftlichen Planungskalküls produziert die spezifische ‚Binnenstruktur' des politischen Systems Reaktionen auf jeweils ad hoc auftauchende, durch die vorhandenen ‚Selektivitätsstrukturen' gefilterte, systemspezifisch transformierte und ‚kleingearbeitete' Interessen und Bedürfnisse konkurrierender Einzelkapitale oder gesellschaftlicher Gruppen." (Hirsch 1974: 251)

(vgl. z.B. Forsthoff 1971) einen starken Staat als Bollwerk gegen die Aushöhlung der Demo-kratie durch die zunehmende Verwissenschaftlichung.

Der moderne Staat ist vor allem mit einer Vielfalt von (organisierten) Interessen als Folge der gesellschaftlichen Differenzierung konfrontiert. Es ist kein Zeichen von Schwäche, wenn der Staat zur Durchsetzung seiner Ziele mit diesen organisierten Interessen verhandelt – wie die konservative Staatstheorie meint –, sondern umgekehrt ein Beleg für die Flexibilität moderner Staatlichkeit (vgl. Czada 2000; Prätorius 2000). Aus der Implementationsfor-schung ist bekannt, dass sich staatliche Programme und Ziele besser durchsetzen lassen, wenn intermediäre Organisationen in die Programmatik und Ausführung eingebunden wer-den. Dafür sprechen u. a. der Sachverstand von Verbänden und die Entlastung staatlicher Behörden von Routineaufgaben wie Projektträgerschaften, Erfolgskontrolle oder Qualitätssi-cherung. Es reicht, wenn den Akteuren der ‚Schatten der Hierarchie' präsent ist.

Je mehr staatliche und private Akteure in einem Cluster zusammenwirken, umso unklarer werden Hierarchien und Führungsrollen. Im Zeitalter der Big Science gab der Staat eindeuti-ge Ziele und erteilte z.B. Unternehmen oder Forschungsinstituten entsprechende Arbeitsauf-träge. Idealtypisch dafür stehen z.B. das Manhattan-Projekt, die NASA und die Geschichte der deutschen Kernkraft. Heute fehlen für derartige Projekte weitgehend die Mittel und auch der ideologische Wettkampf der Systeme um die technologische Führerschaft ist als Anreiz für Big Science weggefallen. Ehemalige Forschungszentren wurden z.B. im Rahmen der Konversion in zivile Forschungszentren umgewandelt. Heute gibt es zwar immer noch Big Science etwa auf der europäischen Ebene (z.B. Galileo), aber sie muss sich zunehmend ne-ben den vielen regionalen Clustern behaupten.

5   Fragmentierung und Mehrebenenverflechtung

Mit dem Wegfall des Ost-West-Gegensatzes und damit eines großen Teils der militärisch motivierten Big Science wurde Innovations- und Technologiepolitik zunehmend eine Ange-legenheit aller politischen Ebenen mit jeweils eigenen Zielen. Allein durch die Politikver-flechtung und die damit entstehenden Abstimmungsprobleme wird die Konzentration auf nur ein Ziel erschwert. Jeder Akteur auf jeder politischen Ebene will vom Gesamtprojekt profi-tieren und kann seine Einbindung gegebenenfalls durch sein Vetopotenzial erzwingen.[7] Wis-

---

[7]   Wenn z.B. die EU eine ‚European Institute of Technology' als Antwort auf die Innovationsschwäche Europas plant, so ist mit einer Zustimmung der Mitgliedstaaten nur zu rechnen, wenn die noch einzurichtenden For-schergruppen und Verwaltungseinheiten ‚gerecht' auf die Mitgliedstaaten verteilt werden. Von der ursprüng-lichen Idee des Kommissionspräsidenten Barroso war schon nach wenigen Monaten kaum etwas wiederzuerken-nen, weil jeder Mitgliedstaat möglichst viel von dieser prestigeträchtigen Institution profitieren möchte. Warum sollte ein EU-Land eine Einrichtung finanzieren, von der keine einzige Forschergruppe in ihrem Land profitiert, und zwar unabhängig von ihrer wissenschaftlichen Kompetenz? So erfolgte z.B. die Finanzierung des in eine Krise geratenen Galileo-Projekts der EU (der Finanzbedarf wird mit 3,4 Mrd. Euro angegeben) aus deutschen Mitteln nur unter der Zusage, dass deutsche Unternehmen angemessen davon profitieren können: „Bundesfi-nanzminister Steinbrück hatte Aufträge für die deutsche Industrie entsprechend der hohen Einzahlungen in die EU-Kasse gefordert." (SPIEGEL-online vom 23. November 2007)

senschafts- und Innovationspolitik ist föderal strukturiert und ihre grundlegenden Ziele wurden bis Ende 2007 in der ‚Bund-Länder-Kommission (BLK)' und seither in der ‚Gemeinsamen Wissenschaftskonferenz (GWK)' abgestimmt. Das betrifft z.B. Fragen der Finanzierung und Ausrichtung der Großforschungseinrichtungen, der Forschungsförderungsinstitutionen und der internationalen Beteiligungen. Bei allem geht es immer auch um Standortfragen. Das Interesse der Länder besteht darin, möglichst viele Exzellenzcluster, Max-Planck- oder Fraunhofer-Institute anzusiedeln, weil ihre Anzahl als wichtiger Indikator für eine erfolgreiche föderale Innovationspolitik gilt.

Last not least sind auch die Kommunen in der Innovationspolitik aktiv und bemühen sich um die Ansiedlung entsprechender Institutionen. Selbst Standorte, die über keine Hochschule verfügen, setzen auf Innovationen als Motoren der wirtschaftlichen Entwicklung. So entstanden Gründerzentren und Inkubatoren für *Start ups*, die sich teilweise gegenseitig beraten, die aber – so z.B. das Fazit des Landesrechnungshofs Nordrhein-Westfalen über ein solches Zentrum, das schließlich ein Fall für die Staatsanwaltschaft und des Landtags wurde[8] – das regionale Innovationsgeschehen nicht unbedingt nennenswert beeinflussen. Auch in der Innovationspolitik zeigt sich, dass letztlich jede Politik Lokalpolitik ist. So wurde das o. g. Inkubatorzentrum nur gegründet, weil in der betreffenden Kommune ein anderes Projekt aus dem eher kulturellen Bereich gescheitert war und dafür eine Kompensation geschaffen werden musste. Dies hat nichts mit innovations- oder gar wissenschaftsimmanenter Rationalität zu tun. Aber durch diese standortpolitische Logik erklärt sich, warum an bestimmten Standorten Institutionen oder Hochschulen sind, die dort wie Fremdkörper wirken und auch nach Jahren keine richtige Einbettung in das regionale Umfeld finden. Leerstehende Gründerzentren und Parallelstrukturen im Bereich Innovationsförderung geben davon ein stilles Zeugnis ab.

Zur vertikalen Verschränkung kommt die zunehmende horizontale Verflechtung mehrerer Ressorts, die entsprechend ihrer unterschiedlichen Klientel jeweils unterschiedliche Ziele verfolgen. Innovationen werden damit zum mehr oder weniger kontingenten Ergebnis unterschiedlicher Politiken. Die ‚eigentlichen' Ziele der Ressortpolitiken sind arbeitsmarkt-, wachstums-, regional- und strukturpolitisch motiviert. Innovationen sowie Wissenschaft und Technologie dienen jeweils als Mittel zum Zweck. Aus diesem Grund ist es auch relativ unerheblich, mit welchen Technologien und Innovationen diese eigentlichen Ziele erreicht werden. Es ist aber kein Zufall, dass vor allem die Technologien gefördert werden, die das größte Potenzial versprechen und – nach dem Prinzip: „Stärken stärken" – das größte vorhandene Potenzial in einer bestimmten Region haben. Die Konzentration auf heterogene Ziele ist auch der Grund dafür, dass die Grundlagenforschung gegenüber der angewandten Forschung mit konkreter Entwicklungsperspektive in den Hintergrund gerät.

Seit die Innovationsforschung das besondere Potenzial kleiner und mittlerer Unternehmen (KMU) erkannt hat, werden sie in besonderer Weise von der Politik gefördert (vgl. Piore/Sabel 1985; Manz 1990). Auch wenn KMU in der Regel keine Forschung und Entwicklung in eigener Regie betreiben können, sind sie an einer Kooperation mit Forschungsein-

---

[8] Landesrechnungshof Nordrhein-Westfalen: Unterrichtung des Landtags nach § 99 der Landeshaushaltsordnung über die Prüfung der Zuwendungen an die Inkubator-Zentrum Emscher-Lippe GmbH. Düsseldorf 2007.

richtungen ebenso interessiert wie Großunternehmen – allerdings unter anderen Vorzeichen. Großunternehmen haben schon immer mit Hochschulen und Wissenschaftseinrichtungen kooperiert. KMU müssen diese Kooperation teilweise erst noch lernen. Einer der Hauptaufgaben der Transferstellen ist daher, die regionale Wirtschaft mit den geeigneten Wissenschaftlern zusammenzubringen. Weitere strukturelle Schwächen von KMU gegenüber Großkonzernen sind die eingeschränkten Möglichkeiten der Kapitalbeschaffung, der Patentierung, der Vermarktung und der Rekrutierung von Wissenschaftlern. Alles dies soll durch maßgeschneiderte Programme kompensiert werden. Innovationspolitik ist daher aus der Sicht der Wirtschaftsressorts im Wesentlichen Mittelstands- und Regionalpolitik. Das Ziel ist dann erreicht, wenn eine Region über nachhaltiges Wachstum verfügt, eine positive Arbeitsmarktbilanz vorweist und im globalen Wettbewerb um Investitionen und hochqualifizierte Arbeitskräfte mithalten kann.

Auch bei der kleinsten Fördermaßnahme eines lokalen KMU etwa bei der Modernisierung der Produktionstechnik sind fast immer alle Politikebenen beteiligt. Aus der Sicht der KMU und der fördernden Institutionen (Projektträger, Gründerzentren, Ministerien) besteht ein wichtiger Teil ihrer Arbeit und ihrer Probleme darin, die jeweilige Fördermaßnahme mit einem der zahlreichen Programme ‚passend' zu machen. In den immer komplexer werdenden Programmstrukturen der EU, des Bundes und der Länder sowie der Forschungsförderungsinstitutionen (DFG, MPG, Fraunhofer u. a.) werden jeweils unterschiedliche Maßnahmen (Investitionen, Qualifizierungsmaßnahmen, Forschungsarbeiten, Patentrecherchen, Messeauftritte u. Ä.) gefördert, die sich teilweise gegenseitig ausschließen. Es ist angesichts der relativ starren Förderrichtlinien die Ausnahme, wenn eine Projektidee auf Anhieb förderfähig ist. In der Praxis gelingt es dennoch immer wieder, diese Richtlinien ‚kreativ' auszulegen.

6 Medialisierung

Innovationspolitik gehört nicht zu den Politikfeldern, die für den Parteienwettbewerb eine strategische Bedeutung haben. Das erhöht die Chance sachgerechter Entscheidungen im blinden Fleck der Mediengesellschaft. Anders als bei Reformen im Gesundheits- oder Sozialbereich, wo jede Änderung in der Kommastelle eines Beitragssatzes als Abbau des Sozialstaats politisiert werden kann, interessiert sich selbst für substanzielle Änderungen im Wissenschaftsbereich wie etwa die Umstellung auf BA/MA-Studiengänge, die Einführung der Juniorprofessur oder die Umstrukturierung der Großforschung nur eine Teilöffentlichkeit. Diese Teilöffentlichkeit besteht im Wesentlichen aus den Betroffenen der Wissenschaft selbst und ist kaum wahlentscheidend.

Zudem ist diese Teilöffentlichkeit durch die unterschiedlichen Statusgruppen heterogen und kaum durch organisierte Interessen mit Vetopotenzial bei der Politik präsent – eine Lokführergewerkschaft findet in der Politik und in den Medien mehr Resonanz als z. B. eine Stellungnahme aller Akademien zum Wissenschaftsstandort Deutschland. Selbst innerhalb starker Organisationen wie der Gewerkschaften stehen die Belange von Wissenschaftlern – die ohnehin als privilegiert gelten – gegenüber denen der anderen Beschäftigten nicht gerade im

Mittelpunkt. Ansprechpartner der Wissenschaft – konkret: der Wissenschaftsorganisationen
– ist daher eher das jeweilige Fachressort und sind weniger die Partei- oder Fraktionsspitzen.
Hinzu kommt, dass eine Profilierung im Bereich Wissenschaft und Forschung einem Politi-
ker nicht unbedingt eine Grundlage für eine Parteikarriere garantiert; andere Politikfelder wie
Arbeit, Soziales oder Innenpolitik sind dafür weit besser geeignet, weil sie eine unmittelbare
Relevanz für die Bürger und Wähler haben.

Diese gegenüber anderen Politikfeldern eher eingeschränkte Relevanz der Innovationspolitik
hat auch Konsequenzen für ihre mediale Wahrnehmung. Für sie entfällt somit ein Teil des
für andere Politikfelder typischen „Kommunikationsstress" (Sarcinelli 2003). Dadurch, dass
innovationspolitische Kontroversen für den Parteienwettbewerb nicht im Mittelpunkt stehen,
ist zu erwarten, dass die Chance für eine sachgerechtere Politik größer ist. Die relative Me-
dienabstinenz der Innovationspolitik unterliegt damit wie andere Fachpolitiken auch der
Gefahr zu einer reinen Expertenangelegenheit zu werden.

Schon in den 1960er Jahren haben u. a. Schelsky (1966) und Jürgen Habermas (1981) – mit
jeweils unterschiedlichen Begründungen – die Herrschaft der Experten durch die zunehmende Verwissenschaftlichung der Gesellschaft kritisch kommentiert. Derartige ‚Fachbruder-
schaften' lassen sich gerade in Verwaltungseinheiten feststellen, die sich mit Fragen der
technischen Überwachung u. Ä. befassen (vgl. Friedrich 1970; Wittkämper 1989). Durch die
Tendenz, aufgrund einer ähnlichen Sozialisation als Wissenschaftler parteiübergreifend auch
zu ähnlichen Problemsichten und -lösungen zu gelangen (vgl. Nowotny 1979), wird der
politische Gehalt dem gesellschaftlichen Diskurs entzogen. Das politische Potenzial von
Wissenschaft und Technik ist ungeachtet ihrer vergleichsweise geringen medialen Präsenz
sehr hoch. Die moderne Gesellschaft ist wesentlich eine Wissenschafts- und Informationsge-
sellschaft. Nicht nur die Technikfolgenabschätzungs-Diskussion hat diese Bedeutung aufgezeigt und eine stärkere Berücksichtigung technologiepolitischer Fragen beim Parlament gefordert. Aber auch diese Diskussion verblieb weitgehend im Umkreis der betroffenen Institutionen und wurde inzwischen von anderen Herausforderungen, die kaum etwas mit Technik
zu tun haben wie z.B. Migration, Terrorismus, Demografie u. a., von der politischen Agenda
verdrängt.

Die Demokratisierung der 1970-80er Jahre hat auch die Innovations- und Technologiepolitik
erfasst und zu Beteiligungsoffensiven in der Betrieben und Verwaltungen geführt. Seitdem
gibt es keine größere technische oder sonstige Innovation, die nicht von einem Beirat beglei-
tet und wissenschaftlich evaluiert wird. Das gilt für gesamtgesellschaftliche Diskurse etwa
über die Risiken neuer Überwachungstechniken und die Forschung mit Stammzellen bis zur
kommunalen Ebene bei der Einführung eines Verkehrsleitsystems (vgl. Bora/Decker/Grun-
wald/Renn 2005). Diese breite Demokratisierung hat nicht verhindern können, dass unsere
Gesellschaft immer mehr technisiert wurde. In ihrer Rolle als Konsument treffen die Bürger
– mehr Bourgeois als Citoyen – täglich Entscheidungen, die nicht nur ihre persönliche Welt
verändern. Kein Risikodiskurs über IuK-Technologien hat z.B. den globalen Siegeszug der
Mobilkommunikation und des Internet aufhalten können. Bestenfalls konnte die Politik –
teilweise gegen die Interessen der Nutzer – die schlimmsten Auswüchse dieser Entwicklung
verhindern.

Wissenschaft und Technik waren für die Medien schon immer Themen für Spezialsendungen und selten für die allgemeinen Nachrichten. Es ist daher nicht leicht, darüber zu spekulieren, was sich an den Zielen und Prozessen der Innovationspolitik ändern würde, wenn über sie wie im Bereich der Innen- und Sozialpolitik ständig berichtet würde. Zumindest müsste dann der Aspekt der Darstellungspolitik (vgl. Korte/Hirscher 2000) eine größere Bedeutung gegenüber dem der Sachpolitik bekommen.

7 Konsequenzen der Komplexität für die politische Praxis

Die Komplexität der Innovationspolitik wird von allen beteiligten Akteuren wahrgenommen und kritisiert: Aus der Sicht eines KMU oder eines Lehrstuhls ist allein schon das Antragsverfahren etwa für eine Förderung eines Projekts im Rahmen des 7. EU-Forschungsrahmenprogramms abschreckend, aus der Sicht der Projektträger ist die Vielfalt und Vielzahl eingehender Projektanträge sowie die Sicherung der Finanzierung ein Problem, und aus der Sicht eines Ministeriums ist der Abstimmungsbedarf mit Projektträgern, anderen Ressorts und Antragstellern eine ständige zeitliche und sachliche Herausforderung, zumal die politische Ebene Erfolge (,Leuchtturmprojekte') erwartet.

Die Komplexität hat nicht nur die bisher erwähnten Gründe in der Mehrebenenstruktur der Innovationspolitik und in der Überschneidung mehrerer Politikbereiche, sondern die Komplexität liegt auch in der immanenten Dynamik des Innovationsprozesses selbst. Innovationen lassen sich nicht dekretieren. Die Politik kann aber ein Klima schaffen, das Innovationen begünstigt. Diese Bedingungen für ein erfolgreiches Gründungsgeschehen herauszufinden ist nicht zuletzt die Aufgabe der Innovationsforschung, deren Erkenntnisse die Politik gern aufgreift. Zwei besonders einflussreiche Erkenntnisse der Innovationsforschung, die sich zu Paradigmen verfestigt haben, sind die Clusterbildung und die drei Ts („Talents, Tolerance, and Technology"). Sie sind weltweit und parteiübergreifend anerkannt und offensichtlich erfolgreich. Politisch umstritten ist allenfalls die Frage, welche Cluster an welchem Ort eingerichtet werden.

Eine Maßnahme zur Reduktion der Komplexität des Innovationsgeschehens ist für die Politik die Auslagerung an externe Projektträger. Das können verbandsnahe Einrichtungen sein, landeseigene Banken oder Großforschungseinrichtungen. Projektträger entlasten die Exekutive von Routineaufgaben wie Beratung von Antragstellern, Controlling des Projektverlaufs und Berichten gegenüber der EU und dem Parlament. Andererseits ist die Exekutive nun für die Arbeit der Projektträger verantwortlich und muss diese entsprechend steuern. Komplexitätsreduzierend sollen auch die verschiedenen Beratungsstellen wirken. Der Antragsteller soll nicht durch das Antragsverfahren abgeschreckt werden, sondern ermutigt werden, mit Hilfe einer solchen Agentur seinen Antrag erfolgreich in einem Cluster-Wettbewerb oder Förderprogramm zu platzieren. Die Politik will keinem Antragsteller zumuten, die von der Bürokratie geschaffene Komplexität von Laufzeiten, Förderprogrammen u. Ä. zu überschauen.

Durch die Fragmentierung der Innovationspolitik nehmen auch die Zielkonflikte zu. Immer wenn eine neue Regierung gebildet wird, entsteht zwischen den innovationsrelevanten Ressorts – das sind neben den Ressorts für Wissenschaft und Forschung die für Verkehr, Wirtschaft, Mittelstand, Umwelt, Bildung, Städtebau – der Konflikt um den jeweiligen Zuschnitt bzw. Kompetenzen. Jedes Ressort will möglichst viele prestigeträchtige Projekte und umfangreiche Programme an sich ziehen. Das gilt besonders in Koalitionsregierungen, weil so jeder Koalitionspartner die Chance hat, sich durch interessante Projekte und starke Haushaltitel zu profilieren. Der Streit um Zuständigkeiten und Haushaltitel beginnt bereits bei der Interpretation des Innovationsbegriffs: Sind damit nur die klassischen Forschungs- und Entwicklungsaktivitäten gemeint, oder fallen darunter auch Dienstleistungen, Qualifizierungsmaßnahmen sowie kulturelle und stadtplanerische Aktivitäten? Ist auch die Grundlagenforschung an den Universitäten innovationsrelevant oder nur die angewandte Forschung in Kooperation mit Unternehmen mit eindeutiger Verwertungschance? Für alles lassen sich plausible Begründungen finden.

Was im Koalitionsvertrag und in der Regierungserklärung steht, ist das Ergebnis eines Bargaining-Prozesses zwischen den Koalitionspartnern und designierten Ressortchefs. Beide Dokumente sind ein wichtiger Teil jeder Regierungsbildung, weil sie die verbindliche Richtschnur für die Dauer einer Legislaturperiode bilden. Spätestens mit dem Organisationserlass des Regierungschefs – traditionell eine der ersten Maßnahmen jeder neu gebildeten Regierung – werden die Kompetenzen der jeweiligen Ressorts verbindlich. Regieren bedeutet zum großen Teil das Abarbeiten der oft bewusst vage gehaltenen Vorhaben im Koalitionsvertrag, die auf Versprechungen im Wahlkampf beruhen. Auch die Opposition und die Medien orientieren sich an diesen Vorhaben, allein um jede Gelegenheit zu nutzen, das Verfehlen dieser Ziele als Regierungsversagen zu kritisieren.

Die Bundes- und Länderregierungen haben die Bildung innovativer Cluster vereinbart und auf den Weg gebracht. Naturgemäß hat jedes Land andere Schwerpunkte, aber an der grundsätzlichen Philosophie ändert sich nichts: Es sollen nur diejenigen Cluster gefördert werden, die bereits stark sind und für die Zukunft auf globalen Märkten wettbewerbsfähig sind. Durch die Orientierung an der globalen Technologie- und Marktentwicklung ähneln sich trotz regionaler Unterschiede viele Cluster: Fast überall gibt es daher Cluster im Bereich Biotechnologie, IuK-Technologie, Chemie, Neue Werkstoffe (einschließlich Mikro- und Nanotechnik), Automotive, Energie, Logistik sowie Maschinen- und Anlagenbau.

Mit der Konzentration auf Cluster erhöht sich auch die Unsicherheit über die erwarteten Ergebnisse. Anders als bei der Big Science, wo ein konkretes Ziel vorgegeben wurde und seine Kosten teilweise mit Spill-over-Effekten (die Teflon-Bratpfanne und das Ceranfeld als angebliche Abfallprodukte der Raumfahrt) gerechtfertigt wurde, setzt die Clusterpolitik von vornherein auf relativ unspezifische Ergebnisse: Der Weg ist das Ziel. Wenn Politik, Wirtschaft und Wissenschaft – so lautet die Wette – gemeinsam lange genug z.B. im Bereich Neue Werkstoffe arbeiten, wird schon irgendein Patent oder Produkt herauskommen, das alle Anstrengungen und Investitionen rechtfertigt. Es besteht die nicht unberechtigte Hoffnung, dass erst während der Zusammenarbeit konkrete Produkte entstehen, die ihre Märkte finden. Empirische Studien belegen, dass „zu Beginn der Entwicklung eines neuen sektoralen Inno-

vationssystems [...] der entsprechende Markt in der Regel noch nicht vorhanden (ist)"
(Steg/Bender/Jonas/Hirsch-Kreinsen 2003).

Die Clusterpolitik ist auch deshalb so erfolgreich, weil sie mit der neoliberalen Grundströ-
mung der EU und der meisten Regierungen kompatibel ist. Big Science erinnert zu stark an
staatliche Planungsbürokratien und spektakuläre Fehlschläge. Dadurch, dass man die Wissenschaft, einige Monopolisten und die Politik nicht mehr allein lässt und sie mit KMU ‚auf-
mischt', erwartet man eine höhere Innovationsdynamik, die nicht nur regulierte Märkte (Rüstung, Raumfahrt), sondern den Weltmarkt mit allen seinen Nischen im Blick hat. Das Vorbild der Innovationspolitik sind daher neben Start-ups mit neuen Produktideen die ‚Hidden
Champions', oft wenig bekannte Familienunternehmen mit einer großen Tradition und regionalen Verwurzelung, die manchmal nur mit einem einzigen scheinbar alten Produkt in einer
Weltmarktnische beherrschend sind.[9] Dieses Produkt oder diese Dienstleistung aus der *old
economy* wird aber ständig weiterentwickelt und hält so einen ‚Vorsprung durch Technik'
und produktbezogenen Service. Durch die langjährige Zusammenarbeit mit regional ansässi-
gen Hochschulen bilden derartige Unternehmen quasi den Kristallisationspunkt für ein natür-
liches Cluster. Die Aufgabe der Innovationspolitik besteht darin, das bereits im Kleinen
erfolgreiche Modell systematisch auszubauen, indem weitere Unternehmen mit ähnlichen
Produkten und andere Forschungseinrichtungen zusammengeführt werden, um dann schließlich das gesamte Netzwerk als Cluster zu fördern. Der Anreiz zur Kooperation besteht in der
Förderung nur des Gesamtkonzepts.

Jeder Politiker weiß, dass Innovationen nicht herbeisubventioniert werden können. Dennoch
setzen auch liberale Innovationsminister auf die gezielte Schaffung eines innovationsfreund-
lichen Klimas durch staatliche Vorleistungen und vertrauen nicht nur auf die Marktkräfte.
Hinzu kommt, dass für bestimmte Cluster noch kein richtiger Markt existiert und ohne öffentliche Hilfen nicht zustande kommen wird. Das gilt z.B. für die Biotechnologie. Wegen
der langfristigen Entwicklungs- und Erprobungsphasen z.B. gentechnisch hergestellter Me-
dikamente scheuen Anleger die Investition in entsprechende Unternehmen, zumal die Börse
in den letzten Jahren immer wieder durch Misserfolge dieser Branche aufgeschreckt wurde
und Erfolgsmeldungen die Ausnahme bilden. Dennoch halten Innovationspolitiker an diesem
Cluster fest, um international nicht noch mehr den Anschluss zu verlieren.

Die Netzwerkstruktur der Cluster besteht aus formellen und informellen (allgemein zur In-
formalität in der Politik vgl. Morlok 2003) Kooperationsbeziehungen zwischen den einzelnen Akteuren. Für die Politik als Steuerungssubjekt stellt sich damit die Frage, wer als Ansprechpartner für wen spricht. Nicht immer geben die formellen Beziehungen die tatsächlichen Einfluss- und Machtstrukturen wieder. Cluster, ‚Plattformen' und Innovationsnetze sind
keine Ressort- oder Großforschungseinrichtungen, zu denen relativ eindeutige vertragliche

---

[9]   In diesem Zusammenhang wird auch immer auf die spezifische Unternehmenskultur dieser erfolgreichen Un-
      ternehmen hingewiesen: Anders als börsennotierte Konzerne müssen sie nicht im Quartalsrhythmus der Börse
      eine ‚story' liefern, sondern können auch unpopuläre Entscheidungen für langfristige Maßnahmen treffen. Sie
      zeigen auch gegenüber ihren Mitarbeitern und sozialem Umfeld eine andere Verantwortlichkeit als viele Groß-
      konzerne. Typische Produkte solcher Hidden Champions sind etwa Motorsägen, Automobilzubehör, Reini-
      gungsgeräte, hochspezielle Anlagenelemente u. Ä.

und hierarchische Beziehungen bestehen. Das kann bedeuten, dass die steuernde Politikebene mit jedem einzelnen Akteur eines Clusters reden muss, was eigentlich durch die Einführung von Zwischenebenen wie Clustermanager u. Ä. nicht erforderlich sein sollte. Da jeder Akteur frei ist, aus einem Netzwerk wieder auszusteigen, wenn er für sich keinen Vorteil aus der Kooperation sieht, besteht Clustermanagement zum Teil darin, immer wieder den Mehrwert einer Kooperation darzustellen. Der erhöhte Kommunikationsbedarf ist typisch für den Steuerungsmodus Governance.

8   Thesen

1. Mit dem Wechsel zur Clusterstrategie nehmen politische Zielkonflikte zu.

Der Grund dafür ist, dass an die Einrichtung und Förderung von Clustern immer mehrere Erwartungen geknüpft sind: Regionaler Strukturwandel, Erhöhung der Wettbewerbsfähigkeit bestimmter Branchen, Wachstum. Diese Ziele sind in der Regel auf unterschiedliche Ressorts verteilt, die sich um die entsprechenden Zuständigkeiten und Etats bemühen. Weil Cluster immer eine regionale Anbindung haben, werden sie für Städte und Kommunen als Standorte interessant, die einen entsprechenden Druck auf die höheren Politikebenen ausüben.

2. Es wird immer schwieriger, eine bestimmte Innovation oder Technologie gezielt zu entwickeln.

Durch die Fragmentierung der fachlichen und regionalen Kompetenzen in der Innovationspolitik ist die Konzentration auf ein konkretes Ziel komplizierter geworden. Zu viele Interessen müssten in ein Gesamtkonzept eingebunden werden. Es mangelt nicht an übergreifenden Themen, die eine solche Konzentration auf ein Ziel rechtfertigen wie z.B. die Suche nach alternativen Energiequellen oder Klimaschutz. Dennoch müssen derartige Fragestellungen von globaler Bedeutung mit allen Forschungsförderungseinrichtungen, Bundesländern und EU-Partnern abgestimmt werden. Hinzu kommt, dass einzelne Unternehmen grundsätzlich nur mit einer politischen Ebene zusammenarbeiten wollen – wenn überhaupt.

Des Weiteren werden in immer kürzeren Abständen Innovationen (z.B. scheinbar alles was das Präfix Bio-, Nano-, Mikro- trägt) gehypt, bei denen sich nach wenigen Jahren herausstellt, dass die von der Politik und Investoren in sie gesetzten Erwartungen nicht erfüllt wurden. So fehlt der Anreiz, ein Projekt auf jeden Fall zu Ende zu bringen. Während bei der Big Science eher das Prestige (Raumfahrt) oder die Politik (Rüstung) eine Rolle spielte, sind es heute die Märkte, die langfristigen Engagements entgegenstehen. Staatliche Politik hat in der Vergangenheit zu oft in Technologien investiert, die sich längst vom Markt verabschiedet hatten (z.B. beim *analogen* hochauflösenden Fernsehen, das in den 1990er Jahren vom *digi-*

talen überholt wurde).[10] Auch aus diesem Grund zögert die Politik bei langfristigen Entwicklungsvorhaben nur einer Technologie.

3. Innovationen sind weniger Ziele an sich, sondern Vehikel für andere Ziele: Strukturwandel, Wachstum, Arbeitsplätze.

Cluster sollen zwar ein günstiges Klima für Innovationen schaffen, aber wegen der Unsicherheit über den Erfolg bestimmter Innovationen sind die struktur- und arbeitsmarktpolitischen Ziele ebenso wichtig. Allein die Tatsache, dass in einer Region ein Cluster gefördert wird, ist für den betreffenden Standort bereits ein Erfolg. Das bedeutet, dass nun systematisch um Ansiedlungen geworben wird, von denen zunächst einmal der regionale Arbeitsmarkt solange profitiert, wie die Mittel aus der öffentlichen Förderung fließen.

4. Die Legitimität der Technikentwicklung wird durch die Vernetzung mit unterschiedlichen Akteuren erhöht.

Last not least wird die Legitimität der Technikentwicklung durch die Clusterpolitik erhöht. Es sind in der Regel alle politischen Ebenen beteiligt und der Kreis der Akteure ist größer als bei der Big Science. Es ist nicht zuletzt dieser (kleine) Zuwachs an Demokratie, der die Komplexität und Schwierigkeit der Innovationspolitik erhöht.

9   Literatur

Benz, Arthur, 2004: Einleitung: Governance – Modebegriff oder nützliches sozialwissenschaftliches Konzept. In: Arthur Benz (Hg.): *Governance – Regieren in komplexen Regelsystemen.* Wiesbaden, 11-28.

Bora, Alfons/Michael Decker/Armin Grunwald/Ortwin Renn (Hg.), 2005: *Technik in einer fragilen Welt. Die Rolle der Technikfolgen-Abschätzung.* Berlin.

Bührer, Susanne/Thomas Heinze/Stefan Kuhlmann, 2003: Lassen sich Innovationsnetzwerke politisch erschaffen? In: Susanne Bührer/Stefan Kuhlmann (Hg.), *Politische Steuerung von Innovationssystemen? Potenziale der Evaluation von Multi-Akteur/Multi-Maßnahmenprogrammen.* Stuttgart, 3-22.

Bundesministerium für Bildung und Forschung 2006: *Die Hightech-Strategie für Deutschland.* Berlin.

Bundesverband der Deutschen Industrie/Deutsche Telekom Stiftung 2006: *Innovationsindikator Deutschland 2006.* Berlin/Bonn.

Castells, Manuel, 2003: *Der Aufstieg der Netzwerkgesellschaft. Teil 1: Das Informationszeitalter.* Opladen.

Czada, Roland, 2000: Konkordanz, Korporatismus und Politikverflechtung: Dimensionen der Verhandlungsdemokratie, in: Everhard Holtmann/Helmut Voelzkow (Hg.), *Zwischen Wettbewerbs- und*

---

[10]   Johannes Weyer (2004: 11) spricht sogar von einer „langen und eindrucksvollen Liste" gescheiterter Großprojekte.

Verhandlungsdemokratie. Analysen zum Regierungssystem der Bundesrepublik Deutschland, Opladen, 23-49.

Dolata, Ulrich, 2005: *Soziotechnischer Wandel, Nachhaltigkeit und politische Gestaltungsfähigkeit.* artec-paper 124. Bremen.

Florida, Richard, 2002: *The Rise of the Creative Class.* Cambridge/Mass.

Forsthoff, Ernst, 1971: *Der Staat der Industriegesellschaft.* München.

Friedrich, Hannes, 1970: *Staatliche Verwaltung und Wissenschaft.* Frankfurt/Main.

Habermas, Jürgen, 1981 (1964): Verwissenschaftlichte Politik und öffentliche Meinung. In: Ders., *Technik und Wissenschaft als ‚Ideologie‘*, 11. Auflage. Frankfurt/Main, 120-145.

Hack, Lothar, 1988: *Vor Vollendung der Tatsachen. Die Rolle von Wissenschaft und Technologie in der dritten Phase der Industriellen Revolution.* Frankfurt/Main.

Hirsch, Joachim, 1974: *Staatsapparat und Reproduktion des Kapitals. Projekt Wissenschaftsplanung.* Frankfurt/Main.

Korte, Karl Rudolf/Gerhard Hirscher (Hg.), 2000: *Darstellungspolitik oder Entscheidungspolitik. Über den Wandel von Politikstilen in westlichen Demokratien.* München.

Kuhlmann, Stefan/Ulrich Schmoch/Thomas Heinze, 2003: *Governance der Kooperation heterogener Partner im deutschen Forschungs- und Innovationssystem.* Fraunhofer ISI Discussion Papers Innovation System and Policy Analysis 1/2003. Karlsruhe.

Lundgreen, Peter/Bernd Horn/Wolfgang Krohn/Günter Küppers/Rainer Paslack, 1986: *Staatliche Forschung in Deutschland 1870-1980.* Frankfurt/New York.

Manz, Thomas, 1990: *Innovationsprozesse in Klein- und Mittelbetreiben. Soziale Prozesse bei der Einführung neuer Technologien.* Opladen.

Mayntz, Renate, 2004: Governance im modernen Staat. In: Arthur Benz (Hg.), *Governance – Regieren in komplexen Regelsystemen.* Wiesbaden, 65-76.

Morlok, Martin, 2003: Informalisierung und Entparlamentarisierung politischer Entscheidungen als Gefährdung der Verfassung? In: Helmuth Schulze-Fielitz (Hg.), *Leistungsgrenzen des Verfassungsrechts. Öffentliche Gemeinwohlverantwortung im Wandel*, Berichte und Diskussionen auf der Tagung der Vereinigung der Deutschen Staatsrechtslehrer in St. Gallen vom 1. bis 5. Oktober 2002. Berlin, 37-84.

Münch, Richard, 1995: *Dynamik der Kommunikationsgesellschaft.* Frankfurt/Main: Suhrkamp.

Nowotny, Helga, 1979: *Kernenergie: Gefahr oder Notwendigkeit. Anatomie eines Konflikts.* Frankfurt/Main.

Piore, Michael J./Charles F. Sabel, 1985: *Das Ende der Massenproduktion.* Berlin.

Prätorius, Rainer, 2000: Der verhandelnde und befehlende Staat. In: Irene Gerlach/Peter Nitschke (Hg.), *Metamorphosen des Leviathan? Staatsaufgaben im Wandel.* Opladen, 61-70.

Rammert, Werner, 1997: Innovation im Netz. Neue Zeiten für technischen Innovationen: heterogen verteilt und interaktiv vernetzt? In: *Soziale Welt* 48: 397-415.

Rheinisch-Westfälisches Institut für Wirtschaftsforschung und Stifterverband für die Deutsche Wissenschaft 2006: *Innovationsbericht 2006. Zur Leistungsfähigkeit des Landes Nordrhein-Westfalen in Wissenschaft, Forschung und Technologie.* Essen.

Sarcinelli, Ulrich, 2003: Demokratie unter Kommunikationsstress? Das parlamentarische Regierungssystem in der Mediengesellschaft. In: *Aus Politik und Zeitgeschichte* B 43/2003: 39-46.

Schelsky, Helmut, 1966: *Wissenschaftliche Experten und politische Praxis – das Problem der Zusammenarbeit in der heutigen Demokratie,* 23. Bergedorfer Gespräche zu Fragen der freien industriellen Industriegesellschaft.

Steg, Horst/Michael Jonas/Hartmut Hirsch-Kreinsen, 2003: Investition in Konfigurationen: Innovationsbedingungen und innovationspolitische Implikationen. In: Susanne Bührer/Stefan Kuhlmann (Hg.), *Politische Steuerung von Innovationssystemen? Potenziale der Evaluation von Multi-Akteur/Multi-Maßnahmenprogrammen.* Stuttgart.

Weyer, Johannes, 2004: *Innovationen fördern – aber wie? Zur Rolle des Staates in der Innovationspolitik.* In: Manfred Rasch/Dietmar Bleidick (Hg.), Technikgeschichte im Ruhrgebiet – Technikgeschichte für das Ruhrgebiet. Essen: Klartext Verlag, 278-294.

Wittkämper, Gerhard W., 1989: *Die technisch-naturwissenschaftlichen Verwaltungsbereiche der Bundesrepublik Deutschland.* Regensburg.

Autorenverzeichnis

Johannes M. *Bauer* ist Professor für Telecommunication, Information Studies, and Media an der Michigan State University.

Mathilde *Bourrier* ist Professorin am Département de Sociologie der Universität Genf.

Eva *Buchinger* ist Senior Researcher in den Austrian Research Centers, Bereich Systems Research.

Gudela *Grote* ist Professorin für Arbeits- und Organisationspsychologie an der ETH Zürich.

Michael *Huber* ist Professor für Hochschulforschung an der Universität Bielefeld.

Peter *Kappelhoff* ist Professor für empirische Wirtschafts- und Sozialforschung an der Bergischen Universität Wuppertal.

Matthias *Klemm* ist Wissenschaftlicher Mitarbeiter am Institut für Soziologie der Friedrich Alexander Universität Erlangen-Nürnberg.

Andreas *Liening* ist Professor für Wirtschaftswissenschaft und Didaktik der Wirtschaftswissenschaft an der Technischen Universität Dortmund.

Manfred *Mai* ist apl. Professor für Politikwissenschaft an der Universität Duisburg-Essen.

Volker *Schneider* ist Professor für Materielle Staatstheorie an der Universität Konstanz.

Ingo *Schulz-Schaeffer* ist Professor für Allgemeine Soziologie und Soziologische Theorie an der Universität Duisburg-Essen.

Uwe *Schimank* ist Professor für Soziologie an der FernUniversität GHS Hagen.

Ekaterina *Svetlova* ist Wissenschaftliche Mitarbeiterin an der Zeppelin University Friedrichshafen.

Jan *Weyand* ist Wissenschaftlicher Mitarbeiter am Institut für Soziologie der Friedrich Alexander Universität Erlangen-Nürnberg.

Johannes *Weyer* ist Professor für Techniksoziologie an der Technischen Universität Dortmund.